Kampfplätze der Gerechtigkeit

Eike von Hippel

Kampfplätze der Gerechtigkeit

Studien zu aktuellen rechtspolitischen Problemen

BWV · BERLINER WISSENSCHAFTS-VERLAG

Bibliografische Information der Deutschen Nationalbibliothek

Die Deutsche Nationalbibliothek verzeichnet diese Publikation in der
Deutschen Nationalbibliografie; detaillierte bibliografische Daten sind im
Internet über http://dnb.d-nb.de abrufbar.

ISBN 978-3-8305-1633-0

© 2009 BWV · BERLINER WISSENSCHAFTS-VERLAG GmbH,
Markgrafenstraße 12–14, 10969 Berlin
E-Mail: bwv@bvw-verlag.de, Internet:http://www.bwv-verlag.de
Printed in Germany. Alle Rechte, auch die des Nachdrucks von Auszügen,
der photomechanischen Wiedergabe und der Übersetzung, vorbehalten.

Inhaltsverzeichnis

	Vorwort	9
§ 1	Zum Kampf für ein gerechtes Recht	11
§ 2	Richtiges und unrichtiges Recht	15
§ 3	Zur Notwendigkeit einer „Präventiven Jurisprudenz"	25
§ 4	Rechtspolitik: Erfahrungen und Reflexionen	35
§ 5	Herausforderungen der Rechtswissenschaft	45
§ 6	Machtmissbrauch der Lobby als Herausforderung	57
§ 7	Selbstbedienung von Abgeordneten	65
§ 8	Bevölkerungswandel und Familienpolitik	69
§ 9	Grundfragen der Umverteilung	81
§ 10	Ungerechtigkeiten im Rentenrecht	93
§ 11	Sanierung des Gesundheitssystems?	97
§ 12	Massenarbeitslosigkeit als Herausforderung	103
§ 13	Neue Wege der Tarifpolitik?	107
§ 14	Klimawandel und Klimaschutz	111
§ 15	Zur Missachtung des Verursacherprinzips	117
§ 16	Keine Entschädigung für Waldsterben?	123
§ 17	Schäden durch Kraftfahrzeuge: Fehlende Kostengerechtigkeit?	127
§ 18	Renaissance der Atomenergie?	131
§ 19	Preiszuschlag für „Ökostrom"?	137
§ 20	Schadensausgleich bei Verkehrsunfällen: Haftungsersetzung durch Versicherungsschutz?	141
§ 21	Ruinöse Haftung von Eltern und Minderjährigen?	147
§ 22	Tabaktote als Herausforderung	151
§ 23	Zur Bekämpfung des Alkoholmissbrauchs	157
§ 24	Zur Bekämpfung der Spielsucht	169

§ 25 Eindämmung der Spekulation?   179

§ 26 Auf dem Wege zum Staatsbankrott   189

§ 27 SOS: Die Schuldenflut steigt weiter   193

§ 28 Bessere Bekämpfung von Entführungen?   199

§ 29 Abschied von der Kreditkarte?   205

§ 30 Türkei-Beitritt zur Europäischen Union?   211

§ 31 Israel am Scheideweg   219

§ 32 Weltprobleme als Herausforderung   223

§ 33 Massenelend als Herausforderung   233

§ 34 Nach uns die Sintflut:

      Zur Missachtung der Generationengerechtigkeit   243

§ 35 Opfer und Recht   247

§ 36 Gerechtigkeit und Liebe   255

      Schlusswort   259

Vorwort

Obwohl die Gerechtigkeit in aller Munde ist und auch in den Parteiprogrammen als Grundwert (neben der Freiheit und der Solidarität) anerkannt wird, ist die Diskussion über die Gerechtigkeit nicht abgeschlossen[1]. Immerhin scheint aber Konsens darüber zu bestehen, dass „Gerechtigkeit" eine Leitidee und ein normativer Begriff ist, der einen Maßstab für die Rechtsordnung (als Direktive und als Korrektiv) bildet, und dass diese Leitidee der Konkretisierung im Sinne eines „fairen Interessenausgleichs" bedarf, und zwar mit Hilfe von Institutionen und Verfahren, die es durch Transparenz und Bürgerbeteiligung zu verbessern gilt[2].

Allerdings scheitert der von der Gerechtigkeit gebotene „faire Interessenausgleich" häufig am Egoismus von Interessengruppen, hat doch schon *Rudolf v. Jhering* in seiner berühmten Schrift „Der Kampf ums Recht" (1872) darauf hingewiesen, dass im politischen Kampf um die Gesetzgebung „nicht das Gewicht der Gründe, sondern das Machtverhältnis der sich gegenüberstehenden Kräfte den Ausschlag gibt"[3]. Inzwischen hat die Lobby so großen Einfluss gewonnen, dass die „Herrschaft des Volkes" (Demokratie) zunehmend durch eine „Herrschaft der Verbände" verdrängt worden ist[4]. Eine solche „Lobbykratie" verstößt nicht nur gegen das Demokratieprinzip, sondern führt auch zu zahlreichen sachwidrigen Regelungen, die verheerende Auswirkungen haben und die das Vertrauen der Bürger in den Rechtsstaat untergraben. Wie schon *v. Jhering* betont hat, ist „jede willkürliche oder ungerechte Bestimmung, welche die Staatsgewalt erlässt oder aufrechterhält, eine Schädigung des Rechtsgefühls, eine Versündigung gegen die Idee des Rechts, die auf den Staat selbst zurückschlägt"[5]. Der Kampf für ein gerechtes Recht ist deshalb eine Gemeinschaftsaufgabe von größter Bedeutung, die besonders die Juristen angeht.

Das vorliegende Buch will auf einer breiten Basis anhand zahlreicher wichtiger aktueller Probleme deutlich machen, wie sehr das Recht oft von Interessengruppen verfälscht wird, welche negativen Auswirkungen sich dadurch ergeben und welche

---

1   Siehe *Zippelius*, Recht und Gerechtigkeit in der offenen Gesellschaft (2. Aufl. 1996) und hierzu meine Rezension in RabelsZ 1999, 170 ff.; *Empter/Vehrkamp* (Hrsg.), Soziale Gerechtigkeit – eine Bestandsaufnahme (2007). – Aus theologischer Sicht *Wolfgang Huber* (Ratsvorsitzender der EKD), Gerechtigkeit und Recht (3. Aufl. 2006). Wichtig auch *Helsper*, Die Vorschriften der Evolution für das Recht (1989) und hierzu meine Rezension in JZ 1991, 190 f.

2   Siehe *v. Arnim/Sommermann* (Hrsg.), Gemeinwohlgefährdung und Gemeinwohlsicherung (2004) und hierzu meine Rezension in JZ 2006, 85.

3   *v. Jhering*, Der Kampf ums Recht, in: *Jhering*, Der Kampf ums Recht, Ausgewählte Schriften mit einer Einleitung von *Radbruch*, hrsg. von *Rusche* (1965), S. 195 (203).

4   Siehe *Leif/Speth*, Die fünfte Gewalt, Lobbyismus in Deutschland (2006) und hierzu meine Rezension in RuP 2007, 119 f.

5   Siehe *v. Jhering* (oben Fn. 3), S. 254.

Möglichkeiten bestehen, diesen Missständen entgegenzuwirken. Dabei greift das Buch teilweise auf frühere Beiträge des Autors zurück, die – überarbeitet und mit manchen Ergänzungen – bis heute gültig geblieben sind. Hinzu kommen neue Studien zu wichtigen aktuellen Problemen (wie Bevölkerungswandel, Familienpolitik, Staatsverschuldung, Klimaschutz, Atomenergie, Schutz künftiger Generationen). So ergibt sich ein facettenreiches und faszinierendes Gesamtbild vom Kampf ums Recht, das wohl keinen Betrachter gleichgültig lassen wird.

Da das Rechtsbewusstsein vielerorts zu schwinden scheint, möchte das Buch zugleich die Bedeutung des Rechts für alle Mitglieder der Gesellschaft – insbesondere für die jeweils schwächeren[6] – bewusst machen und die Achtung für Recht und Demokratie stärken. Freilich kann dies nur gelingen, wenn die Politiker selbst ein gutes Beispiel geben und wenn die staatliche Rechtspolitik sich glaubwürdig am Gedanken der Gerechtigkeit orientiert, was bisher leider keineswegs immer der Fall ist. Es sollte zu denken geben, dass nach aktuellen Umfragen die Mehrheit der Deutschen die sozialen Verhältnisse im Land für nicht gerecht hält[7]. So betrachten 75 Prozent der Bürger die Verteilung von Einkommen und Vermögen als ungerecht. 95 Prozent befürworten eine bessere finanzielle Unterstützung der Familien (Kinder zu haben, sei derzeit „einfach zu teuer"), 85 Prozent eine bessere finanzielle Honorierung der Erziehungsleistung und mehr als 50 Prozent eine stärkere Anerkennung ehrenamtlicher Tätigkeiten. Weitere besonders wichtige Anliegen der Gerechtigkeit sind nach Ansicht der Bürger der freie Zugang zur Bildung, die Haftung der Verursacher für Umweltschäden und ein grundsätzliches Verschuldungsverbot des Staates[8].

Noch weit dramatischer wird das Bild, wenn man über den nationalen Raum hinausblickt und die Welt als Ganzes betrachtet. Angesichts zahlreicher ungelöster globaler Probleme, die immer neue Krisen (wie zuletzt die Klimakrise, die Energiekrise, die Nahrungsmittelkrise, die Finanzkrise und die Wirtschaftskrise) auslösen, wird die baldige Durchsetzung sachgerechter Regelungen zu einer Überlebensfrage[9].

Hamburg, den 01.01.2009 *Eike von Hippel*

---

6   Siehe *v. Hippel*, Der Schutz des Schwächeren (1982).

7   Vgl. Die Welt 12.12.07, S. 1: „Nach aktuellen Umfragen hält mehr als die Hälfte der Deutschen die sozialen Verhältnisse im Land für nicht gerecht (57 Prozent)".

8   Siehe Die Welt 16.06.08, S. 1 f. (Die Angaben beruhen auf Umfragen mehrerer Stiftungen).

9   Siehe *Schumann/Grefe*, Der globale Countdown: Gerechtigkeit oder Selbstzerstörung (2008).

§ 1 Zum Kampf für ein gerechtes Recht

I. Problemstellung und Ausgangslage

Obwohl die Gerechtigkeit als ein besonders hoher Wert gilt, ist die Welt seit jeher voller Ungerechtigkeiten – „die großen Fische fressen die kleinen, im Tierreich wie im Menschenreich"[1] –, und so hallt der Schrei nach Gerechtigkeit durch die Geschichte[2]. Dies gilt insbesondere in Bezug auf Diktaturen, die man wegen ihrer Missachtung des Rechtsgedankens geradezu als „Unrechtssysteme" bezeichnen kann. Aber auch in Demokratien, die sich doch als „Rechtsstaaten" verstehen, gibt es erstaunliche Gerechtigkeitsdefizite[3].

Das gilt auch für die Bundesrepublik Deutschland: Wie wissenschaftliche Untersuchungen schon vor Jahren ergeben haben, weist Deutschland trotz seines soliden Fundaments (freiheitliche Demokratie, sozialer Rechtsstaat, soziale Marktwirtschaft) alarmierende Ungerechtigkeiten auf, und zwar besonders im Steuerrecht, im Subventionsrecht und im Sozialrecht, aber auch in anderen Bereichen[4].

Ungerecht (nämlich völlig unzureichend) ist z.B. die heutige Regelung des „Familienlastenausgleichs", d.h. der Leistungen, die der Staat Eltern als Ausgleich für die wirtschaftliche Belastung durch Kinder gewährt. Da alle Bürger – also auch solche, die keine Kinder haben – von den Leistungen der nachwachsenden Generation (die insbesondere die Rentenversicherung finanziert) profitieren, läuft der gegenwärtige Zustand auf eine Ausbeutung der Familie hinaus[5].

Ungerecht ist, dass in der Bundesrepublik jährlich mindestens 130.000 Kinder vor der Geburt getötet (abgetrieben) werden[6].

Ungerecht ist, dass in Deutschland jährlich mehr als 110.000 Menschen (darunter 3.300 Nichtraucher) dem Tabak und 40.000 Personen dem Alkohol zum Opfer fallen[7].

---

1   *Kelsen*, Was ist Gerechtigkeit? (1953, 2. Aufl. 1975), S. 14.
2   Siehe *v. Hippel*, Der Schutz des Schwächeren (1982).
3   Siehe *v. Hippel*, Willkür oder Gerechtigkeit (1998) 2 ff.
4   Siehe *v. Hippel*, Rechtspolitik (1992); *ders.*, Willkür oder Gerechtigkeit (1998).
5   Siehe unten § 8.
6   Siehe *v. Hippel*, Rechtspolitik (1992) § 19 (Besserer Schutz des ungeborenen Kindes vor Abtreibung?); *Büchner/Kaminski* (Hrsg.), Lebensschutz oder kollektiver Selbstbetrug? – 10 Jahre Neuregelung des § 218 (2006); Beiträge verschiedener Autoren in der Zeitschrift für Lebensrecht 2007, 61 ff.
7   Siehe unten § 22 (Tabak) und § 23 (Alkohol).

Ungerecht ist, dass viele arbeitsfähige und arbeitswillige Menschen arbeitslos sind[8].

Ungerecht sind Defizite bei der Einkommensgerechtigkeit[9].

Ungerecht ist, dass Schäden, die (wie beim Waldsterben) durch summierte Immissionen entstehen, bis heute nicht von den Verursachern getragen werden, sondern von den Geschädigten oder der Allgemeinheit[10].

Ungerecht ist nicht zuletzt, dass die Interessen künftiger Generationen bisher weithin missachtet werden, wie u.a. die vorschnelle Erschöpfung wichtiger Ressourcen, die Zerstörung der Umwelt und die überhöhte Staatsverschuldung deutlich machen[11].

II. Reformüberlegungen

Diese und andere Ungerechtigkeiten haben verheerende Auswirkungen: Einmal verursachen sachwidrige Regelungen zahlreiche Folgeprobleme. (So ist die Benachteiligung der Familie ein Hauptgrund für den alarmierenden Geburtenschwund). Zum anderen schwindet das Vertrauen der Bürger in die Fähigkeit und den Willen des Staates, sich an der Gerechtigkeit zu orientieren und das Gemeinwohl auch gegen mächtige Interessensgruppen zu wahren.

Es besteht also aller Anlass, über Änderungen nachzudenken. Entgegen mancher pessimistischen Einschätzung gibt es durchaus Möglichkeiten, die Lage zu verbessern.

1. Ein Hauptproblem der Gesetzgebung liegt darin, dass der Gesetzgeber die anstehenden Probleme weithin nicht nach Bedeutung und Dringlichkeit in Angriff nimmt, sondern nach Gesichtspunkten der Opportunität, wobei dem Druck der „öffentlichen

---

8 Siehe unten § 12.
9 Siehe *v. Hippel* (oben Fn. 3) § 3 (Einkommensgerechtigkeit?), der sich (auf S. 33 f.) auch zu den Managereinkommen äußert. Dass diese seit Jahren einen Brennpunkt der Diskussion bilden, liegt nicht nur an der extremen Höhe mancher Managergehälter, sondern auch an ihrem unverhältnismäßigen Anstieg. SPD und CDU wollen die Managereinkommen nun in einigen Punkten regulieren (siehe Süddeutsche Zeitung 30.01.09, S. 17 sowie Die Welt 12.03.09, S. 4). – Die EU-Finanzminister sind dafür, dass sich Gehalt und Abfindung von Managern an deren Leistung orientieren (Die Welt 04.10.08, S. 9). – Zudem wird nun auch das Lohngefälle zwischen Männern und Frauen (das nach einer EU-Studie in den Mitgliedstaaten durchschnittlich 16 Prozent beträgt) zu einem politischen Thema (siehe *v. Hippel* [oben Fn. 9], S. 29 f. und Die Welt 05.03.09, S. 4).
10 Siehe unten §§ 15 bis 17.
11 Siehe unten § 34.

Meinung" und der Interessenverbände besondere Bedeutung zukommt[12]. Zudem dominiert beim Gesetzgeber die kurzfristige Perspektive, sodass langfristige Interessen – wie die der künftigen Generationen – regelmäßig zu kurz kommen. Deshalb ist die Einrichtung gesetzgeberischer Stabs- und Planungsstellen zu befürworten, die nicht politisch, sondern wissenschaftlich geleitet und betreut werden. Diese Stellen müssten neue Probleme aufgreifen, bereits wirksam gewordene Problemimpulse sammeln, auf ihre zeitliche Dringlichkeit und sachliche Gewichtigkeit hin prüfen und sie systematisch nach der bestehenden Rechtsordnung ausrichten. Die Gründung eines wissenschaftlichen Instituts für Rechtspolitik, wie es in Österreich seit Jahren besteht[13], könnte insoweit hilfreich sein.

2. Es wäre schon manches gewonnen, wenn der Gesetzgeber sich wenigstens die periodische Überprüfung besonders wichtiger Gesetze zur Regel machen würde. Eine solche Überprüfung würde rasch zeigen, dass viele Gesetze reformbedürftig sind. In diesem Zusammenhang ist zu beachten, dass das Bundesverfassungsgericht unter bestimmten Voraussetzungen eine Pflicht des Gesetzgebers zur Erfolgskontrolle und gegebenenfalls zur Nachbesserung eines erlassenen Gesetzes bejaht hat[14].

3. Es ist von größter Bedeutung, unsachlichen Einflüssen von Interessengruppen entgegenzuwirken, die ein Hauptgrund der bestehenden Ungerechtigkeiten sind. Korrekturen müssen insbesondere darauf abzielen, der Lobby die „Indienstnahme" von Abgeordneten zu erschweren und ein Gegengewicht zur Lobby zu schaffen (durch plebiszitäre Mitwirkungsrechte der Bürger und durch die Berufung von Ombudsmännern für schwache Gruppen)[15].

4. Wichtig ist schließlich, dass das Bundesverfassungsgericht (das schon manche Ungerechtigkeiten ausgeräumt hat) seine Kontrollmöglichkeiten verstärkt nutzt[16] und dass sich möglichst viele Bürger in Vereinigungen zusammenschließen, die (wie z. B. Greenpeace) für das Gemeinwohl eintreten[17].

---

12 Siehe *v. Hippel* (oben Fn. 6), S. 105 f.

13 Siehe *Pichler* (Hrsg.), Was kann eine wissenschaftliche Rechtspolitik leisten? Symposium anläßlich der Eröffnung des Österreichischen Instituts für Rechtspolitik (1991) und hierzu meine Besprechung in JZ 1992, 629.

14 So hat das Bundesverfassungsgericht in der Kalkar-Entscheidung vom 08.08.1978 – BVerfGE 49, 89 (130 f., 143 f.) – folgendes ausgeführt: „Hat der Gesetzgeber eine Entscheidung getroffen, deren Grundlage durch neue, im Zeitpunkt des Gesetzeserlasses noch nicht abzusehende Entwicklungen entscheidend in Frage gestellt wird, dann kann er von Verfassungs wegen gehalten sein zu überprüfen, ob die ursprüngliche Entscheidung auch unter den veränderten Umständen aufrechtzuerhalten ist"; siehe auch *Steinberg*, Verfassungsrechtliche Kontrolle der „Nachbesserungspflicht" des Gesetzgebers, Der Staat 26 (1987) 161 ff.

15 Siehe unten § 6.

16 Siehe *v. Hippel* (oben Fn. 6), S. 134 ff.

17 Siehe *v. Hippel*, Willkür oder Gerechtigkeit (1998) § 13 (Greenpeace).

III. Ausblick

Wie schon *v. Jhering* betont hat, müssen Verbesserungen des Rechts überall im Kampf gegen etablierte Interessen durchgesetzt werden. Deshalb sind die Juristen und darüber hinaus alle Menschen guten Willens dazu aufgerufen, sich im Kampf für eine gerechte nationale und internationale Ordnung zu engagieren. Wie wichtig dies ist, zeigen nicht nur die oft beachtlichen Erfolge gemeinwohlorientierter nationaler und internationaler Organisationen, sondern auch der Sturz der kommunistischen Systeme, der ohne den opferreichen Kampf lange Zeit verfemter „Dissidenten" nicht möglich gewesen wäre.

§ 2 Richtiges und unrichtiges Recht

I. Vorbemerkung[1]

Das Thema „Richtiges und unrichtiges Recht" ist für die Jurisprudenz von zentraler Bedeutung[2]. Dabei geht es um zwei Aufgabenkreise: Einmal gilt es, zwischen richtigem und unrichtigem Recht zu unterscheiden (Erkenntnisproblem). Zum anderen muss das als richtig erkannte Recht nach Möglichkeit zur Geltung gebracht werden (Durchsetzungsproblem). In beiderlei Hinsicht bestehen bis heute erhebliche Defizite[3]. Deshalb lohnt es, sich der wegweisenden Gedanken zu erinnern, die *Fritz von Hippel* zu diesem Thema vorgetragen hat.

Fritz von Hippel war eine ungewöhnliche Persönlichkeit und ein ungewöhnlicher Jurist[4]. Seine Bemühungen waren von Anfang an auf das Grundsätzliche gerichtet und zielten auf die Gewinnung echter Einsichten. So hat er schon 1930 seine programmatische Studie „Zur Gesetzmäßigkeit juristischer Systembildung" vorgelegt[5], die wie ein Fanfarenstoß klingt. Es folgten dann über die Jahre zahlreiche weitere wegweisende Arbeiten, so (insbesondere) seine großen Monographien „Formalismus und Rechtsdogmatik" (1935)[6], „Das Problem der rechtsgeschäftlichen Privatautonomie" (1936)[7], „Wahrheitspflicht und Aufklärungspflicht der Parteien im Zivilprozeß" (1939)[8] und „Die Perversion von Rechtsordnungen" (1955), aber auch viele wichtige Studien, u.a. „Richtlinie und Kasuistik im Aufbau von Rechtsordnungen" (1942), „Die

---

1   Der Beitrag ist erschienen in Recht und Politik 2002, 63 ff. mit der Widmung „In memoriam *Fritz von Hippel* (28.04.1897 – 08.01.1991), den geistigen Führer, den Kämpfer für Gerechtigkeit und den gütigen väterlichen Freund".

2   Siehe *Stammler*, Die Lehre von dem richtigen Rechte (1902); *Nelson*, Die Rechtswissenschaft ohne Recht (1917, 2. Aufl. 1949) und hierzu die Besprechung von *Fritz von Hippel*, JZ 1952, 443 f.; *Larenz*, Richtiges Recht (1979); *Rüthers*, Entartetes Recht (1988, 2. Aufl. 1989) und hierzu die Besprechung von *Dreier*, JZ 1989, 994 ff.

3   Siehe *Zippelius*, Recht und Gerechtigkeit in der offenen Gesellschaft (2. Aufl. 1996) und hierzu meine Besprechung in RabelsZ 1999, 170 ff.

4   Siehe die Nachrufe von *Hans Thieme*, NJW 1991, 1593 f. und von *Klaus Westen*, JZ 1991, 451 f. sowie *Thilo Ramm*, Fritz von Hippel als Rechtstheoretiker und Rechtsphilosoph, JZ 1992, 1141 ff.

5   Siehe *Fritz v. Hippel*, Zur Gesetzmäßigkeit juristischer Systembildung (1930), jetzt auch abgedruckt in: *ders.*, Rechtstheorie und Rechtsdogmatik (1964), S. 13 ff.

6   *Fritz v. Hippel*, Formalismus und Rechtsdogmatik, dargestellt am Beispiel der „Errichtung" des zeugenlosen Schrifttestaments (1935).

7   *Fritz v. Hippel*, Das Problem der rechtsgeschäftlichen Privatautonomie. Beiträge zu einem Natürlichen System des privaten Verkehrsrechts und zur Erforschung der Rechtstheorie des 19. Jahrhunderts (1936).

8   *Fritz v. Hippel*, Wahrheitspflicht und Aufklärungspflicht der Parteien im Zivilprozeß. Bei-

nationalsozialistische Herrschaftsordnung als Warnung und Lehre" (2. Aufl. 1947), „Gustav Radbruch als rechtsphilosophischer Denker" (1951), „Zum Aufbau und Sinnwandel unseres Privatrechts" (1957) und „Recht, Sittlichkeit und Religion im Aufbau von Sozialordnungen" (1958)[9].

Wie alle Arbeiten *Fritz von Hippels* bezeugen, war das positive Recht für ihn immer nur ein Ausgangspunkt für die Frage, ob und wie man es besser machen könne. Und er hat an den verschiedensten Problemen demonstriert, dass es möglich ist, selbst schwierige Fragen sachgerecht zu lösen, indem zunächst (nach einer möglichst exakten Erfassung der tatsächlichen Verhältnisse) alle relevanten Gesichtspunkte herausgearbeitet werden und dann aufgrund einer Gewichtung und Abwägung aller involvierten Interessen die jeweils optimale Lösung ermittelt wird. Zudem war *Fritz von Hippel* von der Überzeugung durchdrungen, dass die Juristen für mehr Gerechtigkeit sorgen müssten.

II. Ein wegweisender Vortrag

Von besonderem Interesse für unser Thema ist ein Vortrag über „Recht und Unrecht", den *Fritz von Hippel* im Dezember 1961 auf der Würzburger Tagung der Deutschen Sektion der Internationalen Juristenkommission gehalten hat[10]. Es war seine Entgegnung auf ein Referat des Strafrechtlers *Paul Bockelmann* über „Macht und Recht", das dieser im November 1959 auf der Godesberger Tagung derselben Vereinigung gehalten und in dem er die Ansicht vertreten hatte, ein Nachweis „von evident richtigen Rechtssätzen" sei nicht möglich[11].

Wie *Bockelmann* ausführte, könne man zwar einwenden, „dass Einrichtungen wie das Eigentum oder die Ehe oder auch der Staat selbst, dass jedenfalls die Institution der Obrigkeit auf Rechtssätzen beruhen, deren Richtigkeit anzuzweifeln nicht möglich ist"; aber ein Blick auf andere Kulturen zeige, dass diese Institutionen (soweit dort vorhanden) oft ganz anders

---

träge zum natürlichen Aufbau des Prozeßrechts und zur Erforschung der Rechtstheorie des 19. Jahrhunderts (1939).

9   Diese und weitere Studien *Fritz v. Hippels* finden sich nun auch in seinen beiden Sammelbänden „Rechtstheorie und Rechtsdogmatik" (1964) und „Ideologie und Wahrheit in der Jurisprudenz" (1973).

10   Siehe *Fritz v. Hippel*, Recht und Unrecht, in: „Zur Frage nach dem richtigen Recht", Bericht der Deutschen Sektion der Internationalen Juristenkommission über die Würzburger Tagung vom 2. und 3. Dezember 1961, S. 68 ff., 132 ff., nun auch abgedruckt in *Fritz v. Hippel*, Rechtstheorie und Rechtsdogmatik (1964), S. 265-329.

11   Siehe *Bockelmann*, Macht und Recht, in: Bericht der Deutschen Sektion der Internationalen Juristenkommission über die Tagung am 20. und 21. November 1959 in Bad Godesberg, S. 41 (57 ff.).

ausgeformt seien. Ebensowenig überzeuge der Einwand, „dass wir doch jedenfalls in der zweiten Tafel des Dekalogs eine Fülle von Verbotssätzen von unbedingter und unbezweifelbarer Richtigkeit vor uns hätten", denn es sei unklar, ob und inwieweit Ausnahmen von diesen Verbotssätzen zulässig seien. Man brauche nur an den Streit um die Todesstrafe, um das Recht zur Kriegsdienstverweigerung, an das Problem der Zulässigkeit ärztlich angezeigter Schwangerschaftsunterbrechungen, an das dunkle Kapitel der Vernichtung sogenannten lebensunwerten Lebens zu denken, „um alsbald einzusehen, dass von evident richtigen Einsichten auf diesem Gebiet schlechterdings keine Rede sein kann".

Zwar entspreche es unserer Überzeugung, dass jede Rechtsordnung, um überhaupt Rechtsordnung zu sein, den Menschen in seiner Eigenschaft als Person (mit der Folgerung von Gewissensfreiheit, Meinungsfreiheit usw.) anerkennen müsse. Aber ob diese Überzeugung evident richtig oder nicht nur geschichtlich bedingt sei, müsse offen bleiben, denn die Erfahrung lehre „doch nun einmal, dass die jeweils herrschenden positiven Rechts- und Machtsysteme dem Menschen seine Anerkennung als Person vielfach durchaus verweigern", und zwar oft genug ohne schlechtes Gewissen.

Fritz von Hippel, der *Bockelmann* schon in der Diskussion nach dessen Referat widersprochen hatte, wies nun in seinem Würzburger Entgegnungs-Vortrag nach, dass es sehr wohl möglich ist, richtiges und unrichtiges Recht zu unterscheiden, und dass man echte juristische Einsichten gewinnen kann. Solche Einsichten, ohne die es weder eine ernst zu nehmende Rechtswissenschaft noch einen Kampf für das Recht und gegen das Unrecht geben könne, pflegten sich allerdings erst im Verlaufe längerer geschichtlicher Entwicklungen herauszuarbeiten und auch in der Folgezeit weiter sich umzubilden, zu ergänzen, zu verbessern und zu differenzieren. Aber das einmal Erkannte werde durch einen solchen Prozess fortschreitender geistiger Entwicklung (wie er ja auch jeder Naturwissenschaft ohne Selbstaufgabe selbstverständlich sei) nicht wieder zu einem Nichts, sondern bleibe dem eigenen Kerngehalte nach ein wertbeständiges Einsehen. Auch sei es wichtig, alles positive Recht, soweit es in der Sache zutreffe, zugleich als Teilausdruck tiefer liegender echter Rechtsideen zu begreifen. Beispiele seien insoweit etwa der Grundsatz von Treu und Glauben („Jedermann hat in der Ausübung seiner Rechte und in der Erfüllung seiner Pflichten nach Treu und Glauben zu handeln") und der Rechtsgedanke, „dass derjenige, der einen Nachteil erleidet, auch den zugehörigen Vorteil haben muss und umgekehrt"[12]. Im übrigen handle es sich bei den anzuerkennenden Rechtswahrheiten „weithin weniger um die Feststellung des von Rechts wegen mit Unbedingtheit zu Tuenden, als um eine Feststellung des hier offenbar Abzulehnenden und daher von Rechts wegen mit Unbedingtheit zu Unterlassenden". Solche „negativen Einsichten" reichten zur Erkenntnis und zur Beanstandung sehr vieler, von anderer Seite empfohlener oder gar schon geübter unrichtiger Lösungsvorschläge und Lösungen auch schon dann hin, wenn der sie vorbringende

---

12 Siehe *Fritz v. Hippel* (oben Fn. 10), S. 269 Fn. 3,, wo dieser anfügt: „Ein Satz, der bis zur Gegenwart seine ganz außerordentliche Bedeutung zeigt (z.B. auf dem Gebiete der Gefährdungshaftung, des Arbeitsrechtes und des Versicherungswesens) und in seiner Wirksamkeit noch lange nicht erschöpft ist".

Kritiker eine richtige Lösung für das in Frage stehende und oft überaus schwierige Rechtsproblem seinerseits noch in keiner Weise anzugeben vermöge[13]. Auch warnte *Fritz von Hippel* vor überspannten Anforderungen an den Wahrheitscharakter einer Rechtsnorm und stellte klar, dass dieser durch Ausnahmen von der Regel nicht in Frage gestellt werde.

Weiter ging *Fritz von Hippel* den tieferen Ursachen des verbreiteten agnostischen Skeptizismus und „einer immer noch festzustellenden und fortwirkenden Rechtskrise" nach. Er sah sie darin, dass „aus der eigenen Vergangenheit vielfach noch Methoden, Prinzipien, Philosopheme, dogmatische Erwartungen, fragwürdige Begriffsbildungen und ähnliche Gespenster als ungeprüftes und unüberwundenes Gedankengut nachgeistern". Und er rückte diesen Gespenstern dann in einer Weise zu Leibe, die ihresgleichen sucht[14].

Sein Fazit hierzu lautet: „*Man will keine eigentliche Rechtsphilosophie mehr,* ohne die sich Rechtswissenschaft nun einmal nicht betreiben und kein einziger Soll-Satz rechtfertigen lässt. Eine solche Rechtsphilosophie mit ihrer immer kritischen und nicht selten revolutionären Denkrichtung musste aber sowohl der Historischen Schule als dem späteren dogmatischen Positivismus gleichermaßen als unnötig und als gefährlich erscheinen"[15]. An die Stelle echter Rechtsphilosophie sei dann eine begriffsjuristische Scheinwissenschaft („Rechtsdogmatik") getreten, die den freien Blick für die Erdenwirklichkeit und die Gerechtigkeit verloren habe und die durch die neue begrüßenswerte Rechtsfindungsmethode der Interessenjurisprudenz noch nicht voll entmachtet worden sei[16]. Zwar dürfe man das positive Recht nicht gering achten, denn es sei „eine einzigartige, nach Vielfalt und Fülle immer uns überraschende Anschauungsquelle und Fundgrube gelebter Rechtserkenntnis, die durch keinerlei bloße Klugheit (Rationalismus) sich ersetzen ließe", aber man dürfe dieses positive Recht „auch weder unbesehen heiligen und zu einer Art von ratio scripta erheben noch ihm rechtsdogmatisch in geistiger Atomzertrümmerung höhere juristische Wirkungseinheiten abstrahierend zu entnehmen suchen". Als erkennende Juristen müssten wir uns daher wieder abgewöhnen, „Recht" und „Positives Recht" einfach unbesehen gleichzusetzen. Denn jede Rechtsordnung enthalte, sobald man sie nur genau genug kenne, schon in durchaus gutartigen Zeitläufen „neben vielem Beifallswerten oder doch wohl Erträglichen zahlreiche Vorschriften, die mehr oder minder misslungen und nicht selten von geradezu alarmierender Ungerechtigkeit sind"[17].

Schließlich ging *Fritz von Hippel* noch auf die für das Rechtsdenken wichtigen Systeme des Liberalismus und Sozialismus ein[18]. Er kam insoweit zu dem Resultat,

---

13 Ebd. S. 268.
14 Ebd. S. 291 ff.
15 Ebd. S. 310 f.
16 Ebd. S. 288 f.
17 Ebd. S. 319 Fn. 11.
18 Ebd. S. 322 ff.

beide Systeme hätten „je eine Teilwahrheit ergriffen und zu einer Gesamtwahrheit und alleinigen Grundlage des zugehörigen Gesellschaftsganzen aufgebauscht. Mit dem unvermeidlichen Ergebnis nicht nur der außerordentlichen und drückenden Einseitigkeit, sondern zugleich der Verfehlung auch des angestrebten eigenen Teilzieles: Der Liberalismus zerreibt schließlich auch die von ihm proklamierten Freiheiten und endet in Ratlosigkeiten und dem Rufe nach dem ‚starken Mann', der Ordnung schaffen soll. Der Sozialismus aber vernichtet Vertrauen und Brüderlichkeit und lässt den Aufpasser und den Henker und das Konzentrationslager der Erniedrigten und Beleidigten zu einem Symbol des Ganzen werden"[19].

Man werde daher solche Einseitigkeiten im eigenen Rechtssystem von vornherein zu vermeiden haben[20]. Die Freiheit, die Gleichheit und die Brüderlichkeit müssten sich „aus bloßen Formalien des Liberalismus und aus Brutalitäten und unerreichbaren Fernzielen des Sozialismus durch Aufnahme eines ihnen gemäßen positiven Inhalts sinnvoll und zu einem wirklichen Werte machen"[21].

Dabei werde die Freiheit das Moment der Verantwortungslosigkeit und der Willkür abzustreifen haben. Auch wenn man sich seine Lebensaufgaben für ein Stück selbst werde auswählen dürfen, so sei doch mit jeder derart vollzogenen Wahl die Übernahme auch der zugehörigen Lebensrolle im Rechts- wie im Pflichtsinne zwingend verbunden, und es dürfe fortan keine Möglichkeit mehr geben, sich davon durch Geschäftsbedingungen freizuzeichnen oder durch andere Mittel, etwa durch ein Sich-Tarnen mit Hilfe sog. juristischer Personen, von Rechts wegen sich zu drücken. Und auch der Streik der durch Koalition und Unentbehrlichkeit inzwischen mächtig gewordener Arbeiterschaft sei keine beliebig einzusetzende Selbstverständlichkeit.

Die Gleichheit müsse aus einer bloßen Formalie, die auf für viele gar nicht gegebene Chancen hinweise, mit dem Inhalt echter Möglichkeiten und Förderungen sich erfüllen. Das Honnefer Modell als Verheißung eines freien Studiums im Vollsinne für einen jeden tüchtigen und fleißigen Studenten, dem es an den nötigen Mitteln von Haus aus fehlen würde, sei dafür ein Beispiel. Zugleich bedürfe aber gerade diese Gleichheit, solle sie nicht in Schablone und Schematismus ausarten, auf der Grundlage des Wohlwollens und einer umfassenden Menschen- und Lebenskunde von Rechts wegen einer weitgetriebenen Differenzierung.

Dass endlich auch die „Brüderlichkeit" kein leeres Wort sein müsse, zeige z.B. eine auffallend zunehmende Hilfsbereitschaft gegenüber fremdem Unglück, insbesondere aber eine gewisse veränderte Grundauffassung der Produktion und ihrer Verteilung und ein Vergeben ihrer

---

19   Ebd. S. 327.

20   In der Einführung zu seinem Sammelband „Ideologie und Wahrheit in der Jurisprudenz" (1973) hat *Fritz von Hippel* (auf Seite XXV) hinzugefügt, beide Systeme (Liberalismus und Sozialismus) hätten „als dogmatische Einheitsprinzipien und als willkürlich vorgefasste ‚Standpunkte' der bisherigen Art abzutreten und in weit bescheidenere eventuelle ‚Gesichtspunkte' möglicher Ordnung sich zurückzuverwandeln, über deren etwaige Anwendbarkeit und Anwendungsform und eventuelles sinnvolles Zusammenspiel erst eine unvoreingenommene, gründliche Erforschung und Durchdenkung der jeweils zu ordnenden Lebensverhältnisse selbst uns belehren kann".

21   *Fritz v. Hippel* (oben Fn. 10), S. 328 f.

entbehrlichen Kräfte auch an Aufgaben der Entwicklungshilfe zugunsten der Zurückgebliebenen und Notleidenden unter dem Gesichtspunkt, sie auf weitere Sicht selber lebenstüchtig zu machen.

III. Würdigung

Der Vortrag *Fritz von Hippels* hat auf diejenigen, die ihn seinerzeit hörten oder lasen, großen Eindruck gemacht[22]. Insgesamt ist er aber so wenig bekannt geworden, dass *Fritz von Hippel* in späteren Jahren gelegentlich empfohlen worden ist, er möge den Vortrag mindestens teilweise erneut in einer der großen Fachzeitschriften publizieren[23]. Es besteht also aller Grund, sich des Vortrags über „Recht und Unrecht" zu erinnern, der bis heute wegweisend geblieben ist, freilich in mancher Hinsicht auch der Ergänzung bedarf.

Unter Beschränkung auf die wichtigsten Punkte möchte ich die folgenden Anmerkungen machen:

1. *Fritz von Hippel* hat überzeugend nachgewiesen, dass es möglich ist, richtige und unrichtige Rechtsregeln zu unterscheiden[24]. Er hat diese Ansicht seit jeher vertreten, u.a. in seiner kritischen Auseinandersetzung mit *Gustav Radbruchs* Agnostizismus[25], dem *Bockelmanns* Haltung entspricht.

Besonders wichtig ist *Fritz von Hippels* Hinweis, dass oft schon viel mit der Gewinnung „negativer Einsichten" („So geht es nicht!") gewonnen ist. Dafür gibt es zahlreiche Belege, so u.a. die berühmte „Goldene Regel" („Was du nicht willst, dass man Dir tu', das füg auch keinem andern zu!"), die sich in den verschiedensten Kul-

---

22 So schrieb ihm *Max Rheinstein* (University of Chicago): „Der Vortrag ‚Recht und Unrecht' ist mehr als ein Vortrag. Er ist die in großem Wurf ausgeführte Quintessenz eines Lebenswerkes, formschön, reich an Gedanken, vornehm in Gesinnung und Haltung; eine tiefschürfende Zusammenfassung einer langen, aufs Grundsätzliche gehenden Lebensarbeit".

23 So empfahl ihm Amtsgerichtsrat Dr. *Walter Kießling* mit Schreiben vom 14.02.1969, den Vortrag über „Recht und Unrecht" wenigstens teilweise nochmals in einer Zeitschrift zu veröffentlichen, weil die darin enthaltene Beschreibung des „begriffsjuristischen Unfugs" das Beste sei, „was je darüber geschrieben worden ist".

24 Siehe hierzu auch *Helsper*, Die Vorschriften der Evolution für das Recht (1989) und dazu meine Rezension in JZ 1991, 190 f.

25 Siehe *Fritz v. Hippel*, Gustav Radbruch als rechtsphilosophischer Denker (1951). – Wie positiv *Fritz von Hippel* ansonsten zu *Radbruch* stand, zeigt sich u.a. darin, dass er ausgewählte Beiträge Radbruchs unter dem Titel „Der Mensch im Recht" (1957, 3. Aufl. 1969) herausgab, desgleichen ein „Kleines Rechtsbrevier" (1954) mit Sprüchen, die Radbruch gesammelt hatte.

turen nachweisen lässt[26]. Wichtig ist ferner die Klarstellung, dass der Wahrheitscharakter einer Rechtsnorm durch Ausnahmen von der Regel (die ihrerseits wieder sachgerecht sein müssen) nicht in Frage gestellt wird, denn es handelt sich insoweit um einen Prozess der Differenzierung, dessen Notwendigkeit sich insbesondere bei der Entfaltung von Grundsatznormen (Generalklauseln) beobachten lässt[27].

2. Darüber hinaus hat *Fritz von Hippel* auch die Gründe dafür aufgedeckt, dass der Glaube an eine objektive Gerechtigkeit weithin verloren gegangen ist. Und er hat die bis heute nachwirkende begriffsjuristische „Rechtsdogmatik" ein für alle Mal als Scheinwissenschaft entlarvt[28].

3. Zu Recht hat *Fritz von Hippel* auf die „alarmierende Ungerechtigkeit" mancher Regelungen hingewiesen. Allerdings überrascht, dass er sich bezüglich der Abhilfe auf die Empfehlung beschränkt, der Richter solle, soweit ihm nicht ausnahmsweise ein jus corrigendi zustehe, das Ungerechte der betreffenden Regelungen so deutlich kennzeichnen, „dass es auch von der Öffentlichkeit und Presse nicht mehr länger übersehen werden kann und den zuständigen Gesetzgeber zu alsbaldiger wohltätiger Nachbesserung mit Allgemeinheit aufruft und nötigt"[29]. Anscheinend dachte *Fritz von Hippel* bei dieser Empfehlung nur an die Fälle, in denen die Ungerechtigkeit einer Rechtsnorm aus einem Erkenntnismangel des Gesetzgebers resultiert. Mindestens ebenso oft sind ungerechte Regelungen aber durch den sachwidrigen Einfluss von pressure groups bedingt[30], und Korrekturappelle der Gerichte werden hier naturgemäß kaum etwas ausrichten. Um zu verhindern, dass das Recht durch den Einfluß der Lobby verfälscht wird, sind deshalb eine Reihe grundsätzlicher Maßnahmen geboten, so eine Strukturreform des Parlaments, die Stärkung des Bundesverfassungsgerichts, die Einführung plebiszitärer Mitwirkungsrechte der Bürger (Volksbegehren und Volksentscheid) und die Bestellung von Ombudsmännern für schutzbedürftige Gruppen, z.B. die künftigen Generationen[31].

---

26 Siehe *Spendel*, Die goldene Regel als Rechtsprinzip, in: Festschrift für Fritz von Hippel (1967), S. 491 ff., der zugleich (auf S. 498) darauf hinweist, die Goldene Regel werde von dem Philosophen *Reiner* als eine „sittliche Grundformel der Menschheit" und von dem Rechtsphilosophen *Fechner* (unter dem Namen „Gegenseitigkeitsregel") als „das elementare Gesetz allen Rechts schlechthin" bezeichnet.

27 Siehe hierzu *Fritz v. Hippel*, Richtlinie und Kasuistik im Aufbau von Rechtsordnungen (1942); *Wieacker*, Zur rechtstheoretischen Präzisierung des § 242 BGB (1956); *Eike v. Hippel*, Grenzen und Wesensgehalt der Grundrechte (1965), S. 15 („Die Grundrechtsnormen sind bloße Grundsatznormen. Die von ihnen aufgestellten Prinzipien bedürfen der Konkretisierung").

28 Vgl. hierzu *Otte*, Ist die Begriffsjurisprudenz wirklich tot?, in: Festgabe Zivilrechtslehrer 1934/1935 (1999), S. 433 ff.

29 *Fritz v. Hippel* (oben Fn. 10), S. 319 Fn. 11.

30 Siehe unten § 6.

31 Siehe unten § 6.

4. Zu Recht hat *Fritz von Hippel* auf die Bedeutung des Verfassungsrechts – insbesondere der Menschenrechte – für das behandelte Thema hingewiesen[32], zugleich auch auf das Paradoxon, dass in einer Zeit in der die Rechtsphilosophie ein Aschenputtel-Dasein führe, „die deutsche Jurisprudenz als bindend für den Rechtsdogmatiker und ‚als unmittelbar geltendes Recht' für ‚Gesetzgebung, vollziehende Gewalt und Rechtsprechung' (GG Art. 1 III) einen rechtsphilosophischen Handwerks- und Zauberkasten von Format" erhalten habe[33]. Die Rechtsprechung des Bundesverfassungsgerichts, das inzwischen viele – wenn auch keineswegs alle – Ungerechtigkeiten ausgeräumt hat[34], bestätigt diese Einschätzung.

5. Der Sturz der kommunistischen Systeme Ende der 80er Jahre (beginnend mit dem Sturz des SED-Regimes in der DDR) hat bestätigt, wie berechtigt *Fritz von Hippels* Kritik an der „inzwischen völlig pervertierten sozialistischen Revolution" und sein Protest gegen das SED-Regime war („ein Regime, das man nur noch durch Lüge und Scheinwahlen, durch Absperrung und Terror aufrechtzuerhalten vermag"[35]) und wie richtig seine Überzeugung war, dass Systeme, welche die Gerechtigkeit missachten, auf Sand gebaut sind[36].

6. Ein ganzes Arbeitsprogramm ergibt sich schließlich aus *Fritz von Hippels* Bemerkungen zu Liberalismus und Sozialismus sowie zu Freiheit, Gleichheit und Brüderlichkeit. So stellt sich hier insbesondere die (in vielen Fällen auftauchende) Frage nach einem angemessenen Schutz des Schwächeren[37] und speziell die Frage, unter welchen Voraussetzungen, in welchem Ausmaß und in welchen Formen eine „Umverteilung" sachgerecht ist[38].

Summa summarum erweisen sich die Gedanken *Fritz von Hippels* zu „Recht und Unrecht" als ungemein reichhaltig und anregend. Entsprechendes gilt für sein Werk insgesamt. Dieses Werk ist – da aufs Grundsätzliche gerichtet – bis heute gültig und

---

32 *Fritz v. Hippel* (oben Fn. 10), S. 290; siehe auch *Eike v. Hippel*, Rechtspolitik (1992), S. 47, 367 ff.

33 *Fritz v. Hippel* (oben Fn. 10), S. 290.

34 Siehe *Eike v. Hippel*, Rechtspolitik (1992) § 7 (Verfassungsgerichtsbarkeit); *ders.*, Willkür oder Gerechtigkeit (1998), S. 11 ff.

35 *Fritz v. Hippel* (oben Fn. 10), S. 304 Fn. 6, 325; siehe hierzu nun auch *Eike v. Hippel*, Willkür oder Gerechtigkeit (1998) § 2 (War die DDR kein Unrechtsstaat?).

36 Siehe hierzu *Fritz v. Hippel*, Die Perversion von Rechtsordnungen (1955). Vgl. auch *Henke*, Recht und Staat (1988) S. 654: „Weiter ist gewiss, dass eine Ordnung ohne Freiheit und Gerechtigkeit keinen Bestand haben wird, denn in der Geschichte sind noch alle Versuche, solche Ordnungen zu errichten und zu behaupten, am Ansturm der unterdrückten oder vernachlässigten Gerechtigkeit zugrunde gegangen".

37 Siehe *Eike v. Hippel*, Der Schutz des Schwächeren (1982); *ders.*, Verbraucherschutz (3. Aufl. 1986) und hierzu die Besprechung von *Häberle*, DÖV 1987, 42 ff.

38 Siehe unten § 9.

wegweisend geblieben[39]. Dies zeigt auch der folgende Diskussionsbeitrag, den *Fritz von Hippel* auf einer Tagung der Deutschen Sektion der Internationalen Juristenkommission im Jahre 1965 vorgetragen hat und in dem er einen für das Thema zentralen Gesichtspunkt herausgearbeitet, nämlich die Bedeutung der Humanitas (des Wohlwollens) als notwendiger Grundlage jedes echten Ordnungsstrebens.

„Die Frage, wie wir gemeinsame Rechts-Inhalte finden und vertreten können, die über eine rein formell bleibende und äußerliche „Legalität" hinausgehen, ist eine ungemein wichtige. Denn weltweit ist ja heute die juristische Organisation geworden, und sie hat es, rein völkerkundlich betrachtet, doch auch immer wieder mit Menschen von ganz verschiedener Kultur und auch ganz verschiedener (innerer wie äußerer) Lage zu tun. Von hier aus entstehen dann auch schwierige Rechtsprobleme, wie dies etwa unsere Missionare schon so oft zu fühlen bekamen, wenn sie versucht haben, die ihnen jeweils aufgegebenen Lebensverhältnisse zu früh auf einen und denselben Ordnungsnenner zu bringen. Aber es gibt vielleicht ein Kriterium von allgemeiner Gültigkeit: es ist dies das Kriterium des persönlichen Wohlwollens des jeweils zur Ordnung Berufenen. Wenn man sich nämlich den sogenannten „Kolonialismus" ansieht oder den „Kapitalismus" alten Stiles oder den „Imperialismus" und den „Herrenmenschen" und sich fragt: „Was fehlt denn eigentlich allen diesen Ordnungsweisen?", so lautet die Antwort immer wieder: Das menschliche Wohlwollen! Die so Ordnenden haben kein Wohlwollen für den von ihnen behandelten anderen Menschen. Auch wenn sie ihn etwa angemessen bezahlen sollten, täten sie es nicht aus Wohlwollen, sondern nur aus Klugheit und würden solches gerechte Bezahlen wieder einstellen, sobald die äußere Lage ihnen das gestattet.

Dieses Wohlwollen, diese soziale Gesinnung, diese „Nächstenliebe", wenn man es christlich ausdrücken will, sie ist es, die dann auch „Würde" im anderen Menschen sieht, und zwar auch in demjenigen Menschen, der seiner Lage und Verfassung nach gar keinen würdigen Eindruck macht. Ihm zu ermöglichen, Mensch zu werden, im guten Sinn zu sich selber zu kommen, darum handelt es sich hier, keineswegs aber um

---

39   Dafür gibt es so manchen Zeugen. So hat *Ludwig Raiser* (JZ 1958, 1 Fn. 5) die Arbeit *Fritz von Hippels* zum „Problem der rechtsgeschäftlichen Privatautonomie" (1936) als bis heute grundlegend bezeichnet; *Rolf Stürner* (Die Aufklärungspflicht der Parteien des Zivilprozesses, 1976, S. 85) rühmt den „überzeugenden Gesamtansatz" von *Fritz von Hippels* Monographie „Wahrheitspflicht und Aufklärungspflicht der Parteien im Zivilprozeß" (1939); *Bartholomeycik* (Erbrecht, 8. Aufl. 1968, S. 86 f.) würdigt *Fritz von Hippels* Verdienste um nötige Reformen des Testamentsrechts; *Viehweg* (Topik und Jurisprudenz, 4. Aufl. 1969, S. 98 ff.) feiert *Fritz von Hippel* als einen Pionier des topischen Denkens, und *v. Lersner* (NVwZ 1988, 988 ff.) – damals Präsident des Umweltbundesamtes – sieht in *Fritz von Hippel* gar einen Anwärter auf den Titel „Vater des Umweltrechts". Weitere Zeugnisse dieser Art finden sich nicht nur in der Literatur – speziell in der ihm zum 70. Geburtstag gewidmeten Festschrift –, sondern auch in vielen der Briefe, die *Fritz von Hippel* von Kollegen und Schülern erhalten hat.

eine bloße Gleichmacherei, die gegebenen Verschiedenheiten gegenüber die Augen verschließt. Aber so lange die Humanitas die Grundlage des jeweiligen Ordnungsstrebens bildet, wird es den Beteiligten auf weite Sicht auch gelingen, ohne Pedanterie und Schematismus das jeweils Angemessene und Richtige zu finden".

§ 3 Zur Notwendigkeit einer „Präventiven Jurisprudenz"

I. Problemstellung[1]

Die sich weltweit häufenden Katastrophen, Skandale und Krisen zeigen, dass wir heute auf nationaler, europäischer und internationaler Ebene vor ungewöhnlichen Herausforderungen stehen[2]. Diesen Herausforderungen können wir nur mit Hilfe des Präventionsgedankens gerecht werden: Vorbeugen ist besser als Heilen! Wer die Prävention vernachlässigt, muss für dieses Versäumnis früher oder später einen hohen Preis (in Form von ökonomischen, ökologischen, menschlichen und sozialen Schäden) zahlen. Das zeigen u.a. die verheerenden Auswirkungen des BSE-Skandals, der Aids-Epidemie, des Atomunfalls in Tschernobyl, des Waldsterbens und der Klimakatastrophe.

Wegen der überragenden Bedeutung des Präventionsgedankens sollte man meinen, dass ihm überall Priorität eingeräumt wird. Indessen zeigt nicht nur der BSE-Skandal, dass es bezüglich der Prävention bisher viele gravierende, ja nicht selten erschreckende Defizite gibt, und zwar sogar in Fällen, in denen Gesundheit und Leben vieler Menschen auf dem Spiele stehen. Die Rechtswissenschaft ist deshalb aufgerufen, darauf hinzuarbeiten, dass der Präventionsgedanke in allen relevanten Fällen den ihm gebührenden Stellenwert erhält und dass sich in Analogie zur „Präventivmedizin" eine „Präventive Jurisprudenz" entwickelt.

II. Typische Beispiele

Worum es geht, soll im folgenden anhand einer Reihe wichtiger Problemfelder veranschaulicht werden, die so ausgewählt sind, dass sie zusammen ein breites Spektrum abdecken.

---

1   Überarbeitete und ergänzte Fassung eines Beitrags, der in der Zeitschrift für Rechtspolitik (ZRP) 2001, 145 ff. erschienen ist.
2   Siehe *v. Hippel*, Rechtspolitik (1992).

1. Unfälle

Beginnen wir mit dem Problemkreis "Unfälle"[3]. Angesichts der massenhaften Unfälle in unserer technisierten Welt und der gigantischen Folgekosten überrascht es, dass die Wissenschaft sich zwar ausgiebig mit dem Schadensausgleich bei Unfällen beschäftigt, das vorrangige Problem der Unfallverhütung aber vernachlässigt hat. Das verwundert um so mehr, als der Staat nach der Rechtsprechung des Bundesverfassungsgerichts verpflichtet ist, die Bürger vor einer Gefährdung ihres Lebens und ihrer körperlichen Unversehrtheit zu schützen, und sich die Frage stellt, ob der Staat diese Schutzpflicht angemessen erfüllt. Bei den Arbeitsunfällen ist dies wohl der Fall. Hier ist die besondere Bedeutung des Präventionsgedankens seit langem anerkannt: So nannte schon § 537 Nr. 1 RVO ausdrücklich an erster Stelle die Verhütung von Arbeitsunfällen; inzwischen sind zahlreiche öffentlichrechtliche Arbeitsschutzvorschriften und autonome Rechtsnormen der Berufsgenossenschaften erlassen worden, die die Schutzpflichten des Arbeitgebers (§ 618 BGB) konkretisieren und deren Einhaltung von der staatlichen Gewerbeaufsicht und den Berufsgenossenschaften überwacht wird. Als nützlich hat sich auch der Einsatz ökonomischer Anreize zur Unfallverhütung (Differenzierung der Beiträge zur Gesetzlichen Unfallversicherung nach der jeweiligen „Unfallbilanz" der einzelnen Unternehmer) erwiesen.

Anders sieht es jedoch bei den Verkehrsunfällen aus. Zwar ist die Zahl der Verkehrsopfer im Laufe der Jahre (insbesondere wegen verbesserter Fahrzeugsicherheit) erheblich gesunken[4]. Aber es ist nach wie vor zu beanstanden, dass der Staat seine Schutzpflicht nicht angemessen erfüllt.

Als besonders wichtige Maßnahmen der Unfallbekämpfung haben sich (neben der in Deutschland erst relativ spät eingeführten „Anschnallpflicht") Geschwindigkeitsbegrenzungen und die Eliminierung oder doch wenigstens die Reduktion des Alkohols am Steuer erwiesen[5]. In beiden Punkten ist Deutschland hinter anderen Staaten zurück. So ist Deutschland das einzige Land, in dem auf Autobahnen beliebig schnell gefahren werden darf[6]. Auch den Alkoholgrenzwert („Promillegrenze") hat der Deutsche Bundestag unter dem Druck der Lobby nur sehr zögerlich und halbherzig im

---

3 Siehe im einzelnen *v. Hippel* (o.Fn. 2) § 20 (Bessere Verhütung von Unfällen?).

4 Im Jahr 2006 wurden in Deutschland 5.091 Menschen durch Verkehrsunfälle getötet und über 422.300 verletzt, davon 74.500 schwer.

5 Siehe *v. Hippel* (o.Fn. 2), S. 299 ff.

6 Nach einem furchtbaren Unfall, den ein rund 200 Stundenkilometer schneller Autofahrer nachts auf der Autobahn verschuldete, ist die Diskussion über ein Tempolimit neu entbrannt. Während die SPD, EU-Umweltkommissar *Dimas* und der Chef der VN-Umweltbehörde *Steiner* aus Sicherheits- und Klimaschutzgründen Tempo 120 auf Autobahnen befürworten, haben sich Verkehrsminister *Tiefensee* und ADAC (mit nicht überzeugenden Argumenten) dagegen ausgesprochen (siehe Die Welt 08.05.07, S. 33). – Nachdem der SPD-Parteitag in Hamburg ein Tempolimit befürwortet hat (mit einer knappen Mehrheit gegen die Stimmen der gesamten Parteispitze), wollen nun die Grünen Tempo 130 auf

November 1997 von 0,8 auf 0,5 Promille gesenkt, obwohl in vielen anderen Staaten schon ein völliges Alkoholverbot für Kraftfahrer galt, das die einzig sachgerechte Lösung ist und das in Deutschland wenigstens für Berufskraftfahrer und ab August 2007 auch für Fahranfänger (während einer zweijährigen Probezeit) besteht[7].

2. Krankheiten

Wie die Krise des Gesundheitswesens deutlich macht, muss man auch hier stärker als bisher auf Prävention setzen, und zwar nicht nur aus humanitären Gründen, sondern auch, um die Kosten des Gesundheitswesens unter Kontrolle zu halten, die inzwischen rund elf Prozent des Bruttoinlandsprodukts verschlingen[8]. Experten haben schon vor Jahren darauf hingewiesen, das Gesundheitswesen werde nur mit Hilfe präventiver Maßnahmen (insbesondere einer intensiveren Gesundheitserziehung) bezahlbar bleiben.

Verwunderlich ist, dass bisher anscheinend kein Staat über ein umfassendes Gesamtkonzept verfügt, das unter Auswertung aller bisherigen Erfahrungen sämtliche bestehenden Möglichkeiten einer Verhütung von Krankheiten in optimaler Weise verbindet und für ihre Realisierung sorgt. Die – unerläßliche – Erarbeitung eines solchen präventiven Gesamtkonzepts ist freilich eine höchst anspruchsvolle Aufgabe, denn es müssen dabei alle typischen Faktoren berücksichtigt werden, die (wie Freiheit der Lebensgestaltung, Arbeit, Bildung, Lebensstandard, Umwelt) für die Lebensqualität und damit zugleich auch für die Gesundheit bedeutsam sind[9].

Der Gesichtspunkt der Vorbeugung zwingt nicht zuletzt auch zu einer kritischen Überprüfung der heutigen Medizinsysteme. Darauf hat insbesondere der Sozialkritiker *Ivan Illich* hingewiesen, der schon vor Jahren die schockierende These aufstellte, die Medizinsysteme seien inzwischen zu einer Hauptgefahr für die Gesundheit geworden[10]. Höchst bedenklich ist insbesondere der häufig übertriebene Konsum von Arzneimitteln, der zur Sucht, zu Erkrankungen, zur Schädigung von Organen und sogar zum Tode führen kann[11].

Autobahnen durchsetzen (siehe *Ehrenstein*, Bundestags-Initiative für Tempolimit, Die Welt 31.10.07, S. 2).

7   Siehe *v. Hippel*, Willkür oder Gerechtigkeit, 1998, § 11 (Menschenopfer für die Alkohol-Lobby?). Vgl. auch *Lutz*, Drogenbeauftragte fordert 0,3-Promille-Grenze am Steuer, Die Welt 01.01.09, S. 4

8   Siehe Die Welt 6.5.08, S. 11.

9   Siehe *v. Hippel* (o.Fn. 2), S. 69; Bericht „Krankheiten durch schlechte Umwelt", Die Welt vom 19.06.1997, S. 8; Bericht „Familie schützt vor Demenz", Die Welt vom 08.05.00, S. 35; Bericht „Alzheimer: Vorbeugende Wirkung von Bildung", Die Welt vom 11.07.00, S. 35.

10   Siehe *Illich*, Die Nemesis der Medizin, 4. Aufl. 1995.

11   Siehe Bericht „Tausende Tote durch Medikamente", Die Welt vom 5.6.1999, S. 32 (Danach kann man davon ausgehen, dass in Deutschland jährlich 120.000 bis 240.000 schwe-

3. Drogen

Auch beim Drogenproblem kommt die Prävention bisher viel zu kurz[12]. Das ist schwer verständlich, denn die Dimensionen des Drogenproblems sind alarmierend. So hat auf dem 9. Weltkongress zur Suchtprävention der Kongresspräsident *Lothar Schmidt* im August 1994 darauf hingewiesen, es gäbe in Deutschland Millionen von süchtigen Bürgern (6 Millionen Nikotinabhängige, 2,5 Millionen Alkoholiker, 800.000 Medikamentenabhängige und rund 100.000 von illegalen Drogen Abhängige). Wenn wir nicht zu einem Volk von Süchtigen werden wollten, müsse Prävention endlich eine größere Rolle spielen. Erschreckend sind auch die Zahlen der Menschen, die legalen und illegalen Drogen zum Opfer fallen. So rechnet man in Deutschland jährlich mit 110.000 Tabaktoten, 40.000 Alkoholtoten und an die 2.000 Drogentoten. Noch weit höher ist die Zahl drogenbedingter Erkrankungen.

Zwar wäre es verfehlt, den Staat dafür verantwortlich zu machen, dass eine wachsende Zahl von Menschen Suchtgefahren erliegt und vom Rauschgift oder legalen Drogen (Alkohol, Tabak, Medikamenten) abhängig wird. Aber es lässt sich auch schwerlich bestreiten, dass der Staat mehr tun könnte und müsste, um dieser Entwicklung entgegenzuwirken. Zu beanstanden ist insbesondere, dass der Staat wegen des Widerstandes der Lobby den Kampf gegen die legalen Drogen Tabak und Alkohol so spät und nur halbherzig aufgenommen hat. Dies widerspricht der staatlichen Schutzpflicht, die jedenfalls gegenüber den ungeborenen Kindern und Passivrauchern besteht, aber auch gegenüber Rauchern und Trinkern, soweit diese süchtig (und deshalb nicht willensfrei) oder minderjährig sind.

Wie die internationale Entwicklung zeigt, wächst nun das Bewusstsein dafür, dass neben den illegalen Drogen auch die legalen Drogen Tabak und Alkohol sehr viel entschiedener als bisher bekämpft werden müssen. Besonders wichtig ist es, dafür zu sorgen, dass die Kosten der Tabakschäden und die Kosten der Alkoholschäden (entsprechend dem Verursacherprinzip) von der Tabakindustrie bzw. der Alkoholindustrie getragen werden[13]. Dies entspricht nicht nur der Gerechtigkeit, sondern kommt auch der Prävention zugute; aufgrund internationaler Erfahrungen steht nämlich fest, dass Preiserhöhungen den Konsum von Tabak und Alkohol verringern.

---

re medikamentenbedingte Erkrankungen auftreten, von denen 8.000 bis 16.000 tödlich verlaufen).

12 Siehe im einzelnen *v. Hippel* (o.Fn. 2) § 17 (Drogen als Herausforderung) sowie unten § 22 (Tabak) und § 23 (Alkohol).

13 Siehe unten § 22 (Tabak) und § 23 (Alkohol).

4. Verbraucherschutz

Von größter Bedeutung ist der Präventionsgedanke auch für den Verbraucherschutz, d.h. den Schutz vor defekten und gefährlichen Produkten, vor unlauterer Werbung, vor unlauteren Geschäftsbedingungen, vor überhöhten Preisen und vor Überschuldung[14]. Obwohl der Verbraucherschutz inzwischen in vielen Punkten verbessert worden ist, gibt es nach wie vor Defizite, ja gelegentlich sogar Rückschritte[15]. Nicht selten kommen nötige Reformen erst unter dem Druck von Skandalen zu Stande wie dem BSE-Skandal, der zugleich ein typisches Beispiel dafür ist, dass nötige Maßnahmen von der Lobby häufig verhindert oder doch verzögert werden.

Wichtig für die Prävention ist auch eine möglichst effektive Durchsetzung individueller Verbraucheransprüche[16]. Sie dient nämlich nicht nur dem Schutz der einzelnen betroffenen Verbraucher, sondern wirkt auch weiteren Normverstößen entgegen, weil der Normverletzer nicht mehr ohne weiteres damit rechnen kann, dass ihm sein – oft sehr hoher – illegaler Gewinn erhalten bleibt.

Der Prävention im weitesten Sinne würde endlich eine bessere Organisation der Verbraucher und die Errichtung einer zentralen Verbraucherschutzbehörde dienen. Eine bessere Organisation würde es den Verbrauchern ermöglichen, ihre Interessen durch die Bildung von Gegenmacht stärker zur Geltung zu bringen. Eine zentrale Verbraucherschutzbehörde – die in manchen Staaten bereits besteht – könnte alle bisherigen Verbraucherschutzaktivitäten koordinieren, für die Durchsetzung des bestehenden Verbraucherschutzrechts sorgen, auf die Verbesserung dieses Rechts hinarbeiten und sich um eine Aufklärung und Erziehung der Verbraucher bemühen[17].

---

14 Siehe *v. Hippel*, Präventiver Verbraucherschutz: Vorbeugen ist besser als Heilen, Das Parlament, Beilage 34/2001, S. 16 ff.

15 So ist bedauerlich, dass die präventive Kontrolle Allgemeiner Versicherungsbedingungen durch das Bundesaufsichtsamt für das Versicherungswesen (BAV), die sich bewährt hatte (siehe *v. Hippel*, Verbraucherschutz, 3. Aufl. 1986, S. 229 ff.) im Zuge der – prinzipiell begrüßenswerten – Deregulierung des Versicherungswesens abgeschafft worden ist. Hier hat man das Kind mit dem Bade ausgeschüttet. – Zur heutigen (nachträglichen) Kontrolle Allgemeiner Versicherungsbedingungen durch das Bundesaufsichtsamt siehe *Schwintowski*, VuR 1999, 44 ff.

16 Siehe *v. Hippel*, Verbraucherschutz, 3. Aufl. 1986, § 6 (Durchsetzung individueller Verbraucheransprüche); *Harald Koch*, Verbraucherprozessrecht, 1990; *Thomas v. Hippel*, Der Ombudsmann im Bank- und Versicherungswesen, 2000.

17 Siehe *v. Hippel*, Verbraucherschutz, 3. Aufl. 1986, S. 41 ff., 265 ff. – Unter dem Druck der BSE-Krise ist das Bundeslandwirtschaftsministerium zu einem Ministerium für Verbraucherschutz, Ernährung und Landwirtschaft umfunktioniert worden. (Besser wäre ein eigenes Ministerium für Verbraucherschutz gewesen; siehe Wirtschaftswoche 2001 Nr. 4, S. 20 ff.). Zugleich haben die Verbraucherverbände einen neuen Bundesverband („Verbraucherzentrale Bundesverband") gegründet, der an Stelle von Krisenmanagement und

5. Anlegerschutz

Die fatalen Auswirkungen unzureichender Prävention zeigen sich auch beim Anlegerschutz[18]. Seit Jahren erlebt eine aufgebrachte Öffentlichkeit, dass Betrüger Anleger am „Grauen Kapitalmarkt" um Unsummen prellen (mit Hilfe von Warenterminegeschäften, Beteiligungssparplänen, Bankgarantiegeschäften, zins- und tilgungsfreien Darlehen, Schneeballsystemen), ohne dass der Staat einschreitet. Das ist um so unverständlicher, als die Verhinderung von Straftaten zu den wichtigsten staatlichen Aufgaben gehört und der Anlagebetrug Teil der organisierten Kriminalität ist, welcher der Staat zu Recht den Kampf angesagt hat.

Zwar hat die 6. KWG-Novelle vom 22.10.1997 (BGBl. I 1997, 2518) inzwischen wenigstens Wertpapier-, Warentermin- und Devisentermingeschäfte einer besonderen staatlichen Kontrolle unterworfen, aber da nur etwa zehn Prozent aller Betrugsfälle auf solche Geschäfte entfallen, ist damit nicht viel gewonnen. Da sich auch die Information der Bürger, das Strafrecht und das Haftungsrecht als unzulängliche Schutzinstrumente erwiesen haben, ist deshalb die Einführung einer staatlichen Kontrolle des gesamten „Grauen Kapitalmarkts" zu befürworten, wie sie in anderen Staaten bereits besteht und von Experten und Verbraucherverbänden in Deutschland seit langem gefordert wird.

6. Umweltschutz

Besonders augenfällig und alarmierend sind die Folgen versäumter Prävention beim Umweltschutz[19]. Die zunehmende Zerstörung der Umwelt (verpestete Luft, verseuchtes Wasser, vergiftete Erde, sterbende Wälder, Vernichtung der Tropenwälder, Bodenerosion, schwindende Ozonhülle, Treibhauseffekt) beeinträchtigt nicht nur die Lebensqualität immer weiterer Kreise der heutigen Bevölkerung, sondern gefährdet auch mehr und mehr die Lebensgrundlagen künftiger Generationen.

Zu Recht hat der *Sachverständigenrat zur Begutachtung der gesamtwirtschaftlichen Entwicklung* schon vor Jahren gefordert, es sei „dafür zu sorgen, dass das wirtschaftliche Wachstum in Bahnen verläuft, die mit der Schonung der natürlichen Lebens- und Produktionsgrundlagen vereinbar sind". Wo immer möglich müsse die Nutzung der Umwelt mit einem Preis belegt werden, der hoch genug sei, um Ver-

---

„hektischem Reparieren" vorsorgenden Verbraucherschutz und umweltgerechtes Wirtschaften befürwortet.

18 Siehe im einzelnen *v. Hippel* (o.Fn. 7) § 8 (Kein Schutz vor Anlagebetrug?); vgl. dort auch § 9 (Kein Schutz vor Spendenbetrug?); *Haimann*, Anlieger verlieren 250 Milliarden Euro, Die Welt 08.02.07, S. 23; *Höfling/Zschäpitz*, Schlechte Karten für geprellte Sparer, Die Welt 08.04.08, S. 17.

19 Siehe *v. Hippel* (o.Fn. 7), S. 63 ff., 390 ff.

schwendungen des knappen Guts Umwelt zu unterbinden. Das Problem der Altlasten zeige, wie heutige Generationen für die Fehler der Vergangenheit büßen müssten[20].

Besonders wichtig für den Umweltschutz ist die *konsequente Durchsetzung des Verursacherprinzips* bezüglich der Umweltschäden. Daran mangelt es bisher, denn Geschädigte können (wie im Falle des Waldsterbens) meistens keine konkreten Schädiger ermitteln und haftbar machen. Entgegen dem immer wieder proklamierten Verursacherprinzip werden Umweltschäden heute also weithin nicht von den Schädigern, sondern von den Opfern getragen. Dies ist nicht nur ungerecht – und m. E. sogar verfassungswidrig –, sondern schwächt auch den Präventionsgedanken[21]. Der Gesetzgeber sollte deshalb der gegenwärtigen Lage, die eines Rechtsstaats unwürdig ist, dadurch abhelfen, dass er einen Entschädigungsfonds schafft, der durch Beiträge aller Emittenten (Industrie, Kraftfahrer, privater Haushalte) entsprechend den von diesen jeweils gesetzten Schadensrisiken finanziert wird und dadurch sowohl für eine gerechte Lastenverteilung als auch für präventive Anreize sorgt.

Die präventiven Anreize lassen sich noch dadurch verstärken, dass umweltbelastende Produkte und Produktionsverfahren mit „Ökosteuern" belegt werden[22]. Deshalb ist die Einführung einer „Ökosteuer" auf Heizöl, Gas, Strom und Benzin prinzipiell zu begrüßen. Freilich ist es nicht konsequent, dass das produzierende Gewerbe Rabatte erhält, dass auch umweltfreundlicher „Öko-Strom" und die umweltfreundliche Bahn mit der Ökosteuer belastet werden und dass das Aufkommen dieser Steuer nicht dem Umweltschutz (Prävention und Kompensation von Umweltschäden) zugute kommt, sondern als Subvention für die Rentenversicherung dient.

7. Soziale Sicherheit

Nicht zuletzt ist der Präventionsgedanke für die Soziale Sicherheit bedeutsam, denn es ist aus ökonomischen und aus humanitären Gründen besser, soziale Risiken (wie Unfälle, Krankheiten, Invalidität, Arbeitslosigkeit, Armut) vorbeugend zu bekämpfen, als sich nach ihrer Verwirklichung um Abhilfe zu bemühen[23]. So sollte z. B. mit Hilfe der Wirtschafts-, Struktur-, Arbeitsmarkt- und Bildungspolitik Arbeitslosigkeit (insbesondere Jugendarbeitslosigkeit) mit all ihren verheerenden Auswirkungen möglichst weitgehend verhindert werden. Notfalls sollte der Staat als „Arbeitgeber der

---

20 Siehe Jahresgutachten 1989/90 des Sachverständigenrates zur Begutachtung der gesamtwirtschaftlichen Entwicklung, BT-Drucks. 11/5786, S. 15, 145 f.
21 Siehe *v. Hippel* (o.Fn. 7) § 5 (Rechtlose Umweltopfer?) sowie unten §§ 15, 16.
22 Siehe im einzelnen *Teufel*, Öko-Steuern als marktwirtschaftliches Instrument im Umweltschutz: Vorschläge zu einer ökologischen Steuerreform, ZRP 1988, 373 ff.; vgl. auch *Franke*, Hindernisse im Verfassungsrecht für Öko-Abgaben, ZRP 1991, 24 ff.
23 Siehe *v. Hippel*, Grundfragen der Sozialen Sicherheit, 1979, S. 32 ff.; *ders.* (o.Fn. 2) § 14 (Zur Krise des Wohlfahrtsstaats).

letzten Zuflucht" fungieren: Es ist sinnvoller, Arbeitslose für sozial nützliche Dienste (z.B. Altenbetreuung) einzusetzen, als ihnen eine Arbeitslosenrente zu zahlen.

Der Gesichtspunkt der Prophylaxe muss auch bei der Ausgestaltung sozialer Leistungen bedacht werden: Die Leistungen sind so zu bemessen, dass der Ansporn zur eigenen Bemühung – etwa zur baldmöglichen Wiederaufnahme der Arbeit im Falle von Krankheit oder Arbeitslosigkeit – nicht beseitigt oder zu stark vermindert wird[24].

8. Abtreibung

Von größter Bedeutung ist der Präventionsgedanke schließlich auch bezüglich der Abtreibung, die bis heute ein besonders bedrückendes Problem geblieben ist[25], werden in Deutschland doch jährlich mindestens 130.000 Kinder vor ihrer Geburt getötet. Der Versuch des deutschen Gesetzgebers, Abtreibungen – die heute in den ersten zwölf Wochen der Schwangerschaft straffrei sind – durch eine Pflichtberatung der Schwangeren entgegenzuwirken, ist erfolglos geblieben.

Da die rechtsvergleichende Betrachtung zeigt, dass die Abtreibungsquote durch die Art der jeweiligen rechtlichen Regelung sehr viel weniger beeinflusst wird, als durch andere Faktoren (insbesondere durch die Sexualsitten, Aufklärung über Geburtenkontrolle, Verfügbarkeit und Qualität von Verhütungsmaßnahmen sowie die Einstellung der Bevölkerung zur Abtreibung), muss Abtreibungen primär durch eine Aufklärung der Bevölkerung, durch praktische Hilfsmaßnahmen und durch die Schaffung besserer Rahmenbedingungen für Eltern und Kinder entgegengewirkt werden. Es sollte jedenfalls zu denken geben, dass ein großer Teil der Abtreibungen auf verheiratete Frauen fällt.

Obwohl Abtreibungsverbote von den Betroffenen erfahrungsgemäß kaum beachtet werden und inzwischen weltweit mehr oder weniger aufgegeben worden sind, bleiben Abtreibungen ein Unrecht, denn das Lebensrecht des ungeborenen Kindes wiegt schwerer als das Recht der Mutter auf Selbstbestimmung, zumal die Mutter (außer bei Vergewaltigung) für den Eintritt der Schwangerschaft mitverantwortlich ist. Dass der Staat inzwischen aus pragmatischen Gründen (und nicht zuletzt unter dem Druck der Frauenbewegung) auf eine Bestrafung von Abtreibungen verzichtet, ändert nichts an dieser Wertung. Deshalb muss das Recht wenigstens da, wo es (wie bei der Regelung der Abtreibungskosten) möglich ist, dazu beitragen, das Bewusstsein dafür zu entwickeln und zu stärken, dass das menschliche Leben einen Höchstwert darstellt und dass die „Ehrfurcht vor dem Leben" (*Albert Schweitzer*) gerade dort besonders zu üben ist, wo es schwache und hilflose Mitglieder der Gesellschaft (wie ungeborene Kinder, Behinderte oder unheilbar Kranke) zu schützen gilt. Es ist deshalb nicht angemessen, dass in den meisten Fällen der Staat für die Abtreibungskosten aufkommt.

---

24 Siehe *v. Hippel* (o.Fn. 23) S. 34 ff.
25 Siehe die Nachweise oben § 1 N. 6.

III. Bilanz und Ausblick

Wie sich ergeben hat, wird der Präventionsgedanke trotz seiner überragenden Bedeutung bis heute häufig vernachlässigt, was vermeidbare ökonomische, ökologische, menschliche und soziale Schäden zur Folge hat. Deshalb gilt es dafür zu sorgen, dass der Präventionsgedanke in allen relevanten Fällen den ihm gebührenden Stellenwert erhält. Dafür gibt es bereits manche Ansätze[26].

Wichtig ist es, den Blick nicht vorschnell zu verengen, sondern große Zusammenhänge zu erkennen und zu beachten. So hat schon *Franz von Liszt* zu Recht betont, eine gute Sozialpolitik sei die beste Kriminalpolitik. Ähnlich positive Präventivwirkungen hat eine gute Wirtschaftspolitik (die der Arbeitslosigkeit und der Armut entgegenwirkt) und eine gute Familienpolitik (die einer Benachteiligung der Familien und dem Geburtenschwund entgegenwirkt)[27]. Beachtung verdient auch das Transparenzprinzip (Transparenzgebot), das Gefahren in vielen Fällen entgegenwirken kann und das nicht nur im staatlichen Bereich eine Rolle spielt, sondern u. a. auch beim Verbraucherschutz und beim Anlegerschutz. Wichtig ist ferner eine konsequente Durchsetzung des Verursacherprinzips im Schadensrecht, weil dadurch nicht nur für eine gerechte Zuordnung der Schadenskosten, sondern auch für präventive Anreize gesorgt wird[28]. Nicht zuletzt gilt es Sanktionsdefizite und Vollzugsdefizite (speziell bei der Abschöpfung illegaler Gewinne) zu vermeiden, weil solche Defizite ein Anreiz sind, bestehende Regeln zu missachten[29]. Unverzichtbar sind deshalb möglichst effiziente

---

26   Siehe *Grimm*, Verfassungsrechtliche Anmerkungen zum Thema „Prävention", KritV 1986, 38 ff.; *Albrecht*, Prävention als problematische Zielbestimmung im Kriminaljustizsystem, ebd. S. 54 ff.; *J. Schmidt*, Prävention als Zielbestimmung im Zivilrecht, ebd. S. 83 ff.; *Nicklisch* (Hrsg.), Prävention im Umweltrecht, 1988, und hierzu meine Besprechung in JZ 1989, 434 f.; *Gert H. Steiner*, Schadensverhütung als Alternative zum Schadensersatz (1983) und hierzu meine Besprechung in ZRP 1984, 333 f.; *Möllers*, Rechtsgüterschutz im Umwelt- und Haftungsrecht, Präventive Verkehrspflichten und Beweiserleichterungen in Risikolagen, 1996; *Henning Löwe*, Der Gedanke der Prävention im deutschen Schadensersatzrecht, 2000; *Zipf*, Kriminalpolitik, 2. Aufl. 1980, S. 165 ff. (der auf S. 166 feststellt: „Die Prävention fristet auch heute noch ein Schattendasein gegenüber der repressiven Verbrechensbekämpfung. Hier ist ein grundlegender Umdenkungsprozess erforderlich"); *Warschko*, Vorbeugende Verbrechensbekämpfung, 1995; *Wagner*, Prävention und Verhaltenssteuerung durch Privatrecht, AcP 206 (2006) 352 ff.

27   Siehe unten § 8.

28   Siehe unten § 15.

29   Siehe *v. Hippel* (o.Fn. 2), S. 33 ff. (der u. a. darauf hinweist, nicht selten hätten die Gerichte bestehende Sanktionslücken von sich aus geschlossen); *Köndgen*, Gewinnabschöpfung als Sanktion unerlaubten Tuns, RabelsZ 2000, 661 ff. (der auf S. 693 zu dem Ergebnis kommt, die Gewinnabschöpfung sei „neben dem Schadensersatz ein zentrales Sanktionsinstrument im Dienste optimaler Abschreckung unrechtmäßigen Verhaltens"). – Die Abschöpfung illegaler Gewinne ist insbesondere für die Bekämpfung des Organisierten

Aufsichtsbehörden (wie Gesundheitsbehörden, Kartellbehörden, Verbraucherschutz-behörden, Umweltschutzbehörden), welche die Einhaltung bestehender Regeln kont-rollieren[30].

Da leider als Regel gilt, dass erst Kinder in den Brunnen fallen müssen, bevor für (angemessene) Prävention gesorgt wird[31], bedeuten die sich häufenden Katastrophen, Skandale und Krisen unserer Zeit nicht nur ein Übel, sondern auch die Chance, dass überfällige Reformen endlich durchgesetzt werden[32].

Verbrechens von größter Bedeutung; siehe *Kaiser*, Strafrechtliche Gewinnabschöpfung, ZRP 1999, 144 ff.

30 Siehe *v. Hippel* (o.Fn. 2), S. 119 ff. – Dass in vielen Fällen eine bessere Kontrolle nötig ist, liegt auf der Hand. So hat der BSE-Skandal zu der parteiübergreifenden Forderung nach „scharfer Überwachung einschließlich unangemeldeter Kontrollen bei Futtermittel-herstellern und Landwirten" geführt (Die Welt vom 25.01.2001, S. 52).

31 So verständigte sich die Bonner Koalition z.B. erst nach aufsehenerregenden Sexualmor-den an Kindern auf schärfere Strafen, aber auch bessere Vorbeugungsmöglichkeiten wie eine Pflicht zur Therapie und sorgfältigere Prüfung von vorzeitiger Haftentlassung von Sexualtätern (Die Welt vom 19.09.1997, S. 2). Desgleichen wurden überfällige Regelun-gen zum Schutz der Bevölkerung vor Kampfhunden erst erlassen, nachdem ein sechsjäh-riger Junge im Juni 2000 von einem Kampfhund totgebissen worden war (Die Welt vom 30.11.00, S. 45). – Schließlich kommt es nun erst unter dem Druck des bedrohlichen Geburtenschwundes zu einer Aufwertung der lange Zeit vernachlässigten Familienpolitik; siehe *Siems*, Die Parteien entdecken die Familienpolitik – Dahinter steckt die Sorge um die Zukunftsfähigkeit, Die Welt vom 06.01.01, S. 2; unten § 8.

32 Siehe *v. Hippel*, Rechtspolitik, 1992, S. 403 ff.; *ders.*, Willkür oder Gerechtigkeit, 1998, S. 153.

§ 4 Rechtspolitik: Erfahrungen und Reflexionen

I. Vorbemerkung[1]

Angesichts der Fülle unbewältigter Probleme ist die Rechtspolitik mehr und mehr zu einer Schicksalsfrage geworden[2]. Zwar wird die Rechtspolitik von der Jurisprudenz bis heute stiefmütterlich behandelt, aber die Lage beginnt sich zu ändern. Im übrigen sollte der Kampf ums Recht (genauer: Der Kampf für ein gerechtes Recht) als eine Gemeinschaftsaufgabe begriffen werden, die nicht nur die Juristen, sondern alle Bürger angeht.

II. Rechtspolitik als Lebensaufgabe

Ohne dass ich dies ursprünglich ahnte, ist mir die Rechtspolitik zur Lebensaufgabe geworden. Sie lag mir wohl von vornherein im Blut. Jedenfalls habe ich es schon früh als belastend empfunden, dass es so viele Ungerechtigkeiten in der Welt gibt; und natürlich lag dann die Frage nahe, wie sich dies ändern ließe. Hinzu kam das Vorbild meines Vaters *Fritz von Hippel*, meines weitaus wichtigsten und liebsten Lehrers, für den das positive Recht immer nur ein Ausgangspunkt für die Frage war, ob und wie man es besser machen könne, und der mir schon früh die Überzeugung vermittelte, dass die Juristen für mehr Gerechtigkeit sorgen müssten. „Hätten sie das getan", sagte er mir einmal, „so wären uns Marxismus und Kommunismus erspart geblieben". Und sein Werk ist denn auch stark durch den Einsatz für die Gerechtigkeit bestimmt[3]. – Wichtig waren für mich auch die Begegnungen mit *Max Rheinstein* (einem alten Freund meines Vaters, der mich während meines Studienaufenthalts an der University of Chicago bei sich aufnahm) und *Konrad Zweigert*, meinem späteren Habilitations-

---

1   Der (überarbeitete) Beitrag ist erschienen in der Festgabe Zivilrechtslehrer 1934/1935 (1999), S. 193 ff.

2   Siehe *v. Hippel*, Rechtspolitik (1992); *Schmidt-Jortzig*, Rechtspolitik, ZG 2008, 126 ff.

3   Genannt seien hier nur seine Schrift „Der Nationalsozialismus als Warnung und Lehre" (2. Aufl. 1947), sein Buch „Die Perversion von Rechtsordnungen" (1955) – das er mir gegenüber einmal als seine ihm wichtigste Publikation bezeichnet hat – sowie seine beiden Sammelbände „Rechtstheorie und Rechtsdogmatik" (1964) und „Ideologie und Wahrheit in der Jurisprudenz" (1973), speziell sein im ersten dieser Bände abgedruckter grundlegender Beitrag „Recht und Unrecht" (siehe dazu oben § 2).

mentor. Als Rechtsvergleichern war für sie die Frage nach möglichen Verbesserungen des Rechts von vornherein selbstverständlich.

So wandte ich mich von Anfang an rechtspolitischen Themen zu, wie dem Schadensersatz bei Ehestörung[4], der Kontrolle der Vertragsfreiheit[5] und Problemen der Grundrechte[6]. Doch war all dies nur Vorgeplänkel.

III. Reform des Unfallschadensrechts

Die eigentliche Stunde meiner Geburt als Rechtspolitiker schlug, als ich – inzwischen (seit März 1965) USA-Referent am Max-Planck-Institut für ausländisches und internationales Privatrecht (Hamburg) – mich dazu entschloss, eine rechtsvergleichende Habilitationsschrift über das Thema „Schadensausgleich bei Verkehrsunfällen" zu verfassen. Dieses Thema hatte es in sich, denn es wurde mir bald klar, dass sich den zahlreichen Mängeln des überkommenen Rechts am besten durch eine Grundsatzreform nach dem Vorbild der Arbeitsunfallversicherung („Haftungsersetzung durch Versicherungsschutz") abhelfen lasse. Ebenso klar war mir freilich, dass sich die Versicherungswirtschaft und die Anwaltschaft aus Sorge um Geschäftseinbußen gegen eine solche Reform sperren würden, wie sie es in anderen Ländern bereits getan hatten.

Meine Annahme wurde schon bald bestätigt: Kaum war meine (von *K. Zweigert* und *A. Zeuner* sehr positiv bewertete) Habilitationsschrift erschienen[7], so meldeten sich die Versicherer und verlangten eine interne Aussprache. Herr Zweigert, der mir dies mitteilte, sagte mir in seiner unnachahmlichen Weise: „Die wollen Sie wohl hinrichten, aber das werde ich zu verhindern wissen". Im übrigen waren wir uns darüber einig, dass die Reaktion der Versicherer als ungewöhnliche Anerkennung meines Buches zu werten sei: Offensichtlich hatte ich den nervus rerum getroffen.

An dem Diskussionstreffen im Max-Planck-Institut nahmen dann neben Herrn Zweigert und Herrn Zeuner auch der Hamburger Versicherungsrechtler *H. Möller*, die Mitarbeiter des Instituts und eine Reihe prominenter Vertreter der Versicherungswirtschaft (u.a. *Brugger, Frey, Schwepke*) unter Führung ihres Verbandspräsidenten *E. Meyer* teil. Die Diskussion war insgesamt sachlich – es wurde rasch deutlich,

---

4   Siehe *v. Hippel*, Schadensersatz bei Ehestörung, NJW 1965, 664 ff.

5   Siehe *v. Hippel*, Zur richterlichen Kontrolle der Vertragsfreiheit nach anglo-amerikanischem Recht (1962); *ders.*, The Control of Exemption Clauses: A Comparative Study, Int. Comp.L.Q. 16 (1967), 591 ff.

6   Siehe *v. Hippel*, Grenzen und Wesensgehalt der Grundrechte (1965).

7   Siehe *v. Hippel*, Schadensausgleich bei Verkehrsunfällen, Haftungsersetzung durch Versicherungsschutz – Eine rechtsvergleichende Untersuchung (1968) und hierzu die Besprechung von *Oftinger*, SchweizJZ 1969, 319.

dass die eigentliche Sorge der Versicherer darin bestand, meine Reformvorschläge könnten zu einer Verstaatlichung der Kraftfahrversicherung führen, ja letztlich sogar die gesamte Privatassekuranz in Frage stellen. Es hatte also nichts genützt, dass ich in meinem Buch versucht hatte, den Versicherern goldene Brücken zu bauen[8].

Unbeantwortet blieb im übrigen meine erneut gestellte Frage nach wichtigen Daten, die mir die Versicherer ursprünglich zugesagt, dann aber mit einer wenig überzeugenden Begründung verweigert hatten[9]. Herr *Brugger* (Allianz) sagte mir im Anschluss an die Diskussionsrunde, die Versicherer hätten die von mir gewünschten Daten bewusst unter Verschluss gehalten, weil man diese Daten nur als Insider richtig interpretieren könne.

Indessen hatte die Begegnung mit Herrn *Brugger* auch ihr Gutes: Drei Jahre zuvor war meine Schwiegermutter auf einem Fußgängerüberweg von einem angetrunkenen Kraftfahrer schwer verletzt worden. Als ihr die Allianz (als Haftpflichtversicherer des Schädigers) nun nach jahrelangen Auseinandersetzungen eine Abfindung von 10.000,– Mark bot, wandte ich mich an Herrn Brugger mit der Bitte, die Sache zu überprüfen: ich hätte den Fall bereits bei der Diskussion in Hamburg vor Augen gehabt, ihn seinerzeit aber nicht ausgespielt, um nicht in den Verdacht zu geraten, Persönliches mit Sachlichem zu verquicken. Herr Brugger reagierte prompt, löste den bisherigen Sachbearbeiter ab, und der neue Sachbearbeiter bot eine so hohe Vergleichssumme (wohl ca. 50.000,– Mark), dass der Anwalt meiner Schwiegermutter staunend erklärte, so etwas habe er noch nicht erlebt. Zugleich wies er (gleichsam auch als Entschuldigung dafür, dass er gegen die Allianz nicht entschiedener vorgegangen war) darauf hin, er sei schon häufiger als Rechtsanwalt für die Allianz tätig gewesen. Und in der Tat: Welcher Anwalt würde sich ohne Not einen ständigen Auftraggeber wie die Allianz verprellen? Damals habe ich erstmals erlebt, von welchen Imponderabilien die Durchsetzung berechtigter Ansprüche abhängen kann.

Nach dem Hamburger Diskussionstreffen taten die Versicherer übrigens alles, um mich abzublocken: So blieb mir der Zugang zum „Karlsruher Forum" – das ich im Jahre 1969 auf Fürsprache des damaligen Referenten *Max Keller* (Zürich) hatte besuchen können – versperrt, obwohl ich nach der Zielsetzung dieses Forums (Pflege des Zusammenhangs vom Schadens- und Versicherungsrecht) als besonders qualifiziert gelten konnte, obwohl mehrere Kollegen sich beim Veranstalter (dem Verlag Versicherungswirtschaft) für mich einsetzten und obwohl ich ausdrücklich meinen Verzicht auf die Erstattung von Spesen erklärt hatte[10]. Zudem suchten mir die Versicherer den

---

8   Siehe *v. Hippel* (oben Fn. 7), S. 111 f.; vgl. auch *ders.*, Reform des Schadensausgleichs bei Verkehrsunfällen?, VersWirt. 1970, 382; *ders.*, Schadensausgleich bei Verkehrsunfällen – mögliche Wege einer Reform, ZRP 1973, 27 ff.; *ders.*, Rechtspolitik (1992), S. 309 (311).
9   Siehe *v. Hippel* (oben Fn. 7), S. 40 f.
10   Schon auf dem Karlsruher Forum 1969 hatte ich den mit Geldscheinen gefüllten Briefumschlag abgelehnt, den dort jeder Tagungsteilnehmer vom Veranstalter erhielt.

Zugang zu den Medien zu erschweren[11], und sie bemühten sich, die Diskussion über die von mir behandelten Fragen durch getarnte Interessenvertreter in ihrem Sinn zu beeinflussen[12].

Trotz ihrer zentralen Bedeutung für das Unfallschadensrecht ist die Frage einer Grundsatzreform („Haftungsersetzung durch Versicherungsschutz") bis heute weder vom „Karlsruher Forum" noch vom Deutschen Juristentag behandelt worden, und sie hat auch in der Debatte über die Reform des Schuldrechts kaum Beachtung gefunden[13]. Dafür hat sich die Gesellschaft für Rechtsvergleichung des Themas angenommen und die Frage „Haftungsersetzung durch Versicherungsschutz" auf ihrer Tagung in Lausanne (1979) behandelt, wo ich das rechtsvergleichende Generalreferat hierzu gehalten habe[14].

---

11 So sagte mir ein Mitarbeiter des Norddeutschen Rundfunks, er sei gefragt worden (Namen dürfe er nicht nennen), ob das mit mir vorgesehene Rundfunkgespräch unverzichtbar sei. Da er bereits zwei Mal den Christopherus-Preis der Versicherer erhalten habe, sei die Lage für ihn etwas delikat gewesen, aber er habe sich durch den Hinweis aus der Affäre gezogen, es bestehe bereits eine vertragliche Vereinbarung.

12 Siehe insoweit nur die Beiträge von *Borgmann*, ZRP 1973, 53 ff. (mit kritischer Entgegnung von *Güllemann*, ZRP 1974, 35 ff.) und von *Schmeer*, VersR 1973, 390 ff. Beide Autoren waren Mitarbeiter eines Versicherungsunternehmens, ohne dies anzugeben. (Kritisch zu derartigen Versuchen einer getarnten Einflussnahme: *v. Hippel*, Rechtspolitik, 1992, S. 192 mit N.46). – Andererseits entsprachen die Versicherer in einigen Punkten meinen Forderungen. So verzichteten sie nach meiner Kritik (in NJW 1966, 1012 ff.; NJW 1967, 814 f.; JZ 1969, 77) auf das Regressrecht des Kaskoversicherers gegen berechtigte Fahrer und auf die – auch von anderer Seite kritisierte – „Angehörigenklausel". Zudem führten die Versicherer 1995 einen Selbstbehalt von 10.000 Mark für betrunkene Kraftfahrer ein, wie ich es (in NJW 1969, 209 ff.) befürwortet hatte.

13 Zu Recht hat *Leser* es auf der Stuttgarter Sondertagung der Zivilrechtslehrervereinigung als „gravierende Lücke" bezeichnet, „dass die Gutachten zur Schuldrechtsreform dieses Thema nicht behandelt, sondern gemeinsam ausgeklammert haben" (*Leser*, Zu den Instrumenten des Rechtsgüterschutzes im Delikts- und Gefährdungshaftungsrecht, AcP 1983, 568, 575). Hierzu hat *Kötz* angemerkt, dass der Gutachtenauftrag des Bundesjustizministeriums sich nicht auf das Thema „Haftungsersetzung durch Versicherungsschutz" erstreckt habe, also nicht einen Aufbruch zu neuen Ufern einleiten, sondern der Sicherung und besseren Ordnung des vorhandenen Materials dienen sollte (ebd. S. 603). – Inzwischen hat sich aber die Neue Zeitschrift für Verkehrsrecht auf Anregung ihres Mitherausgebers und Schriftleiters *Reinhard Greger* des Themas angenommen (siehe unten § 20).

14 Siehe *Fleming/Hellner/v. Hippel*, Haftungsersetzung durch Versicherungsschutz (1980).

IV. Schutz des Schwächeren – Verbraucherschutz

Als nächstem Problemkreis wandte ich mich dem „Schutz des Schwächeren" zu, der mir seit langem besonders am Herzen lag, weil die Interessen der Schwächeren erfahrungsgemäß regelmäßig zu kurz kommen[15]. Der Schutz des Schwächeren ist das Korrelat zur Privatautonomie – ohne Anerkennung beider Prinzipien ist weder der soziale Rechtsstaat noch die soziale Marktwirtschaft denkbar[16].

Einen Schwerpunkt bei meinen Bemühungen, den Schutz des Schwächeren zu verbessern, bildete der Verbraucherschutz: 1974 legte ich dazu die erste rechtsvergleichend und empirisch fundierte Gesamtdarstellung vor, die über Deutschland hinaus Interesse und Anerkennung fand und der dann 1974 eine zweite und 1986 eine dritte Auflage folgten[17]. Die Arbeit führte zu Kontakten mit zahlreichen Institutionen und Personen im Inland und Ausland, die sich für Fragen des Verbraucherschutzes interessierten. Sie hatte u. a. zur Folge, dass die EG-Kommission mich mit einem Gutachten über den „Schutz des Verbrauchers vor unlauteren Allgemeinen Geschäftsbedingungen in den EG-Staaten" beauftragte[18], dass ich für die internationalen Verbraucherschutztagungen, welche die Europäische Gemeinschaft 1975 (in Montpellier) und 1977 (in Brüssel) veranstaltete, jeweils mit einem rechtsvergleichenden Generalreferat betraut wurde[19]

15 Siehe *v. Hippel*, Der Schutz des Schwächeren (1982), bespr. von *Wassermann*, JZ 1983, 770 und *Schulin*, DVBl. 1984, 798 f.; *ders.*, Der Schutz des Schwächeren im Privatrecht, in: *v. Hippel/Kirchhof/Weber*, Neuere Rechtsentwicklungen (1984), S. 1 ff.; *ders.*, Zum Schutz des Schwächeren, in: Festschrift Wassermann (1985), S. 371 ff.; *ders.*, Besprechung von *Saladin/ Zenger*, Rechte künftiger Generationen (1988), JZ 1989, 483 f. – Vgl. auch *v. Hippel*, Grundfragen der Sozialen Sicherheit (1979), bespr. von Birk, NJW 1980, 877; *ders.*, Grundfragen der Weltwirtschaftsordnung (1980), bespr. von *Tomuschat*, JZ 1982, 816.

16 Siehe unten § 5 VI.

17 Siehe *v. Hippel*, Verbraucherschutz (3. Aufl. 1986) und hierzu die Besprechung von *Häberle*, DÖV 1987, 42 ff.; die Arbeit ist ins Japanische übersetzt worden.

18 Siehe *v. Hippel*, Der Schutz des Verbrauchers vor unlauteren Allgemeinen Geschäftsbedingungen in den EG-Staaten, Bestandsaufnahme und Überlegungen zur Rechtsangleichung, RabelsZ 1977, 237-280.

19 Die Tagung 1975 in Montpellier behandelte die „Gerichtlichen und außergerichtlichen Möglichkeiten des Verbraucherschutzes" (vgl. Bericht, JZ 1976, 218 f.); mein Referat über „Gerichtliche und außergerichtliche Möglichkeiten des Verbraucherschutzes in rechtsvergleichender Sicht" – das weithin identisch mit § 6 meines Buches „Verbraucherschutz" ist – findet sich in *Kommission der Europäischen Gemeinschaften*, Die gerichtlichen und außergerichtlichen Möglichkeiten des Verbraucherschutzes (1976), S. 263 ff. – Die Tagung 1977 in Brüssel behandelte das Thema „Verbraucherinformation"; mein Referat über „Verbraucherschutz durch Information? Möglichkeiten und Grenzen" ist abgedruckt in der Zeitschrift für Rechtsvergleichung 1978, 110 ff.

und dass in mehreren Ländern – meistens im Anschluss an dort gehaltene Vorträge – Aufsätze von mir zu Fragen des Verbraucherschutzes publiziert wurden.

Inzwischen hat sich der Verbraucherschutzgedanke nicht nur in Deutschland, sondern auch in anderen Staaten prinzipiell durchgesetzt, ferner – wie ich es ehemals vorausgesagt habe[20] – auch auf europäischer Ebene, wo die zahlreichen inzwischen erlassenen Verbraucherschutznormen das Kernstück eines entstehenden europäischen Privatrechts bilden[21]. Die internationale Bedeutung des Verbraucherschutzes wird unterstrichen durch die „Richtlinien für den Verbraucherschutz", welche die UNO-Generalversammlung im April 1985 verabschiedet hat[22].

Freilich gab es auch Kritik, teils von der Werbewirtschaft, die sich in ihren Interessen getroffen sah[23], teils von Kollegen, die bei mir ein Theoriedefizit ausmachten[24] oder die den Verbraucherschutzgedanken als einen Sprengsatz für das Privatrechtssystem betrachteten[25] oder die doch eine übertriebene Sozialisierung des Privatrechts befürchteten[26].

---

20 Siehe *v. Hippel*, Verbraucherschutz in Europa, RabelsZ 1981, 353 ff.

21 Siehe *Tonner*, Die Rolle des Verbraucherrechts bei der Entwicklung eines europäischen Zivilrechts, JZ 1996, 533 ff.

22 Abgedruckt bei *v. Hippel* (oben Fn. 17), S. 485 ff.

23 Siehe nur die Stellungnahme von Rechtsanwalt *Albrecht* (Geschäftsführer des Zentralausschusses der Werbewirtschaft) in ZRP 1974, 32 ff. und meine Entgegnung hierauf in BB 1974, 1038 f.; vgl. auch *v. Hippel* (oben Fn. 17) § 3 (Der Schutz vor unlauterer Werbung).

24 Siehe *Joerges,* Verbraucherschutz als Rechtsproblem (1981), S. 46 f. und hierzu *v. Hippel* (oben Fn. 17), S. 269 ff.; vgl. auch die (an Joerges anknüpfende) Arbeit von *Dauner-Lieb*, Verbraucherschutz durch Ausbildung eines Sonderprivatrechts (1983) und hierzu meine Besprechung in JZ 1984, 1097 f.

25 Siehe *Leipold*, Verbraucherschutz – Todesstoß oder Überlebenschance für das Bürgerliche Recht, in: Studi in onore di Liebman Bd. 4 (1979) 2693 ff.; *Lieb*, Grundfragen einer Schuldrechtsreform, AcP 183 (1983) 327 (348 ff.) und hierzu *v. Hippel* (oben Fn. 17), S. 272 ff.

26 So *Zöllner*, Zivilrechtswissenschaft und Zivilrecht im ausgehenden 20. Jahrhundert, AcP 188 (1988) 85 (95 ff.), der freilich zugleich in Fn. 57 -unter Hinweis auf „die verdienstvollen Schriften *Weitnauer*, Der Schutz des Schwächeren im Zivilrecht (1975) und *Eike v. Hippel*, Der Schutz des Schwächeren (1982)" – betont, damit solle „dem Gedanken, den Schwächeren zu schützen, keineswegs der Abschied gegeben werden". (Wenn *Zöllner* hinzufügt, erforderlich sei „jedoch eine schärfere Erfassung, wer in welcher Hinsicht und unter welchen Voraussetzungen schwach oder schwächer ist und inwieweit Privatrecht darauf Rücksicht nehmen kann", so scheint er zu übersehen, dass meine von ihm zitierte Arbeit gerade diese Fragen zu beantworten sucht. Da diese Arbeit funktional – und damit fächerübergreifend – angelegt ist, betrachtet sie das Privatrecht nur als einen Teilaspekt, fordert nicht einseitig Verstärkungen, sondern – wie insbesondere im Mietrecht – auch den Abbau privatrechtlicher Schutzregelungen und weist zudem auf die Bumerangwirkungen mancher Schutzregelungen – z.B. des arbeitsrechtlichen und mietrechtlichen Kündi-

V. Rechtspolitik als Ganzes

Nach der Publikation zahlreicher weiterer Einzelbeiträge schien mir die Zeit reif für den Versuch, ein Buch über die Rechtspolitik als Ganzes zu wagen, das dann 1992 erschien und ein insgesamt sehr positives Echo fand[27]. In einem „Allgemeinen Teil" behandelt das Buch zunächst die Grundlagen und Ziele der Rechtspolitik, die verfügbaren Regelungstypen sowie die verschiedenen Akteure auf der rechtspolitischen Bühne (Gesetzgeber, Gerichte, Exekutive, Parteien, Verbände, Medien, Bürger, Wissenschaft, Anwälte), ihre jeweilige Rolle und mögliche Verbesserungen des Systems. Im Kern geht es darum, die bisher weithin übliche rechtspolitische Flickschusterei, die vielfach durch den Einfluss von Interessengruppen geprägt ist, durch Gesamtkonzeptionen zu ersetzen, die sich am Gemeinwohl orientieren. – Anschließend sucht ein „Besonderer Teil" die Erarbeitung optimaler Regelungen am Beispiel einiger besonders wichtiger und aktueller Probleme zu veranschaulichen (Krise des Wohlfahrtsstaats, Wohnungspolitik, Agrarpolitik, Drogen, Aids, Abtreibung, Unfallverhütung, Reform des Unfallschadensrechts, Rechtlose Umweltopfer, Schutz vor ruinösen Haftungsrisiken, Haftung des Arbeitnehmers, Besteuerung von Zinseinkünften, Krise des Asylrechts). – Schließlich macht ein „Internationaler Teil" deutlich, dass rechtspolitische Bemühungen sich heute nicht mehr auf den nationalen Raum beschränken dürfen, weil es heute viele Probleme gibt, die sich nicht mehr allein auf nationaler Ebene bewältigen lassen.

Ein weiteres Buch, das Ende 1998 unter dem Titel „Willkür oder Gerechtigkeit – Studien zur Rechtspolitik" erschienen ist, führt diese Linie fort. Es behandelt so brisante Fragen wie Bewertung des SED-Regimes, Einkommensgerechtigkeit, Preisgerechtigkeit, rechtlose Umweltopfer, schutzlose Versicherungsnehmer, Banken im Kreuzfeuer, Schutzlosigkeit vor Anlagenbetrügern und Spendenbetrügern, Bekämpfung der Tabak-Epidemie, Bekämpfung alkoholbedingter Verkehrsunfälle, Ausstieg aus der Kernenergie, Greenpeace: David gegen Goliath.

---

gungsschutzes – hin). – Vgl. auch *Zöllner*, Regelungsspielräume im Schuldvertragsrecht, AcP 196 (1996) 1 ff.

27 Siehe *v. Hippel*, Rechtspolitik (1992) und hierzu die Besprechungen von *Häberle* (JZ 1993, 352 f.), *Basedow* (ZEuP 1993, 417 ff.), *Benda* (DÖV 1993, H. 17), *Karpen* (DVBl. 1993, H. 21), *Rasehorn* (RuP 1993, 162 f. mit Entgegnung von mir in RuP 1993, 162 f.), *Saladin* (SchweizJZ 1994, 297 f.), *Wassermann* (ZRP 1994, 39), *Weir* (Int.Comp.L.Q. 1994, 480) und *Großfeld* (RabelsZ 1995, 723 f.).

VI. Bilanz

Durch meine rechtspolitischen Arbeiten sind mir in mancher Hinsicht die Augen geöffnet worden, und ich sehe nun manches klar, das mir früher mehr oder weniger verborgen war. So sehe ich, dass es auch in demokratischen Ländern erstaunliche Gerechtigkeitsdefizite gibt, die sich insbesondere dadurch erklären, dass der Staat die Interessen von Gruppen vernachlässigt, die ohne ausreichende Lobby sind, Gruppen mit starker Lobby hingegen begünstigt[28]. Ich sehe, dass es der Lobby immer wieder gelingt, die staatlichen Organe zu beeinflussen und ihr nicht genehme Gesetze zu vereiteln, zu verwässern oder zu verzögern[29]. Ich sehe, dass die Wissenschaft – soweit sie sich überhaupt rechtspolitisch engagiert – gegen die Lobby oft kaum eine Chance hat, denn die Lobby ist – nicht zuletzt dank ihrer „Parteispenden" – mächtig und kann zudem auf den Beistand gut bezahlter Experten zählen[30].

Zudem sprechen meine persönlichen Erfahrungen dafür, dass es Rechtspolitiker nicht leicht haben. Zwar ist ihnen manche Freudenstunde vergönnt: Wenn sie Gleichgesinnte treffen, wenn sie ein Forum für ihre Gedanken finden, wenn ihre Gedanken sich bisweilen im Inland, im Ausland oder gar auf übernationaler Ebene auswirken. Aber es gibt doch auch viel Belastendes: Der Rechtspolitiker gehört einer Minderheit an und muss stets mit Angriffen rechnen, denn es gibt immer Verteidiger des status quo, sei es aus den Reihen der Wissenschaft, sei es aus Gruppen, die ihre Interessen durch die Reformvorschläge bedroht sehen. Dabei muss der Rechtspolitiker nicht nur auf inhaltliche Kritik an seinen Vorschlägen gefasst sein, sondern auch darauf, dass ihm die Legitimation für seine Reformbemühungen (durch Bezeichnungen wie „selbst ernannter Verbraucherschützer", „selbst ernannter Umweltschützer" usw.) abgesprochen wird. Möglich ist auch, dass er als „Linker" abgestempelt wird, und obwohl solche Etikettierungen ganz unsinnig sind[31], können sie Auswirkungen haben, die bis in die Fakultäten hineinreichen. Ich habe insoweit einiges erlebt, das schmerzlich war (insbesondere das Scheitern eines Doktoranden mit einer wichtigen rechtspolitischen Arbeit zum Tabakproblem[32]), über das ich aber lieber schweige[33].

---

28   Siehe *v. Arnim*, Gemeinwohl und Gruppeninteressen (1977), S. 148 ff.

29   Siehe unten § 6.

30   Siehe *Bultmann/Schmithals* (Hrsg.), Käufliche Wissenschaft, Experten im Dienst von Industrie und Politik (1994); vgl. auch *v. Hippel* (oben Fn. 27), S. 192 mit Fn. 46.

31   Vgl. *v. Hippel*, Rechtspolitik – Eine Entgegnung, RuP 1993, 162 (163).

32   Siehe hierzu unten § 22.

33   Eine realistische Einschätzung der prekären Lage des Rechtspolitikers findet sich in einem Brief vom 20.02.1985, den mir *Wolfgang Zöllner* (nach Erhalt meines von ihm „für ausgezeichnet befundenen" Aufsatzes „Grundfragen der Rechtspolitik", JZ 1984, 953 ff.), geschrieben hat und in dem es u. a. heißt: „Ich finde es überaus verdienstvoll, dass Sie sich in so weit ausgreifender Weise rechtspolitischen Grundsatzfragen und Grundsatzvorfragen widmen. Wer macht das schon in unserer Wissenschaft? Man setzt sich freilich

Obwohl solche Erfahrungen abschrecken können, ist mir um die Zukunft der Rechtspolitik nicht bange: Die Ansicht, dass die Rechtspolitik ein legitimes und besonders wichtiges Arbeitsfeld des Juristen bildet, wird sich mehr und mehr durchsetzen, und es wird immer mehr Juristen geben, die sich um die Rechtspolitik kümmern, insbesondere die Rechtsvergleicher, deren wichtigstes Anliegen ja darin besteht, mit Hilfe einer vergleichenden (auch die jeweiligen Erfahrungen auswertenden) Betrachtung optimale Lösungen für soziale Probleme zu ermitteln. Zudem wird es früher oder später wohl auch in Deutschland zur Gründung eines Instituts für Rechtspolitik kommen, wie es in Österreich bereits seit Jahren besteht[34].

Nicht zuletzt ist beim Kampf ums Recht mit einem verstärkten Engagement der Bürger zu rechnen, wie es sich insbesondere zum Schutz der Umwelt bereits beobachten lässt[35]. Ein solches Engagement würde durch die Einführung plebiszitärer Mitwirkungsrechte (Volksbegehren und Volksentscheid) gefördert, die sich in anderen Staaten bereits bewährt haben, während sie in Deutschland bisher nur auf Landesebene existieren[36].

mit derlei vielen Missverständnissen aus, aber Sie werden das gelassen zu tragen wissen. Meine Zustimmung haben Sie".

34   Siehe *Pichler* (Hrsg.), Was kann eine wissenschaftliche Rechtspolitik leisten?, Symposium anlässlich der Eröffnung des Österreichischen Instituts für Rechtspolitik (1991)und hierzu meine Besprechung in JZ 1992, 629.
35   Zu den Einwirkungsmöglichkeiten der Staatsbürger siehe *v. Hippel* (oben Fn. 27) § 11 (Staatsbürger).
36   Siehe *v. Hippel* (oben Fn. 27), S. 177 ff.

§ 5 Herausforderungen der Rechtswissenschaft

I. Einführung[1]

In seinem berühmten Vortrag über „Die Wertlosigkeit der Jurisprudenz als Wissenschaft", den er im Jahre 1847 vor der Juristischen Gesellschaft in Berlin hielt, hat der Richter und Politiker *J. H. v. Kirchmann* der Jurisprudenz vorgeworfen, sie widme sich nur dem positiven Recht, kümmere sich hingegen nicht um die Rechtspolitik: „Indem die Wissenschaft das Zufällige zu ihrem Gegenstand macht, wird sie selbst zur Zufälligkeit; drei berichtigende Worte des Gesetzgebers und ganze Bibliotheken werden zu Makulatur... Dagegen sucht man vergeblich nach einer Hilfe, nach einer Leitung der Wissenschaft an den Orten, wo es wahrhaft Not tut, bei der Fortbildung des Rechtes im Allgemeinen... Fürsten und Völker mussten in allen Krisen, bei allen neuen Gestaltungen mit ihrem natürlichen Verstande sich selbst helfen... Man wende gegen diese Angriffe nicht ein, dass dergleichen Dinge nicht zur Rechtswissenschaft, sondern zur Politik und Kunst der Gesetzgebung gehörten. Dies eben ist das Klägliche der Jurisprudenz, dass sie die Politik von sich aussondert, dass sie damit sich selbst für unfähig erklärt, den Stoff, den Gang der neuen Bildungen zu beherrschen oder auch nur zu leiten, während alle anderen Wissenschaften dies als ihren wesentlichsten Teil, als ihre höchste Aufgabe betrachten."[2]

Diese Kritik ist prinzipiell auch heute noch berechtigt[3]. Die Rechtswissenschaft hat also allen Grund, ihre Aufgaben zu überdenken. Hingegen soll die Frage nach dem Wissenschaftscharakter der Jurisprudenz hier auf sich beruhen[4].

---

1 Überarbeitete Fassung eines Beitrags, der in der Juristenzeitung 1998, 529 ff. erschienen ist.

2 Siehe *v. Kirchmann*, Die Wertlosigkeit der Jurisprudenz als Wissenschaft (1847), neu herausgegeben von *Neeße* (1938) 37, 52 ff. und hierzu *Rückert*, Autonomie des Rechts in rechtshistorischer Perspektive (1988) 77 ff.; vgl. auch *Wiethölter*, Julius Hermann von Kirchmann (1802-1884), Der Philosoph als wahrer Rechtslehrer, in: Streitbare Juristen (1988), S. 44 ff.

3 Siehe *v. Hippel*, Rechtspolitik (1992).

4 Siehe zu dieser Frage *Larenz*, Über die Unentbehrlichkeit der Jurisprudenz als Wissenschaft (1966), S. 21 ff.; Engisch, Sinn und Tragweite juristischer Systematik, Studium Generale 10 (1957) 12 ff., der einleitend feststellt: „Der Jurisprudenz ist des öfteren ihr Wissenschaftscharakter abgesprochen worden. Um dem Juristen den Glauben an sein Fach zurückzugeben, hat man die Rechtswissenschaft als Wissenschaft zu retten sich bemüht dadurch, dass man Methodik und Systematik als Kriterien strenger Wissenschaftlichkeit herausgestellt und als in der modernen Jurisprudenz unbezweifelbar vorhanden aufgewiesen hat".

II. Aufgaben der Jurisprudenz

Die Aufgaben der Rechtswissenschaft betreffen im wesentlichen drei Punkte: Die Ermittlung des geltenden Rechts (1), die Verbesserung des Rechts (2) und die Verteidigung und Förderung der Rechtsidee (3)[5].

1. Eine erste Aufgabe von großer praktischer Bedeutung ist die Ermittlung des geltenden Rechts, d. h. die Darstellung, Erläuterung und Systematisierung der überkommenen Normen, wie sie insbesondere weiten (freilich keineswegs allen) Teilen der Kommentarliteratur eigen ist. Trotz ihrer beschränkten Zielsetzung darf man die rechtspolitische Bedeutung dieser Tätigkeit nicht unterschätzen: Rechtssicherheit und gleichmäßige Rechtsanwendung setzen voraus, dass die einschlägigen Rechtsregeln bekannt und in ihrer Bedeutung erfasst worden sind. Standardwerke und gängige Kommentare, nach denen sich die Praxis richtet, haben deshalb insoweit faktisch die Funktion einer Rechtsquelle.

2. Eine zweite, mindestens ebenso wichtige Aufgabe der Rechtswissenschaft besteht darin, auf eine Verbesserung des Rechts hinzuarbeiten: Es gilt, die überkommenen Normen kritisch zu prüfen und zu würdigen, Entwicklungstendenzen aufzuzeigen und neue bessere Wege zu weisen[6]. Auch sollte die Jurisprudenz stärker als bisher bereit sein, sich neuen Problemen zu stellen und die Rolle des Vordenkers zu übernehmen[7].

3. Schließlich hat die Rechtswissenschaft die Rechtsidee zu verteidigen und zu fördern: Sie hat deutlich zu machen, dass unsere Rechtsordnung auf bestimmten, in unserer Verfassung verankerten Grundwerten beruht, denen das positive Recht entsprechen muss; sie hat die Verletzung dieser Werte durch staatliche Organe, Parteien und Verbände zu kritisieren (und hat insoweit praktisch die Funktion eines „Rechtsschutzbeauftragten" bzw. „Ombudsmann"), und sie hat einer falschen Anspruchshaltung der Bürger sowie „der planmäßigen Verwirrung von Sprache und Rechtsinhalten und dem in Teilbereichen abnehmenden Rechtsbewusstsein entgegenzuwirken"[8].

---

5 Siehe *v. Hippel* (oben Fn. 3) § 12 (Wissenschaft); Schneider, Zur Verantwortung der Rechtswissenschaft, JZ 1987, 696 ff.; *Lang*, Verantwortung der Rechtswissenschaft für das Steuerrecht, StuW 1989, 201 ff.

6 Siehe im einzelnen *v. Hippel* (oben Fn. 3), S. 185 ff.

7 Es sollte zu denken geben, dass der damalige Präsident des Bundesverfassungsgerichts *Ernst Benda* im April 1983 bedauernd festgestellt hat, „dass die Wissenschaft... sich zu einem erheblichen Teil auf die Verarbeitung vorliegender Rechtsprechungsergebnisse beschränkt, anstatt auch einmal vorauszudenken und neue Wege zu weisen" (*Benda*, Zur gesellschaftlichen Akzeptanz verwaltungs- und verfassungsrechtlicher Entscheidungen, DÖV 1983, 305, 310); vgl. auch *Schlink*, Die Entthronung der Staatsrechtswissenschaft durch die Verfassungsgerichtsbarkeit, Der Staat 1989, 161 ff.

8 *Schneider* (oben Fn. 5), S. 700, der auf S. 704 betont, es sei „die wichtigste Aufgabe der Rechtswissenschaft (zumal des Hochschullehrers), in Forschung und Lehre die Idee des

III. Vorrangige Probleme

Wichtig ist, dass die Rechtswissenschaft sich verstärkt mit bestimmten Grundfragen befasst, von deren Bewältigung unsere Zukunft abhängt, nämlich (insbesondere) der Sicherung des inneren und äußeren Friedens, der Bewahrung der freiheitlichen Demokratie, der Arbeitslosigkeit, der Staatsverschuldung, dem Schutz der Umwelt, der weltweiten Verwirklichung der Menschenrechte und der Beseitigung des Massenelends in der Dritten Welt[9]. Vor allem anderen gilt es, die Lebensgrundlagen zu erhalten und zu verhindern, dass künftige Generationen einen verwüsteten Planeten erben[10].

Höchste Priorität gebührt ferner dem Kampf gegen die wachsende Korruption und die Organisierte Kriminalität, weil hier die Rechtsordnung als Ganzes bedroht ist[11].

Wichtig bleibt zudem die geistige Auseinandersetzung mit den totalitären Systemen des Kommunismus und des Faschismus, denn „Ideologien haben ein zähes Leben... Die Meinung, daß ‚nur' die Praxis des Sozialismus schlecht gewesen sei, die Idee aber gut, ist ein gängiger Topos, den nicht nur Pastoren und Interlektuelle sich zu eigen machen... Es geht, nach einem Wort des Philosophen Hermann Lübbe, um die Delegitimierung eines ideologischen Wahnsystems, das Unheil über Unheil über die Welt gebracht hat"[12].

Rechts und damit das Rechtsbewusstsein aller Beteiligten zu fördern", und der dann durch zahlreiche alarmierende Beispiele belegt, dass aller Grund besteht, sich um das Rechtsbewusstsein zu sorgen.

9   Siehe *v. Hippel* (oben Fn. 3), S. 58 ff., 99 f., 359 ff.; *v. Arnim*, Demokratie vor neuen Herausforderungen, ZRP 1995, 340 ff.

10   Siehe *v. Hippel* (oben Fn. 3), S. 41, 408.

11   Siehe den alarmierenden Bericht von *Zänker*, Der schwierige Kampf gegen die weltweite Korruption, Die Welt vom 10.10.1997, S. 25, der u. a. darauf hinweist, die Korruption sei häufig auch eng mit dem Drogenhandel verwoben. In vielen Ländern erreiche die Gesetzlosigkeit „epidemische Ausmaße" und drohe zum größten Problem der Zukunft zu werden; *Jungholt*, Gemeinsam gegen die Mafia, Die Welt 14.03.09, S. 2.

12   *Wassermann*, Versagt die Wissenschaft?, Die Welt vom 28.08.1991, S. 2.; vgl. auch *v. Hippel*, Willkür oder Gerechtigkeit (1998) § 2 (War die DDR kein Unrechtsstaat?); *Fritz v. Hippel*, Die Perversion von Rechtsordnungen (1955); *Klier*, Der lange Schatten der DDR, Die Welt 17.12.07, S. 7; Die Welt 31.03.09, S. 1 f.: „Fast vier von zehn Ostdeutschen meinen, dass der Sozialismus 'auch heute noch einen Versuch wert ist'. Bundesweit stimmen dem 28 Prozent der Bürger zu".

IV. Echte juristische Erkenntnisse

Im übrigen stellt sich die Frage, ob die Jurisprudenz über echte Erkenntnisse verfügt, wie sie jeder echten Wissenschaft eigen sind.

Zunächst ist einzuräumen, dass die Rechtsregeln – wie Rechtsgeschichte und Rechtsvergleichung tausendfach bezeugen[13] – in verschiedenen Staaten (Gemeinschaften) in vielerlei Hinsicht differieren und sich auch innerhalb ein und derselben Gemeinschaft im Laufe der Zeit häufig ändern. Es wäre jedoch falsch, hieraus zu folgern, dass die Jurisprudenz über keine echten Einsichten verfügt: Zunächst ist zu bedenken, dass äußerlich unterschiedliche Rechtsregeln verschiedener Rechtsordnungen letztlich doch häufig zu denselben oder mindestens zu ähnlichen Ergebnissen führen[14]. Soweit jedoch Unterschiede im Ergebnis bestehen bleiben, erklären sich diese oft dadurch, dass die tatsächlichen Verhältnisse in den einzelnen Staaten differieren[15]. Dass Unterschiede im Tatbestand auch unterschiedliche Regelungen rechtfertigen können, liegt auf der Hand. Daraus erklärt sich auch, dass ein Wandel der Verhältnisse zur Änderung von Rechtsnormen führt[16], so z. B. die Technisierung zu einem Wandel des Schadensrechts[17].

Weiter bleibt zu beachten, dass es – ebenso wie in anderen Wissenschaften – auch in der Rechtswissenschaft echte Fortschritte in der Erkenntnis gibt und dass diese zudem oft erst im Kampf gegen etablierte Interessen durchgesetzt werden müssen[18].

Schließlich existiert nicht selten ein Wertungsspielraum, so dass es in manchen Fällen durchaus verschiedene vertretbare Lösungen gibt.

Wenn man all dies bedenkt, ist man vor Trugschlüssen gefeit. Zudem zeigen Rechtsgeschichte und Rechtsvergleichung, dass es echte Erkenntnisse der Jurisprudenz gibt, die (insbesondere) aufgrund praktischer Erfahrungen gewonnen werden[19]. So haben die einst in Deutschland entwickelte Arbeitsunfallversicherung (als wichtigster Fall

---

13 Siehe nur *Zweigert/Kötz*, Einführung in die Rechtsvergleichung auf dem Gebiete des Privatrechts (3. Aufl. 1996); *Häberle*, Rechtsvergleichung im Kraftfeld des Verfassungsstaates (1992), von mir besprochen in RabelsZ 1997, 159 f.

14 Siehe *Zweigert*, Des solutions identiques par des voies différentes, Rev.int.dr.comp. 18 (1966) 5 ff.

15 Dies gilt insbesondere beim Vergleich zwischen Industriestaaten und Entwicklungsländern, ist aber ganz allgemein zu beachten; siehe nur *Großfeld*, Probleme der Rechtsvergleichung im Verhältnis Deutschland – USA, RabelsZ 1975, 5 ff.

16 Siehe *Würtenberger*, Zeitgeist und Recht (2. Aufl. 1991).

17 Siehe *Weyers*, Unfallschäden (1971) und hierzu meine Besprechung in RabelsZ 1972, 199 ff.; *Kötz*, Sozialer Wandel im Unfallrecht (1976); *Fleming/Hellner/v. Hippel*, Haftungsersetzung durch Versicherungsschutz (1980).

18 *R. v. Jhering*, Der Kampf ums Recht (1872), in: *Jhering*, Der Kampf ums Recht, Ausgewählte Schriften mit einer Einleitung von Radbruch, hrsg. von *Rusche* (1965) 195 (204 f.)

19 Siehe *Fritz v. Hippel*, Recht und Unrecht, in: *ders.*, Rechtstheorie und Rechtsdogmatik

der „Haftungsersetzung durch Versicherungsschutz"), die schwedische Institution des Ombudsmann und das in den USA geschaffene Kapitalmarktaufsichtsamt international Schule gemacht, weil sie sich als sachgerechte Regelungen erwiesen[20]. Entsprechendes gilt für viele andere juristische Entdeckungen, so für die Demokratie und die Menschenrechte[21]. Deshalb hat der amerikanische Richter Oliver Wendell Holmes schon vor über 100 Jahren treffend erklärt, das Leben des Rechts sei nicht die Logik, sondern die Erfahrung[22].

Die Bedeutung praktischer Erfahrungen für die juristische Erkenntnis wird u. a. durch eine „bezeichnende Geschichte" demonstriert, die Peters über einen der (auch im Ausland) berühmtesten deutschen Juristen – nämlich *Rudolf von Jhering* – berichtet: „Nach römischem und gemeinem Recht ging die Gefahr beim Kauf bereits mit dem Vertragsschluss auf den Käufer über, konnte der Verkäufer also von dann an bei einem zufälligen Untergang der Sache den Kaufpreis von dem Käufer verlangen. Galt das auch bei einem doppelten Verkauf der Sache mit der Folge, dass dem Verkäufer zwei Kaufpreise zustehen? Jhering war mit dieser Frage zunächst literarisch befasst gewesen und hatte die bejahende Antwort der römischen Quellen als konsequent und scharfsinnig befunden. Nur leider wurde der Fall später erneut an ihn herangetragen, dieses Mal in richterlicher Funktion. Und dass der Verkäufer den Kaufpreis doppelt beanspruchte, sich dazu auch noch auf seine, Jherings, Äußerungen berufen konnte, stürzte diesen in eine schwere und anhaltende Krise"[23].

V. Nationale und Universale Jurisprudenz

Rudolf von Jherings ist noch aus einem anderen Grund zu gedenken. Er suchte die Rechtswissenschaft schon im 19. Jahrhundert aus nationaler und positivrechtlicher Enge herauszuführen: Die Degradierung zur „Landesjurisprudenz" (die sich nach der Verdrängung des „ius commune" durch die nationalen Kodifikationen ergeben hatte) sei einer echten Wissenschaft unwürdig; diese habe deshalb die nationalen „Schran-

---

(1964), S. 265 ff.; sowie oben § 2; *Zippelius*, Recht und Gerechtigkeit in der offenen Gesellschaft (2. Aufl. 1996).

20 Siehe *v. Hippel* (oben Fn. 3), S. 29, 89.

21 Siehe *v. Hippel* (oben Fn. 3), S. 21 f., 46 f., 74, 367 ff.; *Zippelius* (oben Fn. 19) Kap. 3 (Die Entstehung des demokratischen Verfassungsstaates als experimentierender Lernprozess).

22 Siehe *Holmes*, The Common Law (1881), S. 1: „The life of law has not been logic: it has been experience"; vgl. auch *Oskar Bülow*, Gesetz und Richterkunst (1885), S. 17: „Das Recht ist ein Ergebnis der Erfahrung..."; *Zippelius* (oben Fn. 19), S. 22 ff.

23 *Peters*, Rechtsdogmatik und Rechtspolitik im Werkvertragsrecht, in: *K. Schmidt* (Hrsg.), Rechtsdogmatik und Rechtspolitik (1990), S. 235 (248).

ken zu überspringen und den Charakter der Universalität, den sie solange besaß, in einer anderen Form als vergleichende Jurisprudenz sich für alle Folgezeit zu sichern. Ihre Methode wird eine andere, ihr Blick ein weiterer, ihr Urteil ein reiferes, ihre Behandlung des Stoffes eine freiere werden, und so wird der scheinbare Verlust in der Tat zu ihrem wahren Heile ausschlagen, sie auf eine höhere Stufe der wissenschaftlichen Tätigkeit erheben"[24]. Durch seine vorbildliche, auch im Ausland anerkannte Methodenlehre („Interessentheorie") hat Jhering hierzu selbst einen wichtigen Beitrag geleistet[25].

Ferner trägt nun auch die Entwicklung der Europäischen Union und des Europarechts dazu bei, die nationale Begrenzung der Rechtswissenschaft zu überwinden[26].

VI. Überprüfung überkommener Vorstellungen

Die Rechtswissenschaft muss bereit sein, überkommene Vorstellungen aufgrund neuer Einsichten und Erfahrungen in Frage zu stellen, so z.B. das Leitbild des „mündigen Bürgers"[27]. Zwar ist dieses Leitbild im freiheitlich-demokratischen Staat als Ausgangspunkt richtig[28], aber es darf nicht ohne Rücksicht auf die Realität verabsolutiert werden. Aufschlussreich sind in diesem Zusammenhang folgende Befunde:

1. Viele Bürger lassen sich zu unsinnigen Geschäften verleiten[29]. So geben Bürger in Deutschland (nach Einschätzung der Verbraucherverbände) jährlich 10 bis 15 Mil-

---

24 *v. Jhering*, Geist des römischen Rechts auf den verschiedenen Stufen seiner Entwicklung I (1852; 7./8. Aufl. 1924, S. 15).

25 Vgl. *Heck*, Begriffsbildung und Interessenjurisprudenz (1932), S. 51: „Die Methodenlehre der praktischen Rechtswissenschaft ist eine gemeinsame Aufgabe der Kulturnationen... Kein anderer deutscher Forscher hat nach Savigny im Auslande soviel Beachtung gefunden wie Jhering, und gerade wegen seiner ‚Interessentheorie'. Seine Lehre ist nicht nur bekannt, sondern sie ist auch zum Teil übernommen worden. Auch im Auslande wird die Interessenjurisprudenz vertreten".

26 Siehe *Coing*, Europäisierung der Rechtswissenschaft, NJW 1990, 937 ff.; *Willoweit/Großfeld*, Juristen für Europa, JZ 1990, 607 ff.; *Ost/van Hoecke*, Für eine europäische Juristenausbildung, JZ 1990, 911 f.; *Flessner*, Rechtsvereinheitlichung durch Rechtswissenschaft und Juristenausbildung, RabelsZ 1992, 243 ff.

27 Siehe zu diesem Leitbild *Schünemann*, Mündigkeit versus Schutzbedürftigkeit, in: FS Brandner (1996), S. 279 (282 ff.); vgl. auch *Zöllner*, Zivilrechtswissenschaft und Zivilrecht im ausgehenden 20. Jahrhundert, AcP 188 (1988), 85 (92 ff.).

28 Siehe *v. Hippel* (oben Fn. 3), S. 49 ff.

29 Siehe *v. Hippel*, Verbraucherschutz (3. Aufl. 1986), S. 4, 94 ff.; Bericht „Deutsche lassen sich von der Werbung verführen", Die Welt vom 11.09.1997, S. 19; *Adams*, Fair Play! (Spiel-, Wett- und Lotterieverträge), ZRP 1997, 314 .

liarden Euro für überflüssige Versicherungen oder überhöhte Prämien aus[30]. Und sie büßen wegen der falschen Anlage ihres Vermögens jährlich Milliardenbeträge ein[31] .

2. Bürger aus allen Bildungs- und Einkommensschichten verlieren jedes Jahr große Summen an Anlagebetrüger oder an unseriöse Spendenunternehmen[32].

3. Bundesweit sind mehr als sieben Millionen Menschen überschuldet[33].

4. Viele Berechtigte nehmen ihnen zustehende Ansprüche (z. B. auf Steuervergünstigungen oder auf Sozialleistungen) nicht wahr[34].

5. Testamente sind häufig formungültig, ungenau, lückenhaft oder (unter steuerlichen Gesichtspunkten) ungeschickt[35].

6. Viele Bürger schließen keine Privathaftpflichtversicherung ab und sind deshalb ruinösen Haftungsrisiken ausgesetzt, u. a. im Falle der Elternhaftung[36].

7. Millionen von Bürgern schädigen ihre Gesundheit durch den Genuss von Tabak, den übermäßigen Konsum von Alkohol oder Medikamenten und durch die Einnahme illegaler Drogen[37].

8. Viele Bürger haben lange Zeit (bis zur Einführung eines Bußgelds) die Pflicht zur Gurtanlage missachtet, ignorieren die für Autobahnen empfohlene Richtgeschwindig-

---

30 Siehe Bericht „Verbraucherverbände: Die meisten Bürger sind falsch versichert", F.A.Z. vom 08.10.1996; Bericht 95 Prozent der Deutschen falsch versichert, Die Welt vom 14.11.1997, S. 25.

31 Siehe *Zschäpitz*, Deutsche verwalten ihren Reichtum falsch, Die Welt 31.08.07, S. 17; *Eckert/Zschäpitz*, Bundesbürger sind Rendite-Träumer, Die Welt 11.09.07, S. 17. – Speziell zu den Verlusten der Bürger durch die miserable Verzinsung von Sparguthaben siehe *v. Hippel*, Banken im Kreuzfeuer, BB 1995, 785, 788 (mit Reformvorschlag).

32 Siehe *v. Hippel*, Kein Schutz vor Anlagebetrug?, ZRP 1997, 305 ff.; ders., Bessere Kontrolle des Spendenwesens?, ZRP 1996, 465 ff.

33 Siehe Die Welt 13.06.07, S. 17 und 05.12.07, S. 19. – Nach Angabe von Creditreform ist Deutschland damit „Europameister in Sachen Überschuldung". Es fehle immer mehr Menschen das Wissen, wie man mit Geld richtig umgehe.

34 Siehe *v. Hippel* (oben Fn. 3), S. 38 f.

35 Siehe *Leipold*, Wandlungen in den Grundlagen des Erbrechts?, AcP 180 (1980) 160 (199 ff.); *Foerste*, Die Form des Testaments als Grenze seiner Auslegung, DNotZ 1993, 84 ff.; Bericht „Immer wieder Ärger um das Erbe", Die Welt vom 26.10.1993, S. 17; Bericht „Notarkammer: Vor dem Testament zur Beratung", Die Welt vom 01.03.1994, S. H. 5; Bericht Die Generation der Erben naht, Die Welt vom 22.12.1997, S. 17, der eingangs darauf hinweist, nach Angabe der Deutschen Gesellschaft für Erbrechtskunde (DGE) hinterließen nur drei Prozent der Bundesbürger ein gültiges Testament.

36 Siehe unten § 21.

37 Siehe unten §§ 22 (Tabak) und § 23 (Alkohol); *v. Hippel* (oben Fn. 3) § 17 (Drogen als Herausforderung).

keit von 130 Stundenkilometern und benutzen ihr Kraftfahrzeug auch dann, wenn sie Alkohol getrunken haben[38].

Wer sich allein am Leitbild des „mündigen Bürgers" orientiert, müsste in allen diesen Fällen passiv bleiben und die Bürger ihrem Schicksal überlassen[39]. Aber das wäre nicht sachgerecht[40] und häufig auch nicht vereinbar mit dem Sozialstaatsprinzip, das den Schutz des Schwächeren gebietet[41]. Gesetzgebung und Rechtsprechung haben denn auch bereits in vielen Fällen eingegriffen[42], und es lässt sich absehen, dass sich dieser Prozess fortsetzt, zumal er durch Entscheidungen des Bundesverfassungsgerichts gefördert wird[43].

VII. Das Überschuldungsproblem

Ein besonders spektakuläres Beispiel aus neuester Zeit ist insoweit das Eingreifen des Gesetzgebers zugunsten überschuldeter Bürger: Mit Hilfe eines „Verbraucherkonkurses" (den die neue Insolvenzordnung ab 1999 eingeführt hat) können sich diese von ihren Schulden befreien, wenn sie während einer sechsjährigen Wohlverhaltensphase

---

38 Siehe *v. Hippel* (oben Fn. 3) § 20 (Bessere Verhütung von Unfällen?).

39 Dafür in der Tat (zumindest bezüglich des Zivilrechts) *Schünemann* (oben Fn. 27), S. 286 ff., der von diesem Ansatz aus sogar den Wucherparagraphen (§ 138 BGB) für überholt erklärt; weniger extrem, aber doch vor einer übertriebenen Sozialisierung des Privatrechts warnend: *Zöllner* (oben Fn. 27), S. 95 ff., der freilich zugleich (auf S. 99 in Fn. 57) betont, damit solle „dem Gedanken, den Schwächeren zu schützen, keineswegs der Abschied gegeben werden".

40 Siehe *v. Hippel*, Der Schutz des Schwächeren (1982); ders., Der Schutz des Schwächeren im Privatrecht, in: *v. Hippel/Kirchhof/Weber*, Neuere Rechtsentwicklungen (1984), S. 1 ff.; ders., Zum Schutz des Schwächeren, in: Festschrift Wassermann (1985), S. 371 ff.; ders., Verbraucherschutz (3. Aufl. 1986)und hierzu die Besprechung von Häberle, DÖV 1987, 42 ff.

41 Siehe *Benda*, Gedanken zum Sozialstaat, RdA 1981, 137 ff. – Zum verfassungsmäßig gebotenen Schutz des Schwächeren im Privatrecht siehe BVerfGE 81, 242 (255) = JZ 1990, 691 (mit Anm. *Wiedemann*); 89, 214 (232) = JZ 1994, 408 (mit Anm. *Wiedemann*); dazu *Singer*, Vertragsfreiheit, Grundrechte und der Schutz des Menschen vor sich selbst, JZ 1995, 1133 ff.; *Zöllner*, Regelungsspielräume im Schuldvertragsrecht, AcP 196 (1996) 1 ff.; vgl. auch *v. Hippel*, Verbraucherschutz (3. Aufl. 1986), S. 270.

42 Siehe die Nachweise in Fn. 40, ferner etwa *Reich*, Mithaftung und Bürgschaft in neuer Rechtsprechung und Rechtspraxis zum Bankenkredit, VuR 1997, 187 ff.

43 Siehe die Nachweise in Fn. 41.

regelmäßig den pfändbaren Teil ihres Einkommens zur Schuldentilgung abführen[44]. V. Jhering hätte gegen eine solche Regelung protestiert[45], und man kann sich durchaus fragen, ob sie sich nicht zu weit vom Leitbild des „mündigen Bürgers" entfernt und noch mit dem Gedanken der Selbstbestimmung vereinbar ist. Indessen wird man dies bejahen können: Einmal sind Privatautonomie und Schutz des Schwächeren heute (im freiheitlichen und sozialen Rechtsstaat) als gleichwertige Rechtsprinzipien zu betrachten[46]. Zum anderen nützt die besagte Regelung nicht nur dem Schuldner, sondern auch dem Gläubiger, der jetzt wenigstens mit Teilzahlungen rechnen kann, während er sonst ganz leer ausgehen würde. (Wo nichts ist hat der Kaiser sein Recht verloren).

Freilich wäre es besser, Überschuldungen möglichst weitgehend zu vermeiden. Deshalb sollten die Bürger (durch Schulen, Medien, Verbraucherverbände und Schuldnerberatungsstellen) immer wieder darüber belehrt werden, wie kostspielig und gefährlich eine zu unbedenkliche Verschuldung ist. Zudem gilt es, überteuerten Krediten entgegenzuwirken: So sollte die von der Rechtsprechung für Konsumentenkredite entwickelte Wuchergrenze (doppelter Marktzins) gesenkt werden, zumal Mietwucher bereits bei Überschreitung der ortsüblichen Miete um 50 Prozent bejaht wird[47]. Die Vermittlung von Konsumentenkrediten durch Kreditvermittler (die den Kredit unnötig verteuern) sollte verboten werden[48]. In Fällen, in denen schon beim Abschluss eines Kreditvertrages mit einer ausweglosen Überschuldung des Kreditnehmers gerechnet werden musste, sollte der Darlehensvertrag wegen Verstoßes gegen § 138 BGB als nichtig betrachtet werden[49]. Auf diese Weise würde einer skrupellosen Vergabe von Krediten in diesen Fällen ebenso entgegengewirkt wie im Falle des Kreditwuchers.

44 Siehe *Vallender*, Ausweg aus dem „modernen Schuldturm"?, VuR 1997, 155 ff.; *Brandstetter*, Rekord bei Verbraucherinsolvenzen, Die Welt 05.12.07, S. 19.

45 Siehe *v. Jhering* (oben Fn. 18), S. 262: „Es ist das Zeichen einer schwachen Zeit, mit dem Schuldner zu sympatisieren. Sie selbst nennt das Humanität. Eine kräftige Zeit sorgt vor allem dafür, dass der Gläubiger zu seinem Recht komme, selbst wenn der Schuldner darüber zugrunde geht".

46 Siehe die Nachweise oben Fn. 40; für die Schweiz Abegglen, in: Jahrbuch Junger Zivilrechtswissenschaftler 1994, S. 89 (116).

47 Siehe *v. Hippel*, Banken im Kreuzfeuer, BB 1995, 785 (788).

48 Siehe *v. Hippel*, Verbraucherschutz (3. Aufl. 1986), S. 222.

49 Vgl. BVerfGE 89, 214 = JZ 1994, 408. In dieser Aufsehen erregenden Entscheidung zum Schutz des Schwächeren im Privatrecht hat es das Bundesverfassungsgericht offen gelassen, ob und inwieweit das allgemeine Persönlichkeitsrecht „berührt ist, wenn schon beim Abschluss eines Kredit- oder Bürgschaftsvertrags mit einer ausweglosen Überschuldung gerechnet werden muss".

VIII. Prävention

Der Präventionsgedanke ist über den soeben behandelten Fall hinaus von größter allgemeiner Bedeutung[50], und die Rechtswissenschaft sollte sich deshalb dafür einsetzen, dass dieser Gedanke in allen relevanten Bereichen mehr als bisher beachtet wird.

IX. Potential der Rechtswissenschaft

Schließlich ist auf einen Punkt hinzuweisen, der jedem Rechtspolitiker vertraut und schmerzlich ist: Auch die besten Erkenntnisse und Vorschläge bleiben Theorie, solange sie nicht von Institutionen aufgegriffen und umgesetzt werden, die (wie insbesondere die Gesetzgebung, aber auch die Rechtsprechung und bisweilen auch die Exekutive oder die Verbände) dazu in der Lage sind. Und je stärker sich etablierte Interessen durch – noch so berechtigte – Reformvorschläge bedroht fühlen, um so stärker leisten sie Widerstand[51].

Da die Lobby mächtig und einflussreich ist (nicht zuletzt dank ihrer „Parteispenden") und auf den Beistand gut bezahlter Experten zählen kann[52], scheint die Wissenschaft im Konfliktfall chancenlos zu sein. Indessen zeigt die Erfahrung, dass echte Erkenntnisse und sachgerechte Reformvorschläge trotz aller Widerstände jedenfalls längerfristig die Chance haben, sich durchzusetzen[53]. Deshalb bleibt es eine sinnvolle, ja notwendige Aufgabe der Wissenschaft, „Perspektiven über den Tag hinaus zu entwickeln und Reformmodelle unabhängig von der Frage ihrer sofortigen politischen Durchsetzbarkeit zu erarbeiten"[54]. In manchen Fällen lassen sich nötige Reformen zu-

---

50   Siehe oben § 3.
51   Siehe unten § 6.
52   Siehe hierzu *Bultmann/Schmithals* (Hrsg.), Käufliche Wissenschaft, Experten im Dienst von Industrie und Politik (1994).
53   Ein Beispiel dafür ist die Senkung des Alkoholgrenzwerts für Kraftfahrer von 0,8 auf 0,5 Promille, die vom Bundestag am 14.11.1997 beschlossen wurde, nachdem der Bundestag sich zuvor jahrelang allen Reformappellen aus Rücksicht auf die Lobby verschlossen hatte; siehe *v. Hippel*, Willkür oder Gerechtigkeit (1998) § 11 (Menschenopfer für die Alkohol-Lobby?).
54   *v. Hippel*, Rechtsvergleichendes Generalreferat, in: *Fleming/Hellner/ v. Hippel*, Haftungsersetzung durch Versicherungsschutz (1980), S. 81 f. unter Hinweis darauf, „das einst in Deutschland entwickelte und inzwischen international erfolgreiche Modell der Arbeitsunfallversicherung habe ehemals mehr als 50 Jahre gebraucht, um sich weltweit durchzusetzen"; vgl. auch *Schlecht*, Macht und Ohnmacht der Ordnungspolitik, in: ORDO 40 (1989) 303 (306), der es zu Recht als Aufgabe der Wissenschaft bezeichnet, „auf die öffentliche Meinung so einzuwirken, dass das Richtige, was heute politisch unmöglich erscheint,

dem mit Hilfe der Rechtsprechung durchsetzen[55], insbesondere mit Hilfe des Bundesverfassungsgerichts, das den Gesetzgeber zunehmend zu Reformen verpflichtet hat[56].

morgen politisch möglich wird. Gerade für die Ordnungspolitik als langfristige Gestaltungsaufgabe ist dies von besonderer Bedeutung".

55 Siehe *v. Hippel* (oben Fn. 3) § 5 (Rechtsprechung). – Zum Fall einer wichtigen Rechtsprechungsänderung (betr. „Gefahrerhöhung" in der Kfz-Haftpflichtversicherung) nach meiner Kritik in NJW 1966, 129 ff. siehe BGH 25.09.1968, NJW 1969, 42 und hierzu *v. Hippel*, NJW 1969, 209 ff.

56 Siehe *v. Hippel* (oben Fn. 3) § 7 (Verfassungsgerichtsbarkeit); *ders.,* Willkür oder Gerechtigkeit (1998), S. 11 ff., der freilich zugleich kritisch auf die allzu restriktive Haltung des Bundesverfassungsgerichts in Fällen hinweist, in denen Verfassungsbeschwerden sich gegen ein willkürliches Unterlassen des Gesetzgebers richten, wie im Falle seiner erfolglosen Verfassungsbeschwerde gegen die zu hohe Promille-Grenze (S. 115 ff.) oder der erfolglosen Verfassungsbeschwerde eines vom Waldsterben betroffenen Schwarzwaldbauern (BVerfG vom 26.05.1998, NJW 1998, 3264) und hierzu unten § 16. – Erfolgreich war hingegen meine Kritik an der Zinsbesteuerung (BB 1990, 1951 ff.) und der „Abtreibung auf Krankenschein" (NJW 1988, 2940 f.). In beiden Fällen hat das BVerfG die überkommenen Regelungen für verfassungswidrig erklärt; siehe BVerfGE 88, 203 (Abtreibung).

§ 6 Machtmissbrauch der Lobby als Herausforderung

I. Problemstellung und Ausgangslage[1]

In der Demokratie geht „alle Staatsgewalt vom Volke aus. Sie wird vom Volke in Wahlen und Abstimmungen und durch besondere Organe der Gesetzgebung, der vollziehenden Gewalt und der Rechtsprechung ausgeübt" (Art. 20 II GG). Obwohl das Gemeinwohl dadurch gesichert zu sein scheint, stößt man in vielen Bereichen auf alarmierende Gerechtigkeitsdefizite, die sich hauptsächlich dadurch erklären, dass Interessengruppen die staatlichen Entscheidungsträger (Parlament, Regierung, Verwaltung, Gerichte) in ihrem Sinne beeinflussen[2], und zwar nicht nur durch eine Artikulation ihrer Interessen (die nicht zu beanstanden ist), sondern auch durch eine Manipulation von Informationen, durch „Parteispenden", durch Druck aller möglichen Art (wie Androhung von Massenprotesten und Entzug von Wählerstimmen) und durch Einflussnahme „von innen", die dadurch gekennzeichnet ist, „dass Verbandsvertreter selbst in die Parteien, Parlamente, Regierungen und Behörden und damit direkt an die Schalthebel der politischen Macht gelangen"[3]. So sind nicht wenige Bundestagsabgeordnete Verbandsgeschäftsführer. In den Parlamentsausschüssen spielen die Interessenverbände eine beherrschende Rolle: „Wie im Innenausschuss des Bundestags Beamte dominieren, so sind im Ausschuss für Arbeit und Soziales Gewerkschaftsfunktionäre fast unter sich und im Landwirtschaftsausschuss Landwirte und Bauernverbandsfunktionäre. Sie entscheiden dann häufig über ihre eigenen Angelegenheiten, sind sich über die Fraktionsgrenzen hinweg einig und haben auf diese Weise beste Chancen, ihre Belange durchzusetzen"[4]. Sachgerechte Entscheidungen und nötige Reformen sind deshalb oft nicht oder nur noch bedingt möglich.

Ein besonders reiches Anschauungsmaterial bietet insoweit das Steuerrecht. In einer Untersuchung über „Steuergerechtigkeit" (1981) hat der bekannte Steuerrechtler *Klaus Tipke* hierzu schon vor Jahren folgendes ausgeführt: „Die Gesetzgebung wird stark von Parteien und Verbänden beeinflusst... Parteivertreter und Verbandsvertreter... führen Verteilungskämpfe um Macht und Vermögen ihrer ‚Kunden'... Jede Gruppe versucht, die anderen Gruppen möglichst viel zahlen zu lassen. Obwohl Parlamentarier dem Gemeinwohl verpflichtet, ‚Vertreter der ganzen Volkes' (Art. 38 II GG) sind,

---

1   Der (überarbeitete) Beitrag ist in der Festschrift für *Hans Herbert von Arnim* mit dem Titel „Gemeinwohl und Verantwortung" (2004), 79 ff. erschienen.

2   Siehe *Weiss/Schmiederer*, Asoziale Marktwirtschaft (2004); *Leif/Speth*, Die fünfte Gewalt, Lobbyismus in Deutschland (2006) und hierzu meine Rezension in RuP 2007, 119 f.

3   *v. Arnim*, Staatslehre der Bundesrepublik Deutschland (1984), S. 291.

4   *v. Arnim*, Fetter Bauch regiert nicht gern (1997), S. 262.

fangen sie in der Realität solche Defizite nicht auf... Auch parlamentarische Mehrheiten können ungerechte Gesetze erlassen. Eine Mehrheit kann sich bereichern, sie kann eine Minderheit ausbeuten wollen... Parteien und Verbände arbeiten nicht selten ohne Rücksicht auf die Empirie mit Schlagworten (Herstellung der sozialen Symmetrie; Verhinderung des Marsches in den Lohnsteuerstaat; die Lohnsteuer, die Steuer des kleinen Mannes). Sie entwickeln Ideologien, d. h. interessenbedingte Gruppenüberzeugungen. Wo sie sich der Verfolgung partikulärer Interessen bewusst sind, versuchen sie, Privilegien als individuelle Gerechtigkeit, das partikuläre Interesse als Gemeinschaftsinteresse zu erklären. Das Eintreten der Lobbies für Partikularinteressen hebt sich schon deshalb nicht auf, weil die Lobbies sich nicht gegenseitig zu bekämpfen pflegen. Wie wenig das Wirken der Lobbies zur allgemeinen Steuergerechtigkeit führt, beweisen die steuergesetzlichen Früchte ihrer Tätigkeit. Auch sind die Kräfteverhältnisse der Lobbies nicht ausgewogen"[5].

Und der frühere Bundesverfassungsrichter *Joachim Rottmann* kommt in einer Abhandlung über „Wandlungen im Prozess der Gesetzgebung" (1984) zu dem Schluss, es wachse die Gefahr, „dass die Sachentscheidungen nicht mehr überwiegend gemeinwohlbezogen, sondern interessenbeeinflusst sind"[6]. Aufgrund seiner Beobachtungen neige er „zu der Auffassung, dass heute kaum noch ein Gesetzentwurf sich ausschließlich oder auch nur überwiegend an dem zu regelnden Sachproblem selbst und an dem mutmaßlichen Gemeinwohl orientiert, sondern dass das federführende Ressort entweder von vornherein auf Anstoss der Interessenverbände tätig wird, oder aber, wenn das nicht der Fall sein sollte, von sich aus im allerfrühesten Entstehungsstadium des Gesetzentwurfes die Abstimmung mit den meist zahlreichen und zum Teil auch untereinander konkurrierenden Interessenverbänden suchen wird... Kein Gesetzentwurf wird nur noch durch schlichten Sachverstand der Ministerialbürokratie erarbeitet, im reinen Blick auf das gemeine Wohl, aufgrund reiner Sachanalyse und mit dem Willen, reine Lösungsversuche... zu finden... Dieser Idealtyp stirbt aus; und zwar deshalb, weil ein derartiger Gesetzentwurf fast keine Aussicht auf Verwirklichung hätte. Praktisch bleibe den Autoren von Gesetzentwürfen nichts anderes übrig, als „ihre Vorlagen von vornherein im Blick auf die wirklichen und mutmaßlichen Wünsche und Forderungen der Verbände zu entwerfen..."[7]. Wobei anzumerken ist, dass zahlreiche Lobbyisten in Ministerien tätig sind und dort zum Teil an Gesetzentwürfen mitarbeiten[8].

---

5   *Tipke*, Steuergerechtigkeit (1981), S. 166 f.; vgl. auch *Tipke*, Steuerreform und Steuergerechtigkeit, in: FS Zeidler Bd. 1 (1987), S. 717 ff.; *Lang*, Verantwortung der Rechtswissenschaft für das Steuerrecht, StuW 1989, 201 (204 ff.); *Kirchhof*, Staatsmodernisierung und Steuerreform, Vortrag anläßlich des „Forum Berlin" am 13.12.2002.

6   *Rottmann*, Wandlungen im Prozess der Gesetzgebung in der Bundesrepublik Deutschland, in: Festgabe Gesellschaft für Rechtspolitik (1984), S. 329 (341).

7   *Rottmann* (Fn. 6), S. 335; vgl. auch *Schulze-Fielitz*, Theorie und Praxis parlamentarischer Gesetzgebung (1988), S. 264 f.

8   Siehe *Adamek/Otto*, Der gekaufte Staat (2008). – In einem Prüfbericht hat der Bundesrechnungshof dies inzwischen gerügt (siehe Die Welt 05.04.08, S. 1 f.).

Dieser beherrschende Einfluss der Verbände verstößt nicht nur gegen das Demo-kratieprinzip, sondern führt auch zu sachwidrigen Regelungen, die verheerende Aus-wirkungen haben. So rechnet man in Deutschland jährlich mit 110.000 Tabaktoten und 40.000 Alkoholtoten, ohne dass der (unter dem Druck der spendierfreudigen Ta-bak- und Alkohollobby stehende) Staat bisher längst notwendige Maßnahmen zur Be-kämpfung der Tabak-Epidemie und des Alkoholmissbrauchs ergriffen hätte[9]. Wegen des Widerstands der Lobby ist der Verbraucherschutz auch sonst nicht selten unzurei-chend geblieben[10]. Erst recht gilt dies für den Umweltschutz[11]. Und völlig unzuläng-lich ist bisher der Schutz künftiger Generationen[12]. Auch sonst sind unter dem Ein-fluss der Lobby sachwidrige Regelungen mit negativen Auswirkungen entstanden, so u. a. im Agrarsektor[13], im Wohnungswesen[14], im Gesundheitswesen[15] und im Bereich der Banken[16], der Versicherungen[17], der Atomwirtschaft[18] und des Glücksspiels[19].

Auch die gegenwärtige Krise der Bundesrepublik Deutschland (Massenarbeits-losigkeit, übermäßige Staatsverschuldung, knirschende Sozialsysteme, steigende Abgaben) ist nicht zuletzt durch den sachwidrigen Einfluss von Interessengruppen bedingt. So haben – um nur ein Beispiel herauszugreifen – die Gewerkschaften nach dem Regierungswechsel von *Kohl* auf *Schröder* zahlreiche Gesetze durchgesetzt, die für die Wirtschaft nachteilig sind[20]. Zudem blockieren die Gewerkschaften nöti-ge Reformen im Arbeitsrecht und Sozialrecht (die sie als „sozialen Kahlschlag" und „Zerstörung des Sozialstaats" diffamieren), fordern kostspielige schuldenfinanzierte Konjunkturprogramme und kümmern sich so wenig um die Auswirkungen ihrer Tarif-

9   Siehe unten § 22 (Tabak) und § 23 (Alkohol).

10   Siehe *v. Hippel*, Präventiver Verbraucherschutz: Vorbeugen ist besser als Heilen, Das Par-lament, Beilage 24/2001, S. 16 ff.

11   Siehe *v. Hippel*, Rechtspolitik (1992), S. 63 ff.; *ders.*, Willkür oder Gerechtigkeit (1998) § 5 (Rechtlose Umweltopfer?).

12   Siehe unten § 34.

13   Siehe *v. Hippel*, Rechtspolitik (1992) § 16 (Agrarpolitik: Reform oder Elend ohne Ende?); *Angres/Hutter/Ribbe*, Bananen für Brüssel (1999); *Ribbe*, Die Wende in der Landwirt-schaft, Beilage 24/2001 zum Parlament, S. 30 ff.; *Crolly*, In der Manipulationsfalle, Die Welt 16.4.08, S. 10.

14   Siehe *v. Hippel*, Rechtspolitik (1992) § 15 (Reformfragen der Wohnungspolitik).

15   Siehe unten § 11. – Nicht nur in Deutschland sind überfällige Reformen des Gesundheits-wesens immer wieder am Widerstand betroffener Interessengruppen gescheitert.

16   Siehe *v. Hippel*, Willkür oder Gerechtigkeit (1998) § 7 (Banken im Kreuzfeuer).

17   Siehe *Gärtner*, Die Versicherer und ihr Recht, JZ 1978, 778 ff.; *v. Hippel*, Verbraucher-schutz (3. Aufl. 1986) § 10 (Schutz des Versicherungsnehmers); *Adams*, Die Kapitalle-bensversicherung als Anlegerschädigung, ZIP 1997, 1857 ff.

18   Siehe *v. Hippel*, Willkür oder Gerechtigkeit (1998) § 12 (Ausstieg aus der Kernenergie?) sowie unten § 18.

19   Siehe unten § 24.

20   Siehe Die Welt vom 03.03.03, S. 3; vgl. auch *v. Hippel*, Rechtspolitik (1992), S. 149 ff.

politik auf die Arbeitsplätze und ihrer Streiks auf die Bürger, dass Kritiker ihnen nicht ohne Grund Verstöße gegen das Gemeinwohl vorwerfen[21]. Bemerkenswert ist auch, dass der DGB-Vorsitzende *Michael Sommer* der Bundesregierung gedroht hat, die Gewerkschaften würden eine „Enteignung" der Beschäftigten durch Sozialreformen nicht widerstandslos hinnehmen[22], und dass die Bundesbank in einem Papier „Wege aus der Krise" betont hat, notwendige Maßnahmen dürften nicht durch ein überzogenes Konsensdenken oder durch Partikularinteressen verwässert werden[23]. Das gilt speziell für den Abbau unsinniger Subventionen, welche die Lobby ehemals durchgesetzt hat und welche sie nun trotz der staatlichen Finanznot mit Zähnen und Klauen verteidigt[24].

II. Reformüberlegungen

Es besteht also aller Anlass, im Anschluss an frühere Kritiker – wie insbesondere den Politikwissenschaftler *Eschenburg*[25], den Staatsrechtler *v. Arnim*[26] und den Soziologen *Schelsky*[27] – darüber nachzudenken, was geschehen kann, um einem Machtmissbrauch der Lobby besser als bisher zu begegnen. Mit der jährlichen Veröffentlichung einer „Lobbyliste", wie sie der Deutsche Bundestag 1972 beschlossen hat, ist es jedenfalls nicht getan: Nicht einmal die erhoffte Transparenz der Lobby-Arbeit ist durch diese Maßnahme erreicht worden.

21   So hat *Helmut Schmidt* von den Gewerkschaften mehr Verantwortung für das Gemeinwesen gefordert (Die Welt vom 20.10.03, S. 33).
22   Siehe Die Welt vom 06.03.03, S. 2. – Eine solche Drohung ist um so alarmierender als fast die Hälfte der Abgeordneten im damaligen Bundestag Gewerkschaftler waren (Die Welt vom 05.07.03, S. 3) und in der SPD-Bundestagsfraktion sogar drei Viertel der Mitglieder Gewerkschaften angehörten (Die Welt vom 25.06.03, S. 3). – Zudem haben die Gewerkschaften mehrfach zu Demonstrationen gegen Sozialreformen aufgerufen, gelegentlich auch zu Streiks (so gegen die Erhöhung des Rentenalters auf 67 Jahre), obwohl politische Streiks unzulässig sind.
23   Siehe Die Welt vom 08.03.03, S. 11.
24   Nach einem Gutachten des Instituts für Weltwirtschaft (IfW) werden in Deutschland jährlich ca. 150 Milliarden Euro für Subventionen aufgewandt. Etwa ein Drittel dieser Summe (nämlich 52 Milliarden Euro) könnten ohne rechtliche Hemmnisse gestrichen werden. Trotzdem umfasst der 2003 im Vermittlungsausschuss vereinbarte Subventionsabbau nur 0,74 Mrd. Euro (siehe Die Welt vom 17.12.03, S. 11 sowie den dortigen kritischen Kommentar von *Siems*, der bitter vermerkt, die Profiteure der Subventionen hätten „gute Lobbyarbeit geleistet").
25   Siehe *Eschenburg*, Herrschaft der Verbände? (1955).
26   Siehe *v. Arnim*, Gemeinwohl und Gruppeninteressen (1977).
27   Siehe *Schelsky*, Funktionäre – Gefährden sie das Gemeinwohl? (1982).

Um unsachlichen Einflüssen der Lobby entgegenzuwirken, sind eine verstärkte Publizität, eine Demokratisierung und eine Funktionsbegrenzung der Verbände angebracht[28]. Wie *v. Arnim* schon vor Jahren betont hat, gilt es zudem „solche Institutionen zu stärken, die von den Parteien und Verbänden relativ unabhängig sind. Dies sind neben den Gerichten auch die Rechnungshöfe, die Verwaltung, die Bundesbank, die Rundfunkanstalten und Sachverständigenkommissionen (oder *sollten* es doch sein). Ein großes Problem besteht allerdings darin, dass Korrekturen von Fehlentwicklungen des parlamentarischen Systems durch Rechtsprechung, Finanzkontrolle, wissenschaftliche Beratung etc. nur teilweise höchst unvollkommen ausgeglichen werden können. Will man hier Remedur schaffen und Ausgewogenheit möglichst herstellen, dann muss das *politische Kräftespiel* selbst *anders organisiert werden*"[29].

Diese Überlegungen sprechen für eine Einführung plebiszitärer Mitwirkungsrechte der Bürger (Volksbegehren und Volksentscheid), die sich auch aus weiteren Gründen empfehlen[30]. Wichtig ist zudem die Bildung und Förderung gemeinwohlorientierter Vereinigungen („public interest groups"), für die es bereits manches erfolgreiche Beispiel gibt[31], sowie die Berufung von Ombudsmännern, welche für Interessen eintreten, die im politischen Prozess erfahrungsgemäß zu kurz kommen, weil es sich um die Interessen von Gruppen handelt, die sich entweder überhaupt nicht organisieren können (wie die Kinder, Embryonen, künftige Generationen, Tiere und Pflanzen) oder deren effektive Organisation sich als schwierig erweist (wie im Fall der Verbraucher, Steuerzahler, Sparer und sozialer Randgruppen)[32]. Um ihr Gewicht zu verstärken, sollten sich die gemeinwohlorientierten Vereinigungen in einem Spitzenverband (einer „Allianz aller Menschen guten Willens") zusammenschließen.

Ferner sollte man über den Vorschlag *Friedrich A. v. Hayeks* nachdenken, die Legislative durch eine grundlegende Strukturreform des Parlaments besser als bisher

---

28 Siehe *v. Arnim* (Fn. 26), S. 299 ff.; *Teubner*, Organisationsdemokratie und Verbandsverfassung (1978).

29 *v. Arnim* (Fn. 4), S. 302, 503 ff., der anfügt: "Dieser Ansatz läuft auf Verfassungsänderungen hinaus. Im gegebenen grundgesetzlichen System lassen sich die erforderlichen Korrekturen wohl kaum mehr in vollem Umfang bewerkstelligen". Siehe nun auch *v. Arnim*, Demokratie vor neuen Herausforderungen, ZRP 1995, 340 ff.

30 Siehe *Wassermann*, Die Zuschauerdemokratie (1986) 182 ff.; *v. Hippel*, Rechtspolitik (1992), S. 177 ff.; *v. Arnim*, Die Deutschlandakte (2008) 73 ff.

31 Siehe *v. Hippel*, Willkür oder Gerechtigkeit (1998) § 13 (Greenpeace: David gegen Goliath).

32 Siehe *v. Hippel*, Rechtspolitik (1992), S. 161 f., der darauf hinweist, die Ombudsmänner müssten auch mit den nötigen Kompetenzen (Klagerechten, insbesondere Recht auf Einlegung von Verfassungsbeschwerden) und den erforderlichen Ressourcen ausgestattet werden. – Besonders wichtig ist ein Ombudsmann für künftige Generationen, deren Interessen heute weithin missachtet werden (siehe unten § 34).

vor dem Druck der Parteien und Verbände abzuschirmen[33]. Auch kann nicht länger hingenommen werden, dass die Abgeordneten – die derzeit allein durch die Parteien unter maßgeblichem Einfluss von Interessengruppen nominiert werden – etwa „je zur Hälfte dem öffentlichen Dienst und den Verbänden angehören"[34]. Und jedenfalls muss den Abgeordneten untersagt werden, für Verbände oder Unternehmen (als Funktionär oder Berater) tätig zu sein[35]. Schließlich ist mit *v. Arnim* zu fordern, dass endlich auch in Deutschland die aktive und passive Abgeordnetenbestechung unter Strafe gestellt wird, wie dies in anderen Staaten längst geschehen ist[36].

Wichtig ist auch eine konsequente Wettbewerbspolitik, weil dadurch wirtschaftliche Macht und deren Einfluss auf die Politik beschränkt werden[37]. Nicht zuletzt gilt es die Abgabenbelastung zu begrenzen, denn eine überhöhte Abgabenquote fördert nicht nur die Flucht in die Schattenwirtschaft, sondern ruft auch verstärkt begehrliche Interessengruppen auf den Plan[38].

Im übrigen ist zu hoffen, dass das Bundesverfassungsgericht, das sich zunehmend darum bemüht, die parlamentarischen Defizite zu kompensieren, seine Kontrollmöglichkeiten stärker als bisher nutzt, wenn es durch Einflussnahme der Lobby zu Ungerechtigkeiten kommt. Dazu sollte es von der Öffentlichkeit und speziell von der Rechtswissenschaft ermuntert werden, denn die frühere Vorstellung, das Bundesverfassungsgericht müsse sich mit seiner Kontrolle zurückhalten, wird den heutigen Gegebenheiten nicht mehr gerecht[39].

---

33 Siehe *v. Hayek*, Recht, Gesetzgebung und Freiheit III (1981), S. 156 ff.; vgl. auch *Kleinewefers*, ZSR N.F. 102 (1983), 385 ff.; *v. Hippel*, Rechtspolitik (1992), S. 96.

34 *Stolleis*, Parteienstaatlichkeit – Krise des demokratischen Verfassungsstaats?, VVStRL 44 (1986) 7 (31). – Nicht ohne Grund hat das BVerfG in seinem „Diätenurteil" vom 18.06.1975 – BVerfGE 40, 296 (321) – die Frage gestellt, ob die „Vorbeamtung der Parlamente", sollte sie sich fortsetzen, noch mit einem „materiell verstandenen Gewaltenteilungsprinzip" vereinbar sei. Vgl. auch *v. Arnim* (Fn. 4), S. 368 ff.

35 Aufschlussreich hierzu der Bericht „Insolvenzverwalter Kirchs prüfen Verträge mit Politikern", Die Welt vom 03.05.03, S. 4, in dem u. a. vermerkt ist, nach Angaben aus dem Umfeld Kirchs habe fast jeder Bundestagsabgeordnete Beraterverträge abgeschlossen; siehe auch unten § 7.

36 Siehe *v. Arnim*, Die Deutschlandakte (2008) 289 ff.

37 Siehe Deregulierungskommission, Marktöffnung und Wettbewerb (1991).

38 Siehe *v. Hippel*, Rechtspolitik (1992), S. 100 f.

39 Siehe *v. Hippel*, Rechtspolitik (1992), S. 128 ff.; *ders.*, Willkür oder Gerechtigkeit (1998), S. 11 ff., 158 f.

III. Bilanz

Wie sich ergeben hat, ist die „Herrschaft des Volkes" (Demokratie) inzwischen weithin durch eine „Herrschaft der Verbände" verdrängt worden. Eine solche „Lobbykratie" verstößt nicht nur gegen das Demokratieprinzip, sondern führt auch zu zahlreichen sachwidrigen Regelungen, die verheerende Auswirkungen haben. Deshalb sind Korrekturen geboten, die insbesondere darauf abzielen, der Lobby die „Indienstnahme" von Abgeordneten zu erschweren und ein Gegengewicht zur Lobby zu schaffen (durch plebiszitäre Mitwirkungsrechte der Bürger und durch die Berufung von Ombudsmännern für schwache Gruppen).

Obwohl der Einfluss der Lobby und die alarmierenden Gerechtigkeitsdefizite dazu geführt haben, dass das Vertrauen in die Politik und die Parteien, ja selbst in die demokratische Staatsform beängstigend geschwunden ist[40] (was letztlich das ganze System bedroht), bleibt abzuwarten, ob und inwieweit der – unter dem Druck der Lobby stehende – Gesetzgeber sich zu nötigen Korrekturen verstehen wird. Um so wichtiger ist es, dass das Bundesverfassungsgericht seine Kontrollmöglichkeiten verstärkt nutzt und dass sich möglichst viele Bürger in Vereinigungen zusammenschließen, die (wie z. B. Greenpeace) für das Gemeinwohl eintreten[41].

Als geborene „Hüter der Gerechtigkeit" sind die Juristen in besonderem Maße dazu aufgerufen, Missstände anzuprangern und für nötige Reformen einzutreten[42]. *Hans Herbert von Arnim* hat sich dieser Aufgabe in vorbildlicher Weise angenommen[43], und man kann nur hoffen, dass sein Beispiel Schule macht, damit das Fähnlein rechtspolitisch engagierter Juristen den dringend benötigten Zuzug erhält.

---

40 Siehe *Zitelmann*, Deutsche haben kein Vertrauen in Parteien, Die Welt vom 05.07.1997, S. 2; *Bolzen*, Die Welt 03.07.03, S.1 1, der vermerkt, jeder zweite Bundesbürger sei „überzeugt, dass Bestechung maßgeblichen Einfluss auf die demokratische Entscheidungsfindung hat"; Bericht „Studie: Jeder dritte Deutsche zweifelt an der Demokratie", Die Welt 30.06.08, S. 2.

41 Zu den bewundernswerten Leistungen und Erfolgen von Greenpeace siehe *v. Hippel*, Willkür oder Gerechtigkeit (1998) § 13 (Greenpeace: David gegen Goliath). – Inzwischen sind mehrere Bürgerinitiativen auf den Plan getreten, die nötige Reformen durchsetzen wollen und die ihre Kräfte hoffentlich bündeln werden (siehe *Rübel*, Die Welt vom 31.05.03, S. 2).

42 Siehe oben § 5.

43 Zuletzt in seinem Buch, Die Deutschlandakte (2008).

§ 7 Selbstbedienung von Abgeordneten

I. Es verwundert, dass es erst heute zu einer intensiven Diskussion über „Nebentätig-keiten" und „Nebeneinkünfte" von Abgeordneten kommt[1], denn das Problem ist nicht neu: Schon vor Jahren wurde (z. B. im Stern 1991, Nr. 43) über lukrative Nebenjobs vieler Parlamentarier berichtet und u. a. darauf hingewiesen, der Vorsitzende des Bun-destags-Bauausschusses verdiene als Präsident des Zentralverbands der Haus-, Woh-nungs- und Grundeigentümer zusätzlich DM 17.000 im Monat.

Ein einziger solcher Fall hätte schon früher den Anstoß zu Reformüberlegungen geben müssen, denn bezahlte „Nebentätigkeiten" von Abgeordneten sind in mehr-facher Hinsicht bedenklich: Sie führen zu fragwürdigen Einkommensunterschieden unter den Abgeordneten (deren Chancen bezüglich einer lukrativen Nebentätigkeit sehr unterschiedlich sind), sie entziehen den Abgeordneten (die heute einen full time job haben und deren Diäten – die Art. 48 Abs. 3 GG noch als „angemessene Entschä-digung" bezeichnet – deshalb inzwischen zu einem vollen Abgeordneten-Einkommen erhöht worden sind) Zeit und Kraft für ihre eigentlichen Aufgaben, und sie ermögli-chen sachwidrige Einflüsse von Verbänden und Unternehmen, die Abgeordnete (als Funktionäre, Berater oder Angestellte) in ihre Dienste nehmen, wobei häufig fraglich und kaum kontrollierbar ist, ob die betreffenden Abgeordneten für ihr Salär eine an-gemessene Gegenleistung erbringen.

Jetzt, da die Öffentlichkeit durch eine Reihe skandalöser Fälle aufgeschreckt wor-den ist, besteht endlich die Chance für eine Reform. Diese darf sich freilich nicht auf Randkorrekturen (wie die vollständige Offenlegung aller Abgeordnetenbezüge und die Einführung von Sanktionen für verheimlichte Nebentätigkeiten) beschränken, sondern muss die Probleme nach dem Vorbild mancher anderer Staaten an der Wurzel packen. So dürfen Kongressmitglieder in den USA keinen Beruf ausüben und Neben-einkünfte maximal in Höhe von 15 Prozent ihrer Diäten beziehen.

II. Im Übrigen wäre es verfehlt, nur die „Nebentätigkeiten" von Abgeordneten in den Blick zu nehmen, denn es gibt weitere Abgeordnetenprivilegien, die ebenfalls auf den Prüfstand gehören. Nach Kritik von Wissenschaftlern und vom Bund der Steu-erzahler melden sich nun auch Bürger kritisch zu Wort. Typisch ist ein Leserbrief in der Welt vom 12.01.05: „Die politische Kaste bedient sich immer ungenierter und ungehemmter. Pensionen, die dem Mehrfachen der Rente eines Facharbeiters (mit 65) entsprechen, gibt es nach ein paar Jahren, ohne einen Pfennig dafür bezahlt zu haben. Nebenjobs mit Gehältern, die selbst Hochqualifizierte nicht mal im Hauptberuf er-zielen. Steuerfreie Pauschalen und Sitzungsgelder ohne Nachweis, völlig überzogene

---

1   Ergänzte und mit Fußnoten versehene Fassung eines Beitrags, der in der Frankfurter Rundschau vom 23.06.05, S. 8 erschienen ist.

Übergangsgelder, selbst wenn am nächsten Tag eine neue hochdotierte Stelle angetreten wird und so weiter und so fort".

Solche Impressionen und der verbreitete Unmut über die bisherige Diätenregelung, die immer wieder für Zündstoff sorgt, haben wesentlich dazu beigetragen, dass das Vertrauen der Bürger in die Integrität der Politiker beängstigend geschwunden ist. (Nach Angabe von Bolzen in der Welt vom 03.07.03 ist jeder zweite Bundesbürger davon „überzeugt, dass Bestechung maßgeblichen Einfluss auf die demokratische Entscheidungsfindung hat").

Es ist also höchste Zeit, dass die Politiker im eigenen wohlverstandenen Interesse für eine Reformregelung sorgen, die sie vom Ruch unlauterer Selbstbedienung befreit. Solange die Volksvertreter selbst über die Diäten bestimmen, besteht naturgemäß die Gefahr und der Verdacht, dass sie sich über Gebühr bedienen, wobei nicht nur überhöhte Diäten sondern auch übertriebene Pauschalzahlungen für Unkosten, unangemessene Steuerprivilegien und übertriebene Sozialleistungen denkbar sind. Entsprechend dem elementaren Rechtsgedanken, dass niemand in eigener Sache entscheiden darf[2], liegt es nahe, dem Parlament die Entscheidung in Fällen eigener Betroffenheit zu entziehen und sie einer unabhängigen Sachverständigenkommission zu übertragen oder diese doch zumindest als Gutachter einzuschalten. Diese Kommission könnte dann auch über die Frage befinden, ob und inwieweit ein Parlamentsmandat mit bestimmten sonstigen Funktionen (Aufsichtsratsposten, „Beraterverträgen" und ähnliches mehr) vereinbar ist und bis zu welchem Ausmaß „Nebentätigkeiten" der Abgeordneten bzw. „Nebeneinkünfte" zulässig sind.

III. Im Oktober 2005 hat der Deutsche Bundestag verfügt, dass Abgeordnete die Einnahmen aus Nebentätigkeiten offenlegen müssen[3]. Allerdings ist die „Transparenzrichtlinie" sehr kulant ausgefallen, denn es müssen nicht die exakten Beträge der Nebeneinkünfte angegeben werden, sondern nur deren Zuordnung zu bestimmten Kategorien (zwischen 1.000 und 3.500 Euro, 3.500 bis 7.000 Euro und mehr als 7.000 Euro im Monat). Obwohl dies hinter den Regelungen anderer Länder zurückbleibt, haben 9 Abgeordnete dagegen Verfassungsbeschwerde eingelegt, die das Bundesverfassungsgericht am 04.07.07 (in einer 4:4 Entscheidung) abgewiesen hat: Das Volk habe ein Recht darauf zu wissen, von wem und in welcher Größenordnung seine Vertreter Geld oder geldwerte Leistungen entgegennehmen[4].

Inzwischen sind die Angaben der 613 Abgeordneten zu ihren Nebeneinkünften im Internet veröffentlicht worden. Wie sich ergab, verbucht die Mehrheit der Abgeordneten neben den Diäten von 7.009 Euro im Monat keine oder nur geringe Zusatzeinnahmen. Es gibt allerdings auch einige Großverdiener wie den ehemaligen Unions-Fraktionsvorsitzenden *Friedrich Merz*, der neben seiner Tätigkeit als Anwalt Funktionen

---

2   Siehe *v. Arnim*, Die Deutschlandakte (2008) 37 f., 138 ff.
3   Siehe *Redelfs*, Mehr Transparenz gegen die Macht der Lobbyisten, in: *Leif/Speth* (Hrsg.), Die fünfte Gewalt (2006), S. 333 (339 ff.).
4   Siehe BVerfG NVwZ 2007, 916 ff.

in zehn Unternehmen und drei Verbänden oder Vereinen wahrnimmt[5]. Deshalb sollten „Nebentätigkeiten" von Abgeordneten zumindest beschränkt werden, zumal viele Parlamentarier neue Regelungen der Diäten, der Nebentätigkeiten und der Altersversorgung wünschen[6].

Ein Gesetz, das die Koalitionsparteien im November 2007 durch das Parlament gepeitscht haben, beweist allerdings, dass es dem Bundestag bisher mehrheitlich am Willen zu einer echten Reform fehlt: Das Gesetz erhöht die Diäten der 613 Bundestagsabgeordneten in zwei Schritten bis Anfang 2009 um 9,4 Prozent und billigt ihnen (leicht gekürzte) Pensionsansprüche bereits dann zu, wenn sie ein Jahr (bisher acht Jahre) dem Parlament angehört haben[7]. Die dafür vorgetragene Begründung, man müsse durch attraktive finanzielle Konditionen die besten Köpfe für das Parlament gewinnen, klingt wie Hohn, wenn man bedenkt, dass die Kandidaten für den Bundestag von den Parteien nominiert werden und dass sie überwiegend aus dem öffentlichen Dienst und den Verbänden kommen. Es ist höchste Zeit, diesen Missstand zu beenden[8].

Unter Berufung auf den Tarifabschluss im öffentlichen Dienst (der auf die Bezüge der Parlamentarier zu übertragen sei) haben die Koalitionsparteien im Mai 2008 eine weitere Diätenerhöhung (auf 8.159 Euro zum 01.01.2010) beschlossen, diesen Beschluss aber wenig später (nach heftiger Kritik aus der Öffentlichkeit und aus den eigenen Reihen) „wegen mangelnder öffentlicher Akzeptanz" wieder aufgehoben[9]. Im Hinblick auf dieses Debakel gibt es jetzt kaum mehr eine Alternative zu der Einschaltung einer unabhängigen Expertenkommission, für die sich inzwischen auch manche Politiker ausgesprochen haben. Hamburg hat im Januar 2008 eine solche Kommission eingesetzt[10].

---

5   Siehe Bericht „Die lukrativen Nebenjobs der Abgeordneten", Die Welt 06.07.07, S. 2.
6   Siehe *Lau/Neumann*, Die Welt 23.05.07, S. 2.
7   Siehe *v. Arnim* (oben Fn. 2) 140 ff. – Beamtenbund-Chef *Heesen* hat sich zur Rechtfertigung seiner Gehaltsforderungen für den öffentlichen Dienst auf die Diätenerhöhung berufen, im Vergleich zu der seine Forderung von acht Prozent mehr Einkommen „geradezu bescheiden" sei (Die Welt 03.01.08, S. 4).
8   Siehe *v. Hippel*, Rechtspolitik (1992), S. 97; *v. Arnim* (oben Fn. 2) 126 ff.
9   Siehe Die Welt 21.05.08, S. 1 f.
10   Siehe Die Welt 31.05.08, S. 33.

§ 8 Bevölkerungswandel und Familienpolitik

I. Bevölkerungswandel

Der Bevölkerungswandel gehört zu den großen Herausforderungen unserer Zeit. Infolge der wachsenden Lebenserwartung und des alarmierenden Geburtenschwundes altert die Bevölkerung in Deutschland und anderen Staaten in unvorstellbarem Ausmaß[1]. Schon ist der Zeitpunkt absehbar, in dem die Alten (d.h. Personen über 60 Jahre) die Jungen zahlenmäßig überflügeln und damit auch als Wähler majorisieren können, zumal die Jungen erst ab 18 Jahren stimmberechtigt sind. Zugleich ergibt sich eine wahre Sturzflut von Problemen, die alle Lebensbereiche betreffen.

Seit dem Pillenknick Anfang der Siebzigerjahre ist die Geburtenrate in Deutschland drastisch zurückgegangen und auf derzeit nur noch 1,4 Kinder pro Frau gesunken[2]. Da zur Bestandssicherung eine Geburtenrate von 2,1 Kinder pro Frau erforderlich wäre, wird die Zahl der Deutschen in den nächsten Jahrzehnten dramatisch abnehmen. Experten rechnen mit einem Rückgang um 8 bis 13 Millionen bis zum Jahre 2050. Zudem wird die Zahl der erwerbsfähigen Bürger (zwischen 20 und 65 Jahren) von derzeit etwa 50 Millionen bis 2050 voraussichtlich auf rund 35 Millionen sinken, während die Lebenserwartung rasant steigt und für heute Geborene 90 bis 100 Jahre beträgt[3].

Diese Entwicklung bedroht nicht nur die Wirtschaftskraft und den Wohlstand, sondern gefährdet auch die Sozialsysteme (da immer weniger Junge für immer mehr Alte aufkommen müssen) und steigert die Pro-Kopf-Verschuldung, die bei einer staatlichen Gesamtverschuldung von rund 1,5 Billionen Euro schon heute fast 19.000 Euro beträgt[4].

Während manche Betrachter das demografische Problem für unlösbar halten, sind andere der Ansicht, bei raschem und entschiedenem Gegensteuern könnten wir „der Demografie-Falle entkommen, die Sozialsysteme wetterfest machen und eine ökonomische Dauerkrise vermeiden". Erforderlich sei ein Maßnahmenbündel: „Die Deutschen müssen wieder mehr Kinder bekommen, länger arbeiten, Frauen und Alte

---

1 Siehe *Schirrmacher*, Das Methusalem-Komplott (2004); Bericht „Geburten in Deutschland sinken auf Tiefstand", Die Welt 06.06.07, S. 4.

2 Siehe hierzu und zum folgenden *Fischer u. a.*, Die demografische Krise, Wirtschaftswoche 2007, Nr. 25, S. 24 ff. – Zum Geburtenschwund tragen nicht zuletzt die Abtreibungen bei, die jährlich auf mindestens 130.000 Fälle zu veranschlagen sind. Zugleich suchen viele Menschen erfolglos nach Kindern, die sie adoptieren können.

3 Siehe *Schirrmacher* (oben Fn. 1) 21 ff.

4 Siehe *Müller/Peter*, Mit dem Volk schrumpft der Wohlstand, Die Welt 18.12.06, S. 3.

besser in den Arbeitsmarkt integrieren, mehr in Bildung und Weiterbildung investieren, qualifizierte Einwanderer ins Land holen und die individuelle Produktivität steigern"[5].

Die Bedeutung der Geburtenrate ist heute weithin anerkannt, desgleichen die Erkenntnis, dass es – wie besonders das französische Beispiel zeigt – möglich ist, die Geburtenrate durch eine Veränderung der Rahmenbedingungen zu beeinflussen.

II. Zuwanderung

Entgegen manchen Vorstellungen und Hoffnungen kann die Zuwanderung nur einen relativ bescheidenen Beitrag leisten, um das demografische Problem zu mildern. Um das Geburtendefizit in Deutschland durch Zuwanderung auszugleichen, müssten wir nämlich Millionen von Menschen ins Land holen, was utopisch und wegen der Überfremdung (mit allen ihren Folgeproblemen) auch nicht wünschenswert ist, zumal Bevölkerungsexperten schon heute damit rechnen, dass manche deutsche Großstädte von Ausländermehrheiten erobert werden und dass diese die deutsche Kultur immer weniger annehmen werden („Je größer eine Population ist, desto mehr nimmt der Druck ab, sich auf seine Umwelt einzulassen"). Da viele Migranten nur gering qualifiziert sind, droht zudem eine Überlastung der Sozialsysteme[6].

Vor diesem Hintergrund bemüht sich Deutschland nun verstärkt um qualifizierte Zuwanderer[7], die auf dem Weltarbeitsmarkt aber knapp sind und auch in ihren Herkunftsländern gebraucht werden. Zudem ist fragwürdig, dass solche Fachkräfte – wie sie jetzt auch die EU anlocken will – ihren Herkunftsländern ohne einen finanziellen Ausgleich entzogen werden. Im übrigen gilt es darüber nachzudenken, wie man der Abwanderung deutscher Facharbeiter (2006 sind 155.300 Deutsche ausgewandert) entgegenwirken kann.

5   Siehe hierzu *Fischer u. a.* (oben Fn. 2) 26.
6   Siehe Die Welt 28.02.06, S. 1 und 3; Bericht „Viele Zuwanderer ohne Berufsabschluss", Die Welt 20.12.07, S. 2; *Siems*, Die Welt 11.07.08, S. 12.
7   Siehe Bericht „OECD: Deutschland braucht qualifizierte Zuwanderer", Die Welt 26.06.07, S. 1 (und hierzu die Stellungnahme von Migrationsforscher *Bade* und den Beitrag von *Lau*, Wende in der Integrationspolitik, Die Welt 29.06.07, S. 2); *Wisdorff*, Koalition senkt Hürden für die Zuwanderung von Fachkräften, Die Welt 17.07.08, S. 10; *Spranz*, Ausländer machen einen Bogen um Deutschland, Die Welt 11.09.08, S. 4.

III. Europäische Entwicklung

Der Bevölkerungswandel betrifft nicht nur den nationalen Raum, sondern auch die europäische Ebene, denn es leiden fast alle Industriestaaten unter Geburtenschwund[8].

In einer Analyse der europäischen Perspektive kommt der Amerikaner *Mark Steyn* unter der Überschrift „Selbstmord Europas" zu dem Ergebnis, bis 2050 werde es 100 Millionen Europäer weniger geben. Zugleich altere die Bevölkerung wie noch nie zuvor in der Menschheitsgeschichte. So werde es zur „Selbstauslöschung jener Völker kommen, die die moderne Welt formten". Wegen ihres demografischen Vorteils gehöre die Zukunft den Moslems. Falls die europäischen Staaten versuchen sollten, den Zusammenbruch durch Zuwanderung zu verhindern, müssten sie „mehr Einwanderer aufnehmen, als es je eine stabile Gesellschaft versucht hat", und das werde zu schweren sozialen Konflikten (bis hin zu brennenden Häusern, Straßenkämpfen und Mordanschlägen) führen, zumal die Einwanderer ihren traditionellen Wertvorstellungen verhaftet blieben[9].

IV. Familienpolitik

Vor diesem Hintergrund erfährt nun endlich die Familienpolitik die ihr gebührende Aufwertung, wie es Wissenschaftler seit Jahren fordern.

Zu nennen ist hier besonders das grundlegende Buch „Priorität für die Familie: Plädoyer für eine rationale Familienpolitik", das der Ökonom *Heinz Lampert* 1996 vorgelegt hat. *Lampert* geht davon aus, es handle sich bei der Familie um eine unverzichtbare „universale Institution, weil sie Funktionen erfüllt, ohne die Gesellschaften und Staaten nicht überleben können", nämlich die biologische Reproduktion der Gesellschaft, die Versorgung der Kinder sowie der alten und behinderten Angehörigen, die Erziehung der Kinder, die Normierung des sexuellen Verhaltens und die Bildung der Persönlichkeit (S. 3, 24 ff., 207).

Zu Recht sieht *Lampert* sodann die Familie in mancher Hinsicht als bedroht an: Wegen sozialer und wirtschaftlicher Wandlungen sei „für nicht wenige Familien die optimale Aufgaben- und Funktionserfüllung und die Entwicklung der Familien selbst in einem als kritisch anzusehenden Umfang gefährdet" (S. 292). *Lampert* verweist insoweit auf die Veränderungen der Haushaltsstruktur (Abnahme der Haushaltsmitglieder), die Zunahme alleinlebender Personen („Singles"), die Zunahme nichtehelicher Lebensgemeinschaften, die Zunahme alleinerziehender Eltern, die Abnahme

---

8   Siehe *Thränhardt*, Migration und demographische Herausforderung, in: Linzbach (Hrsg.), Globalisierung und Europäisches Sozialmodell (2007) 217 ff.

9   Siehe *Steyn*, Selbstmord Europas, Die Welt 09.02.06, S. 9.

der Heiratshäufigkeit, das erhöhte Heiratsalter („Eheverzögerung"), den Anstieg der Ehescheidungen, den spektakulären Geburtenrückgang (der bewirkt hat, dass in Deutschland nur noch zwei Drittel der Kinder geboren werden, die für die Erhaltung des Bevölkerungsbestandes ohne Zuwanderung erforderlich wären) und die relative Verschlechterung der Einkommenslage von Familien, speziell von kinderreichen und Ein-Eltern-Familien.

Um die Lage zu ändern, macht *Lampert* zahlreiche Vorschläge mit dem Ziel, den Familienlastenausgleich zu verbessern, die Vereinbarkeit von Familientätigkeit und Erwerbstätigkeit zu födern und eine familiengerechte Wohnungsversorgung zu sichern (S. 207 ff., 258 ff.). Im Hinblick auf die Knappheit verfügbarer Ressourcen unterscheidet *Lampert* zwischen vordringlichen Nahzielen der Familienpolitik (wie insbesondere einer Verbesserung des damaligen Erziehungsgeldes) und langfristigen Zielen (S. 267 ff.). Zusammenfassend empfiehlt *Lampert* „die möglichst kontinuierliche, langfristig angelegte, schrittweise Weiterentwicklung des Familienlasten- und Familienleistungsausgleichs im Sinne der Urteile des Bundesverfassungsgerichts vom 07. Juli 1991 (Rentenurteil: *BVerfGE* 87, 1) und vom 28. Mai 1993 (Schwangerschaftsabbruch: *BVerfGE* 88, 203) und die Erhöhung des Zielerreichungsgrades bei der Förderung der Vereinbarkeit von Familie und Beruf durch Ausbau des damaligen Erziehungsgeldes hinsichtlich Höhe, Bezugsdauer und Einkommensgrenzen und durch die Verbesserung der Familienorientierung der Arbeitswelt sowie durch die flächendeckende Bereitstellung von Kinderbetreuungsplätzen" (S. 302 f.).

Das gedanken- und materialreiche Werk von *Lampert* ist für Wissenschaft und Politik ein großer Gewinn. *Lampert* arbeitet überzeugend heraus, welche Anforderungen an eine rationale Familienpolitik zu stellen sind, wobei er realistisch sieht, dass bestimmte Reformen (wie z. B. eine Reform des Ehegattensplitting) derzeit keine Erfolgschance haben (S. 278). Dies gilt leider wohl auch für seinen berechtigten Vorschlag, zur Finanzierung familienpolitischer Leistungen eine Ausgleichsabgabe kinderloser Steuerpflichtiger zu erheben (S. 287, 304).

Jedenfalls erhält nun aber die Familienpolitik, die allzu lange ein „Stiefkind der deutschen Sozialpolitik" geblieben ist, endlich den ihr gebührenden Stellenwert[10]. Das ist nicht nur deshalb wichtig, weil wir Familien brauchen, die ihre Aufgaben erfüllen (können), sondern auch, weil es ungerecht ist, dass Kinder zur sozialen Deklassierung oder gar Verarmung führen. Da alle Bürger – also auch solche, die keine Kinder haben – von den Leistungen der nachwachsenden Generation (die insbesondere die Rentenversicherung finanziert) profitieren, läuft der gegenwärtige Zustand auf eine Ausbeutung der Familie hinaus, kommt *Lampert* doch zu dem alarmierenden Ergebnis, „daß die staatlichen Familienausgleichsleistungen keinesfalls 15 % der Gesamtaufwendungen [für Kinder] übersteigen..." (S. 183). Kinderreiche Rechtswissenschaftler (wie *Bruhns* und *Fritz von Hippel*) haben dies schon vor Jahrzehnten kritisiert, damals aber selbst bei ihren Berufskollegen kaum Verständnis gefunden. Tempora mutantur!

---

10 Siehe *Ostner*, Gleichstellungs- und Familienpolitik in Zeiten demographischen Wandels,

V. Ausblick

Nachdem inzwischen auch das Bundesverfassungsgericht eine Besserstellung der Familie gefordert hat[11], ist jedenfalls eine Reform des „Ehegattensplitting" (Erweiterung zum „Familiensplitting") geboten, durch die die finanzielle Lage von Familien wesentlich verbessert würde[12]. Um die Betreuung von Kleinkindern zu optimieren, sollte man zudem dafür sorgen, dass der betreuende Elternteil (in der Regel die Mutter) wenigstens während der ersten drei Lebensjahre eines Kindes nicht aus wirtschaftlichen Gründen zu einer Berufstätigkeit gezwungen ist[13]. Durch das Anfang 2007 eingeführte „Elterngeld" wird dieses Ziel nur teilweise erreicht, denn es wird nur an Personen gezahlt, die zuvor berufstätig waren (sie erhalten 67 Prozent ihres letzten Nettoeinkommens, mindestens 300 Euro und maximal 1.800 Euro pro Monat) und ist zudem zeitlich begrenzt (auf 12 Monate bzw. auf 14 Monate, wenn auch ihr Partner in Elternzeit geht).

Kritiker machen denn auch geltend, einkommensschwache Eltern, nicht erwerbstätige Mütter und Mehr-Kinder-Familien seien mit dem früheren Erziehungsgeld von monatlich 300 Euro, das zwei Jahre lang gezahlt wurde, besser gefahren. Es sei unbillig, diesen Schwächeren Geld zu entziehen und es Stärkeren (nämlich gut verdienenden Eltern und Paaren mit doppeltem Verdienst) zuzuschanzen. Da das Elterngeld aus Steuermitteln finanziert werde, verstoße es zudem gegen das verfassungsrechtliche Gleichbehandlungsgebot, dass Gutverdiener mehr Elterngeld bekommen als arme Eltern[14].

Anders wäre es hingegen, wenn entsprechend einem Vorschlag des „Deutschen Arbeitskreises für Familienhilfe" ein „Erziehungsgehalt" eingeführt würde, das durch Abgaben auf alle Bruttoeinkommen finanziert werden soll. Eine Studie, die im Auftrag dieses Arbeitskreises von mehreren Wirtschaftsinstituten erarbeitet worden ist, kommt zu dem Ergebnis, die Einführung eines solchen Erziehungsgehalts von monatlich DM 1.300 brutto pro Kind unter 12 Jahren sei bei einer Berücksichtigung aller volkswirtschaftlichen Aspekte nahezu kostenneutral möglich. Nach Ansicht des Arbeitskreises würde es ein Erziehungsgehalt 2 Millionen Frauen mit Kindern ermöglichen, auf eine derzeit aus finanziellen Gründen erzwungene Berufstätigkeit zu verzichten. Die Besetzung der frei werdenden Arbeitsplätze würde die Erwerbslosenquote und den Beitragssatz zur Arbeitslosenversicherung stark vermindern. Zu

---

in: *Linzbach* u. a. (Hrsg.), Globalisierung und Europäisches Sozialmodell (2007) 255 ff.

11 Siehe BVerfGE 103, 242 ff. = NJW 2001, 1712.

12 Entgegen früherer Ankündigung befasst sich das Bundesfamilienministerium allerdings nicht mehr mit der Frage einer Reform des Ehegattensplitting. „Zu groß war der Widerstand aus den eigenen Reihen gegen jedwede Verschlechterung für Eheleute im Steuerrecht" (Die Welt 21.09.07, S. 8).

13 Siehe *v. Hippel*, Der Schutz des Schwächeren (1982) 68 f., 87 ff.

14 Siehe *Siems*, Das Elterngeld macht viele Familien ärmer, Die Welt 15.12.07, S. 2, die u. a. darauf hinweist, vor dem Sozialgericht Mainz sei in dieser Sache eine Klage anhängig.

Ersparnissen käme es außerdem bei der Sozialhilfe, beim Wohngeld und durch den Wegfall des Elterngelds[15].

Solange man Müttern ein angemessenes Erziehungsgehalt versagt, müssen viele von ihnen einer außerhäuslichen Erwerbstätigkeit nachgehen. Deshalb braucht man trotz des Geburtenschwundes zusätzliche Kinderkrippen. Und so haben die Koalitionsparteien beschlossen, bis 2013 eine halbe Million neuer Betreuungsplätze für Kinder unter drei Jahren zu schaffen[16]. (Die SPD setzte ab 2013 sogar einen Rechtsanspruch auf Betreuung für Kinder ab einem Jahr durch). Zum Ausgleich sollen Eltern, die Kinder unter drei Jahren zu Hause betreuen (und die der Gemeinschaft durch ihren Verzicht auf einen subventionierten Krippenplatz hohe Kosten ersparen), ab 2013 ein Betreuungsgeld erhalten. Im Gespräch ist ein monatlicher Betrag von 150 Euro.

Die auf 12 Mrd. Euro veranschlagten Kosten für den Ausbau der Kleinkinderbetreuung wollen sich Bund, Länder und Kommunen teilen. Hingegen ist bisher ungeklärt, wer für das Betreuungsgeld aufkommen soll, dessen Kosten auf jährlich 2,7 Milliarden Euro veranschlagt werden. (Länder und Kommunen sehen hier allein den Bund in der Pflicht, der das aber bestreitet).

Zu begrüßen ist jedenfalls, dass die allzu einseitige Fixierung der Diskussion auf „Kinderkrippen", gegen die es nicht ohne Grund Proteste gegeben hat, inzwischen überwunden ist. So hatten kritische Bürger die Frage gestellt, wo das Wahlrecht der Eltern bei der Kindererziehung bleibe, wenn das Heil der Nation nur in den Krippenplätzen gesehen werde. Und der katholische Bischof von Augsburg, *Walter Mixa*, hatte erklärt, die einseitige Fixierung auf Krippenplätze diene insgesamt gesehen nicht dem Kindeswohl, sondern sei vorrangig darauf ausgerichtet, junge Frauen als Arbeitskräftereserve zu rekrutieren[17]. Zudem zeigen bisherige Erfahrungen, dass Kinder, die von ihren Müttern betreut werden, sich regelmäßig besser entwickeln als Krippenkinder[18]. Last but not least sind viele Frauen trotz verfügbarer Kinderkrippen durch ihre Doppelrolle in Beruf und Familie überlastet, was sich auf sie und die Kinder ungünstig auswirkt.

---

15 Siehe *v. Hippel*, Willkür oder Gerechtigkeit (1998) 29 f.

16 Siehe Die Welt 27.09.08, S. 3. Damit soll bis 2013 jedes dritte Kind unter drei Jahren einen Betreuungsplatz erhalten. 2008 hatten bundesweit 17,8 Prozent aller Kinder unter drei Jahren einen Platz in einer Kindertagesstätte oder bei einer Tagesmutter. Im Westen lag die Quote bei 12,2 Prozent, im Osten bei 42,2 Prozent (Die Welt 12.03.09, S. 4).

17 Für diese Deutung spricht, dass die Bundesfamilienministerin *von der Leyen* offen für eine höhere Erwerbsquote von Müttern plädiert. Zwar habe Deutschland mit knapp 60 Prozent eine relativ hohe Frauenerwerbsquote (der EU-Durchschnitt liegt derzeit bei 56 Prozent), aber die Erwerbsquote von Müttern mit Kleinkindern betrage in Deutschland nur 20 Prozent (Die Welt 05.06.07, S. 4). – Indessen haben diese Mütter eine durchaus plausible Wahl getroffen: Die eigene Betreuung ihrer Kinder ist ihnen wichtiger als eine möglichst rasche Rückkehr an den Arbeitsplatz.

18 Siehe *Lehn*, Frühkindliche Fremdbetreuung ist schädlich (unter Bezugnahme auf ein entsprechendes Memorandum der Deutschen Psychoanalytischen Vereinigung), Die Welt

Es kann heute als anerkannt gelten, dass den Eltern bezüglich der Kinderbetreuung Wahlfreiheit zustehen sollte, was voraussetzt, dass der Staat bei seiner Mittelvergabe nicht nur Eltern berücksichtigt, die ihre Kinder in eine Krippe geben wollen, sondern auch Eltern, die ihre Kinder selbst betreuen wollen. Der Einwand, der Staat könne dies wegen seines schon jetzt immensen Aufwandes für die Familienförderung (von angeblich 112 Mrd. Euro pro Jahr) nicht leisten[19], ist nicht überzeugend: Einmal ist der jährliche Aufwand wohl weit niedriger als 112 Mrd. Euro (nach Berechnungen des Familienbunds der Katholiken beträgt er rund 56 Mrd. Euro). Zweitens tragen die Familien zur Finanzierung dieses Betrages bei, da ein erheblicher Teil des Steueraufkommens von ihnen stammt. Drittens könnten eine Reform des Ehegattensplitting und eine Ausgleichsabgabe kinderloser Steuerpflichtiger zur Finanzierung beitragen. Viertens ergeben sich infolge des Geburtenschwundes Einsparungen bei der „Jugendlast". Und schließlich wirkt eine bessere Familienförderung sozialen Schäden entgegen, die hohe Kosten verursachen.

Zudem gibt es Länder, die (wie Frankreich, die skandinavischen Staaten und Großbritannien) mehr für die Familie aufwenden als Deutschland[20]. Besonderes Interesse verdient Frankreich, das neben Irland der einzige europäische Staat mit einer annähernd konstanten Bevölkerung ist[21]. Der französische Staat sorgt einmal für eine Betreuungs-Entlastung von Müttern (durch Kinderkrippen, Kindergärten und Haushilfen), zum anderen für eine finanzielle Entlastung durch Steuervorteile (Familiensplitting) und durch kindbezogene Einkommenszuschüsse des Arbeitgebers. „Gemeinsam garantieren diese Ansätze, was in Deutschland bisher nur versprochen wird, die Wahlfreiheit der Mutter. Weitgehend unabhängig von der Sorge um fehlendes Einkommen oder fehlende Betreuungsplätze können französische Eltern das tun, was für die Kinder und sie selbst das beste ist".

Und so wird verständlich, dass „Frankreich Europameister bei der Geburtenrate ist, Deutschland dagegen Weltmeister beim Anteil Kinderloser"[22]. Die wohl wichtigste Maßnahme, dies zu ändern, wäre die Einführung eines „Erziehungsgehalts"[23], das Müttern in Deutschland nicht nur die verdiente gesellschaftliche Anerkennung ihrer Tätigkeit verschaffen, sondern ihnen auch die Möglichkeit geben würde, frei von wirtschaftlichen Zwängen darüber zu entscheiden, ob sie ihr Kind selbst betreuen oder es in eine Krippe geben wollen. Nach einer repräsentativen Umfrage würden fast

26.12.07. – Zu Erfahrungen in der ehemaligen DDR siehe *v. Hippel*, Rechtspolitik (1992), S. 68, zu Erfahrungen in den USA siehe *Beverfoerde*, Die Welt 21.04.07, S. 8.

19 Siehe Bericht „Familien bekommen 112 Milliarden Euro vom Staat", Die Welt 29.04.08, S. 2.
20 Siehe *Siems*, Andere Länder lassen sich Kinder mehr kosten, Die Welt 30.11.07, S. 4.
21 Siehe *Müller/Peter*, Geburtenboom: Frankreich zieht an Deutschland vorbei, Die Welt 19.02.07, S. 1 und 3; *Blaeske*, Französische Familienpolitik, Wirtschaftswoche 2007 Nr. 27, S. 23 ff.
22 Die Welt 04.05.07, S. 2.
23 Siehe *v. Hippel* (oben Fn. 15) 29 ff.

70 Prozent aller jungen Frauen bei echter finanzieller Wahlfreiheit ihr Kind in den entscheidenden ersten drei Lebensjahren lieber selbst zu Hause betreuen[24].

Es gilt also den Familienlastenausgleich in Deutschland zu verbessern. Einen ersten bescheidenen Schritt hat die Große Koalition insoweit dadurch getan, dass sie ab Anfang 2009 den jährlichen Kinderfreibetrag (von 5.808 auf 6.024 Euro) erhöht hat, und dass sie auch das Kindergeld – das für Eltern mit geringem Einkommen günstiger ist als der Kinderfreibetrag – angehoben hat (von monatlich 154 auf 164 Euro für das erste und das zweite Kind und auf 170 bzw. 195 Euro für das dritte bzw. vierte Kind)[25].

Zudem haben sich Union und SPD darauf geeinigt, dass der Kinderzuschlag (von monatlich 140 Euro pro Kind) für Familien mit geringem Einkommen, der 2007 für etwa 100.000 Kinder in 36.000 Familien gezahlt worden ist, künftig für etwa 250.000 Kinder bezahlt werden soll[26].

VI. Unterhaltsrecht

Ein besonders wichtiges Problem der Familienpolitik bildet das Unterhaltsrecht. Hatte ursprünglich bei Bedarf die Großfamilie für den Unterhalt des Einzelnen zu sorgen, so besteht inzwischen infolge der Entwicklung öffentlicher Sicherungssysteme ein internationaler Trend, Unterhaltsansprüche auf die Mitglieder der modernen Kleinfamilie zu beschränken, also auf Ehegatten, Eltern und noch nicht selbständige Kinder[27]. Zudem sorgt in Deutschland eine öffentliche „Grundsicherung", die bedürftigen Personen ab 65 Jahren seit Anfang 2003 zusteht, für eine Entlastung unterhaltspflichtiger Kinder.

Daneben zeigt sich die Tendenz, Unterhaltspflichten zwischen geschiedenen Ehegatten abzubauen – als Grundsatz scheint sich hier die Regel durchzusetzen, dass nach der Scheidung jeder Ehegatte für sich selbst aufzukommen hat. Diesem Grundsatz folgt nun auch das deutsche Recht, das kürzlich reformiert worden ist. Musste der Unterhaltspflichtige bisher für seinen Ex-Partner oft ein Leben lang zahlen, so muss

---

24 Siehe v. *Beverfoerde*, Die Welt 21.04.07, S. 8. – Die Quote extern betreuter Kleinkinder (Kinder unter drei Jahre) beträgt in Westdeutschland derzeit angeblich 10 Prozent und in Ostdeutschland 41 Prozent. – Bemerkenswert ist auch, dass in Deutschland derzeit nur 20 Prozent der Mütter mit Kleinkindern außerhäuslich arbeiten, während die allgemeine Frauenerwerbsquote fast 60 Prozent beträgt (Die Welt 05.06.07, S. 4).

25 Siehe Die Welt 29.12.08, S. 16. – Anzumeken ist, dass die Kosten dieser Reform (rund zwei Milliarden Euro) angeblich „etwa den Einsparungen beim Kindergeld durch den Geburtenrückgang seit 2006 entsprechen". (Die Welt 28.07.08, S. 2).

26 Siehe Die Welt 07.02.08, S. 6.

27 Siehe v. *Hippel*, Grundfragen der Sozialen Sicherheit (1979) 48 ff.

seit Anfang 2008 jeder Ehegatte nach der Scheidung für sich selbst sorgen. Nur wer zu alt oder krank zum Arbeiten ist oder wer Kleinkinder betreut, kann vom Ex-Partner weiterhin Unterhalt verlangen.

Kritiker der Reform haben nicht ohne Grund gerügt, Frauen, die ihren Beruf zugunsten der Familie aufgegeben hätten, drohe nun im Fall der Scheidung ein sozialer Abstieg, der bis zu Hartz IV führen könne. Denn vielen von ihnen dürfte es schwer fallen, nach einer langen Berufspause wieder auf dem Arbeitsmarkt Fuß zu fassen. So werde jungen Frauen rasch klar werden, dass die Hausfrauenrolle ein unkalkulierbares Risiko berge und die Ehe weder ihnen selbst noch ihren Kindern Schutz gewähre[28].

VII. Nichteheliche Lebensgemeinschaft

Interesse verdienen zudem Bestrebungen, die „nichteheliche Lebensgemeinschaft" rechtlich so zu regeln, dass der schwächere Partner nicht ohne jeden Schutz bleibt. So hat der frühere Präsident des Bundesverfassungsgerichts *Zeidler* darauf hingewiesen, „der Verzicht auf die Ehe bei Gründung einer Partnerschaft dürfe nicht als Verzicht auf staatlichen Rechtsschutz bei auftretenden Konflikten gewertet werden. Vielmehr habe das Recht, ebenso wie in anderen Sozialbeziehungen auch, die Funktion, den jeweils Schwächeren zu schützen"[29]. *Zeidler* wandte sich damit zu Recht gegen die von anderer Seite vorgetragene These, ehelos zusammenlebende Partner wünschten einen Status, der bewusst als juristisches Kontrastprogramm zur gesetzlichen Ehe gewählt werde. Zur Vermeidung oder Verminderung der damit verbundenen Risiken könnten die Beteiligten einen Partnerschaftsvertrag abschließen, was privatautonomer Rechtsgestaltung entspreche[30].

Diese Ausführungen werden den Gegebenheiten jedoch nicht gerecht: Fragwürdig ist zunächst die These, ehelos zusammenlebende Partner wünschten bewusst ein juristisches Kontrastprogramm zur gesetzlichen Ehe – häufig wird nur *ein* Partner (und zwar der Stärkere) die eheliche Bindung ablehnen. Zudem wird es dem schwächeren Teil nur selten gelingen, beim Partner den Abschluss eines ausgewogenen Partnerschaftsvertrages durchzusetzen.

---

28 Siehe *Siems*, Die Politik schafft die Hausfrau ab, Die Welt 07.02.08, S. 8; *dies.*, Das neue Leid der Frauen, Die Welt 12.02.08, S. 4; *Andreß* (Präsidentin des Hanseatischen Oberlandesgerichts, Die Welt 20.03.09, S. 29 (Das neue Unterhaltsrecht für Geschiedene geht zu Lasten der Kinder und Frauen); *Panitz*, Klassische Versorgungs-Ehe gibt es nicht mehr ohne Vertrag, Die Welt 30.03.09, S. 16.

29 *Zeidler*, Ehe und Familie, in: Handbuch des Verfassungsrechts (1983) 555 (577 ff., 579).

30 Siehe *Diederichsen*, Die nichteheliche Lebensgemeinschaft im Zivilrecht, NJW 1983, 1017 ff.

VIII. Gleichgeschlechtliche Partnerschaften

Homosexuelle Partnerschaften, die ehemals verpönt waren, werden heute zunehmend akzeptiert, und es besteht eine Tendenz, gleichgeschlechtliche Partner ebenso zu behandeln wie Eheleute. So hat die EU-Kommission im Februar 2008 gerügt, Deutschland benachteilige homosexuelle Beamte und Soldaten, denn deren Partner bekämen nicht die gleichen Beihilfen wie Eheleute. Bei Haushaltszulagen und Beihilfen zur Krankenkasse kämen homosexuelle Paare ebenso zu kurz wie bei Zahlungen an Hinterbliebene aus eingetragenen Partnerschaften[31].

Freilich wäre eine volle Gleichstellung homosexueller Paare mit Eheleuten nicht sachgerecht, denn manche Vorteile (wie z.B. das Ehegattensplitting) erhalten Eheleute nur, weil aus der Ehe Kinder hervorgehen oder hervorgehen können, während dies bei einer gleichgeschlechtlichen Partnerschaft ausgeschlossen ist. Zudem sind Adoptionen durch gleichgeschlechtliche Paare abzulehnen, denn Kinder bedürfen zu ihrer Orientierung (auch in sexueller Hinsicht) einer Mutter und eines Vaters.

IX. Schutz des Kindes

Ein Herzstück der Familienpolitik ist der Schutz des Kindes. Dass Kinder wegen ihrer Schwäche eines besonderen Schutzes bedürfen ist inzwischen allgemein anerkannt, und es gibt zahlreiche nationale und internationale Normen, die diesem Ziel dienen[32], so auch die 1989 von der UN-Vollversammlung verkündete Konvention über die Rechte des Kindes, die u. a. das Recht auf Gesundheitsversorgung, angemessenen Lebensstandard, Erziehung und Persönlichkeitsentfaltung enthält.

Freilich bestehen trotz mancher Fortschritte nach wie vor erhebliche Defizite, die nicht zuletzt den Vollzug geltender Rechtsregeln betreffen. So wird z. B. bei der Kindesmisshandlung allgemein mit einer extrem hohen Dunkelziffer gerechnet, und daran werden wohl auch die kürzlich verstärkten Bemühungen des deutschen Gesetzgebers um einen besseren Schutz des Kindes nicht viel ändern[33].

Noch ganz andere Dimensionen haben die Defizite beim Kinderschutz in der Dritten Welt. So müssen nach Expertenschätzungen weltweit etwa 246 Millionen Kinder

---

31   Siehe Die Welt 12.02.08, S. 6. – Anzumerken ist, dass das Verwaltungsgericht Stuttgart inzwischen einen Familienzuschlag für homosexuelle Lebenspartner bejaht hat (siehe Die Welt 21.02.09, S. 4).

32   Siehe *v. Hippel*, Der Schutz des Schwächeren (1982) § 4 (Schutz des Kindes); *Marauhn* (Hrsg.), Internationaler Kinderschutz (2005).

33   Zum Maßnahmenkatalog, den der Bundestag im Dezember 2007 beschlossen hat, und zur Kontroverse über eine Aufnahme von Kinderrechten in die Verfassung siehe *Jungholt*, Die

arbeiten[34]. Davon verrichten 170 Millionen gefährliche Arbeit, und 8,4 Millionen sind „Kindersoldaten", Sklaven in Schuldknechtschaft oder Opfer sexueller Ausbeutung. Abgesehen von körperlichen und seelischen Schädigungen werden diese Kinder nicht nur um ihre Kindheit betrogen, sondern auch um ihre Zukunft, denn mangels Schulbildung bleiben sie zur Armut verdammt. Dass der Prozentsatz arbeitender Kinder in den ärmsten Ländern besonders hoch ist, macht deutlich, dass rechtliche Bemühungen nur wenig ausrichten können, solange die Massenarmut in der Dritten Welt nicht überwunden wird[35].

Entsprechendes gilt für den sexuellen Missbrauch von Kindern, der durch den „Sextourismus" eine internationale Dimension gewonnen hat[36]. Zwar hat der deutsche Gesetzgeber dafür gesorgt, dass im Ausland begangener Kindesmissbrauch durch Deutsche ebenso strafbar ist wie entsprechende Inlandsdelikte. Zudem hat Deutschland mit mehreren Zielländern des Kindersextourismus Absprachen über eine Kooperation bei der Bekämpfung von Kinderprostitution getroffen. Indessen gibt es wegen hoher Dunkelziffern riesige Vollzugsdefizite, schon im nationalen Raum, aber erst recht im internationalen Bereich. Es bleibt abzuwarten, ob und inwieweit ein „Aktionsplan zum Schutz von Kindern und Jugendlichen vor sexueller Gewalt und Ausbeutung", den die Bundesregierung am 29.01.03 vorgelegt hat, die Lage verbessern wird. Wichtig ist jedenfalls, dass die staatlichen Bemühungen durch Kirchen und nichtstaatliche Organisationen unterstützt werden und dass „gesellschaftliche Defizite insbesondere mit Stoßrichtung auf potentielle Täter" angegangen werden[37].

X. Ausblick

Inzwischen hat der eingangs berührte Interessenkonflikt zwischen Alten und Jungen an Kontur gewonnen. So werden nach Angabe des Bundesvorsitzenden der Senioren-Union, *Otto Wulff*, „voraussichtlich rund 50 Prozent der Wähler, die bei der Bundestagswahl 2009 tatsächlich ihre Stimme abgeben, älter als 60 Jahre sein". Gegen die Älteren seien deshalb heute keine Wahlen mehr zu gewinnen[38].

Welt 14.12.07, S. 4; kritisch *Siems*, Mehr Staat hilft den Kindern nicht, Die Welt 20.12.07, S. 3.

34 *Marauhn* (oben Fn. 32) 41.
35 Siehe unten § 33.
36 Siehe *Marauhn* (oben Fn. 32) 127 ff.
37 *Marauhn* (oben Fn. 32) 137. – Durch den Einsatz einer französischen Kinderschutzorganisation wurde im Dezember 2007 in Kiel ein HIV-infizierter Deutscher angeklagt, der in Kambodscha mehrere Kinder missbraucht hatte (Die Welt 15.01.08, S. 40).
38 Siehe *Spranz*, Warum Senioren die Wahlen entscheiden, Die Welt 09.11.08, S. 4; vgl. auch Die Welt 10.04.08, S. 2.

Kritiker besorgen deshalb, dass die Bevölkerungsmehrheit die Bevölkerungsminderheit ausbeutet oder doch überfordert, zumal die Zahl der Kinderlosen stark ansteige[39]. Wie berechtigt diese Sorge ist, zeigen Entwicklungen der Sozialsysteme zu Lasten der Jungen, so die Verlängerung des Arbeitslosengeldes I für Ältere, die außerplanmäßigen Rentenerhöhungen für 2008 und für das Wahljahr 2009, neue Lasten für die Jüngeren durch die Pflegereform und (wegen fehlender nachhaltiger Finanzierung) die Gesundheitsreform.

Im Hinblick auf diesen Missstand wird nun zunehmend ein „Familienwahlrecht" befürwortet (Eltern könnten dann neben ihrer eigenen Stimme für jedes Kind stellvertretend abstimmen), für das u. a. die früheren Bundesverfassungsrichter *Roman Herzog* und *Paul Kirchhof* eingetreten sind[40].

---

39 Siehe Bericht „Miegel: Ausbeutung der Jüngeren gefährdet Demokratie", Die Welt 11.04.08, S. 1 und 4; Bericht „Altpräsident Herzog warnt vor Rentnerdemokratie", Die Welt 12.04.08, S. 5; Interview mit *Philippp Mißfelder* (Vorsitzender der Jungen Union), „Die Aggressivität nimmt zu", Die Welt 19.04.08, S. 3.

40 Siehe *v. Hippel*, Rechtspolitik (1992) 173; Bericht „Abgeordnete wollen Kinder-Wahlrecht", Die Welt 10.07.08, S. 2, der eingangs feststellt, nach einem parteiübergreifenden Vorschlag von 46 Bundestagsabgeordneten sollten Kinder künftig von Geburt an bei Wahlen eine Stimme haben.

§ 9 Grundfragen der Umverteilung

I. Einleitung[1]

Die „Soziale Sicherheit" (Social Security, Sécurité Sociale) – d. h. die Sicherung des einzelnen vor bestimmten elementaren Risiken (Krankheit, Unfall, Invalidität, Arbeitslosigkeit, Alter, Tod des Ernährers) und vor Not – gehört seit langem zu den international beherrschenden Themen unserer Zeit[2]. Inzwischen haben alle Industriestaaten Vorsorgesysteme geschaffen, die bestimmten Bevölkerungsgruppen (im Extremfall sogar der gesamten Bevölkerung) eine mehr oder weniger weitreichende Sicherung gegen die Wechselfälle des Lebens bieten.

Ihren Auftakt nahm diese Entwicklung in Deutschland: Unter maßgeblichem Einfluss *Bismarcks* sorgte der deutsche Gesetzgeber durch die Schaffung der gesetzlichen Krankenversicherung (1883), Unfallversicherung (1884) sowie der Invaliditäts- und Altersversicherung (1889) schon relativ früh für einen Schutz der Arbeiter gegen die wichtigsten Risiken und erstreckte den Schutz 1927 auch auf das Risiko der Arbeitslosigkeit und 1997 auf das Risiko der Pflegebedürftigkeit.

Mit Ausnahme der gesetzlichen (Arbeits-)Unfallversicherung, die (wegen der hier erfolgten „Haftungsersetzung durch Versicherungsschutz") allein von den Arbeitgebern finanziert wird, werden alle genannten Versicherungen jeweils zur Hälfte durch Beiträge der Arbeitgeber und der Arbeitnehmer finanziert, wobei sich die Höhe der Beiträge im Einzelfall nach der Höhe des Lohns richtet.

Dieses System der Sozialversicherung wurde im Laufe der Zeit auf immer weitere Kreise der Bevölkerung ausgedehnt. Es wurde zudem durch steuerfinanzierte Fürsorgeleistungen ergänzt, insbesondere durch die Sozialhilfe, die jedem Bedürftigen („Armen") das Existenzminimum sichern soll[3].

Vor diesem Hintergrund überrascht es nicht, dass die prinzipielle Berechtigung einer Umverteilung heute fast allgemein anerkannt ist[4]. In der Tat lässt sich schwerlich

---

1   Ergänzte Fassung eines Beitrags, der in Die Sozialgerichtsbarkeit 2001, 352 ff. erschienen ist.

2   Siehe *v. Hippel*, Grundfragen der Sozialen Sicherheit (1979); Ritter, Der Sozialstaat: Entstehung und Entwicklung im internationalen Vergleich (1989); *Schulte*, Das Europäische Sozialmodell im künftigen Europa, ZFSH/SGB 2001, 3 ff., 67 ff.

3   Siehe *Schulte/Trenk-Hinterberger*, Sozialhilfe (1982, 2. Aufl. 1986) und hierzu meine Besprechung in JZ 1983, 403 f.; *Mrozynski*, Grundsicherung und Sozialhilfe (Loseblattwerk Stand 01.08.06).

4   Schon *Adam Smith* ist dafür eingetreten, die marktwirtschaftlichen Einkommensergebnisse aus Gerechtigkeitsgründen bis zu einem gewissen Grade zu korrigieren, wobei er

bestreiten, dass der Umverteilungsgedanke der sozialen Gerechtigkeit und dem Sozialstaatsprinzip entspricht und dass er auch den sozialen Frieden fördert. Angesichts der Krise des Wohlfahrtsstaats, die sich in Deutschland und anderen Ländern beobachten lässt[5], besteht freilich aller Anlass, über die Voraussetzungen (II), die Formen (III) und das Ausmaß (IV) der Umverteilung nachzudenken, ferner über ungerechte Verteilungswirkungen (V), die Rolle des Privatrechts (VI), Umverteilung von Vermögen (VII) und internationale Umverteilung (VIII).

II. Voraussetzungen der Umverteilung

Es scheint selbstverständlich zu sein, dass eine Umverteilung nur in Betracht kommt, wenn und soweit der jeweilige Leistungsempfänger bedürftig ist. Bei steuerfinanzierten Sozialleistungen ist die individuelle Bedürftigkeit des Leistungsempfängers denn auch die Regel, so im Falle der Arbeitslosenhilfe, der Sozialhilfe, der Ausbildungshilfe, der Sozialwohnung und des Wohngelds. Ebenso setzen familienrechtliche Unterhaltsansprüche eine Bedürftigkeit des Unterhaltsberechtigten voraus.

Manchmal erfolgt eine Umverteilung allerdings ohne Rücksicht auf die Bedürftigkeit, so im Falle der Sparförderung und der Eigenheimförderung, die erst jenseits hoher Einkommensgrenzen entfällt und im Zweifel gerade den Besserverdienenden zugute kommt, die genügend zurücklegen können. Besser (gerechter und sparsamer) wäre es, die Förderung in solchen Fällen auf die Bedürftigen zu beschränken, falls man sie überhaupt fortführt. (Inzwischen ist die Eigenheimzulage ab dem 01.01.07 abgeschafft worden).

Zu Recht hat der damalige Präsident des Bundesverfassungsgerichts *Ernst Benda* schon vor Jahren darauf hingewiesen, das Grundgesetz ermächtige den Gesetzgeber nicht „zu jeder beliebigen Wohltat nach dem Gießkannenprinzip". Wenn die Ressourcen knapp würden, sei es sozialstaatswidrig, wenn die verfügbaren Mittel nicht denen zukämen, die ihrer bedürften, sondern anderen nicht oder weniger Bedürftigen zuflös-

---

allerdings zugleich vor Übertreibungen warnte (siehe *Mestmäcker*, Recht und ökonomisches Gesetz, 2. Aufl. 1984, S. 128). Und selbst ein so entschiedener Kritiker der Umverteilung wie *F. A. von Hayek* (Recht, Gesetz und Freiheit, Bd. 2: Die Illusion der sozialen Gerechtigkeit, 1981), der (anders als *Eucken*) eine Korrektur der Marktergebnisse durch eine progressive Besteuerung des Einkommens ablehnt, hat nichts dagegen, dass der Staat allen denjenigen, die nicht hinreichend für sich selbst sorgen können, einen Mindeststandard gewährleistet; siehe *Woll*, Freiheit durch Ordnung: Die gesellschaftspolitische Leitidee im Denken von Walter Eucken und Friedrich A. von Hayek, in: ORDO 40 (1989) 87 (91 ff.).

5   Siehe *v. Hippel*, Rechtspolitik (1992) § 14 (Zur Krise des Wohlfahrtsstaats); *Zänker*, Schwedisches Modell gescheitert, Die Welt vom 31.10.1997, S. 25.

sen. Aus der Verfassung ließen sich keine unabänderlichen sozialen Besitzstände ableiten. Die Verantwortung für einen Abbau oder die Umverteilung sozialer Leistungen sei dem Gesetzgeber nach Maßgabe der sozialen Bedürftigkeit übertragen[6].

Eine optimale Verteilung staatlicher Sozialmittel nach Maßgabe der sozialen Bedürftigkeit ließe sich dadurch erreichen, dass die verschiedenen steuerfinanzierten Sozialleistungen, die heute an Bedürftige gewährt werden und die jeweils nur von einem Teil der Berechtigten in Anspruch genommen werden, durch einen Steuertarif ersetzt werden, der für bedürftige Bezieher eines zu geringen Einkommens eine Ausgleichszahlung („Negative Einkommensteuer") vorsieht[7].

Utopisch und nicht sachgerecht ist hingegen der Vorschlag von Götz Werner (Gründer der Drogeriemarktkette dm) und des Hamburgischen Weltwirtschaftsinstituts (HWWI), der Staat solle jedem Bürger ohne Rücksicht auf Bedürftigkeit und Arbeitswilligkeit ein „bedingungsloses Grundeinkommen" (Bürgergeld) von monatlich 600 Euro zahlen[8].

Nur ausnahmsweise ist es angemessen, bei Umverteilungsmaßnahmen vom Bedürftigkeitserfordernis abzusehen, so beim „Familienlastenausgleich" (d.h. den Leistungen, die der Staat Eltern als Ausgleich für die wirtschaftliche Belastung durch Kinder gewährt) und beim privatrechtlichen Zugewinnausgleich im Scheidungsfall, der auf dem Gedanken beruht, dass der während der Ehe erzielte Vermögenszuwachs gemeinschaftlich erarbeitet worden ist.

III. Formen der Umverteilung

1. Öffentliches Recht

Die Umverteilung erfolgt hauptsächlich durch das Steuerrecht und das Sozialrecht. So werden einerseits die Einkommen, die über dem Existenzminimum liegen, durch die progressive Einkommensteuer geschmälert, andererseits werden die Einkommen vieler Bürger durch steuerfinanzierte Sozialleistungen (z.B. Wohngeld, Sparförderung,

---

6 *Benda*, Gedanken zum Sozialstaat, RdA 1981, 137 (140, 142).
7 Siehe *v. Hippel* (oben Fn. 5), S. 40 mit Fn. 126.
8 Siehe Bericht „600 Euro Grundeinkommen für jeden", Die Welt 27.03.07, S. 1, der anmerkt, Thüringens Ministerpräsident *Althaus* habe zuvor ein ähnliches Modell (Bürgergeld in Höhe von 800 Euro) vorgeschlagen. – Zur kontroversen Diskussion der Grünen über ein „bedingungsloses Grundeinkommen", das sie auf ihrem Nürnberger Parteitag im November 2007 mehrheitlich verwarfen, siehe *Kamann*, Die Welt 30.10.07, S. 4 und 26.11.07, S. 2.

Sozialhilfe) aufgebessert. Umverteilungskomponenten enthalten auch die gesetzliche Rentenversicherung und die gesetzliche Krankenversicherung[9].

2. Privatrecht

Schließlich erfolgen auch durch das Privatrecht Umverteilungen[10], so durch das Unfallhaftpflichtrecht[11], das Mietrecht[12], das Arbeitsrecht[13], das Recht der Überschuldungsentlastung[14], das Familienrecht[15] und das Erbrecht[16].

Zu beachten ist, dass Unternehmer Kosten, die ihnen durch privatrechtliche Umverteilungs-Vorschriften entstehen, über ihre Preise regelmäßig an ihre Kunden weitergeben können, sodass die Umverteilung in solchen Fällen letztlich nicht zu Lasten des zunächst betroffenen Adressaten geht, sondern zu Lasten der Allgemeinheit. Wahrscheinlich hat dieser Gesichtspunkt dem Gesetzgeber die Einführung mancher privatrechtlicher Umverteilungs-Vorschrift erleichtert. Das gilt auch für die Einführung eines „Verbraucherkonkurses", mit dessen Hilfe sich überschuldete Bürger nach sechsjährigem Wohlverhalten von ihren Schulden befreien können: Es liegt auf der Hand, dass die (dadurch besonders betroffenen) Kreditinstitute ihre voraussichtlichen Ausfälle von vornherein einkalkulieren und über den Preis auf alle Kreditnehmer verteilen werden.

3. Würdigung

Die jeweilige Form der Umverteilung ist keine bloße Geschmacksfrage, sondern hat eine erhebliche praktische Bedeutung. Dies gilt einmal im Verhältnis von öffentlichem Recht und Privatrecht. So ist es ein großer Unterschied, ob der Staat bedürftigen Mietern durch eine allgemeine Begrenzung der Wohnraummieten – die auch nicht bedürf-

---

9   Siehe *Vaubel*, Sozialpolitik für mündige Bürger – Optionen für eine Reform (1990), von mir besprochen in RabelsZ 1991, 385 ff.

10   Siehe *v. Hippel*, Der Schutz des Schwächeren (1982); *Eidenmüller;* Effizienz als Rechtsprinzip (1995), S. 171, 273 ff. (von mir besprochen in JZ 1996, 568); *Eichenhofer*, Die sozialpolitische Inpflichtnahme von Privatrecht, JuS 1996, 857 ff.; *Canaris*, Die Bedeutung der iustitia distributiva im deutschen Vertragsrecht (1997), bespr. von *Adomeit*, NJW 1998, 3259.

11   Siehe *v. Hippel* (oben Fn. 2), S. 54; *Canaris* (oben Fn. 10), S. 14 f.

12   Siehe *v. Hippel* (oben Fn. 5) § 15 (Reformfragen der Wohnungspolitik); *Eidenmüller* (oben Fn. 10), S. 296 ff.; *Canaris* (oben Fn. 10), S. 85.

13   Siehe *Canaris* (oben Fn. 10), S. 8, 36 ff., 78 ff., speziell zur Lohnfortzahlung im Krankheitsfall S. 81 ff.

14   Siehe oben § 5 VII.

15   Siehe *v. Hippel* (oben Fn. 2), S. 48 ff.; *Eidenmüller* (oben Fn. 10), S. 311 f.

16   Siehe *v. Hippel* (oben Fn. 2), S. 54; *Eidenmüller* (oben Fn. 10), S. 312 ff.

tigen Mietern zugute kommt – oder durch die Zahlung von Wohngeld zu helfen sucht; desgleichen, ob ein Student nur einen Ausbildungsanspruch gegen seine Eltern hat oder ob er Ausbildungshilfe vom Staat verlangen kann; desgleichen, ob Hausfrauen eine Vergütung für die Führung des Haushalts und die Erziehung der Kinder von ihrem Mann oder ein vom Staat finanziertes "Erziehungsgehalt" fordern können[17].

Die Form der Umverteilung ist aber auch innerhalb des öffentlichen Rechts bedeutsam. So ist eine billige Sozialwohnung für den Mieter vorteilhafter als Wohngeld, zumal er die Sozialwohnung auch bei späterer Überschreitung der Berechtigungsgrenzen behalten darf (und allenfalls eine relativ geringe „Fehlbelegungsabgabe" zahlen muss), während das Wohngeld mit dem Wegfall der Bedürftigkeit entfällt. So begünstigt eine Eigenheimförderung durch staatliche Zuschüsse alle Geförderten in gleicher Weise, während eine Eigenheimförderung durch steuerliche Vergünstigungen (wegen der Progression der Einkommensteuer) Besserverdienende stärker begünstigt als Schlechterverdienende[18].

IV. Ausmaß der Umverteilung

1. Öffentliches Recht

Besonders wichtig und umkämpft ist das Ausmaß der Umverteilung. Inzwischen besteht weithin Einigkeit darüber, dass man die Umverteilung nicht übertreiben darf, weil sie sonst kontraproduktiv wird. So ist eine zu hohe steuerliche Belastung (speziell bei der progressiven Einkommensteuer) nicht ratsam, weil sie den Ansporn zur Arbeit verringern kann und weil sie die Flucht in die Schattenwirtschaft fördert. Für die Bundesrepublik Deutschland lässt sich mit guten Gründen die Ansicht vertreten, die Eigentumsgarantie (Art. 14 GG) schütze den Bürger vor übermäßiger Besteuerung und fordere vom Staat, die Abgabenlast so zu bemessen, dass das private Vermögen und Einkommen langfristig in der Hand des Berechtigten bleibt und dort seine Funktion als ökonomische Existenzgrundlage und Existenzsicherung erfüllen kann[19]. Es

---

17 Siehe v. *Hippel*, Willkür oder Gerechtigkeit (1998) § 3 (Einkommensgerechtigkeit), S. 29 f.
18 Siehe v. *Hippel* (oben Fn. 5), S. 224.
19 Siehe *Kirchhof*, in: v. *Hippel/Kirchhof/Weber*, Neuere Rechtsentwicklungen (1984) 27 (37) unter Verweis auf sein Referat „Besteuerung und Eigentum", VVDStRL 39 (1981) 213 ff.; vgl. auch *Loritz*, Das Grundgesetz und die Grenzen der Besteuerung, NJW 1987, 1 (9 f.); *K. Vogel*, Der Finanz- und Steuerstaat, in: *Isensee/Kirchhof* (Hrsg.), Handbuch des Staatsrechts Bd. 1 (1987) 1151 (1183 ff.).

ist deshalb zu begrüßen, dass das Bundesverfassungsgericht in einem Urteil aus dem Jahre 1995 (zur Rechtmäßigkeit der Vermögenssteuer) erklärt hat, die steuerliche Gesamtbelastung dürfe allenfalls „in der Nähe einer hälftigen Teilung zwischen privater und öffentlicher Hand" liegen[20].

Auch die steuerfinanzierten Sozialleistungen bedürfen angemessener Grenzen. Besondere Probleme haben sich insoweit bei der Sozialhilfe ergeben, die eine immer größere Bedeutung gewonnen hat[21]. Damit ein hinreichender Anreiz zur Arbeit erhalten bleibt und die Aufwendungen der Sozialhilfe in Grenzen gehalten werden, muss die Sozialhilfe im Normalfall merklich unter dem Arbeitslohn liegen (Lohnabstandsgebot), was auch der Gerechtigkeit entspricht[22]. Zudem sollten arbeitsfähige Personen Sozialhilfe nur erhalten, wenn sie gemeinnützige Arbeit in einem Umfang leisten, der dem Wert der jeweils beanspruchten Hilfe entspricht[23].

2. Privatrecht

Auch im Privatrecht stellt sich die Frage nach dem angemessenen Ausmaß der Umverteilung. Soweit eine Umverteilung durch das Privatrecht überhaupt sachgerecht ist, sollte sie ebensowenig übertrieben werden wie die Umverteilung durch das öffentliche Recht (Steuerrecht und Sozialrecht). So hat sich zu Recht die Vorstellung durchgesetzt, jede Unterhaltspflicht finde dort ihre Grenze, wo dem Betroffenen nicht mehr die Mittel für den eigenen notwendigen Lebensbedarf verbleiben[24].

Auch die Beschränkung der Testierfreiheit durch Pflichtteilsrechte der nächsten Angehörigen (§ 2303 BGB) und die dadurch bewirkte Umverteilung halten sich in Grenzen.

Schließlich wird überschuldeten Bürgern in der Bundesrepublik zu Recht nur dann Entlastung gewährt, wenn sie während einer sechsjährigen Wohlverhaltensphase regelmäßig den pfändbaren Teil ihres Einkommens zur Schuldentilgung abgeführt haben[25].

---

20 Siehe BVerfG 22.06.1995, NJW 1995, 2615 und hierzu *Leisner*, NJW 1995, 2591 ff. sowie *Arndt/Schumacher*, NJW 1995, 2603 ff.

21 Siehe oben Fn. 3; Bericht „Immer mehr Menschen leben von Sozialhilfe", Die Welt vom 12.06.1997, S. 2.

22 Im Februar 1996 hat die Deutsche Bundesbank gefordert, die Sozialhilfe solle längerfristig hinter der Entwicklung der Nettolöhne zurückbleiben, denn der Abstand zwischen dem Nettoeinkommen einer gering entlohnten Tätigkeit (z.B. im Gaststättengewerbe) und der Sozialhilfe sei oft so gering, dass ein finanzieller Arbeitsanreiz fehle.

23 Derzeit müssen erwerbsfähige Hilfempfänger mit einer Kürzung ihrer Bezüge rechnen, wenn sie eine zumutbare Arbeit oder einen Ein-Euro-Job ablehnen. In der Praxis sind solche Sanktionen bisher aber selten (siehe *Borstel*, Die Welt 05.02.08, S. 1).

24 Siehe *Palandt(-Diederichsen)*, BGB (57. Aufl. 1998) § 1603 Randnr. 8.

25 Siehe oben § 5 VII.

V. Ungerechte Verteilungswirkungen

1. Öffentliches Recht

Entgegen dem theoretischen Konzept bewirken das Steuerrecht und das Sozialrecht in der Praxis bisweilen keine "Umverteilung von oben nach unten", sondern eine "Umverteilung von unten nach oben". So zahlen Großverdiener oft weniger Einkommensteuer als Durchschnittsverdiener, weil sie ihre Einkommensteuer durch die Nutzung zahlreicher Steuervergünstigungen (legaler Schlupflöcher) reduzieren[26]. Die neue Ökosteuer läuft partiell auf eine Umverteilung von den Verbrauchern zu den Unternehmern hinaus, da diese (über eine Senkung der Rentenversicherungsbeiträge) allesamt voll von der Ökosteuer profitieren, obwohl sie nur einen ermäßigten Ökosteuer-Satz zahlen müssen. Auch gibt es Fälle, in denen „Bezieher kleiner Einkommen Sozialleistungen für Personen finanzieren helfen, denen es wirtschaftlich besser geht als ihnen selbst...“[27]. Ein besonders anstößiges Beispiel dafür ist die ungerechte Verteilung der (mit erheblichen staatlichen Steuermitteln subventionierten) Sozialwohnungen, die weniger den unteren als den mittleren Einkommensgruppen zugute kommen[28]. Zudem benachteiligt die mangelnde Transparenz des Rechts insbesondere die sozial schwächeren Gruppen, weil diese wegen fehlender Rechtskenntnisse bestehende Ansprüche auf Steuervergünstigung oder auf Sozialleistungen oft nicht geltend machen[29]. Und schließlich geht es zu Lasten aller gesetzestreuen Bürger, dass der Staat die Steuerhinterziehung und Erschleichung von Sozialleistungen nicht entschiedener bekämpft, denn sonst könnte der Tarif für die Einkommensteuer wesentlich gesenkt werden[30].

Gerechtigkeit und Verfassungsrecht gebieten, bezüglich aller dieser Punkte Abhilfe zu schaffen. Immerhin will nun die „Große Steuerreform" – nach dem Vorbild der USA – durch den Abbau von Steuerprivilegien dafür sorgen, dass Groß- und Besserverdiener ihre Einkommensteuer nicht mehr beliebig reduzieren können[31].

---

26 Siehe *v. Hippel* (oben Fn. 5), S. 23, 407; Der Spiegel 1996 Nr. 12, Null-Tarif für Trick-Reiche (Titelgeschichte). – Nach Angabe von Capital 1998 Nr. 11, S. 18 f. bleiben auch nach dem von der SPD präsentierten *Mindestbesteuerungsmodell* „genügend Möglichkeiten, die Steuer drastisch zu drücken...".

27 *v. Bethusy-Huc*, Das Sozialleistungssystem der Bundesrepublik Deutschland (2. Aufl. 1976), S. 225; vgl. auch *Vaubel* (oben Fn. 9).

28 Siehe *Behnken*, Soziale Gerechtigkeit und Wohnungspolitik (1982), S. 188 f., von mir besprochen in RabelsZ 1983, 580 f.; *v. Hippel* (oben Fn. 5), S. 219 ff.; Bericht Fehlbelegungsquote schon bei 42 Prozent, Die Welt vom 24.09.1996, S. H3.

29 Siehe *v. Hippel* (oben Fn. 5), S. 38 f.

30 Siehe *v. Hippel* (oben Fn. 5), S. 23 f., 38 f.; Bericht „Mißwirtschaft kostet Milliarden", Die Welt vom 18.10.1996, S. 13.

31 Zur vorbildlichen amerikanischen Steuerreform siehe *v. Hippel* (oben Fn. 5), S. 406 f.

Ergänzend sei darauf hingewiesen, dass man auch in der Sozialversicherung auf ungerechte Verteilungswirkungen stößt[32].

2. Privatrecht

Ungerechte Verteilungswirkungen gibt es schließlich auch im privatrechtlichen Bereich, und zwar besonders in Fällen, in denen der Gesetzgeber verteilungspolitische Ziele durch Eingriffe in den Preismechanismus zu erreichen sucht, wie sich dies speziell im Agrarsektor und im Mietsektor beobachten lässt[33].

Um das Einkommen der Bauern zu erhöhen, hat die Europäische Union (EU) mittels sog. „Gemeinsamer Marktordnungen" die meisten Agrarprodukte (durch die Festsetzung hoher, staatlich garantierter Erzeugerpreise und die Ausschaltung des internationalen Wettbewerbs) zu Lasten der Verbraucher künstlich verteuert. Nach vorsichtigen Schätzungen wurden die Verbraucher in der EU dadurch schon vor Jahren mit jährlich mindestens 86 Mrd. DM unsichtbarer Stützungskosten belastet. Getroffen werden dadurch insbesondere die sozial schwachen Verbraucher, die einen relativ hohen Anteil ihres Einkommens für Nahrungsmittel ausgeben müssen. Andererseits profitieren von der staatlichen Preisstützung weniger die (hilfsbedürftigen) Kleinbauern als die umsatzstarken (nicht hilfsbedürftigen) bäuerlichen Großbetriebe.

Fragwürdige Verteilungswirkungen ergeben sich auch durch die staatliche Begrenzung der Wohnungsmieten. Die Umverteilung erfolgt nämlich ohne Rücksicht darauf, ob der begünstigte Mieter (der ein kleiner Rentner, aber auch ein Bankdirektor sein kann) im konkreten Fall bedürftig ist oder nicht. Unberücksichtigt bleibt zudem die Frage nach der Bedürftigkeit des Vermieters.

Staatlich administrierte Preise sind aber nicht nur wegen ihrer ungerechten Verteilungswirkungen abzulehnen, sondern auch deshalb, weil ihr Verstoß gegen den Marktpreis (als den typischerweise richtigen Preis) verheerende gesamtwirtschaftliche Auswirkungen hat. Wird der Preis künstlich niedrig gehalten, so kommt es früher oder später zu Mangelerscheinungen. Ein typisches Beispiel dafür ist die „Neue Wohnungsnot", die sich in der Bundesrepublik infolge des Mieterschutzes periodisch bemerkbar macht. Die gesetzliche Dämpfung der Mieten hat nicht nur zu einem Rückgang des privaten Mietwohnungsbaus geführt, sondern auch zu einem erhöhten Wohnungskonsum breiter Bevölkerungsschichten. Es ist eine alte und allgemeine Erfahrung, dass Ansprüche ins Kraut schießen, wenn sie nicht durch den Preis beschränkt werden. – Welch negative Auswirkungen andererseits künstlich erhöhte, staatlich garantierte Preise haben, wird vor allem durch die EU-Agrarpolitik demonstriert, die nicht nur gegen Gebote der Gerechtigkeit verstößt, sondern auch eine Vergeudung von Ressourcen zur Folge hat: Die staatlichen Preisgarantien verhindern nötige Strukturreformen und führen zur Produktion teurer Überschüsse, deren „Bewirtschaftung" (Lagerung, subventionierter Export oder sogar Vernichtung) zusätzliche Mittel verschlingt.

Ungerechte Verteilungswirkungen ergeben sich aber auch dann, wenn der Staat das Verursacherprinzip missachtet und es zulässt, dass Verursacher besonderer Ri-

---

32   Siehe *Vaubel* (oben Fn. 9), S. 18 ff., 31 f., 44.
33   Siehe *v. Hippel* (oben Fn. 5) § 15 (Wohnungspolitik) und § 16 (Agrarpolitik).

siken die Folgeschäden auf Dritte abwälzen, wie dies insbesondere beim „Waldsterben" der Fall ist[34]. Zu erwähnen ist hier auch die Externalisierung von Kosten, die sich durch Regressverzichte (wie z. B. den in Schweden eingeführten und bisweilen auch in Deutschland befürworteten Regressverzicht der Sozialversicherer) ergeben[35].

VI. Rolle des Privatrechts

Das Privatrecht eignet sich nur ausnahmsweise als Instrument der Umverteilung, so vor allem im Unterhaltsrecht und im Erbrecht, wobei die Umverteilung (durch Unterhaltsansprüche und Pflichtteilsrechte) hier zu Recht auf die nächsten Angehörigen beschränkt bleibt, und im Recht der Überschuldungsentlastung[36].

Hingegen wird das Vertragsrecht nicht von der Verteilungsgerechtigkeit (iustitia distributiva) beherrscht, sondern von der Austauschgerechtigkeit (iustitia commutativa)[37]. Aufgrund der Vertragsfreiheit ist es jedem freigestellt, ob, mit wem, wie lange und mit welchem Inhalt er Verträge abschließen will. Allerdings gibt es zahlreiche Vorschriften, welche die Vertragsfreiheit beschränken. Soweit solche Vorschriften lediglich eine Übervorteilung der typischerweise schwächeren Partei (z. B. des Verbrauchers) verhindern wollen[38], bleiben sie der Austauschgerechtigkeit (iustitia commutativa) verpflichtet, so dass man insoweit nicht von „Umverteilung" reden sollte.

Hingegen handelt es sich um Umverteilung, wenn solche Vorschriften der typischerweise schwächeren Vertragspartei einen Vorteil verschaffen, der dieser aufgrund der Austauschgerechtigkeit nicht zukommt. Ein typisches Beispiel sind insoweit die Vorschriften über den Kündigungsschutz des Arbeitnehmers und des Wohnungsmieters[39]. Diese Vorschriften sind problematisch, zumal sie nicht nur zu Lasten des Arbeitgebers bzw. des Wohnungsvermieters gehen, sondern auch zu Lasten Dritter (nämlich möglicher Arbeits- und Mietinteressenten), die oft nicht weniger schutzwürdig sind, und weil sie sich zudem gesamtwirtschaftlich ungünstig auswirken[40]. Pri-

---

34   Siehe unten § 15 bis 17.
35   Siehe v. *Hippel*, Besprechung der Arbeit von *Weyers* „Unfallschäden" (1971), RabelsZ 1972, 199 ff.; *ders.*, Reform des Regresses der Sozialversicherer?, ZRP 1972, 49 (50).
36   Siehe oben § 5 VII.
37   Siehe *Canaris* (oben Fn. 10).
38   Siehe v. *Hippel*, Der Schutz des Schwächeren (1982); *ders.*, Verbraucherschutz (3. Aufl. 1986).
39   Siehe v. *Stebut*, Der soziale Schutz als Regelungsproblem des Vertragsrechts (1982).
40   Siehe v. *Hippel*, Der Schutz des Schwächeren (1982), S. 178; *ders.* (oben Fn. 5), S. 215 ff.

vatrechtliche Umverteilungs-Vorschriften bedürfen deshalb stets einer „besonderen Legitimation"[41].

Nach Ansicht von *Canaris* „kann eine hinreichende Legitimation für die Belastung von Privatrechtssubjekten vor allem dort gegeben sein, wo es um das Ziel der *Integration von besonders schutzbedürftigen Personen* wie z. B. von Müttern kurz vor oder nach der Entbindung, resozialisierungsfähigen Straftätern, Schwerbehinderten usw. in das Wirtschafts- und Arbeitsleben geht: Diesen z. B. einen Arbeitsplatz zu sichern oder zu verschaffen, ist nämlich in der primär privatrechtlich verfassten Wirtschaftsordnung aufgrund der ‚Natur der Sache' grundsätzlich gar nicht anders möglich als dadurch, dass man die damit verbundenen rechtlichen Lasten anderen Privatrechtssubjekten wie den Arbeitgebern auferlegt"[42].

Indessen fragt sich, ob sich dieses sozialpolitische Ziel nicht zumindest in manchen der genannten Fälle durch (positive oder negative) Anreize erreichen ließe und ob eine solche mittelbare Steuerung durch Anreize (weil systemkonformer und gerechter) nicht staatlichen Eingriffen in das Privatrecht vorzuziehen wäre[43]. So könnte z. B. die Einstellungspflicht von Schwerbehinderten, die für Betriebe ab einer bestimmten Größe besteht[44], durch Lohnzuschüsse für Schwerbehinderte ersetzt werden. Ebenso könnten die Vorschriften über den Kündigungsschutz des Arbeitnehmers und des Wohnungsmieters (die in der Praxis schon heute oft die Funktion von Abfindungsregelungen haben) ersetzt werden durch die Vorschrift, dass der Arbeitgeber bzw. der Wohnungsvermieter seinem Kontrahenten im Falle der Kündigung eine angemessene Vergütung (bis zu einem bestimmten Höchstbetrag) zu zahlen hat. Eine solche Regelung würde zugleich die Probleme ausräumen, die sich heute ergeben, wenn der Vermieter die Wohnung verkaufen und deshalb dem Mieter kündigen will[45].

Jedenfalls zu weit geht die Umverteilung beim arbeitsrechtlichen Mutterschutz: Es ist nicht einzusehen, dass der Arbeitgeber der Mutter, die absoluten Kündigungsschutz genießt (§ 9 MuSchG), während der mutterschaftsbedingten Ausfallzeiten auch noch einen erheblichen Teil des Lohns zu zahlen hat[46]. (Die Lohnzahlung wird nur teilweise von der gesetzlichen Krankenversicherung und vom Staat übernommen). Diese Belastung des Arbeitgebers ist nicht nur ungerecht, sondern auch kontraproduktiv, weil

---

41   *Canaris* (oben Fn. 10), S. 119.

42   *Canaris* (oben Fn. 10), S. 119 f.

43   Vgl. *v. Hippel* (oben Fn. 5) § 3 (Regelungsformen).

44   Vgl. *Canaris* (oben Fn 10), S. 88. – In Betrieben ab 16 Beschäftigten müssen 6 Prozent der Arbeitsplätze mit Schwerbehinderten besetzt werden. Für jeden nicht besetzten Pflichtplatz muss der Arbeitgeber eine monatliche Ausgleichsabgabe zahlen. Da diese Regelung sich als wenig effizient erwiesen hat, bieten inzwischen einige Bundesländer jedem Arbeitgeber, der einen Schwerbehinderten einstellt, bis zu 3½ Jahre lang Zuschüsse (siehe Bericht „Schlechte Jobchancen für Behinderte", Die Welt vom 25.11.1998, S. 42).

45   Nach der Rechtsprechung gibt § 564 b Abs. 2 Nr. 3 BGB dem Wohnungsvermieter grundsätzlich kein Kündigungsrecht, wenn er die Wohnung verkaufen will; siehe *Palandt (-Putzo)*, BGB (57. Aufl. 1998) § 564 b Randnr. 53. Da sich vermietete Wohnungen regelmäßig nur mit Abschlägen verkaufen lassen, erleiden Vermieter im Verkaufsfall erhebliche Einbußen, denen (unberechtigte) Gewinne der Erwerber entsprechen.

46   Vgl. *Canaris* (oben Fn. 10), S. 8, 94.

sie die Beschäftigungschancen von Frauen in gebärfähigem Alter beeinträchtigt. Es ist deshalb besser, den Arbeitgeber in diesen Fällen von Zahlungspflichten zu befreien und diese Pflichten der Allgemeinheit aufzuerlegen[47].

VII. Umverteilung von Vermögen

Neben der Umverteilung von Einkommen gibt es auch die Umverteilung von Vermögen. Diese erfolgt einmal durch das Steuerrecht (Vermögenssteuer, Grundsteuer, Grunderwerbssteuer, Spekulationssteuern auf Wertzuwachs von Aktien und Immobilien, Erbschaftssteuer), zum andern durch die Regeln des Ehegüterrechts und des Erbrechts.

Inzwischen hat das Bundesverfassungsgericht sowohl für die Vermögenssteuer als auch für die Erbschaftssteuer Grenzen gezogen: Danach „darf die Vermögensteuer zu den übrigen Steuern auf den Ertrag nur hinzutreten, soweit die steuerliche Gesamtbelastung des Sollertrages bei typisierender Betrachtung von Einnahmen, abziehbaren Aufwendungen und sonstigen Entlastungen in der Nähe einer hälftigen Teilung zwischen privater und öffentlicher Hand verbleibt"[48]. Und „der Spielraum für den steuerlichen Zugriff auf den Erwerb von Todes wegen findet seine Grenze dort, wo die Steuerpflicht den Erwerber übermäßig belastet und die ihm zugewachsenen Vermögenswerte grundlegend beeinträchtigt. Die Ausgestaltung und Bemessung der Erbschaftsteuer muss den grundlegenden Gehalt der Erbrechtsgarantie wahren, zu dem die Testierfreiheit und das Prinzip des Verwandtenerbrechts gehören. Sie darf Sinn und Funktion des Erbrechts als Rechtseinrichtung und Individualgrundrecht nicht zunichte oder wertlos machen"[49].

VIII. Internationale Umverteilung

Schließlich stellt sich die Frage der Umverteilung auch auf internationaler Ebene, insbesondere im Verhältnis der Industriestaaten zu den Entwicklungsländern. Es ist

---

47   Siehe *Canaris* (oben Fn. 10), S. 101 ff., 121, der die Freistellung des Arbeitgebers bereits de lege lata (mit Hilfe einer teleologischen Reduktion der §§ 11, 14 MuSchG und verfassungsrechtlicher Überlegungen) zu erreichen sucht.

48   Siehe BVerfG 22.06.1995 (oben Fn. 20). – Die Vermögensteuer ist inzwischen abgeschafft worden; aber es gibt Stimmen, die sie wieder einführen wollen.

49   Siehe BVerfG 22.06.1995, NJW 1995, 2624 und hierzu *Leisner*, NJW 1995, 2591 (2595 f.).

ein Gebot der Gerechtigkeit und des wohlverstandenen eigenen Interesses, dass die Industriestaaten das Massenelend in den Entwicklungsländern entschiedener als bisher bekämpfen[50]. Dies setzt voraus, dass sie ihr Versprechen einhalten, 0,7 Prozent ihres Bruttosozialprodukts für die öffentliche Entwicklungshilfe aufzuwenden. Noch wichtiger ist freilich, dass die Industriestaaten auf protektionistische Maßnahmen verzichten, die den Export der Entwicklungsländer in die Industriestaaten erschweren.

IX. Bilanz

Die prinzipielle Berechtigung der Umverteilung ist anerkannt. Jedoch sollte die Umverteilung nicht übertrieben werden, weil sie sonst kontraproduktiv wird.

Eine Umverteilung sollte prinzipiell nur über das Steuerrecht und das Sozialrecht erfolgen, weil sonstige Umverteilungsformen meistens weder transparent noch gerecht sind.

Das Privatrecht eignet sich nur ausnahmsweise als Instrument der Umverteilung, so vor allem im Unterhaltsrecht, im Erbrecht und im Recht der Überschuldungsentlastung. Hingegen taugt das Vertragsrecht in aller Regel nicht für eine Umverteilung, weil diese nicht nur den Vertragspartner belastet, sondern oft auch zu Lasten Dritter geht und sich gesamtwirtschaftlich ungünstig auswirkt. Unbedingt abzulehnen sind Versuche, verteilungspolitische Ziele durch staatliche Eingriffe in den Preismechanismus zu erreichen.

Wichtig ist schließlich eine internationale Umverteilung, um das Massenelend in den Entwicklungsländern zu überwinden und die Zukunft unseres Planeten zu sichern.

Was die Ergebnisse der Umverteilung anbelangt, so kommt eine aktuelle Studie des Instituts der deutschen Wirtschaft (IW) für Deutschland zu dem Schluss, dass „der soziale Ausgleich klappt". Gäbe es keine staatlichen und privaten Transferzahlungen, würde ein Drittel der deutschen Bevölkerung in relativer Armut leben, müsste also mit weniger als 60 Prozent des durchschnittlichen Einkommens auskommen. Die staatliche und private Umverteilung bewirke jedoch, dass nur elf Prozent der Bundesbürger als arm einzustufen seien[51]. Zu ähnlichen Ergebnissen kommt der letzte „Armutsbericht" der Bundesregierung[52].

50 Siehe unten § 33.
51 Siehe *Siems*, Besserverdiener finanzieren den Sozialstaat, Die Welt 08.01.09, S. 4 (mit Angaben über das Ausmaß staatlicher und privater Umverteilung bezüglich verschiedener Einkommensgruppen).
52 Siehe *Siems*, Die Welt 25.06.08, S. 2.

§ 10 Ungerechtigkeiten im Rentenrecht

I. Problemstellung und Ausgangslage

Zu den größten Herausforderungen der Bundesrepublik Deutschland gehört die Reform der sozialen Sicherungssysteme (Kranken-, Renten-, Pflegeversicherung), deren Fundamente durch die Massenarbeitslosigkeit, die wachsende Lebenserwartung und den alarmierenden Geburtenschwund gefährdet sind. Nicht ohne Grund sorgen sich deshalb immer mehr Bürger um ihre Altersrente, deren Sicherheit – entgegen allen politischen Versicherungen – inzwischen erheblich abgenommen hat[1]. Zwar hat der Gesetzgeber mittlerweile versucht, den Belastungen, die sich aus der demographischen Entwicklung ergeben, durch einige Maßnahmen zu begegnen, aber das reicht nicht aus, um die Dinge ins Lot zu bringen. Es rächt sich jetzt, dass die Politiker die Warnungen von Experten so lange ignoriert haben. Hätten sie sich schon vor 30 Jahren darum bemüht gegenzusteuern und für die (umlagefinanzierten) Sozialsysteme wenigstens eine partielle Kapitaldeckung aufzubauen, so hätte man mit geringeren Mitteln wesentlich mehr erreichen können. Jedenfalls die Einsparungen bei der „Jugendlast", die sich seit dem „Pillenknick" ergaben, hätten als Rücklage thesauriert werden müssen.

Jetzt aber werden Einschnitte nötig, die weit über das hinausgehen, was den Bürgern bisher zugemutet worden ist. Absehbar sind nicht nur merkliche Erhöhungen des Rentenbeitragssatzes (der 2007 zunächst einmal von 19,5 auf 19,9 Prozent gestiegen ist), sondern auch ein höheres Rentenalter (bei der inzwischen vorgesehenen stufenweisen Anhebung der Altersgrenze ab 2012 auf 67 Jahre wird es schwerlich auf Dauer bleiben[2]), spürbare Senkungen des Rentenniveaus und eine vollständige Besteuerung der (bisher nur teilweise besteuerten) Renten. „Man rechnet mit einem Absinken des Rentenniveaus von derzeit 63 auf 43 Prozent des Nettoeinkommens in den nächsten 30 Jahren"[3]

Während die Rentenversicherer in ihren Prognosen davon ausgehen, dass die Renditen der gesetzlichen Rentenversicherung nach 45 Versicherungsjahren künftig bei

---

1   Siehe Frankfurter Institut (Hrsg.), Rentenkrise (1997); dasselbe, Rentenreform – Lehren von draußen (1997).

2   Nach Ansicht von Ökonomen muss die Altersgrenze auf 70 Jahre angehoben werden, was freilich auf den erbitterten Widerstand von Gewerkschaften und Sozialverbänden stoßen würde, die schon gegen die Erhöhung des Rentenalters auf 67 protestiert haben (siehe *Siems*, Die Welt 23.11.07, S. 11).

3   *Held*, Die Welt 08.04.08, S. 9.

mindestens drei Prozent liegen, werden die Renditen nach Ansicht von Ökonomen dramatisch sinken und ins Minus rutschen. Wer nach 1970 geboren sei, werde voraussichtlich weniger heraus bekommen als er eingezahlt habe[4].

II. Bewertung

1. Durch diese Entwicklung wird die junge Generation (und die ihr folgenden Generationen) gegenüber den heutigen Rentnern massiv benachteiligt. Der Gesetzgeber hätte sich stärker als bisher darum bemühen müssen, diese Ungerechtigkeit (durch Abstriche bei den heutigen Renten oder doch durch einen Stopp weiterer Rentenerhöhungen) wenigstens abzumildern. Verfassungsrechtlich wäre eine solche Korrektur zulässig, ja im Hinblick auf den Gleichheitssatz (Art. 3 Abs. 1 GG) wohl sogar geboten, denn nach der Rechtsprechung des Bundesverfassungsgerichts sind die Renten zwar im Kern durch Art. 14 GG geschützt, aber um die nötige Flexibilität zu sichern, hat der Gesetzgeber ansonsten bei ihrer Ausgestaltung einen großen Spielraum. Der Präsident des Bundesverfassungsgerichts, *Hans-Jürgen Papier*, hat denn auch zu Recht darauf hingewiesen, die Verfassung verbiete „eine offenkundige Unverhältnismäßigkeit zwischen Beitrags- und Versicherungsleistungen"[5].

2. Eine weitere schwere Ungerechtigkeit besteht darin, dass die Rentenversicherung Bürger mit Kindern und Bürger ohne Kinder prinzipiell gleich behandelt, obwohl Bürger, die Kinder aufziehen (die später dann die Rentenversicherung finanzieren) viel größere Lasten tragen als Kinderlose. Entsprechend einer Entscheidung, die das Bundesverfassungsgericht für die Pflegeversicherung getroffen hat[6], sollten Kinderlose deshalb höhere Rentenversicherungsbeiträge zahlen, um so wenigstens teilweise die Mehrbelastung der Rentenversicherung auszugleichen, die sich durch den Mangel nachwachsender Beitragszahler ergibt. (Alternativ könnten die Beiträge von Bürgern mit Kindern ermäßigt werden). Ein ähnlicher Ausgleichseffekt ließe sich dadurch erzielen, dass kinderlosen Personen die Rente gekürzt wird oder dass die Rentenleistungen zunächst allgemein herabgesetzt werden, aber Personen, die Kinder haben, entsprechend der Zahl ihrer Kinder Rentenzuschläge erhalten. (Immerhin werden inzwischen Müttern für Kinder, die nach dem 31.12.1991 geboren sind, pro Kind drei Erziehungsjahre in der Rentenversicherung gutgeschrieben). Maßnahmen dieser Art würden nicht nur die finanzielle Misere der Rentenversicherung lindern, sondern auch

---

4   Siehe *Schiltz*, Rente wird zum Verlust-Geschäft, Die Welt 17.07.06, S. 9.
5   Siehe *Schiltz* (oben Fn. 4).
6   Siehe BVerfGE 103, 242 = NJW 2001, 1712.

die bislang bestehende „ungeheuerliche Prämierung der Kinderlosigkeit" (*Oswald von Nell-Breuning*) beseitigen.[7]

3. Ungerecht oder doch fragwürdig ist auch die Hinterbliebenen-Rente, soweit sie ohne Rücksicht auf Bedarf und Leistungen des Hinterbliebenen (wie Aufzucht von Kindern) allen Hinterbliebenen gewährt wird, auch solchen, die über eine eigene auskömmliche Rente verfügen. Eine Reform wurde von der SPD schon vor Jahren gefordert, und der Wirtschaftsrat ist im Juni 2006 für eine „Konzentration der Hinterbliebenenversorgung auf das sozial Notwendige" eingetreten.

4. Auf eine weitere Ungerechtigkeit hat der frühere Regierungsberater und heutige SPD-Abgeordnete *Karl Lauterbach* hingewiesen: Da die Besserverdienenden statistisch eine deutlich längere Lebenserwartung hätten als die sozial Schwachen, komme es bei der Rente zu einer Umverteilung von unten nach oben; zum Ausgleich sollten Besserverdienende neben ihren bisherigen Beiträgen einen Zuschlag zahlen[8]. Freilich stellt sich dann die Frage, ob nicht auch Frauen einen Zuschlag zahlen müssten, weil sie statistisch eine deutlich längere Lebenserwartung haben als Männer.

5. Weitere Ungerechtigkeiten ergeben sich bei der staatlichen Förderung der privaten Altersvorsorge (die als Aufstockung der gesetzlichen Rente allgemein empfohlen wird): Soweit die staatliche Förderung nicht durch Zulagen erfolgt, sondern durch die steuerliche Absetzbarkeit von Aufwendungen für die Altersversorgung, profitieren die Besserverdienenden (wegen der progressiven Einkommensteuer) stärker von den Steuervergünstigungen als die Bezieher niedriger Einkommen, die doch eher der Förderung bedürfen. Mit dem Gleichheitssatz ist das schwerlich vereinbar, und deshalb hat der Gesetzgeber in vergleichbaren Fällen der Kritik von Wissenschaftlern dadurch Rechnung getragen, dass er die steuerliche Förderung (z. B. des Eigenheims) durch Zulagen (wie die Eigenheimzulage) ersetzt hat.

6. Im übrigen ist eine staatliche Förderung der privaten Altersvorsorge alles andere als selbstverständlich (zumal die Eigenheimzulage ab Anfang 2006 abgeschafft worden ist), denn die meisten Bürger sparen auch ohne staatliche Förderung für ihr Alter, und soweit sie das nicht können oder nicht wollen, sichert ihnen die gesetzliche Rente (notfalls mit ergänzender Sozialhilfe) ihre Existenz. Zudem plädieren gewichtige Stimmen (wie der „Kronberger Kreis") dafür, die Versicherungspflicht auf eine existenzsichernde Grundrente zu beschränken. Deshalb ist mehr als fragwürdig, dass der Staat – der doch schon heute hoch verschuldet ist – neue Subventionslasten auf

---

7   Anzumerken ist, dass der geistige Vater des „Generationenvertrages", Wilfried Schreiber, neben der Altersrente eine „Kinderrente" einführen wollte. „Bundeskanzler Adenauer übernahm allerdings nur die Idee der dynamischen Rente und verwarf mit dem Hinweis „Kinder bekommen die Leute immer" den zweiten Teil des Generationenvertrages." (Die Welt, 28.07.08, S. 4).

8   Siehe *Lauterbach*, Der Zweiklassenstaat (2007), S. 128 ff.

sich nimmt, um die private Altersvorsorge der Bürger (über deren Existenzsicherung hinaus) zu fördern, zumal diese Förderung – ebenso wie seinerzeit die Eigenheimzulage – hauptsächlich von den besserverdienenden Bürgern genutzt werden wird. Beunruhigend ist zudem der Kostenaspekt: Je mehr Bürger die staatliche Förderung in Anspruch nehmen – und ihre Zahl nimmt rasant zu –, um so stärker steigen die staatlichen Aufwendungen für diese neue Subvention[9]. Wie lange wird der Staat dies aushalten, der bezüglich der Altersvorsorge doch bereits durch den ständig steigenden, astronomischen Bundeszuschuss zur Rentenversicherung (von derzeit 80 Milliarden Euro) immens belastet ist und der zudem auch durch die Arbeitnehmer-Sparzulage Leistungen erbringt, die weithin der privaten Altersvorsorge zugute kommen?

9   Siehe *Brandstetter*, Die Riester-Rente avanciert zum Verkaufsschlager, Die Welt 10.09.07, S. 16, nach dessen Angabe damals 9,1 Millionen Bürger einen Riestervertrag abgeschlossen haben. – Inzwischen ist die Zahl auf 12,2 Millionen gestiegen (Die Welt 10.03.09, S. 15).

§ 11 Sanierung des Gesundheitssystems?

Die Große Koalition hat eine Reform des Gesundheitssystems beschlossen[1], die Anfang April 2007 in Kraft getreten ist[2]. Diese Reform bringt zwar einige Verbesserungen, wird dem Sanierungsproblem aber nicht gerecht, obwohl es durchaus Möglichkeiten gibt, die Kosten spürbar zu beschränken.

I. Ausgangslage

Das Gesundheitssystem ist seit langem ein politisches, ökonomisches und soziales Sorgenkind, denn es ist trotz mancher Reformbemühungen bis heute nicht gelungen, die alarmierende Kostenexplosion in den Griff zu bekommen – die Gesundheitsausgaben verschlingen inzwischen rund 11 Prozent des Bruttoinlandsprodukts –, weil zahlreiche Interessengruppen, die im Gesundheitswesen involviert sind (Ärzte, Pharmaindustrie, gesetzliche und private Krankenkassen, Apotheker, Krankenhäuser) alles daran setzen, ihren jeweiligen Besitzstand zu verbessern oder doch zu erhalten, und weil die Politiker sich dem Druck der Interessengruppen nicht gewachsen zeigen[3].

Dieses Dilemma wird nun auch wieder bei der Gesundheitsreform sichtbar, auf die sich die Große Koalition geeinigt hat. Zwar sieht diese Reform einige Maßnahmen (wie z. B. Höchstpreise für Medikamente) vor, durch die insgesamt eine jährliche Einsparung von etwa 1 Milliarde Euro erwartet wird, aber dieser Betrag wird allein schon durch die Mehrkosten eines neuen Honorarsystems aufgezehrt, das die Ärzte gefordert haben – gar nicht zu reden von dem Mehraufwand, der sich durch die Ausweitung mancher Leistungen ergibt.

Die Reform ist hauptsächlich darauf bedacht, mehr Geld in die Kasse zu bringen: einmal durch eine Anhebung der Kassenbeiträge (ab 2007) um durchschnittlich 0,5 Prozentpunkte (und um notfalls einen Zusatzbetrag), zum anderen durch einen steuerfinanzierten staatlichen Zuschuss, der zunächst bescheiden ist (2008: 2,5 Milliarden), der dann aber jährlich um 1,5 Milliarden auf insgesamt 14 Milliarden Euro wachsen soll, was in etwa dem Betrag entspricht, der für die beitragsfreie Mitversicherung der Kinder in der gesetzlichen Krankenversicherung benötigt wird. Obwohl nichts dagegen einzuwenden ist, dass die Kinderkosten durch die Allgemeinheit übernommen

---

1 Überarbeitete, ergänzte und mit Fußnoten versehene Fassung eines Beitrags, der in der Frankfurter Rundschau vom 02.09.06 erschienen ist.
2 Siehe *Neumann*, Die Welt 31.01.07, S. 2.
3 Siehe *Anke Martiny*, Wer steuert Deutschlands Gesundheitswesen?, in: *Leif/Speth* (Hrsg.), Die fünfte Gewalt, Lobbyismus in Deutschland (2006), S. 221 ff.; *Jantzer*, Pharmabranche und Funktionäre bestimmen die Gesundheitspolitik, in: *Leif/Speth* aaO., S. 236 ff.

werden (was dann freilich entsprechend auch bei der Privaten Krankenversicherung gelten müsste), ist der Einstieg in die Steuerfinanzierung doch nicht unbedenklich, denn wie die Rentenversicherung zeigt (für die der jährliche Bundeszuschuss auf 80 Milliarden Euro gestiegen ist), entwickelt eine Steuerfinanzierung leicht eine kaum mehr kontrollierbare Eigendynamik. So fordern Stimmen aus der SPD schon heute eine stärkere Steuerfinanzierung des Gesundheitswesens, wobei freilich unklar bleibt, wie der bereits überschuldete Staat die dafür erforderlichen Mittel aufbringen soll. Ohne weitere Steuern ist das kaum möglich. Bundesfinanzminister *Steinbrück* hat denn auch bereits eine gesonderte Gesundheitssteuer nach französischem Vorbild befürwortet.

Weitere Reformbemühungen müssen sich jedenfalls auf die Einsparung von Kosten konzentrieren, zumal wegen der demographischen Entwicklung und der Generationengerechtigkeit eine Altersrückstellung (nach dem Vorbild der Privaten Krankenversicherung) erforderlich ist.

II. Reformüberlegungen

Von den zahlreichen Möglichkeiten einer Kostendämmung verdienen vier besonderes Interesse (weil sie von allgemeiner Bedeutung sind und entsprechend stark zu Buche schlagen), nämlich eine Senkung der Anbieterpreise (1), eine bessere Prävention (2), eine verstärkte Selbstbeteiligung (3) und die Ausgliederung von Kassenleistungen (4).

1. Eine Senkung der Anbieterpreise ist zu erwarten, wenn die Kassen ihre Nachfragemacht bündeln, indem sie – wie nun als Möglichkeit vorgesehen – einen gemeinsamen Spitzenverband damit betrauen, die Preise mit den Anbietern auszuhandeln.

2. Obwohl dem Präventionsgedanken („Vorbeugen ist besser als Heilen") aus humanitären und ökonomischen Gründen höchste Priorität gebührt, wird er bisher viel zu wenig beachtet. Dabei weisen Experten seit Jahren darauf hin, das Gesundheitswesen werde nur mit Hilfe präventiver Maßnahmen (insbesondere einer intensiveren Gesundheitserziehung) bezahlbar bleiben. Dies gilt insbesondere im Hinblick auf die „zivilisatorischen Schrittmacher des Todes" (falsche Ernährung, Bewegungsmangel, Tabak, Alkohol), aber auch mit Blick auf die alarmierende Zunahme von psychischen Störungen (schon bei Kindern und Jugendlichen), die hauptsächlich durch Defizite in vielen Familien bedingt sind.

3. Von großem Interesse ist ferner die Möglichkeit, die Kosten des Gesundheitswesens durch eine stärkere Selbstbeteiligung der Patienten zu beschränken. Nach allen Erfahrungen wird das Patientenverhalten wesentlich durch die Möglichkeit bestimmt, kostenlose Ansprüche aller Art stellen zu können. Auch ist ein offenes Geheimnis, dass viele Ärzte unberechtigten Ansprüchen von Patienten nicht (hinreichend) entgegentreten und dass sie zudem aus fiskalischen Gründen zu einem hohen Behandlungsaufwand neigen. Es liegt deshalb nahe, einem übertriebenen Konsum von Medikamenten und medizinischen Dienstleistungen durch eine (verstärkte) Selbstbeteiligung der Patienten an Krankheitskosten entgegenzuwirken, wie sie in manchen Staaten (und ansatzweise nun auch in Deutschland) bereits besteht.

4. Schließlich ist auch über die Ausgliederung von Kassenleistungen nachzudenken, zumal diese auch der Prävention zugute käme. (So ist in der Schweiz nach Ausgliederung der Zahnbehandlungskosten das Interesse der Bevölkerung an der Zahnpflege spürbar gewachsen). Die Große Koalition hat zwar die Ausgliederung privater Unfälle erwogen (jährliche Kostenentlastung 7 Milliarden Euro), hat sich dann aber auf die Ausgliederung marginaler Fälle (Folgekosten von Schönheitsoperationen, Tätowierungen und Piercing) beschränkt (geschätzte Einsparung pro Jahr 50 Millionen). Immerhin wird den Bürgern damit aber erstmals signalisiert, die Versicherungsgemeinschaft zahle nicht mehr für „jeden, der Raubbau am eigenen Körper betreibt. Noch wird dieses Prinzip aber inkonsequent umgesetzt. Denn wer risikoreiche Sportarten (wie etwa Gleitschirmfliegen) betreibt oder der Fresssucht frönt, kommt bisher ungeschoren davon. Auch Raucher und Trinker müssen keine Konsequenzen fürchten. Mit diesen gesellschaftlichen Gruppen mag sich offenbar noch kein Politiker anlegen"[4]. Nach dem Vorbild anderer Staaten sollten Tabak und Alkohol dann aber wenigstens durch eine Abgabe zugunsten des Gesundheitssystems belastet werden, die für eine gerechtere Lastenverteilung und für einen Rückgang des Tabak- und Alkoholkonsums (besonders bei Jugendlichen) sorgt.

5. Bemerkenswert, aber bis auf weiteres chancenlos ist schließlich der Vorschlag von Ökonomen, den Schutz der gesetzlichen Krankenversicherung auf eine bloße „Grundsicherung" zu beschränken, die nur noch gravierende Risiken deckt.

III. Bilanz

Die Gesundheitsreform bringt zwar einige Verbesserungen, wird dem Sanierungsproblem aber nicht gerecht. (Das wird von manchen Politikern auch offen eingeräumt[5] und zudem dadurch bestätigt, dass die Krankenkassen Anfang 2007 ihre Beiträge im

---

4   Siehe Die Welt 04.07.06, S. 2. – Entsprechendes gilt für die Gruppe der Menschen, die sich leichtfertig mit Aids infizieren und deren anti-retrovirale Therapie monatlich 1.200 Euro kostet, obwohl sie keine Heilung bewirkt, sondern nur eine Lebensverlängerung (Die Welt 16.07.07, S. 32). Inzwischen leben in Deutschland 59.000 HIV-Infizierte, rund 80 Prozent (d.h. etwa 34.000 Menschen) aller Neu-Infizierten sind Homosexuelle (Die Welt 27.11.07, S. 4).

5   So hat die SPD-Politikerin *Elke Ferner* erklärt, das Grundproblem des Gesundheitssys-

Schnitt um etwa 0,6 Prozentpunkte erhöht haben, wobei sie dies auch mit der Gesundheitsreform begründeten[6]). Die Große Koalition ist deshalb aufgerufen, für weitere Reformen zu sorgen[7]. Wie dieser Beitrag zeigt, gibt es durchaus Möglichkeiten einer Sanierung, die es zu nutzen gilt, wenn das Gesundheitswesen genesen und ein weiterer Vertrauensverlust der Bürger vermieden werden soll[8]. Nicht zuletzt ist für eine optimale Bekämpfung von Misswirtschaft und Betrug im Gesundheitswesen zu sorgen[9].

Ähnliches gilt für die Reform der Pflegeversicherung, die Union und SPD auf den Weg gebracht haben: Zwar hat die Reform auch hier einige Verbesserungen bewirkt (wie etwa mehr Geld für Demenzkranke und die neue Pflegezeit für Arbeitnehmer). „Doch auch diese Reform startet mit einem Anstieg des Beitragssatzes. Zudem werden die langfristigen Finanzprobleme der Pflegeversicherung nicht gelöst, sondern durch die Leistungsausweitungen sogar verschärft"[10].

Sicher ist jedenfalls, dass es nicht möglich ist, die schon heute astronomischen Aufwendungen für das Gesundheitswesen beliebig weiter zu steigern[11]. Deshalb wäre es utopisch, dem Einzelnen ein „Recht auf Gesundheit" zuzuerkennen (d. h. einen Anspruch auf den Einsatz beliebiger öffentlicher Mittel zugunsten seiner Gesundheit), zumal die Gesundheit des Einzelnen vielfach von seinem Lebensstil und damit seiner Eigenverantwortung abhängt[12]. Im übrigen müssen die vorhandenen Mittel künftig

tems, die größer werdende Lücke zwischen Einnahmen und Ausgaben, werde durch die Reform nicht gelöst (Die Welt 22.01.07, S. 2).

6   Siehe *Lachmann*, Die Welt 03.05.07, S. 2.

7   Auch der Sachverständigenrat sieht weiterhin „großen Handlungsbedarf" (Die Welt 08.11.07, S. 3), und auch die Krankenkassen fordern weitere Reformen (Die Welt 02.01.09, S. 2.

8   Zu den Ängsten der Bürger siehe Bericht „Deutsche fürchten Kollaps des Gesundheitssystems", Die Welt 22.11.07, S. 4.

9   Siehe den alarmierenden Bericht der Wirtschaftswoche 2007 Nr. 14, S. 24 ff. – Nach Einschätzung von Transparency International gehen im Gesundheitswesen jedes Jahr Milliardensummen durch Misswirtschaft und Betrug verloren.

10   *Von Borstel*, Die Welt 22.11.07, S. 2; vgl. auch Bericht „Mehr Geld für die Pflege", Die Welt 26.04.08, S. 11; Bericht „Zahl der Pflegebedürftigen könnte drastisch steigen", Die Welt 07.05.08, S. 5.

11   Siehe Wirtschaftswoche 2008 Nr. 41, S. 110 ff. – Die Gesundheitsausgaben betrugen 2006 in Deutschland 245 Mrd. Euro und machten damit fast elf Prozent des Bruttoinlandsproduktes aus – mehr als in den meisten anderen Ländern (siehe Die Welt 06.05.08, S. 11). Inzwischen sind die Ausgaben weiter gestiegen, und der Beitragssatz der gesetzlichen Krankenkassen hat sich Anfang 2009 auf 15,5 Prozent erhöht. Dank zusätzlicher Subventionen soll der Beitragssatz zum 01.07.09 auf 14,9 Prozent sinken (Die Welt 14.01.09, S. 1).

12   Zu den alarmierenden Ergebnissen einer Studie über den Lebensstil von Herzpatienten in Europa siehe Die Welt 12.09.07, S. 35. – Siehe auch Die Welt 23.11.07, S. 31: „Eine Gruppe internationaler Gesundheitsexperten hat zum Kampf gegen Diabetes, Herzleiden

nach dem Prinzip der Nutzenmaximierung eingesetzt werden: Es kann niemand eine medizinische Behandlung verlangen, die so kostspielig ist, dass sie anderen gleich bedürftigen Patienten die Chance auf eine verhältnismäßig billigere Betreuung nimmt[13]. Von hier aus bestehen gegen die Entwicklung unverhältnismäßig teurer Medizintechniken – wie künstlicher Herzen – prinzipielle Bedenken.

und andere durch den modernen Lebensstil hervorgerufene Krankheiten aufgerufen... Hauptursachen für diese Krankheiten seien Rauchen, Alkohol, falsche Ernährung und mangelnde Bewegung"; *Ehrenstein*, Jeder dritte Deutsche kümmert sich nicht um seine Gesundheit, Die Welt 29.08.08, S. 5.

13   Siehe *v. Hippel*, Rechtspolitik (1992) 71 f.

§ 12 Massenarbeitslosigkeit als Herausforderung

Obwohl die Zahl der Arbeitslosen infolge des (inzwischen beendeten) Konjunkturaufschwungs zurückgegangen ist, ist die schon seit Jahren bestehende Massenarbeitslosigkeit bisher nicht überwunden. So waren im Juni 2008 in Deutschland immer noch 3,16 Millionen Menschen arbeitslos, was einer Arbeitslosenquote von 7,5 Prozent entspricht. Das ist (auch im europäischen Vergleich) alarmierend, denn die Arbeitslosigkeit hat nicht nur für die Arbeitslosen und ihre Angehörigen verheerende Auswirkungen, sondern auch für die Gesellschaft: Falls es nicht gelingt, das Problem der Arbeitslosigkeit – speziell der Jugendarbeitslosigkeit – zu bewältigen, sind die Grundlagen unseres freiheitlichen Systems bedroht. Das gilt umso mehr, als BA-Chef *Weise* darauf hingewiesen hat, die Zahl der Arbeitslosen erhöhe sich auf rund fünf Millionen, wenn man auch die Personen in arbeitspolitischen Maßnahmen und die Menschen hinzuzähle, die sich nicht bei den Arbeitsagenturen melden. Zudem rechnen Experten (wegen der Finanz- und Wirtschaftskrise) damit, dass die Zahl der Arbeitslosen 2009 wieder steigen wird[1].

Da sich alle bisherigen Maßnahmen zur Bekämpfung der Arbeitslosigkeit als unzulänglich erwiesen haben, ist es an der Zeit, neue Wege zu gehen oder doch zu erwägen. Dabei muss man realistisch sehen, dass manche Faktoren der Arbeitslosigkeit kaum zu verändern sind, so die Sättigung wichtiger Märkte (wie Automobilmarkt und Wohnungsmarkt), der weitgehende Verlust ganzer Branchen (wie Textilien und Schuhe) an die ausländische Konkurrenz, der Beschäftigungsschwund in der Landwirtschaft, der Bevölkerungsrückgang, die Ersetzung menschlicher Arbeitskraft durch Maschinen (Computer, Roboter), der neue Trend zu längerer Wochen- und Lebensarbeitszeit sowie die Zunahme außerhäuslicher Berufstätigkeit von Frauen. Anzusetzen ist deshalb bei überhöhten Arbeitskosten (Löhnen und Lohnzusatzkosten), die ein Hauptfaktor der Arbeitslosigkeit sind, weil die Unternehmen Marktanteile an die billigere ausländische Konkurrenz verlieren, weil sie Arbeitsplätze wegrationalisieren und weil sie zunehmend zumindest Teile der Produktion in Länder mit niedrigeren Arbeitskosten verlagern.

Will man die Beschäftigungslage verbessern, so muss man also bei den Arbeitskosten Abstriche machen (zumal die Arbeitskosten in Deutschland deutlich über dem Durchschnittswert in der EU liegen[2]). Dies kommt zugleich der Einkommensgerechtigkeit zugute, denn es ist gerechter, dass alle etwas weniger verdienen und dadurch möglichst vielen Arbeitslosen die Rückkehr ins Berufsleben ermöglicht wird, als dass

---

1   Siehe Bericht „Experten erwarten viel mehr Arbeitslosigkeit als die Regierung – Im Jahresdurchschnitt bis zu vier Millonen", Die Welt 17.02.09, S. 10. – Im Januar 2009 ist die Arbeitslosigkeit unerwartet kräftig um 387.000 auf 3,49 Millionen Menschen gewachsen, was einer Arbeitslosenquote von 8,3 Prozent entspricht (siehe Süddeutsche Zeitung 30.01.09, S. 1).

2   Siehe die Angaben in der Welt 10.02.07, S. 11.

es bei der bisherigen Spaltung von Beschäftigten (mit Einkommen in der bisherigen Höhe) und Arbeitslosen (mit gemindertem Einkommen) bleibt.

Inzwischen gibt es Vorschläge, die diesen Überlegungen Rechnung zu tragen suchen. So hat der Politikwissenschaftler *Grottian* (Berlin) für den öffentlichen Dienst vorgeschlagen, die Gehälter bei den oberen Einkommen um zehn und in der mittleren Gruppe um fünf bis sechs Prozent herabzusetzen und zudem die Pension der Beamten entsprechend zu kürzen. Auf diese Weise sei es möglich, im öffentlichen Bereich jährlich 20 bis 25 Milliarden Euro zu sparen und zugleich 200.000 bis 500.000 neue Arbeitsplätze zu schaffen.

Weitergehend hat der Thüringer Landesbischof *Hoffmann* sich dafür ausgesprochen, die Einkommen in den westdeutschen Bundesländern (die im Vergleich zu anderen europäischen Staaten überhöht seien) auf das Niveau der ostdeutschen Bundesländer herabzusetzen. Dadurch würde zugleich die problematische Diskrepanz zwischen West- und Osteinkommen überwunden[3].

Obwohl in der Bevölkerung die Einsicht wächst, dass wir ohne Opferbereitschaft nicht weiter kommen, haben solche Vorschläge einstweilen freilich kaum eine Realisierungschance, denn die Gewerkschaften (denen ihre Mitglieder wichtiger sind als die Arbeitslosen) werden schwerlich bereit sein, ihnen zuzustimmen.

Realistischer ist deshalb ein anderer Weg, nämlich eine bessere Verteilung der vorhandenen Arbeit, insbesondere durch Teilung von Arbeitsplätzen („Job-Sharing") und durch eine Verkürzung der Arbeitszeit, für die dann freilich kein Lohnausgleich möglich wäre. (Ein solches Modell ist innerhalb einzelner Firmen bereits praktiziert worden, um Entlassungen zu vermeiden). So hat der frühere DGB-Vorsitzende *Vetter* schon vor Jahren dafür plädiert, die Arbeitszeit um mindestens drei Wochenstunden bei einem Lohnverzicht aller Arbeitnehmer zu verkürzen. Dadurch könne fast einer Million Arbeitslosen geholfen werden.

Zudem wäre vielen Arbeitslosen geholfen, wenn entsprechend einem Vorschlag des „Deutschen Arbeitskreises für Familienhilfe" ein „Erziehungsgehalt" (von monatlich 1.300 Mark brutto = 665 Euro pro Kind unter 12 Jahren) eingeführt würde, was bei einer Berücksichtigung aller volkswirtschaftlichen Aspekte angeblich nahezu kostenneutral möglich sei. Nach Ansicht des Arbeitskreises ist ein solches Erziehungsgehalt nicht nur aus familienpolitischen Gründen geboten, sondern würde auch rund 2 Millionen Frauen mit Kindern den Verzicht auf eine derzeit aus finanziellen Gründen erzwungene Berufstätigkeit ermöglichen und so den Arbeitsmarkt entlasten.

Hilfreich für die Beschäftigung wären auch die Reduktion von Überstunden, der Abbau überflüssiger Regulierung, eine flexiblere Tarifpolitik (warum nicht eine Beteiligung der Arbeitnehmer am Unternehmensgewinn statt höherer Löhne?)[4], ein fle-

---

3   Die Löhne und Gehälter in den neuen Bundesländern liegen in zahlreichen Berufen weit unter West-Niveau. Im Schnitt über alle Branchen verdient ein Ostdeutscher bei gleicher Tätigkeit 21 Prozent weniger (*Siems*, Die Welt 12.06.07, S. 12).

4   Zur Zunahme von Gewinnbeteiligungen siehe *Borstel*, Die Welt 24.07.07, S. 11; *ders.*,

xiblerer Kündigungsschutz, bessere steuerliche Anreize für die Einstellung von Haushaltshilfen[5] und eine bessere Bekämpfung der Schwarzarbeit[6].

Problematisch wäre hingegen die Einführung eines allgemeinen Mindestlohns (wie ihn besonders die SPD und die Gewerkschaften fordern), denn nach wissenschaftlichen Analysen würde die Einkommenserhöhung mancher Niedriglöhner mit Arbeitsplatzverlusten anderer Geringverdiener erkauft[7]. Ein allgemeiner Mindestlohn müsste deshalb moderat sein. Dies gilt auch für Branchen-Mindestlöhne, wie sie gelegentlich bereits bestehen und von der Großen Koalition unter bestimmten Voraussetzungen befürwortet werden[8]. So haben nach dem Beschluss der Koalition, einen Mindeststundenlohn für Briefzusteller von 8 bis 9,80 Euro einzuführen, mehrere private Postdienstleister Massenentlassungen angekündigt[9], was nicht verwundert, wenn man bedenkt, dass dieser Postmindestlohn über den allgemeinen Mindestlöhnen anderer EU-Staaten liegt, zudem auch über den Sätzen, die in Deutschland für einen allgemeinen Mindestlohn vorgeschlagen werden[10]. Die weitere Entwicklung bleibt abzuwarten, zumal das Bundeskartellamt, das Berliner Verwaltungsgericht und die EU Bedenken gegen den Mindestlohn für Briefzusteller geäußert haben[11].

Auch die OECD hat empfohlen, die Postmindestlohnverordnung nochmals zu überdenken: Wenn die Bundesregierung unbedingt einen Mindestlohn für notwendig halte, dann solle sie besser eine bundesweite Lohnuntergrenze einführen. Diese müsse freilich so niedrig sein, dass sie keine Arbeitsplätze gefährde und solle deshalb von unabhängigen Experten festgesetzt werden[12]. – Eine solche Regelung würde die bisherigen Unstimmigkeiten beenden und könnte

Vom Mitarbeiter zum Kapitalisten (Die Koalition will Beschäftigte anregen, sich an der eigenen Firma zu beteiligen), Die Welt 22.04.08, S. 12.

5   Bundesfamilienministerin *von der Leyen* will die Einstellung von Haushaltshilfen erleichtern und meint, bei guten Rahmenbedingungen könnten in diesem Bereich (der bisher weithin durch Schwarzarbeit geprägt ist) bis zu 300.000 neue Jobs entstehen (Die Welt 09.04.08, S. 2).

6   Nach Einschätzung von BA-Chef *Weise* gehen durch die Schwarzarbeit zwei bis drei Millionen Arbeitsplätze verloren (Die Welt 25.02.08, S. 2); siehe auch Bericht „Schwarzarbeit nimmt wieder zu", Die Welt 05.01.08, S. 9.

7   Siehe *Lutz/Müller*, Die Mindestlohn-Falle, Die Welt 09.05.07, S. 3; *v. Borstel*, Debakel Mindestlohn, Die Welt 07.03.08, S. 14. – Anzumerken ist, dass das allgemein geltende Wucherverbot Arbeitnehmern schon heute einen Mindestschutz vor Lohndrückerei bietet.

8   Siehe Die Welt 21.06.07, S. 12; Die Welt 06.12.07, S. 2 und 10.

9   Siehe Die Welt 05.12.07, S. 11. – Der Koalitionsbeschluss ist übrigens nicht nur von der FDP kritisiert worden, sondern auch von der EU und der OECD (siehe Die Welt 07.12.07, S. 1).

10 Siehe *Müller*, Die Welt 10.12.07, S. 3. – So fordert der Deutsche Gewerkschaftsbund einen allgemeinen Mindestlohn von 7,50 Euro, während der Chef des Sachverständigenrats, *Bert Rürup*, nur einen allgemeinen Mindestlohn von 4,50 Euro für ökonomisch verkraftbar hält.

11 Siehe *Lutz*, Der Mindestlohn-Flop, Die Welt 31.03.08, S. 4.

12 Die Welt 10.04.08, S. 11.

besonders den Zeitarbeitern helfen (inzwischen eine Million Menschen), die teilweise 30 bis 40 Prozent weniger als ihre Kollegen verdienen[13].

Jedenfalls abzuraten ist von staatlichen Zuschüssen zu Löhnen („Kombilöhnen") – die allenfalls als Einstiegshilfe für Problemfälle diskutabel sind –, denn kein Staat kann es sich leisten, Löhne auf Dauer zu subventionieren[14]. Zwar gibt es in Deutschland eine wachsende Zahl von Menschen (inzwischen 1,3 Millionen), die neben ihrem – geringen – Lohn im Falle der Bedürftigkeit staatliche Hartz-IV-Gelder beziehen, was einem Kombilohn nahekommt[15]. Aber man sollte dieser Entwicklung, welche die Experten mit Sorge beobachten, nicht noch durch Einführung staatlicher Lohnzuschüsse Vorschub leisten, zumal diese (anders als Hartz-IV-Gelder) auch bei fehlender individueller Bedürftigkeit zu zahlen wären.

Dass zudem auch die Lohnzusatzkosten gesenkt werden müssten, steht außer Frage. Deshalb sind Abstriche bei der Lohnfortzahlung im Krankheitsfall (warum keine Karenztage wie in anderen Staaten?) und Einsparungen in der Sozialversicherung erforderlich. Das gilt speziell für die gesetzliche Krankenversicherung, deren Einsparpotential immens ist (nach Einschätzung von Transparancy International gehen im Gesundheitswesen jedes Jahr Milliardensummen durch Misswirtschaft und Betrug verloren) und deren Kosten insbesondere mit Hilfe präventiver Maßnahmen (wie einer intensiveren Gesundheitserziehung und einer verstärkten Selbstbeteiligung der Versicherten) gesenkt werden könnten. Die Krankenversicherung sollte zudem durch Abgaben auf Tabak und Alkohol entlastet werden. Zur Entlastung der Rentenversicherung könnte die Einführung einer Familienausgleichsabgabe kinderloser Personen beitragen, die zugleich die bislang bestehende „ungeheuerliche Prämierung der Kinderlosigkeit" (*Oswald von Nell-Breuning*) beseitigen und so für eine gerechtere Lastenverteilung sorgen würde.

Hingegen ist es bedenklich, die Lohnzusatzkosten durch steuerfinanzierte Staatszuschüsse zu senken, wie dies nicht nur in der Rentenversicherung geschieht (jährlicher Staatszuschuss 80 Milliarden Euro), sondern nun auch in der gesetzlichen Krankenversicherung. Solche Zuschüsse vernebeln nämlich die wahren Kosten der Sozialsysteme, mildern den Zwang zur Sparsamkeit und fördern die Staatsverschuldung.

---

13 Siehe *Wisdorff*, IG Metall sagt der Zeitarbeit den Kampf an, Die Welt 10.04.08, S. 12.
14 Es ist deshalb fragwürdig, dass die Bundesregierung in einer Reihe von Fällen staatliche Lohnzuschüsse für Arbeitnehmer eingeführt hat; siehe Bericht „Untaugliche Instrumente am Arbeitsmarkt", Die Welt 29.08.08, S. 12.
15 Siehe Berichte in der Welt 4.12.07, S. 2 und S. 12, die zugleich deutlich machen, dass es verschiedene Fallgruppen von „Aufstockern" gibt.

§ 13 Neue Wege der Tarifpolitik?

Angesichts der Massenarbeitslosigkeit und der sich zuspitzenden Tarifkonflikte ist es an der Zeit, über die Tarifpolitik nachzudenken[1]. Das gilt um so mehr, als die Tarifparteien das Gemeinwohl zu beachten haben[2].

Bekanntlich erhielten die Arbeiter, die ehemals von den „Fabrikherren" ausgebeutet wurden, durch ihren Zusammenschluss in Gewerkschaften die nötige Macht, um die Arbeitsbedingungen (insbesondere die Löhne) als ebenbürtige Partner mit den Arbeitgebern bzw. deren Verbänden auszuhandeln – wobei ihnen das Streikrecht als Druckmittel zur Verfügung steht – und in „Tarifverträgen" (Kollektivverträgen) zu regeln.

Obwohl dieses System ein Fortschritt war, hat es doch auch Schattenseiten. So haben Kritiker darauf hingewiesen, Tarifautonomie und Arbeitskampf gingen zu Lasten Dritter und seien „Anomalien in unserer Rechtsordnung". Soweit die Tarifpartner sich auf Kostensteigerungen einigten, die über den Produktivitätszuwachs hinausgingen, trage die Lohnpolitik zur Inflation und Arbeitslosigkeit bei (durch die gerade die sozial schwächeren Bevölkerungsgruppen getroffen würden), weil die Unternehmer die Preise anhöben oder, falls dies nicht möglich sei, Arbeitsplätze wegrationalisierten, auf Investitionen verzichteten oder lieber im Ausland investierten. Als problematisch erwiesen hat sich auch der Einheitstarif („Flächentarif"), der auf die Ertragslage der einzelnen Betriebe keine Rücksicht nimmt.

Es überrascht deshalb nicht, dass nun zunehmend die Frage nach den Grenzen der Tarifautonomie gestellt wird und dass von namhaften Ökonomen und Juristen erhebliche Einschränkungen der Tarifautonomie befürwortet werden. So wird vorgeschlagen, es solle den Unternehmern und den Betriebsräten erlaubt werden, durch Betriebsvereinbarungen von den tarifvertraglichen Regelungen abzuweichen; die Möglichkeit, Tarifverträge für allgemeinverbindlich zu erklären, solle abgeschafft werden, und der Gesetzgeber solle eine verbindliche Rahmenordnung für den Ablauf von Arbeitskämpfen schaffen.

Unter dem Druck der wirtschaftlichen Gegebenheiten ignorieren inzwischen immer mehr Unternehmen die Tarifverträge mit Zustimmung ihrer Betriebsräte[3]. Wollen die Tarifparteien einen weiteren Zerfall der Tarifordnung verhindern und staatlichen Eingriffen vorbeugen, so müssen sie sich dazu bereit finden, in der Lohnpolitik neue Wege zu prüfen und Anregungen aufzugreifen, wie sie von verschiedenen Seiten gemacht worden sind. So wäre es möglich, einen Lohnzuwachs (ganz oder teilweise) durch eine Beteiligung der Arbeitnehmer am Unternehmensgewinn oder an der Bil-

---

1   Siehe *v. Hippel*, Rechtspolitik (1992) 149 ff.
2   Siehe *Thüsing*, Tarifautonomie und Gemeinwohl, in „Gemeinwohlgefährdung und Gemeinwohlsicherung" (2004) S. 141 ff.
3   Siehe Bericht „Flächentarif verliert an Bedeutung", Die Welt 15.06.07, S. 10.

dung von Produktivvermögen zu ersetzen[4]. Auch wäre eine Vereinbarung möglich, dass der jeweils erzielte Produktivitätszuwachs die Grundlage für die Lohnerhöhung im folgenden Jahr bilden solle.

Eine solche Verständigung der Sozialpartner wäre in mehrfacher Hinsicht vorteilhaft: sie würde für alle Beteiligten klare Verhältnisse schaffen und damit die Möglichkeit entsprechender Dispositionen fördern; die jährlichen Lohnrunden mit all ihren Belastungen für die Beteiligten und für die Öffentlichkeit würden entfallen; durch die flexible Kopplung der Lohnsteigerungen an die jeweilige Wirtschaftsentwicklung würde die Gefahr gebannt, dass Lohnabschlüsse aufgrund falscher Prognosen über die Wirtschaftsentwicklung zu hoch oder zu niedrig ausfallen; schließlich würden sich Arbeitskämpfe erübrigen, was allein schon ein großer Gewinn wäre, denn Arbeitskämpfe haben verheerende Auswirkungen (auch auf die Interessen unbeteiligter Dritter und der Gemeinschaft), verbürgen keine ausgewogenen Ergebnisse (entscheiden doch nicht sachgerechte Kriterien, sondern die jeweiligen Machtverhältnisse) und sind auch im Hinblick auf den Gedanken der Mitbestimmung immer fragwürdiger geworden[5].

Wer eine solche Verständigung der Sozialpartner (die zugleich das Klima zwischen ihnen verbessern und den sozialen Frieden fördern würde) ablehnt, schuldet den Nachweis, dass es andere, realistischere Wege gibt, um aus der gegenwärtigen Sackgasse herauszukommen. Nachdem sich alle bisher beschrittenen Wege als unzureichend erwiesen haben, sollten die Sozialpartner den Mut aufbringen, neue Lösungsmöglichkeiten zu testen. Andernfalls lässt sich nicht ausschließen, dass die Tarifautonomie zunehmend unter Beschuss gerät. Denn „über eine einfache Wahrheit kommt man nicht hinweg: entweder wir haben Tarifautonomie – dann tragen die Sozialpartner die Verantwortung für die Beschäftigung. Oder wir machen die Regierung für die Vollbeschäftigung verantwortlich – dann kann es keine Tarifautonomie geben" (so der Ökonom *Wolfram Engels*). Im gleichen Sinn hat *Heinrich Irmler*, der seinerzeit dem Direktorium der Deutschen Bundesbank angehörte, kritisiert, dass das Stabilitäts- und Wachstumsgesetz die Sozialpartner nicht in die Pflicht nehme. Es sei nicht möglich, den Sozialpartnern die Einkommenspolitik zu überlassen und zugleich dem Staat und der Bundesbank die Verantwortung für Beschäftigung und Geldwert zuzuschieben.

---

4   Zur Zunahme von Gewinnbeteiligungen siehe *Borstel*, Die Welt 24.06.07, S. 11. – Siehe auch *Neumann/Borstel*, Investivlohn ja, aber wie?, Die Welt 28.06.07, S. 10, die einleitend feststellen: „Die seit Jahrzehnten diskutierte Gewinnbeteiligung der Arbeitnehmer nimmt Gestalt an. Obwohl SPD und Union unterschiedliche Konzepte verfechten, zeigen sich beide Seiten von einer baldigen Annäherung überzeugt. Die Union will die Arbeitnehmer direkt am Unternehmenserfolg beteiligen, die SPD nur indirekt über einen ‚Deutschlandfonds'. Die Union plant auch stärkere Steuerbegünstigungen".

5   Zur Streikstatistik siehe *Borstel*, Die Welt 04.03.09, S. 12.

Im übrigen ist zu bedenken, dass eine überzogene Lohnpolitik den meisten Arbeitnehmern schon deshalb mehr schadet als nützt, weil die resultierende Inflation das Geldvermögen der Arbeitnehmer entwertet: „Mit dem Preisanstieg sinkt der Realwert des Geldvermögens. Da Arbeitnehmer inzwischen Geldvermögen etwa in Höhe der jährlichen Lohnsumme besitzen, geht der Realwert dieses Geldvermögens prozentual in etwa mit der Preissteigerungsrate zurück. D. h., die Arbeitnehmer verlieren als Geldvermögensbesitzer real ein Vielfaches dessen, was sie selbst im Extremfall über eine noch so aggressive Nominallohnpolitik gewinnen können"[6]. Die Forderung nach kräftigen Lohnsteigerungen, die nicht nur von den Gewerkschaften, sondern auch von manchen Politikern erhoben wird[7], ist also nicht sachgerecht.

Zusätzliche Probleme ergeben sich nun dadurch, dass spezielle Gruppen von Arbeitnehmern (wie Piloten und Lokführer) gesonderte Tarifverträge anstreben, die sie besser stellen als die Einheitsverträge. „Dieser Trend ist problematisch. Denn die Gefahr bei solchen Spezialistentarifverträgen ist, dass hier eine Art Monopolgewinn eingefahren wird. Das wird auf längere Sicht zu einer viel stärkeren Ungleichheit innerhalb der Arbeitnehmer und damit der Gesellschaft führen, als wir sie heute haben"[8].

---

6   *Oberhauser*, Die Irrtümer der Nominallohnpolitik, FAZ 24.04.1981, S. 13 (14).
7   Siehe Die Welt 07.01.08, S. 1.
8   So der Vorsitzende des Sachverständigenrats *Bert Rürup*, Die Welt 08.11.07, S. 3.

§ 14 Klimawandel und Klimaschutz

Klimawandel und Klimaschutz gehören zu den wichtigsten und aktuellsten Themen unserer Zeit, geht es hier doch um die Lebensgrundlagen der heutigen und künftigen Generationen. Wie alarmierende Phänomene (Temperaturanstieg, Abschmelzen der Gletscher, Überschwemmungen, Dürreperioden) zeigen, ist der Klimawandel bereits in vollem Gange. Auch kann inzwischen als anerkannt gelten, dass der Klimawandel – wie nun auch der Klimabericht des Weltklimarats (2007) bestätigt – weithin durch die Emission von Treibhausgasen (besonders von Kohlendioxid, CO_2) bedingt ist.

Nach Einschätzung des Weltklimarats wird der globale Temperaturanstieg auf allen Kontinenten viel früher zu weit schlimmeren Schäden führen als bisher angenommen. Am stärksten seien die ärmeren Länder betroffen: Der Klimawandel werde Hungersnöte in Afrika und Asien auslösen, zahlreiche Tier- und Pflanzenarten vernichten, die Gletscher am Himalaja zum Abschmelzen bringen und weltweit zu einem folgenschweren Anstieg des Meeresspiegels führen.

Nach Ansicht des Weltklimarats ist es deshalb unbedingt erforderlich, die Emission von Treibhausgasen (bis 2050 um bis zu 85 Prozent) zu reduzieren. Es bleibe nur noch wenig Zeit, um nötige Maßnahmen (vor allem in den Bereichen Energie, Gebäude und Verkehr) zu ergreifen und eine Klimakatastrophe abzuwenden. Zwar habe der Klimaschutz seinen Preis, aber die jährlichen Kosten seien weit geringer als die sonst durch den Klimawandel zu erwartenden Schäden[1].

Der Weltklimabericht schlug wie eine Bombe ein und löste bei Politikern, Unternehmen, Wissenschaftlern und Bürgern eine wahre Sturzflut von Überlegungen und Vorschlägen aus. Die Politik, die so lange säumig gewesen ist, kann den Klimawandel nun nicht länger ignorieren, denn es lässt sich absehen, dass die Haltung der Wähler zunehmend von diesem Problem bestimmt wird, dessen negative Auswirkungen immer mehr Menschen am eigenen Leibe spüren. Schon beginnen sich Politiker und Parteien mit Vorschlägen für einen besseren Klimaschutz zu übertrumpfen. So hat in Großbritannien der konservative Oppositionsführer *Camaron* vorgeschlagen, Umweltverschmutzer entsprechend dem Verursacherprinzip steuerlich zu belasten. Die regierende Labour-Partei reagierte mit der Vorlage eines Klimaschutzgesetzes, nach dem der Ausstoß von Kohlendioxid in Großbritannien bis zum Jahre 2050 um 60 Prozent gesenkt werden soll.

In Deutschland (das bei den Treibhausgas-Emissionen in Europa auf Platz 1, weltweit auf Platz 6 steht) reklamierte Bundeskanzlerin *Merkel* die Rolle des Landes als „Vorreiter im Klimaschutz"[2]. Dazu bemerkte EU-Umweltkommissar *Dimas*, Deutschland erfülle zwar in wichtigen Bereichen (wie den erneuerbaren Energien)

---

1   Siehe Der UN-Weltklimareport, Bericht über eine aufhaltsame Katastrophe (2007).
2   Nach einem jährlich von Umweltorganisationen veröffentlichten Klimaschutz-Index, der 56 Industrie- und Schwellenländer erfasst, belegt Deutschland derzeit Platz zwei (Die Welt 08.12.07, S. 5).

eine Vorreiterrolle, es gebe aber auch Bereiche mit großem Nachholbedarf wie die Bodenverschmutzung und den Rückstand der deutschen Autoindustrie bezüglich energiesparender und umweltfreundlicher Autos. Auch sei der geplante Neubau zahlreicher konventioneller Kohlekraftwerke in Deutschland abzulehnen.

Bis 2020 will die Bundesregierung den Ausstoß von Treibhausgasen im Vergleich zu 1990 um insgesamt 40 Prozent reduzieren. Um dieses Ziel zu erreichen, hat das Kabinett Ende August 2007 in Meseberg zahlreiche Maßnahmen zur Energieeinsparung in Gebäuden und im Verkehr sowie zur stärkeren Nutzung erneuerbarer Energien beschlossen und inzwischen die meisten davon auf den Weg gebracht[3]. Im Kern geht es dabei um die stärkere Förderung erneuerbarer Energien und um eine höhere Effizienz bei der Erzeugung und Nutzung von Strom und Heizwärme. Nach Ansicht des Kabinettsberichts zur Umsetzung der Meseberger Beschlüsse setzt das deutsche Klimaprogramm damit „weltweit Maßstäbe" und bestätigt Deutschlands Vorreiterrolle im Klimaschutz. Zwar kostet die Umsetzung des Programms nach Berechnungen der Bundesregierung bis 2020 mehr als 30 Milliarden Euro, aber wegen der dadurch erzielten Einsparungen an Energie ergibt sich angeblich letztlich ein Plus von rund 5 Milliarden Euro (bei einem Ölpreis von 65 Euro pro Barrel).

Die Europäische Union hat auf ihrem Gipfeltreffen in Brüssel am 09.03.07 unter der Ratspräsidentschaft von Bundeskanzlerin *Merkel* beschlossen, den Ausstoß von Treibhausgas bis 2020 um 20 Prozent zu verringern. Zudem soll 2020 ein Fünftel des EU-Energieverbrauchs aus erneuerbaren Energiequellen stammen. Anfang 2008 hat die EU-Kommission Vorschläge vorgelegt, welchen Anteil an den sich ergebenden Lasten die einzelnen EU-Staaten zu tragen haben[4]. (Danach müsste Deutschland das Treibhausgas Kohlendioxid bis 2020 um 14 Prozent gegenüber 2005 reduzieren und den Anteil erneuerbarer Energien von derzeit 5,8 Prozent auf 18 Prozent steigern). Nach Angabe von Kommissionspräsident *Barroso* würden diese Vorschläge die EU jährlich rund 0,5 Prozent ihres Bruttoinlandsprodukts (d.h. 60 Mrd. Euro) kosten; in Kommissionskreisen wird das Doppelte veranschlagt.

Das Thema Klimawandel und Klimaschutz schlägt auch auf der internationalen Ebene hohe Wellen. So hat u. a. die OECD zahlreiche Maßnahmen zum Schutz des Klimas befürwortet: Neben marktwirtschaftlichen Instrumenten (Umweltsteuern, Emissionshandel, Abbau von Subventionen für Kohle und Landwirtschaft) seien strengere Regeln und mehr Investitionen in Forschung und Entwicklung erforderlich[5].

---

3   Siehe *Bauchmüller*, Süddeutsche Zeitung 07.06.08, S. 28; Bericht, Die Welt 19.06.08, S. 1.

4   Siehe Die Welt 24.01.08, S. 12. – EU-Umweltkommissar *Dimas* hat hierzu erklärt, man könne „von vergleichsweise armen Staaten nicht verlangen, dass sie die gleichen Lasten schultern wie die reichen und müsse sich bei der Lastenverteilung deshalb am Bruttoinlandsprodukt pro Einwohner orientieren. Je höher der Wohlstand, desto stärker müsse der Ausstoß sinken (Capital 2008 Nr. 3, S. 48 ff.).

5   Siehe Die Welt 06.03.08, S. 6.

Obwohl internationale Einigungen besonders schwierig sind, besteht heute weltweit ein Grundkonsens über die Notwendigkeit, das im Jahre 2012 auslaufende Klima-Protokoll von Kyoto (das von den USA – dem größten Schadstoff-Emittenten – nicht ratifiziert worden ist und das auch sonst weithin ein Fehlschlag war) durch ein neues Abkommen zu ersetzen, das weltweit für die nötige Reduktion von CO_2-Emissionen sorgt. (Im Kyoto-Protokoll, das 1997 vereinbart wurde und 2005 in Kraft getreten ist, haben sich bislang 40 Industriestaaten verpflichtet, ihre Kohlendioxid-Emissionen bis 2012 im Vergleich zu 1990 um insgesamt 5,2 Prozent zu reduzieren).

Im Dezember 2007 bemühte sich die Staatengemeinschaft, auf einer UN-Klimakonferenz im indonesischen Bali, die Weichen für ein Nachfolgeabkommen für das 2012 auslaufende Kyoto-Protokoll zu stellen[6]. Wegen des Widerstands der USA gelang es dort der EU leider nicht, die Empfehlung des Weltklimarats durchzusetzen, der geraten hatte, die CO_2-Emissionen bis 2020 um 25 bis 40 Prozent unter das Niveau von 1990 zu senken. Immerhin einigten sich die Teilnehmerstaaten aber darauf, in einem neuen, bis Dezember 2009 zu erzielenden Abkommen sollten sich die Industriestaaten zu „messbaren, meldepflichtigen und überprüfbaren, national angemessenen Zugeständnissen oder Aktionen zur Senkung von Treibhausgas-Emissionen" verpflichten. Für die Entwicklungsländer ist keine solche Reduktionsverpflichtung vorgesehen, sie sollen aber „messbar, meldepflichtig und überprüfbar national angemessen handeln". Die Industriestaaten, die die heutige Klimakrise durch ihre langjährigen Emissionen verursacht haben, erkennen damit an, dass sie von den Entwicklungsländern nicht verlangen können, dass diese die jetzt notwendig werdenden Emissionsbegrenzungen in gleichem Ausmaß mittragen.

Nach dem Verursacherprinzip müssten die Industriestaaten zudem Schäden der Entwicklungsländer ausgleichen, die durch ihre Emissionen und den dadurch bedingten Klimawandel entstehen. Bisher ist das erst ansatzweise geschehen. So zahlten die Industriestaaten nach Angabe der in Großbritannien ansässigen Hilfsorganisation Oxfam bisher nur rund 46 Millionen Euro in den UN-Klimahilfefonds, der die 49 ärmsten Länder der Erde unterstützen soll[7]. Auch ein Fonds zur Anpassung an den Klimawandel, der ab 2008 bereitgestellt werden und bis 2012 ein Volumen von 500 Millionen Dollar erreichen soll, bleibt weit hinter dem Bedarf zurück, denn nach Einschätzung des UN-Entwicklungsprogramms (UNDP) werden ab 2010 jährlich 86 Milliarden Dollar erforderlich sein, um die Anpassung der Entwicklungsländer an veränderte Klimabedingungen zu finanzieren[8].

Um welche Dimensionen es dabei geht, zeigt die Klage eines Inuit-Dorfes in Alaska, das – durch den Klimawandel schwer getroffen – von amerikanischen Energieunternehmen (darunter Exxon und BP) die Zahlung von Umsiedlungskosten von schätzungsweise 400 Millionen

6   Siehe *Augter*, Wirtschaftswoche 2007 Nr. 50, S. 146 ff.
7   Siehe Die Welt 05.12.07, S. 4.
8   Siehe Die Welt 12.12.07, S. 4.

Dollar verlangt, da die Emissionen dieser Unternehmen eine Ursache des Klimawandels seien[9]. Zuvor hatte schon die Regierung von Tuvalu – einer kleinen Inselgruppe im Südpazifik, die wegen des Klimawandels im Meer versinken wird – eine Schadensersatzklage gegen Länder und Unternehmen mit besonders hohen Emissionen erwogen, es dann aber vorgezogen, für die gesamte Bevölkerung der Inselgruppe Asyl in Neuseeland und Australien zu beantragen.

Andererseits könnte man im Rahmen einer Gesamtrechnung auch die Bevölkerungsexplosion in der Dritten Welt berücksichtigen (die zu den Gründen für eine Zunahme der Treibhausgase gehört), jedenfalls dann, wenn ein Entwicklungsland sich nicht bemüht, einem exzessiven Wachstum seiner Bevölkerung entgegenzuwirken[10]. Dadurch würde einmal die Bedeutung dieses Punktes für den Klimaschutz deutlich, zum anderen würde sich für säumige Entwicklungsländer wegen der sonst drohenden finanziellen Nachteile ein Anreiz ergeben, einem übermäßigen Bevölkerungswachstum entgegenzuwirken.

Besonderes Interesse verdient die Frage nach den kostengünstigsten Möglichkeiten zum Schutze des Klimas. In ihrer Studie „A cost curve for greenhouse gas reduction" (2007) hat die Unternehmensberatung McKinsey „die Kosten und Potenziale aller bekannten und sich in Entwicklung befindlichen Umweltschutz-Techniken weltweit für die Jahre 2020 und 2030 prognostiziert und sie – unterteilt nach sechs Weltregionen – in eine Reihenfolge gebracht. Dieses ‚Ranking' der Klimaschutztechniken reicht von der Gebäude-Dämmung über Energiesparlampen und den Einsatz von Biotreibstoff, der Aufforstung in verschiedenen Weltregionen bis hin zum Ausbau der Wind- und Atomkraft und der Abtrennung und Speicherung von Kohlendioxid aus Kohlekraftwerken"[11]. Als besonders kostengünstig erweisen sich danach die Gebäude-Dämmung (die für den Investor sogar einen Nettogewinn abwirft), Effizienzverbesserungen des Verkehrs und Investitionen in die Forstwirtschaft.

Wieviel sich manchmal mit bescheidenen Mitteln erreichen lässt, zeigt das – international Aufsehen erregende – „Güssinger Modell": Die kleine österreichische Stadt Güssing gewinnt ihre Energie heute durch die Verbrennung von Holzschnitzeln und vermeidet so nicht nur Kohlendioxid-Belastungen (weil das nachwachsende Holz Kohlendioxid bindet), sondern hat sich dank günstiger Energiepreise auch zu einem wirtschaftlich attraktiven Standort entwickelt[12].

Wichtig ist zudem, dass die Umweltverschmutzer entsprechend dem Verursacherprinzip belastet werden[13], (was u. a. die bisherige kostenlose Zuteilung von Emissionsrechten ausschließt[14]), dass verstärkt umweltfreundliche Technologien entwickelt

---

9   Siehe Süddeutsche Zeitung 28.02.08, S. 1.
10   Siehe unten § 32 II.4.
11   Siehe *Wetzel/Eigendorf*, Die Welt 27.03.07, S. 12.
12   Siehe *Stuiber*, Die Welt 27.02.07, S. 12.
13   Siehe unten §§ 15, 16.
14   Industrie und Versorger erhalten bisher vom Staat eine bestimmte Menge an Emissionsrechten kostenlos zugeteilt. Kommen sie damit nicht aus, so müssen sie weitere Rechte

werden[15] und dass die (bereits erheblich dezimierten) Tropenwälder geschützt werden[16].

Freilich lassen sich solche Vorschläge nur durchsetzen, wenn genügend Druck auf die Politiker ausgeübt wird. So haben sich kürzlich zahlreiche Organisationen zu einer „Klima-Allianz" zusammengeschlossen und von der Bundesregierung unter anderem den zügigen Ausbau erneuerbarer Energien, eine stärkere Verringerung der Treibhausgasemissionen, Verbrauchsgrenzen für Autos und ein Tempolimit gefordert. Die Kosten der Anpassung an den Klimawandel in den Entwicklungsländern müssten die Industriestaaten mittragen[17].

Eine solche Allianz der Bürger ist ein unentbehrliches Gegengewicht zur Wirtschaftslobby, die seit jeher alles daran setzt, ihr nicht genehme Regelungen zum Schutz der Umwelt zu vereiteln, zu verwässern oder zu verzögern. So verwundert nicht, dass Vertreter der Industrie dem Bundesumweltminister vorwerfen, er gefährde mit seiner Klimapolitik 400.000 Arbeitsplätze, und dass die Vorstandschefs der großen Stromkonzerne der Bundesrepublik vorwerfen, ihre Klimapolitik sei völlig unrealistisch, denn man könne bis 2020 nicht 40 Prozent der Treibhausgase einsparen, sondern allenfalls 25 Prozent, und die Effizienz der Energienutzung könne jährlich nicht um 3 Prozent gesteigert werden, sondern nur um 2 Prozent[18]. Zudem warnen Vertreter der Wirtschaft vor Belastungen der Verbraucher durch die Klimapolitik: Es werde „tendenziell steigende Preise" nicht nur für Stromkunden geben, sondern auch für Häuslebauer und Autofahrer. Dass Bundeskanzlerin *Merkel*, die zuvor zugunsten der deutschen Autoindustrie gegen geplante pauschale Emissionsbeschränkungen aus Brüssel interveniert hatte[19], der Wirtschaftslobby dieses Mal (auf dem dritten und vor-

---

an der Börse kaufen. Andererseits dürfen sie überschüssige Rechte verkaufen. Dadurch soll ein Anreiz zur Verringerung der Emissionen gegeben werden. – Ab 2008 soll ein Teil der Emissionsrechte nicht mehr kostenlos zugeteilt, sondern vom Staat verkauft werden, was die Stromversorger treffen wird (Die Welt 23.06.07, S. 11). Ab 2012 will die EU auch die Luftfahrt in den Emissionshandel einbeziehen (Die Welt 27.06.08, S. 13). Siehe auch UN-Weltklimareport (oben Fn. 1) 377 ff. – Hingegen hat die Schwerindustrie mit Hilfe der deutschen Regierung in Brüssel durchgesetzt, dass ihr die ab 2013 handelbaren Emissionsrechte kostenlos zugeteilt werden (Die Welt 13.12.08, S. 1).

15 Wobei anzumerken ist, dass Deutschland bei den Umwelttechnologien bisher eine führende Position hat und Exportweltmeister solcher Technologien ist (siehe *Ehrenstein*, Profitieren vom Klimawandel, Die Welt 05.05.07, S. 3).

16 Siehe unten § 32 II.5.; *Bunyard*, Das Klima und der Amazonas, in: *Girardet* (Hrsg.), Zukunft ist möglich (2007), S. 137 ff. – Ab einer Erderwärmung von vier Grad befürchten Wissenschaftler einen Kollaps des Regenwaldes mit unabsehbaren Folgen (Die Welt 07.06.07, S. 4).

17 Siehe Die Welt 25.04.07, S. 5.

18 Siehe *Schraven*, Die Welt 28.6.07, S. 10.

19 Bericht „Merkel stellt sich im CO_2-Streit auf Seite der Autoindustrie", Die Welt 31.01.07, S. 2 sowie Die Welt 21.10.08, S. 4.

erst letzten Energiegipfel im Kanzleramt) die Stirn bot und an den klimapolitischen Zielen der Bundesregierung festhielt (die Energieeffizienz jährlich um drei Prozent zu steigern und den Ausstoß von Treibhausgasen bis 2020 um 40 Prozent zu vermindern[20]), ist wohl nicht zuletzt dem Umstand zu verdanken, dass die Umweltorganisationen ihr den Rücken stärkten.

Die Bürger können den Umwelt- und Klimaschutz nicht nur dadurch fördern, dass sie sich zu Verbänden (wie Greenpeace) zusammenschließen[21], sondern auch dadurch, dass sie Energie sparen und umweltfreundliche Produkte kaufen. Der Absatz solcher Produkte (z. B. der umweltfreundlichen Hybrid-Autos) ist denn auch bereits stark gestiegen und zwingt die Konkurrenten dazu, ihre Angebote ebenfalls umweltfreundlicher zu gestalten[22].

20   Siehe *Schraven*, Merkel bremst die Energiekonzerne, Die Welt 04.07.07, S. 13. – Anzumerken ist, dass der deutsche Ausstoß von Klimagasen 2008 um 1,2 Prozent gesunken ist und damit einen Stand von 23,3 Prozent unter dem Wert von 1990 erreicht hat (Die Welt 30.03.09, S. 4).

21   Siehe *v. Hippel,* Willkür oder Gerechtigkeit (1998) § 13 (Greenpeace: David gegen Goliath).

22   Siehe Bericht „Jeder dritte Autofahrer erwägt Kauf eines Hybridfahrzeugs", Die Welt 07.05.07, S. 13. – Durch einen „Klimapass" will Bundesumweltminister Gabriel die Umweltbelastung der einzelnen Autos kenntlich machen (Die Welt 29.05.07, S. 10).

§ 15 Zur Missachtung des Verursacherprinzips

Entgegen dem allseits proklamierten Verursacherprinzip werden heute Risiken, die in die Sphäre des Schädigers gehören, weithin von den Geschädigten oder von deren Sozialversicherern und Privatversicherern getragen[1]. Eine solche Abwälzung von Risiken auf Dritte kann nicht länger hingenommen werden, denn sie ist ungerecht und schwächt zudem den Präventionsgedanken.

Zudem verbietet es das Verursacherprinzip in der Regel, dass der Staat kriselnde Unternehmen subventioniert, denn auch hier ist die Abwälzung von Risiken (der Unternehmen) auf Dritte (die Steuerzahler) nicht sachgerecht und nachteilig für die Prävention.

I. Problemstellung

Das Verursacherprinzip gehört zu den elementaren Prinzipien der Rechtsordnung. Es besagt, dass der Verursacher besonderer Risiken für Schäden aufkommen muss, die sich aus diesen Risiken ergeben[2]. Auf diese Weise wird nicht nur für eine gerechte Zuordnung der Schadenskosten gesorgt, sondern auch die Prävention gefördert, denn die drohende Haftung ist ein Anreiz, Risiken zu vermeiden oder zu reduzieren.

Obwohl das Verursacherprinzip allgemein anerkannt ist und die Grundlage der ständig expandierenden Haftung für gefährliche Sachen und Tätigkeiten („Gefährdungshaftung") bildet[3], bestehen in dreierlei Hinsicht Defizite:

Erstens gibt es Fälle, in denen gefährliche Sachen oder Aktivitäten keiner Gefährdungshaftung unterworfen sind.

Zweitens ist die Gefährdungshaftung regelmäßig eingeschränkt.

Drittens werden die Kosten, die von bestimmten Schädigergruppen (Kraftfahrern, Produzenten, Betrieben) verursacht werden und die ihnen durch die Kraftfahrhaftung, Produkthaftung und Umwelthaftung zugeordnet sind, zu einem beachtlichen Teil von den Sozialversicherern und den Privatversicherern getragen, weil diese

---

1 Ergänzte Fassung eines Beitrags, der in der Zeitschrift für Rechtspolitik 1998, 203 ff erschienen ist.

2 Vgl. *Will*, Quellen erhöhter Gefahr (1980), S. 277 ff.; speziell für den Umweltsektor: *Eckard Rehbinder*, Politische und rechtliche Probleme des Verursacherprinzips (1973).

3 Siehe *Will* (oben Fn. 2); *Kötz*, Deliktsrecht (7. Aufl. 1996) D V (Gefährdungshaftung); *Leser*, Zu den Instrumenten des Rechtsgüterschutzes im Delikts- und Gefährdungshaftungsrecht, AcP 183 (1983) 568 (597 ff.); *Hager*, Umwelthaftung und Produkthaftung, JZ 1990, 397 ff.

117

den Hauptteil entstehender Personenschäden decken, von ihrem Regressrecht gegen die Schädiger aber nur unzulänglich Gebrauch machen.

II. Durchführung

1. Fehlende Gefährdungshaftung

Obwohl die Gefährdungshaftung auf immer neue Fälle erstreckt worden ist, gibt es nach wie vor Fälle, in denen gefährliche Sachen oder Aktivitäten keiner Gefährdungshaftung unterworfen sind, so etwa Radfahren, Skifahren, Eislaufen, Skating, Motorbootfahren, Drachenfliegen, Schusswaffengebrauch und Halten von berufsbezogenen Tieren[4]. Es verwundert nicht, dass die Rechtsprechung in solchen und ähnlichen Fällen für die Schadenstragung durch den Verursacher zu sorgen sucht, indem sie im Rahmen der Verschuldenshaftung hohe oder höchste Sorgfaltsanforderungen an ihn stellt und auf diese Weise aus der Verschuldenshaftung eine „verkappte Gefährdungshaftung" macht[5]. Zwar kann man diese (prima vista eigenmächtig erscheinende) richterliche Praxis für bedenklich halten[6], aber es sollte nicht übersehen werden, dass ihr ein berechtigtes Anliegen zugrunde liegt. Besser wäre es freilich, diesem Anliegen durch die Einführung einer „Generalklausel für die Gefährdungshaftung" Rechnung zu tragen, mit deren Hilfe der Richter die Gefährdungshaftung, soweit dies sachgerecht ist, offen auf neue Fälle ausdehnen könnte[7].

Besonders dringlich ist eine Reform in den Fällen, in denen Bürger durch die allgemeine Umweltverschmutzung („summierte Imissionen") Schäden an ihrer Gesundheit oder ihrem Eigentum („Waldsterben") erleiden[8]. Da es bislang an einer Entschädigungsregelung fehlt, werden solche Schäden bisher – entgegen dem Verursacherprinzip – von den Opfern getragen. Leider hat das Bundesverfassungsgericht hier bisher nicht für Abhilfe gesorgt, obwohl ihm dies dank der Verfassungsbeschwerde eines vom Waldsterben betroffenen Schwarzwaldbauern möglich gewesen wäre[9].

---

4   Vgl. *Will* (oben Fn. 2), S. 275.
5   Vgl. *Will* (oben Fn. 2), S. 39 ff.
6   Vgl. *Will* (oben Fn. 2), S. 67 f.
7   Siehe *Kötz*, Haftung für besondere Gefahr – Generalklausel für die Gefährdungshaftung, AcP 170 (1970) 1 ff.; *Will* (oben Fn. 2), S. 267, 327 f.; *Leser* (oben Fn. 3), S. 599 f.
8   Siehe *v. Hippel*, Rechtspolitik (1992) § 22 (Rechtlose Umweltopfer?); *Stephan Winter*, Fondslösungen im Umweltrecht (1992) und hierzu meine Besprechung in RabelsZ 1996, 151 ff.
9   Siehe unten § 16 (Keine Entschädigung für Waldsterben?).

Angemessen wäre die Schaffung eines Entschädigungsfonds, der durch Beiträge der Umweltverschmutzer (entsprechend den von ihnen jeweils gesetzten Schadensrisiken) zu finanzieren wäre. Eine Fondslösung könnte auch dafür sorgen, dass Nachteile von Anliegern durch den Straßenverkehr und den Flugverkehr angemessen ausgeglichen werden[10].

2. Einschränkungen der Gefährdungshaftung

Die Gefährdungshaftung ist regelmäßig in mehrfacher Hinsicht beschränkt: Durch den Haftungsausschluss in Fällen eines "unabwendbaren Ereignisses" bzw. "höherer Gewalt", durch Höchstsummenbegrenzungen und durch den Ausschluss von Schmerzensgeld.

Im Hinblick auf die übliche und in manchen Fällen sogar vorgeschriebene Haftpflichtversicherung sind solche Einschränkungen der Gefährdungshaftung nicht mehr zeitgerecht[11], zumal sie in der Regel durch die konkurrierende Verschuldenshaftung überspielt werden[12]. Deshalb dürfte es nur zu einer relativ geringen Erhöhung der Haftpflichtversicherungsprämien kommen, wenn die überkommenen Einschränkungen der Gefährdungshaftung gestrichen werden, wie es in den Fällen einer „Haftungsersetzung durch Versicherungsschutz" bereits geschehen ist und wie es sich nun insbesondere bei der Kraftfahrhaftung empfiehlt[13]. In Frankreich hat der Gesetzgeber 1985 bei Verkehrsunfällen den Einwand der „höheren Gewalt" und weithin auch den Einwand eines Mitverschuldens des Verkehrsopfers (sofern dieses kein Kraftfahrer ist) ausgeschlossen[14], nachdem zuvor schon die französische Rechtsprechung das anrechenbare Mitverschulden geschädigter Fußgänger bei Kraftverkehrsunfällen auf seltene Extremfälle beschränkt hatte[15].

10 Siehe zu diesem Problem *Großfeld*, Zivilrecht als Gestaltungsaufgabe (1977), S. 27 ff., der (auf S. 28) zu Recht rügt, dass „die infolge der Wertminderung von Grundstücken entstehenden Kosten und das Gesundheitsrisiko nicht in erster Linie von jenen getragen wurden, die sie verursachten".

11 Vgl. *Leser* (oben Fn. 3), S. 599: „In der Reformdiskussion herrschen eindeutig die Stimmen vor, die sowohl die Beschränkungen auf Höchstbeträge wie auch die Schranke zum Schmerzensgeld beseitigen wollen".

12 Vgl. *Will* (oben Fn. 2), S. 39.

13 Siehe unten § 20.

14 Siehe *v. Bar*, Neues Verkehrshaftpflichtrecht in Frankreich, VersR 1986, 620 ff.; *Jalons*, Dits et écrits d'André Tunc (1991), S. 215 ff. und hierzu meine Besprechung in RabelsZ 1993, 315 ff.

15 Siehe *Deutsch*, Einschränkung des Mitverschuldens aus sozialen Gründen?, ZRP 1983, 137 ff.

3. Unzulänglicher Regress

Schließlich wird das Verursacherprinzip dadurch verfälscht, dass die Sozialversicherer und Privatversicherer der Geschädigten von ihrem Regressrecht gegen Schädiger nur unzulänglich Gebrauch machen[16]. Dies gilt weniger für den Bereich der Verkehrsunfälle, bei denen die Regresse regelmäßig aufgrund sog. „Teilungsabkommen" erfolgen, die vorsehen, dass der Kraftfahrzeughaftpflichtversicherer dem Sozialversicherer jeweils ohne Prüfung der Haftpflichtfrage eine bestimmte Quote (z. B. 60 Prozent) seiner durch den Schadensfall veranlassten Aufwendungen zu ersetzen hat[17]. Es gilt aber um so mehr für Fälle, in denen Bürger gesundheitlich durch Produkte (z. B. Holzschutzmittel) oder durch Emissionen eines bestimmten Unternehmens (z. B. einer Bleihütte, eines Kohlekraftwerks oder eines Atomkraftwerks) geschädigt worden sind[18]. So sind in den „Kindertee-Fällen" (in denen Kinder durch die Verabreichung stark gezuckerter Kindertees in speziellen Nuckelflaschen erhebliche Schäden an Zähnen und Kiefer erlitten) die Krankenkassen trotz eines geschätzten Gesamtschadens von mehr als einer Milliarde Mark angeblich nicht gegen den Hersteller vorgegangen[19], obwohl die Klagen einzelner Geschädigter gegen den Hersteller erfolgreich waren[20]. Auch hat bisher anscheinend kein Sozialversicherer versucht, gegen die Tabakproduzenten Regress zu nehmen, obwohl sich eine Haftung der Tabakproduzenten für die (immensen) Tabakschäden durchaus begründen lässt[21]. Zudem mangelt es bisher an Fällen, in denen ein Sozialversicherer Regressansprüche aus Umwelthaftung gegen ein Unternehmen geltend gemacht hat[22], hauptsächlich wohl deshalb, weil die Fremdverursachung einer Krankheit regelmäßig nicht ohne weiteres erkennbar ist[23].

---

16 Siehe *v. Hippel*, Reform des Regresses der Sozialversicherer?, ZRP 1972, 49 ff.; *v. Marschall*, Zur Neuregelung des Haftpflichtregresses der Sozialversicherungsträger in § 116 SGB X, ZVersWiss 1983, 99 (102).

17 Siehe *Weyers*, Unfallschäden (1971), S. 139 ff.

18 Siehe *Wagner*, Die Aufgaben des Haftungsrechts – eine Untersuchung am Beispiel der Umwelthaftungsrechts-Reform, JZ 1991, 175 (179 f.); *Hüpers*, Der Regress der Sozialversicherungsträger bei Gesundheitsschäden aus Industrieemissionen (1995), S. 21 f.

19 Siehe *Hüpers* (oben Fn. 18), S. 21 f.

20 Siehe BGHZ 116, 60 ff. und BGH NJW 1994, 932 ff.

21 Siehe *v. Hippel*, Tabakschäden: Klagen gegen die Tabakindustrie?, JZ 1999, 781 f.; *ders.*, Haftung der Tabakindustrie für Tabakschäden?, VuR 2005, 169 ff. – Vgl. auch unten § 22.

22 Siehe Wort-Protokoll einer Anhörung der SPD-Bundestagsfraktion zur Reform des Umweltschadensrechts am 30.06.1986, S. 4 und S. 15; *Hüpers* (oben Fn. 17), S. 21, 97 ff.

23 Siehe *Wagner* (oben Fn. 18), S. 180, 183; *Hüpers* (oben Fn. 18), S. 194 ff. – Nach Angabe der WHO wird ein Viertel aller vermeidbaren Erkrankungen weltweit direkt durch schlechte Umweltbedingungen verursacht; vor allem Infektionen der Atemwege und Durchfallerkrankungen seien oft auf Umweltverschmutzung zurückzuführen (Die Welt vom 19.06.1997, S. 8).

Das Verursacherprinzip gebietet, dass die Sozialversicherer und Privatversicherer ihre Regressmöglichkeiten besser als bisher nutzen[24]. Wegen der hohen Regresskosten (die selbst im Falle von Teilungsabkommen noch erheblich sind) sollte die Ablösung der Regressrechte durch periodische Pauschalzahlungen der Haftpflichtversicherer an die Sozialversicherer und Privatversicherer angestrebt werden[25]. Nicht sachgerecht wäre hingegen eine ersatzlose Streichung des Regressrechts, wie sie bisweilen (nach dem Vorbild Schwedens) befürwortet wird[26].

Im übrigen ist zu beanstanden, dass ein Regress der Versicherer bei Schädigungen durch allgemeine Umweltverschmutzung („Summierte Imissionen") einstweilen unmöglich ist: Da die Geschädigten in solchen Fällen bisher keine Ansprüche haben, geht die cessio-legis-Regelung hier ins Leere, so dass die Versicherer nicht gegen die Schädiger vorgehen können. Diesem ungerechten Ergebnis kann nur durch die bereits befürwortete Fondslösung abgeholfen werden (siehe oben II.1.).

III. Bilanz

Wie sich ergeben hat, werden heute – entgegen dem allseits proklamierten Verursacherprinzip – Risiken, die in die Sphäre des Schädigers gehören, weithin von den Geschädigten oder von deren Sozialversicherern und Privatversicherern getragen. Eine solche Abwälzung von Risiken auf Dritte ist nicht nur ungerecht – und wohl sogar verfassungswidrig –, sondern schwächt auch den Präventionsgedanken. Deshalb muss unverzüglich für eine konsequente Durchsetzung des Verursacherprinzips gesorgt werden, u. a. im Verkehrsbereich[27] und im Energiesektor[28].

Entsprechendes gilt für die internationale Ebene, denn auch hier gibt es wegen der Missachtung des Verursacherprinzips grobe Ungerechtigkeiten[29].

Auch verbietet es das Verursacherprinzip in der Regel, dass der Staat kriselnde Unternehmen subventioniert: „Die Marktwirtschaft lebt davon, dass jede Chance mit einem Risiko verbunden ist. Die Verantwortung muss dabei immer bei dem liegen, der die Entscheidung trifft. Wenn nun der Steuerzahler die Konsequenzen tragen soll, hebelt man das System aus"[30]. Die staatliche Unterstützung eines kriselnden Unter-

---

24 Siehe *Hüpers* (oben Fn. 18), S. 189 ff.
25 Siehe *v. Hippel* (oben Fn. 16), S. 50; *Wagner* (oben Fn. 18), S. 182 f.
26 Siehe *v. Hippel* (oben Fn. 16), S. 50.
27 Siehe unten § 17.
28 Siehe unten §18.
29 Siehe unten § 33 II.
30 So der Ökonom Haucap (Vorsitzender der Monopolkommission), Die Welt 19.02.09, S.10, speziell im Hinblick auf das Hilfsbegehren der Firma Schaeffler, die sich mit der Conti-Übernahme verhoben hatte.

nehmens benachteiligt zudem dessen Wettbewerber und führt zu Wettbewerbsver-zerrungen[31]. Schließlich kann die Aussicht auf staatliche Hilfe ein Unternehmen von nötigen Reformen (wie dem Abbau von Überkapazitäten) abhalten[32]. Staatliche Hil-fen kommen deshalb jedenfalls nur dann in Betracht, wenn ein kriselndes Unterneh-men einen überzeugenden Sanierungsplan vorlegt und der Staat dessen Durchsetzung kontrollieren kann[33].

Im Übrigen ist es anstößig, ja sittenwidrig (§ 138 BGB), dass angeschlagene Ban-ken, die (dank des wegen der Finanzkrise geschaffenen Rettungsschirms) staatliche Hilfe in Anspruch nehmen, ihren Mitarbeitern auf Kosten der Steuerzahler üppige Boni zahlen[34]. Schadensersatzklagen aufgebrachter Aktionäre werden hier hoffentlich für Korrekturen sorgen[35]. Selbst vertraglich zugesagte Boni sind in einer solchen Lage in Frage zu stellen, da die Geschäftsgrundlage für die Boni-Vereinbarung weggefallen ist: Ohne die staatliche Hilfe wären die Banken in Konkurs gegangen und das hätte zum Verlust der Boni-Ansprüche (und zudem der Arbeitsplätze) geführt. – In den USA hat der Gesetzgeber Bonuszahlungen des (vom Staat geretteten) Versicherungs-konzerns AIG dadurch korrigiert, dass er die gezahlten Boni einer 90-prozentigen Sondersteuer unterwarf[36].

Künftig sollten Unternehmen Staatshilfe jedenfalls nur noch unter der Auflage erhalten, dass ihre Mitarbeiter auf Boni verzichten.

31 Vgl. *Haucap* (oben Fn. 30): „Nehmen wir mal Bosch oder andere Konkurrenten von Schaeffler: Warum sollen diese Unternehmen dadurch bestraft und benachteiligt werden, dass ihr Wettbewerber mit Staatsgeld gerettet wird? Wenn sie gewusst hätten, dass ihnen das Risiko abgenommen wird, hätten diese Firmen vielleicht genauso riskant gehandelt. Damit nicht genug: Man nimmt auch neuen Firmen die Chance, sich am Markt zu etablie-ren, wenn man kriselnde Unternehmen rettet".

32 So liegt die Überkapazität des kriselnden und Staatshilfe begehrenden Autoproduzenten Opel und seiner britischen Schwestergesellschaft bei 30 Prozent (Die Welt 04.03.09, S. 11).

33 Zu Recht hat die Bundesregierung von den Staatshilfe begehrenden Firmen Schaeffler und Opel zunächst einmal jeweils die Vorlage eines tragfähigen Konzepts für die Zukunft verlangt (Die Welt 10.02.09, S. 9).

34 Siehe Die Welt 21.02.09, S. 11 (unter Hinweis auf Kritik u. a. der Bundesjustizministe-rin).

35 Siehe *Schönwitz,* Aufstand der Eigentümer, Wirtschaftswoche 2009 Nr. 10, S. 102 ff.

36 Siehe Die Welt 21.03.09, S. 15.

§ 16 Keine Entschädigung für Waldsterben?

I. Einführung[1]

Am 26.05.1998 hat die 3. Kammer des Ersten Senats des BVerfG die seit Anfang 1988 anhängige Verfassungsbeschwerde eines vom „Waldsterben" betroffenen Schwarzwaldbauern abgewiesen[2]. Die Verfassungsbeschwerde richtete sich einmal gegen eine Entscheidung des BGH vom 10.12.1987, in der dieser Ersatzansprüche des Klägers gegen den Staat verneint hatte[3], zum anderen dagegen, dass es der Bundesgesetzgeber unterlassen hatte, Entschädigungsregelungen für die neuartigen (emittentenfernen) Waldschäden zu schaffen.

Die Entscheidung des BVerfG ist nicht nur für den Beschwerdeführer eine herbe Enttäuschung, sondern auch für alle, die gehofft hatten, das BVerfG werde wenigstens in gravierenden Fällen für den Schutz der bisher rechtlosen Opfer summierter Immissionen sorgen. Denn dass die heutige Lage ungerecht ist, weil Risiken, die in die Sphäre der Schädiger gehören, entgegen dem allseits proklamierten Verursacherprinzip auf die Geschädigten abgewälzt werden, steht außer Frage[4]. Auch der BGH hat in seiner erwähnten Entscheidung ausdrücklich festgestellt, er halte „die Waldschäden dem Grunde nach für entschädigungswürdig und entschädigungsbedürftig", und hat die Schadensersatzklage des Schwarzwaldbauern nur deshalb abgewiesen, weil es wegen der Gewaltenteilung nicht Sache der Gerichte, sondern des Gesetzgebers sei, eine Entschädigungsregelung zu schaffen[5].

II. Die Entscheidung des BVerfG

Die in jeder Hinsicht abweisende Haltung des BVerfG ist schwer verständlich. Ist schon fraglich, ob das Gericht zu Recht jede „eingriffsrechtliche Verantwortlichkeit des Staates" für Schäden verneint, die durch die allgemeine Luftverschmutzung entstehen, so kann man dem Gericht jedenfalls nicht mehr folgen, wenn es meint, der Gesetzgeber habe „eine etwaige, aus Art. 14 I 1 GG folgende Schutzpflicht durch

---

1   Erschienen in der Neuen Juristischen Wochenschrift 1998, 3254 f.
2   BVerfG, NJW 1998, 3264.
3   Siehe BGH, NJW 1988, 478 m. Anm. v. *Hippel*.
4   Siehe v. *Hippel*, ZRP 1998, 203 ff.
5   BGH, NJW 1988, 478 m. Anm. v. *Hippel*.

Unterlassen der von der Verfassungsbeschwerde geforderten Ausgleichsregelungen jedenfalls nicht evident verletzt". Denn die „Förderung waldbaulicher Maßnahmen", die das Gericht als Beleg für seine Ansicht zitiert und die dafür im Jahre 1988 veranschlagten 66 Mio. DM fallen gegenüber den Milliardenschäden, die jedes Jahr durch die allgemeine Umweltverschmutzung entstehen, kaum ins Gewicht[6]. Und entgegen der Ansicht des Gerichts ist es auch durchaus möglich, ein praktikables und gerechtes Entschädigungssystem zu schaffen, nämlich einen Entschädigungsfonds, der durch Beiträge der Umweltverschmutzer (entsprechend den von ihnen jeweils gesetzten Schadensrisiken) zu finanzieren wäre[7]. Unbegründet ist die Sorge des Gerichts, „dass ein solches Ausgleichsmodell den Gestaltungsspielraum für die im Vordergrund stehenden Maßnahmen zur Luftreinhaltung einschränkt, weil der Belastbarkeit der Emittenten Grenzen gesetzt sind": Verursacherbezogene Abgaben (zur Finanzierung des Entschädigungsfonds), die nach der Höhe des jeweiligen Risikos gestaffelt sind, sind zugleich der beste Anreiz dafür, Risiken nach Möglichkeit zu vermeiden oder zu reduzieren[8]. Die bisherige Missachtung des Verursacherprinzips ist also nicht nur ungerecht, sondern schwächt auch den Präventionsgedanken[9].

III. BVerfG und Gesetzgeber

Auffallend ist, wie kulant das BVerfG den Gesetzgeber behandelt, obwohl dieser nicht einmal in krassen Fällen für die Entschädigung von Opfern der allgemeinen Umweltverschmutzung gesorgt hat.

Zwar sind sowohl die Interministerielle Arbeitsgruppe „Umwelthaftungs- und Umweltstrafrecht" als auch der damalige Staatssekretär *Kinkel* (seit Dezember 1990 Bundesjustizminister und danach Bundesaußenminister) für eine Fondslösung eingetreten[10]. Aber *Kinkel* hat zugleich klargestellt, dass es im Bundesjustizministerium bisher „kein fertiges Konzept" dafür gebe,

---

6   Zum Ausmaß der Summations- und Distanzschäden siehe die Angaben bei *Winter*, Fondslösungen im UmweltR, 1992; danach betragen die Waldschäden jährlich schätzungsweise ca. 1,9 Mrd. Mark, die Gebäudeschäden ca. 4 Mrd. Mark und die Gesundheitsschäden (allein für Atemwegserkrankungen) 2,3 bis 5,8 Mrd. Mark.

7   Siehe *Lummer/Thiem*, Rechte des Bürgers zur Verhütung und zum Ersatz von Umweltschäden, 1980; *v. Hippel*, Rechtspolitik, 1992, § 22 (Rechtlose Umweltopfer?); *Winter* (o. Fn. 6), und hierzu die Besprechung des Verfassers in RabelsZ 1996, 151 ff.; *Hohloch*, Entschädigungsfonds auf dem Gebiet des UmwelthaftungsR, 1994, und hierzu die Besprechung von *Seibt* in RabelsZ 1998, 372 ff.

8   Siehe *v. Hippel* (o.Fn. 7), S. 314 ff.

9   Siehe oben § 15.

10   Siehe Interministerielle Arbeitsgruppe Umwelthaftungs- und Umweltstrafrecht, Bericht Umwelthaftungsrecht, Stand: 19.04.1988, S. 336 ff.; *Kinkel*, ZRP 1989, 293 ff.

„wie der kollektive Ausgleich der weiträumigen Distanz- und Summationsschäden organisiert werden soll"[11]. Das entscheidende Signal hierfür müsse von den Politikern kommen, die vor allem den finanziellen Rahmen für den Schadensausgleich abzustecken hätten.

Ein solches Signal der Politiker ist bisher jedoch ausgeblieben. Ein Gesetzentwurf der Grünen, der zur Regelung dieser Schäden einen (durch Abgaben der Verursacher finanzierten) Entschädigungsfonds vorsieht[12], ist erfolglos geblieben. Entsprechendes gilt für einen im Bundesrat eingebrachten Antrag der Hansestadt Hamburg, der in die gleiche Richtung zielte: Im April 1990 hat der Bundesrat diesen Antrag abgelehnt, nachdem sein Finanzausschuss darauf hingewiesen hatte, ein Fonds zur Entschädigung sämtlicher Umweltschäden werde jährlich 30 bis 40 Mrd. DM benötigen und sei deshalb nicht finanzierbar[13].

Aufgrund dieser Erfahrungen ist kaum mehr damit zu rechnen, dass der Gesetzgeber Abhilfe schaffen wird. Um so bedauerlicher ist es, dass das BVerfG den Gesetzgeber nicht in die Pflicht genommen hat, was durchaus möglich gewesen wäre[14]. Zwar ist es verständlich und berechtigt, dass das BVerfG sich mit seiner Kontrolle besonders zurückhält, wenn eine *Unterlassung* des Gesetzgebers gerügt wird, und dass es hier als Voraussetzung für sein Eingreifen fordert, der Gesetzgeber müsse eine staatliche Schutzpflicht „evident verletzt" haben[15]. Jedoch darf diese prinzipiell berechtigte Zurückhaltung des BVerfG nicht dazu führen, dass ein Unterlassen des Gesetzgebers auch dann ohne Beanstandung bleibt, wenn es für das Unterlassen (wie im vorliegenden Fall) keinen sachlichen Grund gibt und das Verhalten des Gesetzgebers deshalb als willkürlich bezeichnet werden muss[16].

IV. Ausblick

Da das BVerfG es versäumt hat, den Gesetzgeber in die Pflicht zu nehmen, bleibt es dabei, dass Schäden, die durch die allgemeine Umweltverschmutzung entstehen, entgegen dem allseits proklamierten Verursacherprinzip nicht von den Schädigern, sondern von den Opfern getragen werden. Dieser Zustand, der sowohl der Gerechtigkeit als auch dem Präventionsgedanken widerspricht, ist eines Rechtsstaates unwürdig[17].

---

11 *Kinkel*, ZRP 1989, 293 (298).
12 Siehe GE der Fraktion Die Grünen, Entwurf eines Gesetzes zur Reform des Umweltschadensrechts, BT-Drucks. 11/4247 v. 21.3.1989.
13 Siehe FAZ 7.4.1990, S. 14.
14 Siehe die Nachw. o. Fn. 7.
15 Siehe BVerfGE 56,, 54, (79 ff.) = NJW 1981, 1655.
16 Die Sorge vor einer finanziellen Überlastung der Emittenten kann nicht als „sachlicher Grund" anerkannt werden, denn die Umweltverschmutzer haben keinen Anspruch darauf, auf Kosten anderer subventioniert zu werden.
17 Allgemein hierzu *v. Hippel*, Willkür oder Gerechtigkeit (1998).

Obwohl die Entscheidung des BVerfG wenig ermutigend ist, wird das Gericht früher oder später wohl erneut angerufen werden. Dies dürfte jedenfalls dann sinnvoll sein, wenn Geschädigte geltend machen können, sie seien infolge der allgemeinen Umweltverschmutzung von unzumutbaren Einbußen betroffen. Für diesen Fall scheint das BVerfG die Tür nämlich offen gelassen zu haben[18].

Im übrigen ist nicht ausgeschlossen, dass der BGH den Umweltopfern zur Hilfe kommt, nachdem der Gesetzgeber den eingangs erwähnten Reformappell des Gerichts aus dem Jahr 1987 bis heute ignoriert hat. So könnte der BGH bei passender Gelegenheit darauf hinweisen, die Frage einer Staatshaftung sei neu zu bedenken, falls der Gesetzgeber nicht innerhalb einer bestimmten Frist (z. B. innerhalb von drei Jahren) für eine Ausgleichsregelung sorge.

---

18 Dafür spricht zumindest die folgende Bemerkung des Gerichts: „Nach dem gegenwärtigen wissenschaftlichen Erkenntnisstand ist jedenfalls nicht erwiesen, dass es mit Maßnahmen zur Luftreinhaltung und zur Förderung betroffener Waldeigentümer nicht gelingt, unzumutbare Einbußen zu verhindern". – Angesichts der bereits entstandenen Milliardenschäden (Siehe o. Fn. 6) ist diese Bemerkung allerdings erstaunlich optimistisch, zumal der Waldzustandsbericht 1997 ergeben hat, dass der Anteil der kranken Bäume von 57,4 (im Jahre 1996) auf 58,9 % (im Jahre 1997) gestiegen ist und dass 20 % der Bäume schwer geschädigt sind. Als Hauptursache der Waldschäden sieht der Bericht die Luftschadstoffe Schwefeldioxid, Stickstoffoxide, Ammoniak und Ozon an (Die Welt v. 07.10.1997, S 5).

§ 17 Schäden durch Kraftfahrzeuge: Fehlende Kostengerechtigkeit?

Eine spektakuläre Klage Kaliforniens gegen sechs Autokonzerne (wegen Schädigung der Umwelt, Wirtschaft, Landwirtschaft und Volksgesundheit durch Emissionen ihrer Kraftfahrzeuge) gibt Anlass zu prüfen, wer die Kosten autoverursachter Schäden trägt und ob die heutige Kostenverteilung gerecht ist.

I. Problemstellung und Ausgangslage

Die Millionen von Autos, die in Deutschland (wie auch in anderen Staaten) in Betrieb sind, verursachen immense Kosten:

- durch Straßenschäden (allein für die Erhaltung und Sanierung der Bundesfernstraßen sind bis 2015 rund 37 Milliarden Euro vorgesehen)[1],
- durch Verkehrsunfälle (im Jahre 2005 gab es neben hohen Sachschäden 5.362 Verkehrstote und 433.500 Verletzte),
- durch Schadstoffemissionen, die sich negativ auf Gesundheit, Umwelt und Klima auswirken (nach Schätzungen von Experten sterben in Deutschland jährlich rund 65.000 Menschen durch „Feinstaub", der zum großen Teil durch die Kraftfahrer verursacht wird[2]; inzwischen sind 72 Prozent der Bäume geschädigt; kaum absehbar ist das Schädigungspotential des – von den Kraftfahrern mitverursachten – Klimawandels, der nach Ansicht von Experten u. a. auch Europa Wirbelstürme und Sturmfluten bescheren könnte),
- durch gesundheitsschädlichen Lärm[3],
- durch Erschütterungen (die Gebäude schädigen),
- durch den Wertverlust verkehrsbelasteter Gebiete und durch die Beeinträchtigung der Innenstädte.

---

1 Siehe *Falke*, Die Welt 13.03.06, S. 31.
2 Siehe Bericht „Feinstaub", Der Spiegel 2005 Nr. 14, S. 78 ff. (Titelgeschichte); *Middel*, Hohe Luftverschmutzung zwingt die Städte zum Handeln, Die Welt 14.03.05, S. 2; Bericht „Zuviel Feinstaub", Süddeutsche Zeitung 30.01.09, S. 8 (Die EU-Kommission hat gegen Deutschland ein Verfahren eröffnet, weil die seit vier Jahren geltenden Partikel-Grenzwerte nicht eingehalten werden).
3 Nach Angabe der Weltgesundheitsorganisation (WHO) tötet und schädigt der Verkehrslärm jedes Jahr Zehntausende Menschen. Allein die Langzeitbelastung durch Verkehrslärm sei in Europa für bis zu drei Prozent aller tödlichen Herzanfälle verantwortlich (Die Welt 24.08.07, S. 27).

Obwohl unklar ist, welche Kosten im einzelnen entstehen, steht doch fest, dass sich bei einer Addition aller Schadensposten insgesamt gigantische Beträge ergeben. So hat die EU-Kommission 1996 in einem Grünbuch die externen Kosten des gesamten Verkehrs durch Unfälle, Tote und Umweltschäden in der Union jährlich auf „vorsichtig geschätzt" 270 Milliarden ECU veranschlagt. Ferner steht fest, dass die Kraftfahrer – entgegen dem allseits proklamierten Verursacherprinzip – nur für einen relativ kleinen Teil der Schäden aufkommen müssen, nämlich für die Unfallschäden (für die der Gesetzgeber eine strenge Haftung eingeführt hat). Ansonsten gehen die Geschädigten aber leer aus. Zu Recht registriert deshalb das erwähnte EU-Grünbuch ein „eklatantes Missverhältnis zwischen den bezahlten Preisen und den verursachten Kosten"[4].

II. Reformüberlegungen

Dass Kosten des Autofahrens in dieser Weise auf Geschädigte abgewälzt werden (Externalisierung) ist nicht nur ungerecht – ja wohl sogar verfassungswidrig –, sondern auch nachteilig für die Prävention, denn es entfällt der Kostenanreiz, Verkehrsschäden möglichst weitgehend zu reduzieren (insbesondere durch die Entwicklung und Nutzung benzinsparender Autos). Der Gesetzgeber sollte deshalb mindestens in krassen Fällen für einen Ausgleich von Verkehrsschäden (über den Bereich der Verkehrsunfälle hinaus) sorgen, so bei schweren Schädigungen von Straßenanliegern und bei gravierenden Schäden, die (wie das Waldsterben) durch summierte Emissionen entstehen[5]. Deshalb sollte ein Entschädigungsfonds geschaffen werden, der durch verursachergerechte Beiträge der Kraftfahrer (und anderer Emittenten wie Industrie, Landwirtschaft und Betreiber von Heizungsanlagen) finanziert wird und dadurch sowohl für eine gerechte Lastenverteilung als auch für präventive Anreize sorgt[6]. Die Beiträge der Kraftfahrer könnten einfach und kostengünstig durch eine Abgabe auf Mineralöl erhoben werden, was zugleich der Gerechtigkeit zugute käme: Wer viel fährt, müsste auch mehr zahlen.

Demgegenüber können die Kraftfahrer nicht darauf pochen, dass sie Mineralöl-, Öko- und Kraftfahrzeugsteuer zahlen, denn die Rechte der Verkehrsopfer werden durch diese Steuerzahlungen der Kraftfahrer (die übrigens weit geringer sind als die

---

4 Wirtschaftswoche 1996 Nr. 21, S. 18; kritisch auch *Ernst U. von Weizsäcker*, Erdpolitik (3. Aufl. 1992) 10. Kapitel: Die Preise müssen die Wahrheit sagen.

5 Vgl. *Großfeld*, Zivilrecht als Gestaltungsaufgabe (1977), der (auf S. 28) zu Recht rügt, dass „die infolge der Wertminderung von Grundstücken entstehenden Kosten und das Gesundheitsrisiko nicht in erster Linie von jenen getragen wurden, die sie verursachten".

6 Siehe *Winter*, Fondslösungen im Umweltrecht, 1992; *von Hippel*, Willkür oder Gerechtigkeit, 1998, § 5.

verursachten Schäden) nicht berührt. Denkbar ist aber, dass der Staat einen Teil der von den Kraftfahrern erhobenen Steuern für den genannten Entschädigungsfonds zur Verfügung stellt.

III. Bilanz

Entgegen dem allseits proklamierten Verursacherprinzip müssen die Kraftfahrer nur für einen relativ geringen Bruchteil der von ihnen verursachten Schäden einstehen, nämlich für die Schäden, die durch Verkehrsunfälle entstehen (wobei selbst insoweit Lücken bestehen). Hingegen fehlt es an einer Ausgleichspflicht für Schäden, die durch Emissionen, Lärm, Erschütterungen und den Wertverlust verkehrsbelasteter Gebiete entstehen. Da der heutige Zustand ungerecht und ökonomisch unsinnig ist, sollte der Gesetzgeber einen verursachergerechten Entschädigungsfonds schaffen, der autoverursachte Schäden (über den Bereich der Verkehrsunfälle hinaus) wenigstens in krassen Fällen entschädigt und für präventive Anreize sorgt.

Verursachergerecht (und deshalb zu begrüßen) ist im übrigen, dass die Bundesregierung Autos künftig nach ihrer Umweltverträglichkeit besteuern will[7] und dass sie für Lkw's eine Autobahnmaut eingeführt hat. Es liegt nahe, diese Maut auch für Pkw's zu erheben, denn „eine streckenabhängige Pkw-Maut ist eine verursachergerechte Belastung" (*Ernst Ulrich von Weizsäcker*)[8]. Verursachergerecht ist es auch, wenn große Städte (wie London ab 2003, New York und Stockholm) von Autofahrern bei der Einfahrt in die Stadt eine „Stadtmaut" erheben[9].

Die Prävention gilt es auch sonst zu verstärken. Welches Potential insoweit besteht, zeigt u. a. die Einschätzung von EU-Umweltkommissar *Stavros Dimas*, durch eine Verschärfung der seit 2005 geltenden Feinstaubrichtlinie lasse sich die Zahl der Todesfälle durch Luftverschmutzung von 370.000 auf 230.000 senken[10]. Viele Men-

---

7   Siehe Die Welt 19.02.07, S. 9.– Nach einer inzwischen getroffenen Kompromissregelung bestimmt sich die Kraftfahrzeugsteuer künftig nach der Motorgröße und den Kohlendioxidemissionen. „In der Summe werden die Autofahrer entlastet" (FAZ 28.01.09, S. 11). – Besser wäre es gewesen, die Kraftfahrzeugsteuer durch eine Abgabe auf Treibstoff zu ersetzen.

8   Zur kontroversen Debatte siehe Die Welt 12.01.05, S. 12 und 10.10.05, S. 11.

9   Siehe *Dowideit*, Manhattan wird kostenpflichtig, Die Welt 24.04.07, S. 13. – Inzwischen erwägt auch die EU-Kommission eine Stadtmaut einzuführen (Die Welt 26.09.07, S. 6).

10 Es ist deshalb bedenklich, dass die EU Europas Städten und Gemeinden im Dezember 2007 eine Schonfrist eingeräumt hat: Die Kommunen müssen nun frühestens 2011 mit Strafen rechnen, wenn sie die Grenzwerte für Feinstaub nicht einhalten (siehe *Müller-Thederan*, Schonfrist für die Luftverpester, Die Welt 10.12.07, S. 9; Die Welt 12.12.07, S. 4).

schenleben könnten auch durch eine Senkung der Promillegrenze oder durch ein völliges Alkoholverbot für Kraftfahrer gerettet werden, das in anderen Staaten bereits gilt und in Deutschland wenigstens für Berufskraftfahrer und (ab August 2007) für Fahranfänger besteht.

Schließlich könnten viele Schäden durch eine Verbesserung der Kraftfahrzeuge vermieden werden – so hat die EU-Kommission den Autoherstellern nicht ohne Grund eine gesetzliche Beschränkung der Schadstoffemissionen angedroht, falls nicht bald umweltfreundlichere Autos auf den Markt kämen. Nachdem die deutsche Autoindustrie inzwischen eingeräumt hat, sie könne ihre Selbstverpflichtung, Klimagase zu reduzieren, nicht einhalten, hat die EU-Kommission im Dezember 2007 Grenzwerte vorgeschlagen, deren Überschreitung ab 2012 mit Geldbußen geahndet werden soll[11]. Der Brüsseler Umweltkommissar *Dimas* rechnet damit, dass sich Neuwagen dadurch um durchschnittlich 1.300 Euro verteuern, was durch Benzineinsparungen aber wettgemacht werde. Der Kritik der Autoindustrie (die von der Bundesregierung unterstützt wird) hielt *Dimas* entgegen, die Autokonzerne hätten ihr Versprechen von 1996 nicht gehalten, die Emissionen auf 140 Gramm Kohlendioxid je Kilometer zu senken. Im gleichen Sinn meinte das Deutsche Institut für Wirtschaftsforschung (DIW), Industrie und Politik hätten die Entwicklungen verschlafen: „Die Industrie hatte zehn Jahre Zeit, sich umzustellen. Und die Politik hätte durch eine CO_2-bezogene Kfz-Steuer und entsprechende Vorgaben schon vor Jahren die Weichen in die richtige Richtung stellen müssen"[12].

Selbst in den USA, wo die Regierung lange Zeit keine Reglementierung der Autoindustrie wagte, gibt es inzwischen Grenzwerte für den Benzinverbrauch, die auch für ausländische Produkte gelten. Wer (wie z. B. Porsche) diese Grenzen nicht einhält, muss jährlich Strafen an die US-Regierung zahlen[13].

---

11 Siehe Die Welt 20.12.07, S. 1 f. und 26.09.08, S. 15; Wirtschaftswoche 2007 Nr. 51, S. 22 ff.
12 Die Welt 21.12.07, S. 4 und 24.12.07, S. 12.
13 Die Welt 20.07.07, S. 15.

§ 18 Renaissance der Atomenergie?

I. Problemstellung und Ausgangslage[1]

Die Diskussion um die Nutzung der Kernenergie, die durch den Ausstiegsbeschluss von Rot-Grün und dessen Bestätigung durch die große Koalition abgeschlossen schien, lebt wieder auf. (Im Juni 2000 hatten sich die damalige rot-grüne Bundesregierung und die Stromindustrie darauf geeinigt, alle Atommeiler sollten schrittweise bis 2021 abgeschaltet werden). Sowohl aus der Wirtschaft als auch aus Kreisen der Union und der FDP melden sich Stimmen, die unter Berufung auf Versorgungssicherheit, Wirtschaftlichkeit und Klimaschutz dafür eintreten, die Restlaufzeiten der 17 bestehenden Atomkraftwerke zu verlängern, und die teilweise darüber hinaus dafür plädieren, die Option eines Baues neuer Kernkraftwerke offenzuhalten. Auf dem Energiegipfel im Bundeskanzleramt Anfang April 2006 haben Stromkonzerne und Industrie deutlich gemacht, dass sie sich ein langfristiges Energiekonzept ohne Atomkraft (die 2007 in Deutschland 23,6 Prozent des Stromes erzeugte) nicht vorstellen können. Auch die EU-Kommission und die Internationale Energie-Agentur (IEA) halten die Kernenergie für unverzichtbar.

Demgegenüber ist klarzustellen, dass die Gründe, die seinerzeit den Ausstiegsbeschluss veranlasst haben, bis heute gültig geblieben sind und dass es den Befürwortern der Kernenergie nicht gelungen ist, diese Gründe zu widerlegen. Besonderes Gewicht haben dabei das Sicherheitsproblem (1) und das Entsorgungsproblem (2), die im Verbund mit weiteren beachtlichen Gesichtspunkten (3) stärker wiegen als die zugunsten der Kernenergie vorgebrachten Argumente (4).

II. Analyse

1. Höchste Priorität gebührt dem Sicherheitsproblem: Die Atomkatastrophe von Tschernobyl hat gezeigt, welche verheerenden Auswirkungen ein großer Kernkraftunfall haben kann, an dem die USA (Harrisburg 1979) und Schweden (Forsmark 2006) nur knapp vorbeigeschrammt sind. Dass sich ein solcher Unfall trotz aller Bemühungen um Sicherheit auch in Deutschland nicht ausschließen lässt, wird allgemein anerkannt (zumal es bis heute in deutschen Atomkraftwerken immer wieder zu

---

1 Siehe auch meinen Beitrag „Ausstieg aus der Kernenergie?", in: *v. Hippel*, Willkür oder Gerechtigkeit? (1998) § 12.

kleineren Störfällen kommt) und wird auch dadurch bestätigt, dass Hamburg, Niedersachsen und Schleswig-Holstein beschlossen haben, Anwohner von Kernkraftwerken im Umkreis von 50 Kilometern kostenlos mit Jodtabletten zu versorgen, deren Einnahme nach einem Reaktorunfall die Schilddrüse schützen soll[2].

Ein im Auftrag der Hamburger Umweltbehörde erstattetes Gutachten des Darmstädter Öko-Instituts kommt zu dem Schluss, im Falle eines größten anzunehmenden Unfalls (GAU) im Atomkraftwerk Krümmel an der Unterelbe müssten 1,2 Millionen Menschen aus der Region Hamburg evakuiert werden. Selbst wenn dies gelänge, sei mit 44.600 bis 106.700 späteren Todesfällen zu rechnen. Mehr als die Hälfte der Stadtfläche – rund 410 Quadratkilometer – wären für 50 Jahre unbewohnbar.

Risiken einer solchen Größenordnung und Langzeitwirkung sind für eine Gemeinschaft nicht tragbar, mögen sie statistisch auch noch so gering sein. Der für andere Bereiche der Technik annehmbare Gedanke eines hinzunehmenden „Restrisikos" passt hier nicht, denn das „Restrisiko" hat hier wegen seiner ungewöhnlichen Dimension eine Qualität eigener Art, was sich auch auf die verfassungsrechtliche Würdigung auswirken muss. Die Einzigartigkeit des Risikos wird auch dadurch bestätigt, dass die Versicherungswirtschaft sich nur in begrenztem Rahmen dazu bereitgefunden hat, die Haftungsrisiken von Kernkraftwerken zu decken.

2. Ungelöst ist bis heute auch das Entsorgungsproblem: Sowohl die Wiederaufarbeitung als auch die Endlagerung abgebrannter Brennelemente sind mit erheblichen Gefahren verbunden. Wenn man bedenkt, dass es bisher trotz aller aufwendigen Bemühungen nicht gelungen ist, „Endlager" für Atommüll zu erstellen (der dort dann über unvorstellbar lange Zeiten verwahrt werden müsste) und dass selbst die sog. Zwischenlagerung auf größte Schwierigkeiten stößt, muss man bezweifeln, dass es überhaupt gelingen wird, das Entsorgungsproblem überzeugend zu lösen[3].

3. Für den Ausstieg sprechen zudem folgende weitere Gesichtspunkte:
Gefahren drohen nicht nur durch Unfälle in Kernkraftwerken, sondern auch durch Unfälle bei Atomtransporten.
Das Risiko von Leukämie-Erkrankungen scheint im Umkreis von Kernreaktoren erhöht.
Terroristen könnten sich eines Atomkraftwerks bemächtigen oder es mit entführten Flugzeugen angreifen.

---

2   Die Welt 11.10.05, S. 40.
3   Diese Zweifel werden nun auch durch alarmierende Missstände im Atommüllager Asse (dem weltweit ersten unterirdischen Lager für Atommüll) bestätigt; siehe hierzu *Deißner*, Die Welt 05.09.08, S. 6, der u. a. folgendes bemerkt: „Asse II, das ehemalige Salzbergwerk nahe Wolfenbüttel, in dem zwischen 1967 und 1978 – angeblich zu Forschungszwecken – radioaktiver Müll in großen Mengen eingelagert wurde, ist längst zum Synonym für das ungelöste Endlagerproblem geworden, für die schleichende Katastrophe und den Betrug am Bürger".

Das beim Betrieb von Atomkraftwerken anfallende Plutonium (von dem kleinste Mengen ausreichen, um Krebs auszulösen, und wenige Kilogramm, um eine Atombombe zu bauen) ist eine tödliche Gefahr, die immer massivere staatliche Überwachungsmaßnahmen erforderlich machen wird und die gleichwohl nicht völlig eliminiert werden kann.

Im Atomsektor hat sich eine beunruhigende „Selbststeuerung der Technik" entwickelt, die zu der Frage berechtigt, wie weit der Staat die Entwicklung in diesem Sektor überhaupt kontrollieren kann.

In weiten Teilen der Bevölkerung ist die Kernenergie nach wie vor nicht akzeptiert, und es kommt immer wieder zu Prozessen. Wie die Rechtsprechung zeigt, können sich die Betreiber eines Atomkraftwerks selbst dann nicht in Sicherheit wiegen, wenn ihnen für das Kraftwerk eine Dauerbetriebsgenehmigung erteilt worden ist. Zudem gibt es nach wie vor eine beachtliche Zahl militanter Kernkraftgegner, die auch zum Einsatz von Gewalt bereit sind.

4. Demgegenüber wiegen die zugunsten der Kernenergie vorgebrachten Gründe – (angebliche) Preisgünstigkeit, Versorgungssicherheit, Schonung fossiler Ressourcen, Klimaschutz durch Vermeidung von Treibhausgasen – relativ gering, zumal ein Kostenvergleich, der alle relevanten Faktoren berücksichtigt, nicht zugunsten, sondern zulasten der Kernenergie ausfällt und zumal es möglich ist, die Vermeidung von Treibhausgasen auf anderen (inzwischen zunehmend genutzten) Wegen zu fördern, nämlich durch größere Energieeffizienz, durch Energiesparen und durch erneuerbare Energien. Der Weltklimareport hat sich deshalb zu Recht von der Atomenergie distanziert[4].

III. Bilanz

Bei einer Berücksichtigung und Abwägung aller relevanten Gesichtspunkte kann man nur zu dem Schluss kommen, dass Deutschland es bei dem Ausstieg aus der Kernenergie belassen sollte, wie es dem Mehrheitswillen seiner Bürger entspricht. (Nach einer von der EU-Kommission veröffentlichten Umfrage wird die Kernenergie nur von 20 Prozent der deutschen Bürger befürwortet[5]). Dafür wird übrigens allein schon die Kostenentwicklung sorgen: Da neue Kernkraftwerke bezüglich aller denkbaren Gefahren höchstmöglichen Sicherheitsstandards entsprechen müssten, wird ihr Bau in Deutschland nicht mehr lohnen. Das gilt erst recht, wenn man – wie es dem Gedanken einer Internalisierung der Kosten und einer gerechten Lastenverteilung entspricht – die Sub-

---

4 Siehe Der UN-Weltklimareport (2007) 301 ff.; vgl. auch *Scheer*, Erneuerbare Energie ist die Zukunft, in: *Girardet* (Hrsg.), Zukunft ist möglich (2007) 69 ff.
5 Die Welt 09.01.07, S. 12.

ventionierung der Kernenergie beendet und dafür sorgt, dass die Atomindustrie alle Kosten zu tragen hat, die durch die Kernenergie bedingt sind[6], also auch die (bisher ignorierten) Kosten für eine Deckung großer Kernkraftunfälle und alle Kosten für die Entsorgung (die bisher oft viel zu niedrig veranschlagt werden). Eine solche Kostenzurechnung nach dem Verursacherprinzip, wie sie in einer Marktwirtschaft eigentlich selbstverständlich sein sollte, wird rasch zeigen, dass die angeblich so preisgünstige Kernenergie alles andere als billig ist.

Deshalb ist verständlich, dass die Energiekonzerne weniger am Bau neuer Kernkraftwerke interessiert sind als an der Laufzeitverlängerung bestehender Kernkraftwerke, die sehr profitabel wäre. So hat E.on-Chef Bernotat erklärt, der Bau neuer Kernkraftwerke sei kein Thema, solange es keinen eindeutigen gesellschaftlichen Konsens darüber gebe. Es gehe heute „nur um eine Verlängerung der Laufzeiten (von derzeit 32 Jahren) um mindestens acht Jahre, um die Brücke zur technologischen Entwicklung der sauberen Kohleverstromung und zur Marktreife der erneuerbaren Energien zu schaffen"[7]. Entsprechend drangen die Energiekonzerne auf dem dritten Energiegipfel (Anfang Juli 07) darauf, die Laufzeiten der Atomkraftwerke in Deutschland zu verlängern. Im Hinblick auf den Koalitionsvertrag lehnte Bundeskanzlerin Merkel das ab[8], obwohl auch die CDU und 10 der 16 Bundesländer eine Verlängerung der Laufzeiten befürworten[9].

Störfälle in den Atomkraftwerken Krümmel und Brunsbüttel am 28.6.07 haben neue Kontroversen ausgelöst[10]. So tritt Bundesumweltminister Gabriel nun dafür ein, die sieben ältesten Reaktoren in Deutschland umgehend abzuschalten. Im Gegenzug könnten modernere Kernkraftwerke länger laufen als bislang geplant[11].

Um die Position der Atomaufsicht zu verbessern, hat die für die Atomaufsicht in Schleswig-Holstein zuständige Ministerin Trauernicht (SPD) angeregt, die Beweislast umzukehren, sodass es nicht mehr – wie bisher – Sache des Staates wäre, Mängel auf Seiten der Betreiber nachzuweisen, sondern „dass die Unternehmen die Sicher-

---

6   Zu den riesigen Subventionen der Kernenergie siehe *Scheer* (oben Fn. 4) 85 f.

7   Die Welt 11.01.07, S. 3. – RWE will bis 2014 ein emissionsfreies Kohlekraftwerk entwickeln, das CO_2 abscheidet und speichert. Vattenfall arbeitet derzeit an der Pilotanlage für ein CO_2-freies Braunkohlekraftwerk, das Mitte 2008 in Betrieb gehen soll.

8   Siehe *Schraven*, Merkel bremst die Energiekonzerne, Die Welt 04.07.07, S. 13.

9   Siehe Die Welt 27.03.07, S. 2 und 26.05.07, S. 2. – Die Wirtschaftsminister der Bundesländer haben sich inzwischen mehrheitlich dafür ausgesprochen, die Laufzeiten der Kernkraftwerke zu verlängern, allerdings mit der Maßgabe, dass die Betreiber der Kernkraftwerke die durch die längeren Laufzeiten erzielten Gewinne zum Teil für energietechnische Forschung und für den Ausbau erneuerbarer Energien einsetzen sollen (Die Welt 11.06.08, S. 11).

10 Siehe *Kopp/Schröder*, Zweifel am Sicherheitskonzept von Vattenfall, Die Welt 30.07.07, S. 33.

11 Siehe Die Welt 01.09.07, S. 2.

heit ihrer Anlagen zu beweisen haben"[12]. (Entsprechend müssen die Hersteller von Chemikalien nach dem neuen Chemikalienrecht beweisen, dass ihre Produkte ungefährlich sind). Eine solche Umkehr der Beweislast ist auch zugunsten der Kinder und Jugendlichen angebracht, die nach den Erfahrungen verschiedener Länder (Deutschland, Frankreich, Spanien, Nordamerika, Japan) in der Nähe von Atomanlagen häufiger als sonst an Leukämie erkranken, ohne dass die Ursache dafür bisher ermittelt werden konnte[13]. Will man die Leukämie-Opfer nicht rechtlos stellen, so muss man von den Atombetreibern den Nachweis verlangen, dass ihre Anlagen die Leukämieerkrankungen nicht verursacht haben.

Interesse verdient schließlich, dass sich inzwischen ein so bekannter Experte wie der ehemalige Atomkraftmanager *Klaus Traube* gegen die Kernenergie ausgesprochen hat. In einem Interview der Welt vom 28.2.2007 vertrat er die Ansicht, es werde sehr wahrscheinlich „irgendwann eine Atombombenkatastrophe kommen mit ungeahnten Folgen", zumal terroristische oder kriegerische Angriffe auf ein Atomkraftwerk denkbar seien. Im übrigen sei „Atomkraft ökonomisch ein sinnloses Spiel, denn man müsste Tausende Kraftwerke bauen, um den sehr geringen Anteil von etwa drei Prozent an der Deckung des weltweiten Energiebedarfs merklich zu erhöhen". Wegen ihres geringen wirtschaftlichen Potentials bei enormen Gefahren sei es rational, das Atomkapitel als Irrweg zu beenden und statt dessen auf Energiesparen, größere Energieeffizienz und erneuerbare Energien zu setzen, für deren Erforschung und Entwicklung der Staat bisher weit weniger aufgewandt habe als für die Atomenergie[14].

Zuvor hatte schon der russische Atomphysiker *Tschernonsenko* (der nach dem Reaktorunfall in Tschernobyl 1986 für die dortigen Aufräumarbeiten verantwortlich war) in einem Interview vom Februar 1995 folgendes bemerkt: „Seit der Entwicklung der Atomtechnik kam es in 14 Ländern zu über 320 Störfällen und Katastrophen. Hierbei wurden mehr radioaktive Elemente an die Atmosphäre abgegeben als bei allen Atomversuchen und dem Einsatz der Atombombe. Dies hat zu einem erheblichen

12   Die Welt 20.07.07, S. 2.
13   Siehe Die Welt 23.07.07, S. 27, 10.12.07, S. 2 und 01.02.08, S. 42; vgl. auch *v. Hippel*, Willkür oder Gerechtigkeit (1998) § 12 (Ausstieg aus der Kernenergie?), S. 126 (133) mit Fußn. 31. – Speziell zu gehäuften Leukämieerkrankungen im Umkreis des Atomkraftwerks Krümmel Die Welt 12.12.06, S. 40. – Zur Umkehr der Beweislast durch eine neue französische Entschädigungsregelung für die Opfer von Atomtests siehe Die Welt 25.03.09, S. 5.
14   Es entspricht dieser Einschätzung, dass der Anteil des Ökostroms an der deutschen Stromerzeugung steigt (er beträgt derzeit rund 15 Prozent), während der Anteil des Atomstroms sinkt (er beträgt inzwischen nur noch 23 Prozent), Die Welt 04.09.08, S. 14. – Inzwischen rechnen Experten damit, dass bis 2030 mehr als zwei Drittel des Stroms durch erneuerbare Energien erzeugt werden. Falls auch das Energiesparen voran komme, bestehe durchaus die Chance eines plangemäßen Atomausstiegs (siehe Capital 2008 Nr. 14, S. 154 ff.).

Anstieg der Krebserkrankung weltweit geführt. Die Atomtechnologie muss gesetzlich verboten werden"[15].

Es ist deshalb absurd, dass nun viele Staaten wieder auf die Atomenergie setzen[16] und dass die schwedische Regierung den 1980 (nach einer Volksabstimmung) beschlossenen Atomausstieg rückgängig machen und den Ersatz alter Atomreaktoren durch neue Reaktoren zulassen will (wobei anzumerken ist, dass in Schweden 47 Prozent des Stroms durch Kernenergie erzeugt werden). Freilich bleibt die weitere Entwicklung in Schweden abzuwarten, zumal der schwedische Umweltminister Carlgren erklärt hat, die Stockholmer Regierung „sei sich unsicher, ob es unter reinen Marktbedingungen überhaupt neue Reaktorbauten geben wird"[17].

Um im Geschäft zu bleiben, wollen die deutschen Stromkonzerne sich nun an ausländischen Atomkraftwerken beteiligen[18]. Zudem hoffen sie, dass sich die deutsche Atompolitik nach der nächsten Bundestagswahl (2009) zu ihren Gunsten ändern wird[19].

15   Badische Zeitung 18.02.1995.
16   Siehe Wirtschaftswoche 2009 Nr. 10, S. 76 ff.
17   Die Welt 10.02.09, S. 4.
18   Siehe *Wetzel*, Deutscher Atomstrom aus dem Ausland, Die Welt 11.04.08, S. 16.
19   Siehe Bericht „Biblis A: RWE wünscht längere Laufzeit", Die Welt 08.04.08, S.12: „Die Stromkonzerne setzen offenbar darauf, alte Anlagen über den Wahltermin 2009 hinaus in Betrieb halten zu können. Im Falle einer Koalition aus Union und FDP hätten sie möglicherweise gute Chancen, dass der seinerzeit von Rot-Grün beschlossene Atomausstieg revidiert wird".

§ 19 Preiszuschlag für „Ökostrom"?

I. Analyse der Ausgangslage[1]

Da die Atomenergie ein Auslaufmodell ist, der Verbrauch fossiler Brennstoffe aus Gründen der Ressourcenschonung und des Klimaschutzes aber nicht beliebig gesteigert werden darf, richtet sich der Blick zunehmend auf erneuerbare Energien (Strom aus Wind, Sonne, Biomasse und Wasserkraft)[2]. So kommt eine Studie der Shell zu dem Ergebnis, die weltweite Energieversorgung müsse bis zum Jahr 2050 zur Hälfte aus regenerativen Energien kommen, wenn das Klima nicht aus den Fugen geraten solle[3].

Vor diesem Hintergrund ist bemerkenswert, dass die Hamburger Electricitäts-Werke (HEW) und die Deutsche Shell AG (Hamburg) Ende Februar 1999 angekündigt haben, sie wollten ab dem 1. Juni Ökostrom (unter dem Namen „newpower") mit einem Aufpreis von 9,2 Pfennig pro Kilowattstunde anbieten, und zwar zunächst in Hamburg, dann (im Falle des Erfolges) auch darüber hinaus. Ökostrom liege im Trend und die Leute seien auch bereit, dafür zu zahlen[4].

Obwohl diese Ankündigung plausibel erscheint, ist sie fragwürdig, denn die Betreiber erhalten nun für den Ökostrom, den sie heute (vermischt mit Strom aus anderen Quellen) zum normalen Preis verkaufen, ein höheres Entgelt, ohne dass es dafür einen überzeugenden Grund gibt. Die bisher höheren Gestehungskosten können einen Preisaufschlag für Ökostrom nicht rechtfertigen, denn diese Kosten wären wesentlich geringer, wenn die Stromversorger den Ökostrom nicht so lange vernachlässigt hätten[5]. Auch wäre Ökostrom wohl schon heute billiger als Atomstrom und Strom aus fossilen Brennstoffen, wenn beim Kostenvergleich jeweils alle negativen Auswirkungen dieser Energiearten berücksichtigt würden, also auch die Umweltschädigungen und Umweltbelastungen, welche die Stromindustrie heute (entgegen dem allseits proklamierten

---

1   Erschienen in der Zeitschrift für Rechtspolitik 1999, 401 f.
2   Siehe *v. Hippel*, Willkür oder Gerechtigkeit (1998), S. 126 ff. (136, 139).
3   Siehe Bericht „HEW und Deutsche Shell setzen auf Ökostrom", Die Welt vom 27.02.1999, S. 39.
4   Siehe Bericht (oben Fn. 3). Vgl. auch *Sommerfeldt,* Im Supermarkt gibt es nun auch Ökostrom, Die Welt 28.01.09, S. 15.
5   Das gilt selbst für den heute noch besonders teuren Solarstrom: „Die Berechnungen der Hersteller besagen jedenfalls, dass der Solarstrom noch einmal deutlich billiger werden und Stück für Stück in die Nähe des konventionell erzeugten Stroms rücken kann" (*Miller*, Zeitenwende durch Sonnenwende, Mobil 1998 Heft 6, S. 26, 28).

Verursacherprinzip) auf einzelne Umweltopfer und die Allgemeinheit abwälzt[6]. Zu Recht hat ein Experte schon vor Jahren festgestellt, „den wichtigsten Impuls und damit eine rasch wachsende Bedeutung erführen die regenerativen Energien, wenn durch Internalisierung externer Effekte die gegenwärtig dominierenden Energieträger ihre Gesamtkosten decken müssten"[7]. Schließlich ist bemerkenswert, dass Ökostrom von anderer Seite schon heute zu gleichen Preisen angeboten wird wie sonstiger Strom[8].

So wünschenswert die Verbreitung des Ökostroms auch ist, so wenig überzeugt es also, wenn Stromversorger, die lange Zeit einseitig auf Atomstrom gesetzt haben, sich nun als uneigennützige Förderer des Ökostroms gebärden, bisher aber für dessen Entwicklung (verglichen mit ihren Milliardeninvestitionen für Atomstrom) nur sehr wenig investieren[9] und die Kosten dieser Investitionen jetzt auch noch mit Hilfe von Preisaufschlägen für Ökostrom abzuwälzen suchen[10].

II. Folgerungen

Die Antwort auf das eingangs genannte Angebot von HEW und Shell lautet deshalb: Nein danke! Dieser Ansicht sind anscheinend auch die Verbraucher: Bis Mitte Juli haben sich in Hamburg nur 300 Haushalte für den teureren Ökostrom entschieden[11].

6   Zu den Belastungen durch Strom aus fossilen Brennstoffen siehe *v. Hippel* (oben Fn. 2), S. 61 ff., zu den Belastungen durch Atomstrom S. 129 f.

7   *Küffner*, Wind, Sonne und Kosten, FAZ vom 04.04.1995, S. 15.

8   So heißt es in einem Rundschreiben der NordStrom GmbH (Flensburg) vom 10.05.1999: „Durch das Energiewirtschaftsgesetz vom 24.04.1998 wurde die Monopolstellung der großen Stromkonzerne aufgehoben. Sie können jetzt Ihren Stromlieferanten frei wählen... Wir garantieren Ihnen, dass der [Öko-] Strom, den Sie durch Nordstrom beziehen, nicht teurer ist als der, den Sie von Ihrem bisherigen Versorger erhalten."

9   Vgl. Bericht (oben Fn. 3): „HEW-Vorstandsmitglied Reh betonte, dass das Hamburger Unternehmen mit 20 Millionen Mark pro Jahr den größten Betrag aller deutschen Energieerzeuger für den Ausbau regenerativer Energien zur Verfügung halte". – Um ein Vielfaches höhere Beträge ergäben sich für solche Investitionen, wenn die Stromversorger – entsprechend einem Vorschlag von Greenpeace (Die Welt vom 09.03.1999, S. 6) – die Zinsen ihrer „Entsorgungsrückstellungen" für die Förderung erneuerbarer Energien einsetzen würden.

10   Anzumerken ist, dass HEW und Shell bezüglich der Produktion des von ihnen angebotenen Ökostroms nur begrenzte Zusagen gemacht haben. In einem gemeinsamen Rundschreiben von Anfang Juni 1999 heißt es hierzu: „Nach einer Anlaufphase, die wir für den Bau unserer Anlagen benötigen, garantieren wir Ihnen, dass mindestens die Hälfte der von Ihnen nachgefragten Strommenge aus speziell für *newpower* erstellten Anlagen stammt".

11   Siehe Bericht „Shell und HEW bieten Ökostrom", Die Welt vom 01.06.1999, S. 39 sowie Die Welt vom 15.07.1999, S. 39.

Wahrscheinlich wäre die Zahl noch wesentlich niedriger, wenn die Verbraucher wüssten, wie stark sie im Vergleich zur Industrie schon heute von den Stromkonzernen belastet werden: Während die Industrie (die nach Einschätzung der Vorstände von Shell und HEW keinen teureren Ökostrom abnehmen wird) derzeit nur 8 bis 10 Pfennig pro Kilowattstunde zahlt, mussten die Privathaushalte Anfang Juni 27,3 Pfennig plus Öko- und Mehrwertsteuer berappen[12]. Durch die Senkungen der Haushaltstarife (um einen Pfennig zum 01.07.1999 und um voraussichtlich weitere zwei Pfennig pro Kilowattstunde zum 01.01.2000), welche die HEW – unter dem Druck des liberalisierten Strommarkts – angekündigt haben[13], wird die Lage nicht wesentlich geändert.

Wer als Verbraucher diese Zusammenhänge durchschaut, wird sich (auch bei prinzipieller Bereitschaft zu Opfern für den Umweltschutz) schwerlich zu einem Preiszuschlag für Ökostrom bereitfinden. Vielmehr wird er dafür eintreten, dass der Gesetzgeber die konventionellen Stromarten (Strom aus fossilen Brennstoffen und Atomstrom) entsprechend ihren jeweiligen Umweltbelastungen mit Steuern und Abgaben belegt, also die kürzlich eingeführte Ökosteuer (von zwei Pfennig pro Kilowattstunde) entsprechend erhöht. Eine solche Internalisierung externer Schäden entspricht dem Marktprinzip, dem Präventionsgedanken und der Gerechtigkeit. Sie ist zugleich eine optimale Förderung des Ökostroms, da sie dessen Wettbewerbslage wesentlich verbessert. Jedenfalls müsste der Ökostrom aber umgehend von der jetzigen Ökosteuer-Belastung ausgenommen werden, der er heute paradoxerweise ebenso unterliegt wie die konventionellen Stromarten[14].

12 Siehe Bericht (oben Fn. 11).
13 Siehe Die Welt vom 04.06.1999, S. 39. – In Reaktion auf die wachsende Konkurrenz bieten die HEW zudem seit dem 01.08.1999 einen günstigeren Tarif für Kunden an, die sich für mehrere Jahre an das Unternehmen binden (siehe Die Welt vom 15.07.1999, S. 39).
14 Im September 1999 haben dies auch die HEW gefordert und haben zugleich den Preiszuschlag für Ökostrom wesentlich gesenkt (siehe Die Welt vom 21.09.1999, S. 40).

§ 20 Schadensausgleich bei Verkehrsunfällen: Haftungsersetzung durch Versicherungsschutz?

Im Hinblick auf gravierende Mängel des heutigen Schadensausgleichs bei Verkehrs-unfällen empfiehlt sich eine Grundsatzreform – „Haftungsersetzung durch Versiche-rungsschutz" –, wie sie für Arbeitsunfälle durch die einst in Deutschland entwickelte und international erfolgreiche Arbeitsunfallversicherung bereits erfolgt ist und wie sie inzwischen manche Staaten auch für Verkehrsunfälle durchgeführt haben[1].

I. Problemstellung

Angesichts des alarmierenden Unfallgeschehens unserer Zeit steht die Rechtsordnung heute vor einer doppelten Aufgabe: Einmal gilt es, Unfallschäden möglichst weitge-hend zu verhüten (II), zum anderen muss für einen optimalen Ausgleich gleichwohl entstandener Schäden gesorgt werden (III). Beide Aufgaben sind bisher nicht voll bewältigt worden.

---

1   Der Beitrag ist in der Neuen Zeitschrift für Verkehrsrecht 1999, 313 ff. erschienen. Er greift ein Thema wieder auf, dem ich vor Jahren meine rechtsvergleichende Habilitati-onsschrift „Schadensausgleich bei Verkehrsunfällen, Haftungsersetzung durch Versiche-rungsschutz" (1968) gewidmet habe und das ich dann auf der Tagung der Gesellschaft für Rechtsvergleichung in Lausanne (1979) in einem Generalreferat über den Bereich der Verkehrsunfälle hinaus behandelt habe; siehe *v. Hippel*, Haftungsersetzung durch Ver-sicherungsschutz – Rechtsvergleichendes Generalreferat, in: *Fleming/Hellner/v. Hippel*, Haftungsersetzung durch Versicherungsschutz (1980), S. 40-75. – Der vorliegende Bei-trag beruht weithin auf diesen früheren Publikationen, auf die wegen der Einzelheiten und weiterer Nachweise verwiesen wird. – Vgl. auch *v. Hippel*, Rechtspolitik (1992) § 21 (Globalreform des Unfallschadensrechts?) und meine Rezensionen folgender Wer-ke: *v. Caemmerer*, Reform der Gefährdungshaftung, 1971 (besprochen in JZ 1972, 640); *Weyers*, Unfallschäden, 1971 (besprochen in RabelsZ 1972, 199 ff.); *Schulin*, Soziale Ent-schädigung als Teilsystem kollektiven Schadensausgleichs, 1981 (besprochen in JZ 1985, 234); *Adams*, Ökonomische Analyse der Gefährdungs- und Verschuldenshaftung, 1985 (besprochen in RabelsZ 1986, 764 ff.); *Keeton/O'Connell*, Basic Protection for the Traffic Victim, 1965; *Tunc*, La sécurité routière, 1966; *Elliot/Street*, Road Accidents, 1968 (be-sprochen in RabelsZ 1971, 191 ff.); *Tunc*, Pour une loi sur les accidents de la circulation, 1981 (besprochen in RabelsZ 1982, 836 ff.).

II. Schadensverhütung

Dies gilt zunächst für das – vorrangige – Problem der Schadensverhütung[2]. Es sei insoweit auf frühere Ausführungen verwiesen[3].

III. Schadensausgleich

Auch die Aufgabe eines optimalen Ausgleichs von Unfallschäden kann bisher nicht als voll bewältigt gelten, denn die überkommenen schadensrechtlichen Regelungen weisen eine ganze Reihe von Mängeln auf[4]. Die Mängel betreffen hauptsächlich sechs Punkte: Manche schutzwürdige Opfer bleiben ohne jeden oder doch ohne ausreichenden Entschädigungsanspruch. Die Realisierung gegebener Ersatzansprüche ist nicht immer ausreichend gesichert. Dem Gedanken der individuellen Verantwortung motorisierter Schädiger wird nicht immer hinreichend Rechnung getragen. Nicht motorisierte Verkehrsteilnehmer sowie Personen, die für im Straßenverkehr durch Verrichtungsgehilfen, Unmündige oder Tiere verursachte Schäden einzustehen haben, sind einer zu scharfen Haftung unterworfen. Es fehlt weithin an einer befriedigenden Koordination des Haftpflichtrechts mit der Sozialversicherung. Und schließlich ist die Abwicklung von Schadensfällen nach den überkommenen Regeln zu schwerfällig, zu kostspielig und zu gerichtsbelastend.

Die Mängel der überkommenen Regelungen haben manche Reformen veranlasst. Die Reformen beseitigten oder milderten aber oft nur einzelne Mängel. So hat der französische Gesetzgeber im Jahre 1985 bei Verkehrsunfällen den Einwand der „höheren Gewalt" und weithin auch den Einwand eines Mitverschuldens des Verkehrsopfers (sofern dieses kein Kraftfahrer ist) ausgeschlossen, nachdem zuvor schon die französische Rechtsprechung das anrechenbare Mitverschulden geschädigter Fußgänger bei Kraftverkehrsunfällen auf seltene Extremfälle beschränkt hatte[5]. Und in

---

2　Siehe *v. Hippel*, Rechtspolitik (1992) § 20 (Bessere Verhütung von Unfällen?).

3　Siehe oben § 3 II.1.

4　Siehe im einzelnen *v. Hippel*, Schadensausgleich bei Verkehrsunfällen, Haftungsersetzung durch Versicherungsschutz (1968), S. 3 ff.; *ders.*, Haftungsersetzung durch Versicherungsschutz – Rechtsvergleichendes Generalreferat, in: *Fleming/Hellner/v. Hippel*, Haftungsersetzung durch Versicherungsschutz (1980), S. 40 (56 ff.). Vgl. auch *Güllemann*, Der Ausgleich von Verkehrsunfallschäden – ein ungelöstes Problem, ZRP 1974, 35 ff.

5　Siehe *Jalons*, Dits et écrits d'André Tunc (1991), S. 215 ff. und hierzu meine Besprechung in RabelsZ 1993, 315 ff.; *v. Bar*, Neues Verkehrshaftpflichtrecht in Frankreich, VersR 1986, 620 ff.; *Deutsch*, Einschränkung des Mitverschuldens aus sozialen Gründen?, ZRP 1983, 137 ff.

Deutschland haben die Kraftfahrzeug-Haftpflichtversicherer 1995 einen Selbstbehalt (in Höhe von 10.000 Mark) für betrunkene Kraftfahrer eingeführt[6].

Obwohl solche punktuellen Reformen die Lage verbessern und obwohl die meisten Mängel durch gezielte Einzelmaßnahmen beseitigt oder reduziert werden könnten[7], lässt sich eine volle Sanierung nur mit Hilfe einer Grundsatzreform („Haftungsersetzung durch Versicherungsschutz") erreichen[8]. Inspiriert durch das klassische Modell der einst in Deutschland entwickelten und inzwischen international erfolgreichen Arbeitsunfallversicherung haben deshalb eine wachsende Zahl von Ländern die Kraftfahrhaftung ganz oder teilweise durch eine Verkehrsunfallversicherung abgelöst, so Finnland, Norwegen, Schweden, Polen sowie zahlreiche Gliedstaaten Kanadas, Australiens und der USA[9]. Manche Staaten haben das Haftpflichtrecht auch in weiteren Bereichen (zumindest partiell) durch Versicherungsschutz ersetzt, so bei Luftfahrtunfällen, Schulunfällen, Heilbehandlungsschäden und Arzneimittelschäden[10]. In Neuseeland hat der Gesetzgeber mit Wirkung vom 01.04.1974 sogar eine Volksunfallversicherung geschaffen, die bei Personenschäden jedermann in gleicher Weise gegen sämtliche Unfallrisiken schützt und das Haftpflichtrecht insoweit total ersetzt[11].

IV. Ausblick

Da sich die erwähnten Reformregelungen bewährt haben, lässt sich voraussagen, dass sich der weltweite Trend zur Haftungsersetzung fortsetzen wird. Dies gilt speziell für den Bereich der Straßenverkehrsunfälle, denn diese bilden – neben den bereits versicherungsrechtlich geregelten Arbeitsunfällen – einen besonders wichtigen Brenn-

---

6   Dies hatte ich aus Gründen der Prävention und der gerechten Lastenverteilung lange zuvor gefordert: Siehe *v. Hippel* (oben Fn. 4), S. 83 ff.; *ders.*, Versicherungsschutz für nicht schutzwürdige Kraftfahrer?, NJW 1969, 209 ff.

7   Siehe *v. Hippel*, Schadensausgleich bei Verkehrsunfällen – mögliche Wege einer Reform, ZRP 1973, 27 ff.

8   Siehe im einzelnen *v. Hippel* (oben Fn. 4), S. 42 ff.

9   Siehe die Nachweise bei *v. Hippel*, Haftungsersetzung durch Versicherungsschutz – Rechtsvergleichendes Generalreferat, in: *Fleming/Hellner/v. Hippel*, Haftungsersetzung durch Versicherungsschutz (1980), S. 40 (48 f.); vgl. auch *Zweigert/Kötz*, Einführung in die Rechtsvergleichung auf dem Gebiet des Privatrechts (3. Aufl. 1996) § 42 VI.

10   Siehe die Nachweise bei *v. Hippel* (oben Fn. 9), S. 50.

11   Siehe im einzelnen *v. Hippel* (oben Fn. 9), S. 51 ff.; vgl. auch *Tunc*, Quatorze ans après: le système d'indemnisation néozélandais, Rev.int.dr.comp. 1989, 139 ff.; *Hussels*, 15 Jahre Accident Compensation Act in Neuseeland: Bilanz und Ausblick, Zeitschrift für internationales Arbeits- und Sozialrecht 1990, 34 ff.; *Helge*, Kollisionsrechtliche Probleme der Haftungsersetzung durch Versicherungsschutz in Neuseeland, IPRax 1998, 220 ff.

punkt des Unfallgeschehens und sind (infolge der Entwicklung und Ausgestaltung der Kraftfahrhaftpflichtversicherung) zudem bereits in die Nähe einer versicherungsrechtlichen Lösung gerückt[12].

Wenn gegen die Einführung einer Verkehrsunfallversicherung gelegentlich eingewandt wird, es bestehe kein Grund, Verkehrsopfer besser zu stellen als andere Unfallopfer, so ist das nicht überzeugend: Zwar mag es wünschenswert sein, dass auf weitere Sicht alle Unfallopfer in gleicher Weise umfassend geschützt werden[13]. Aber das sollte nicht daran hindern, schon heute in Fällen Verbesserungen durchzuführen, in denen es – wie bei der Entschädigung von Verkehrsopfern – in gerechter Weise und ohne große Schwierigkeiten möglich ist. Zudem sind Verkehrsopfer schon heute besser gestellt als Unfallopfer anderer Lebensgebiete[14].

Wie die internationale Entwicklung zeigt, wird die Einführung einer Verkehrsunfallversicherung durch den Widerstand der Anwaltschaft und der Versicherungswirtschaft (die Geschäftseinbußen fürchten) letztlich ebensowenig verhindert werden können wie ehemals die Einführung der Arbeitsunfallversicherung[15]. Im übrigen hat es die Versicherungswirtschaft selbst in der Hand, das Gespenst der Verstaatlichung zu bannen, indem sie kostenmäßig eine konkurrenzfähige Alternative zur öffentlichen Versicherung bietet[16].

Die Grundzüge eines Reformplans und der Entwurf eines Verkehrsversicherungs-Gesetzes, die ich ehemals auf rechtsvergleichender Grundlage erarbeitet habe[17], sind auch heute noch gültig. Sie ließen sich nicht nur für eine Regelung in Deutschland oder in anderen Staaten nutzen, sondern auch für eine europäische Regelung, die infolge des massenhaften grenzüberschreitenden Verkehrs immer dringlicher geworden ist[18].

---

12 Siehe *v. Hippel* (oben Fn. 4), S. 21 f., 46 f.; *ders.* (oben Fn. 9), S. 47 f.

13 Siehe im einzelnen *v. Hippel* (oben Fn. 9), S. 55 ff.; vgl. auch ders., JZ 1985, 234 (Besprechung von *Schulin*, Soziale Entschädigung als Teilsystem kollektiven Schadensausgleichs, 1981).

14 Siehe *v. Hippel* (oben Fn. 4), S. 111; *ders.*, RabelsZ 1972, 200 (Rezension von *Weyers*, Unfallschäden, 1971).

15 Zum Widerstand der Anwaltschaft und der Versicherungswirtschaft siehe *v. Hippel* (oben Fn. 4), S. 111 f.; *ders.* (oben Fn. 9), S. 69 ff. – Zum Siegeszug der Arbeitsunfallversicherung siehe *v. Hippel* (oben Fn. 4), S. 48 ff.; *ders.* (oben Fn. 9), S. 43 ff.

16 Siehe *v. Hippel* (oben Fn. 4), S. 104 ff.

17 Siehe *v. Hippel* (oben Fn. 4), S. 116 ff.

18 Zu bisherigen Unterschieden im Schadensersatzrecht verschiedener europäischer Staaten siehe *Wezel*, Ungleicher Schadensersatz für Verkehrsopfer in Europa, DAR 1991, 133 ff.; *Schwarz*, Unfallregulierung im Europäischen Ausland, NJW 1991, 2058 ff. – Zur wünschenswerten Rechtsvereinheitlichung siehe schon *v. Hippel* (oben Fn. 4), S. 112 f.; vgl. auch *v. Bar*, Gemeineuropäisches Deliktsrecht Bd. 1 (1996), S. 383 f. Dieser weist u.a. darauf hin, eine internationale Arbeitsgruppe habe vor einigen Jahren ein Versicherungsmodell befürwortet, das sich freilich auf Fälle beschränke, in denen Verkehrsopfer „Ange-

Soweit in anderen Ländern Reformen zustande gekommen sind, ist dies stets auch dem Einsatz von Rechtswissenschaftlern zu verdanken[19]. Leider hat sich die Rechtswissenschaft in Deutschland bisher kaum mit dem Thema „Haftungsersetzung durch Versicherungsschutz" befasst[20]. Um so mehr ist es zu begrüßen, dass dieses Thema nun auf Initiative von Herrn *Reinhard Greger*, dem Mitherausgeber und Schriftleiter der Neuen Zeitschrift für Verkehrsrecht, weiter diskutiert wird. Dabei geht es um drei Hauptfragen: Sollte die Kraftfahrhaftung durch eine Verkehrsunfallversicherung ersetzt werden[21]? Wenn ja, wie sollte die Verkehrsunfallversicherung ausgestaltet werden[22]? Und wie sollte sie organisiert werden[23]?

hörige eines anderen EU-Mitgliedstaates sind bzw. in einem anderen Mitgliedstaat ihren gewöhnlichen Aufenthalt haben".

19 So wäre in Frankreich das Gesetz über die Entschädigung von Verkehrsopfern vom 05.07.1985 ohne den unermüdlichen Kampf von *André Tunc* für eine Reform schwerlich zustande gekommen. Wie *Tunc* (einer der prominentesten Befürworter einer versicherungsrechtlichen Regelung) konstatiert hat, führt dieses Gesetz wegen seines – politisch bedingten – Kompromisscharakters zwar nicht zu einer optimalen Gesamtlösung, verbessert den Schutz der Verkehrsunfallopfer aber doch in wesentlichen Punkten. Siehe *Jalons*, Dits et écrits d'André Tunc (1991) und hierzu meine Besprechung in RabelsZ 1993, 315 ff.

20 Hinzuweisen ist aber (insbesondere) auf wichtige Beiträge von *Güllemann*, so auf seine Arbeit „Ausgleich von Verkehrsunfallschäden im Lichte internationaler Reformprojekte" (1969) und auf seinen Aufsatz „Der Ausgleich von Verkehrsunfallschäden – ein ungelöstes Problem", ZRP 1974, 35 ff. – Zu Recht hat *Leser* es auf der Sondertagung der Stuttgarter Zivilrechtslehrervereinigung als „gravierende Lücke" bezeichnet, „dass die Gutachten zur Schuldrechtsreform dieses Thema nicht behandelt, sondern gemeinsam ausgeklammert haben" (*Leser*, Zu den Instrumenten des Rechtsgüterschutzes im Delikts- und Gefährdungshaftungsrecht, AcP 1983, 568, 575). Hierzu hat *Kötz* angemerkt, dass der Gutachtenauftrag des Bundesjustizministeriums sich nicht auf das Thema „Haftungsersetzung durch Versicherungsschutz" erstreckt habe, also nicht einen Aufbruch zu neuen Ufern einleiten, sondern der Sicherung und besseren Ordnung des vorhandenen Materials dienen sollte (ebd. S. 603).

21 Siehe hierzu *v. Hippel* (oben Fn. 4), S. 42 ff.

22 Siehe hierzu *v. Hippel* (oben Fn. 4), S. 47 ff.

23 Siehe hierzu *v. Hippel* (oben Fn. 4), S. 98 ff.

§ 21 Ruinöse Haftung von Eltern und Minderjährigen?

1. Es kommt immer wieder vor, dass Kinder oder Jugendliche durch Zündeln, durch mangelnde Vorsicht beim Spielen oder durch Unachtsamkeit im Verkehr Schäden verschulden[1]. Die Schäden können so hoch sein, dass sie die (nach § 828 Abs. 2 BGB haftenden) Minderjährigen und deren Eltern (die bei Verletzung ihrer Aufsichtspflicht nach § 832 BGB haften) ruinieren. Deshalb gibt es verschiedene Vorschläge, die Haftung von Eltern und Minderjährigen zu mildern[2]. Da eine solche Haftungsmilderung aber zu Lasten der geschädigten Opfer geht, kann eine solche Lösung nicht befriedigen. Es gibt einen besseren Weg: Will man eine ruinöse Haftung Minderjähriger (§ 828 Abs. 2 BGB) und deren Eltern (§ 832 BGB) vermeiden, ohne die Ersatzansprüche der Geschädigten zu verkürzen, so muss man alle Eltern zum Abschluss einer Privathaftpflichtversicherung verpflichten[3]. Ansätze in dieser Richtung sind bereits vorhanden: Schon heute haben etwa 70 Prozent der Haushalte eine Privathaftpflichtversicherung, die sowohl die Eltern als auch die Kinder vor Haftungsrisiken schützt und derzeit schon ab 46 Euro im Jahr zu haben ist[4]. Die Durchsetzung der Versicherung könnte einfach und billig in der Weise erfolgen, dass die jährliche Versicherungsprämie am Jahresbeginn vom Kindergeld einbehalten und an einen Versicherungspool (der Privatversicherer oder des Staates) abgeführt wird, wenn der Kindergeldberechtigte nicht nachweist, dass er bereits versichert ist.

Entschließt man sich zur Einführung des Versicherungszwangs und damit zur Verteilung des Risikos auf ein Kollektiv, so besteht kein Grund mehr, an den Einschränkungen der überkommenen Haftpflichtnormen festzuhalten. Vielmehr kann man dann zur objektiven Einstandspflicht der Eltern für Schäden übergehen, die ihre Kinder rechtswidrig anrichten[5]. In den Niederlanden ist eine objektive Haftung der Eltern für schädigende Handlungen ihrer Kinder unter 14 Jahren vorgesehen, und es ist bemerkenswert, dass der niederländische Gesetzgeber zur Begründung u.a. auf die leichte Versicherbarkeit des Schadensrisikos durch den Abschluss einer Haftpflichtversicherung und auf deren bereits ohnehin große Verbreitung hingewiesen hat[6].

---

1   Überarbeitete und ergänzte Fassung eines Beitrags, der in der Zeitschrift für das gesamte Familienrecht 2001, 748 erschienen ist.
2   Siehe *Großfeld/Mund*, Die Haftung der Eltern nach § 832 I BGB, FamRZ 1994, 1504 ff.; *Goecke*, Die unbegrenzte Haftung Minderjähriger im Deliktsrecht (1997); *Ahrens*, Existenzvernichtung Jugendlicher durch Deliktshaftung?, VersR 1997, 1064 ff.
3   So bereits *v. Hippel*, Zur Haftung Aufsichtspflichtiger für durch Kinder verursachte Schäden: Ein Ruf nach Reform, FamRZ 1968, 574 (575).
4   Siehe *Panitz*, Die Welt 3.6.08, S. 19.
5   So schon *v. Hippel* (oben Fn. 3), S. 575.
6   Vgl. *Goecke* (oben Fn. 2), S. 228 ff., der freilich meint, es gebe „keinen hinreichenden Grund, den Eltern jedes schädigende Verhalten ihrer minderjährigen Kinder zuzurechnen" (S. 239).

2. Noch besser wäre es freilich, nicht nur Eltern und minderjährige Kinder vor ruinösen Haftungsrisiken zu schützen, sondern allen Bürgern den Abschluss einer Privathaftpflichtversicherung aufzuerlegen[7]. Eine solche Maßnahme dient nicht nur dem Schutz der Haftpflichtigen, sondern liegt auch im Interesse der Geschädigten, deren Ansprüche heute wegen mangelnder Solvenz der Haftpflichtigen häufig nicht oder doch nicht voll befriedigt werden. Die Durchsetzung der Versicherungspflicht könnte in der Weise erfolgen, dass die Prämie (falls kein bereits bestehender Versicherungsschutz nachgewiesen wird) durch einen Steuerzuschlag bzw. einen Abschlag bei der Rente oder der Sozialhilfe erhoben und an einen Versicherungspool (der Privatversicherer oder des Staates) abgeführt wird.

3. Dank der Privathaftpflichtversicherung gibt es also eine Regelungsmöglichkeit, die einfach und billig ist und die den Interessen aller Beteiligten gerecht wird. Sie erscheint geradezu als ideale Lösung und ist einer schadensersatzrechtlichen Reduktionsklausel, die von anderer Seite favorisiert wird[8], klar überlegen. Im Hinblick auf die Interessen des Geschädigten wird es nämlich oft kaum möglich sein, haftpflichtige Schädiger mit Hilfe einer Reduktionsklausel ausreichend zu entlasten, und zudem führt eine solche Klausel zwangsläufig zu großer Unsicherheit[9].

4. Da die Gerichte die Probleme auf der gegenwärtigen Rechtsgrundlage nicht angemessen lösen können, ist es Zeit, dass der Gesetzgeber eingreift. Es spricht viel dafür, dass der Gesetzgeber hierzu im Hinblick auf Art. 1 und Art. 2 GG sowie das Sozialstaatsprinzip (Art. 20 Abs. 1 GG) sogar verpflichtet ist, denn schwer belastende oder sogar existenzbedrohende Ersatzpflichten strangulieren die Lebensmöglichkeiten der Betroffenen und Minderjährige können sich gegen dieses Risiko nicht selbst schützen.

5. Die Hoffnung auf ein Eingreifen des Bundesverfassungsgerichts hat sich bisher nicht erfüllt. Zunächst wurde dessen Entscheidung verhindert[10]. Sodann hat das Bundesverfassungsgericht durch Kammerbeschluss vom 13.8.1998 eine Vorlage des Landgerichts Dessau[11] zur Deliktshaftung Jugendlicher (§ 828 Abs. 2 BGB) als unzu-

---

7   Siehe *v. Hippel*, Rechtspolitik (1992) § 23 (Schutz des Bürgers vor ruinösen Haftungsrisiken?).

8   Siehe *Goecke* (oben Fn. 2), S. 258 f.

9   Vgl. *Lange*, Schadensersatz – Richterrecht oder Gesetzesreform?, in: *Nörr* (Hrsg.), 40 Jahre Bundesrepublik Deutschland (1990) 143 (156 ff.).

10   Durch einen Vergleich in dem Rechtsstreit, der dem Vorlagebeschluss des OLG Celle (VersR 1989, 709 ff.) zugrunde lag; es handelte sich um die Regressklage eines Feuerversicherers gegen zwei Schädiger, die zum Zeitpunkt der Tat knapp 15 und 16 Jahre alt waren. – Möglicherweise suchte der Versicherer durch den Vergleich ein von ihm befürchtetes nachteiliges Präjudiz zu verhindern; kritisch zu einer solchen Taktik (mit Abhilfevorschlag) *v. Hippel* (oben Fn. 7), S. 112.

11   VersR 1997, 242.

lässig verworfen, weil es sich bei der vorgelegten Norm um vorkonstitutionelles Recht handle[12]. Zwar sei die strenge Haftung nach § 828 Abs. 2 BGB immer wieder kritisiert worden und es mangle auch nicht an Reformvorschlägen, die von einer Änderung der Altersgrenzen und einer stärkeren Haftung der Erziehungsberechtigten über eine Reduktion der Kindeshaftung nach Billigkeitsgesichtspunkten bis hin zur Einführung einer Pflichtversicherung für Kinder reichen. Diese Überlegungen seien „aber bislang nicht in den parlamentarischen Prozess vorgedrungen".

Offenbar empfand das Bundesverfassungsgericht das Ergebnis als unbefriedigend, denn es beeilte sich, anzufügen, „dass die Richtervorlage darüber hinaus auch nicht den gesetzlichen Begründungsanforderungen genügt. Das Landgericht hätte bei der verfassungsrechtlichen Prüfung insbesondere die Möglichkeit eines Erlasses durch den Krankenversicherungsträger [um dessen Regressklage es ging] nach § 76 Abs. 2 Nr. 3 SGB IV in seine Erwägungen einbeziehen müssen. Denn wenn dem Beklagten ein Anspruch auf Erlass der Forderung zustünde, würde sich die Frage der Verfassungsmäßigkeit des § 828 Abs. 2 BGB in einem anderen Licht darstellen"[13].

Freilich ist dieser Hinweis des Bundesverfassungsgerichts nur für Fälle hilfreich, in denen ein Jugendlicher im Regresswege von einem Sozialversicherer in Anspruch genommen wird, ist hingegen kein Trost für die Fälle, in denen ein Jugendlicher direkt vom Geschädigten oder von dessen Privatversicherer belangt wird. Deshalb bleibt der Gesetzgeber aufgerufen, sich endlich des von ihm bisher ignorierten Problems anzunehmen.

Zwar sind Kinder bis zum zehnten Lebensjahr inzwischen (durch eine Änderung des § 828 Abs. 2 BGB) von einer Haftung für Schäden freigestellt worden, die sie einem anderen bei einem Unfall mit einem Kraftfahrzeug, einer Schienenbahn oder einer Schwebebahn zufügen. Aber eine solche Regelung, die sich auf den Verkehrssektor beschränkt und nicht einmal dort die bestehenden Probleme bereinigt[14], bleibt hinter dem zurück, was nottut.

6. Die damalige Bundesjustizministerin *Däubler-Gmelin*, der ich den Beitrag übermittelte, zeigte sich interessiert, fragte aber mit Schreiben vom 20.09.01, ob es nicht zu weit gehe, alle Eltern zum Abschluss einer Privathaftpflichtversicherung zu ver-

---

12 Siehe BVerfG 13.08.1998, FamRZ 1998, 1500. – Es ging um die Regressklage eines Krankenversicherers gegen einen 16jährigen Mopedfahrer, dessen mitfahrende 13-jährige Freundin durch einen von ihm mitverschuldeten Verkehrsunfall schwer verletzt wurde.

13 Nach § 76 Abs. 2 SGB IV darf „der Versicherungsträger Ansprüche... erlassen, wenn die Einziehung nach Lage des einzelnen Falles für den Anspruchsgegner eine besondere Härte bedeuten würde"; zur Konkretisierung dieser Vorschrift siehe im einzelnen *Ahrens*, Die Beschränkung des Regresses der Sozialversicherungsträger gegen deliktische Schädiger, AcP 1989, 526 (540 ff.). Nach der Rechtsprechung ist der Sozialversicherungsträger nicht nur berechtigt, sondern auch verpflichtet, den Regress zu beschränken, wenn die Voraussetzungen des § 76 Abs. 2 SGB IV vorliegen (BGH 5.10.1983, BGHZ 88, 296 [300]).

14 Siehe oben § 20.

pflichten, zumal die Einhaltung der Versicherungspflicht nicht effektiv kontrolliert werden könnte.

Meine Antwort vom 09.10.01 lautete:

„Es freut mich, dass Ihnen mein Vorschlag, die Probleme, die sich durch die Haftung von Eltern und Minderjährigen ergeben, durch die Einführung einer obligatorischen Haftpflichtversicherung zu lösen, einer Prüfung wert erscheint.

Mit ist klar, dass sich manches gegen diesen Vorschlag einwenden lässt, aber ich meine, dass er bei einer Gesamtabwägung allen anderen denkbaren Lösungen vorzuziehen ist. Denn der status quo ist unhaltbar, ja m.E. sogar verfassungswidrig, weil Minderjährige – um deren Schutz es mir primär geht – sich (anders als ihre Eltern) nicht gegen Haftpflichtrisiken versichern können. Deshalb kommt man nicht darum herum, die Eltern zum Abschluss einer Haftpflichtversicherung zu verpflichten. (Eine solche Pflicht ließe sich übrigens schon heute aus der elterlichen Fürsorgepflicht ableiten). Eine solche – schon heute weit verbreitete – Privathaftpflichtversicherung kostet nicht viel und kommt (wegen der Haftung aus § 832 BGB) auch den Eltern zugute.

Was das – in der Tat besonders zu bedenkende – Kontrollproblem angeht, so ließe sich die Einhaltung der Versicherungspflicht dadurch erreichen, dass Eltern bei der Anmeldung eines Kindes (sei es nach dessen Geburt, sei es bei seiner Einschulung) eine Pflichtversicherung abschließen oder die Existenz einer solchen Versicherung nachweisen müssen.

Denkbar wäre freilich auch eine wesentlich „radikalere Lösung": Der Staat könnte einen Fonds bilden, aus dem alle Schäden vergütet werden, für die Minderjährige (nach § 828 II BGB) oder deren Eltern (nach § 832 BGB) haften. Die (relativ geringen) Kosten eines solchen Fonds könnten entweder auf die Eltern umgelegt oder – was einfacher und besser wäre – vom Staat getragen werden, der damit einen weiteren kleinen Beitrag zur Entlastung der so lange Zeit diskriminierten Familie leisten würde. Zugleich würde sich damit das Kontrollproblem erledigen.

Wenn ich in meinem Beitrag „Ruinöse Haftung von Eltern und Minderjährigen?", FamRZ 2001, 748 darauf verzichtet habe, auf die Möglichkeit einer solchen Fondslösung einzugehen, so deshalb, weil ich ihr nach Erfahrungen in anderen Problemfeldern keine Realisierungschance gebe, haben die Versicherer doch den ehemals geplanten Entschädigungsfonds für Arzneimittelopfer verhindert (siehe v. Hippel, Verbraucherschutz, 3. Aufl. 1986, S. 57 f.). Die Versicherer werden sich voraussichtlich auch gegen die Einführung einer obligatorischen Privathaftpflichtversicherung wenden (obwohl diese ihnen einen Geschäftszuwachs bringen würde), weil sie befürchten, dass staatliche Interventionen früher oder später zur Verstaatlichung bestimmter Versicherungszweige führen könnten.

Wie immer dem sei, entscheidend ist, dass den bisher schutzlosen Minderjährigen möglichst rasch geholfen wird. Falls der Gesetzgeber nicht hilft, werden die Gerichte eingreifen. Nach der Entscheidung des Bundesverfassungsgerichts vom 13.08.1998 (FamRZ 1998, 1500) steht es den Zivilgerichten nämlich frei, die überkommenen Haftungsregeln auf ihre Verfassungsmäßigkeit hin zu überprüfen."

§ 22 Tabaktote als Herausforderung

Angesichts der durch den Tabak verursachten Verheerungen und der vom Staat bisher nur unzureichend erfüllten verfassungsrechtlichen Schutzpflicht ist ein Gesamtkonzept erforderlich, das unter Nutzung der internationalen Erfahrungen alle Möglichkeiten einer Tabakbekämpfung optimal kombiniert und das insbesondere auch dafür sorgt, dass die Kosten der Tabakschäden entsprechend dem Verursacherprinzip von der Tabakindustrie getragen werden[1].

I. Ausgangslage

Rauchen ist heute die Hauptursache vorzeitigen Todes[2]. Wie das Bundesverfassungsgericht festgestellt hat, handelt es sich „bei Tabakerzeugnissen um Genussmittel, bei deren bestimmungsgemäßer Verwendung Gesundheitsschäden regelmäßig auftreten... Das Rauchen tötet mehr Menschen als Verkehrsunfälle, Aids, Alkohol, illegale Drogen, Morde und Selbstmorde zusammen"[3]. Zudem macht das Rauchen Millionen von Menschen süchtig[4]. Die Dimensionen des Problems werden deutlich, wenn man bedenkt, dass in Deutschland 35 Prozent der Erwachsenenbevölkerung (39 Prozent der Männer und 31 Prozent der Frauen) rauchen, dass 15 Prozent der 12- bis 17-Jährigen rauchen, dass das durchschnittliche Alter des Rauchbeginns bei 13,7 Jahren liegt, dass der Anteil weiblicher Raucher wächst und dass der Tabak in Deutschland jährlich rund 110.000 Raucher tötet und zudem 3.300 Passivrauchern das Leben kostet[5]. Nach Angabe der WHO werden weltweit Millionen Menschen an den Folgen des Rauchens sterben. Die Tabakindustrie habe Informationen über die negativen Konsequenzen des

---

1   Überarbeitete, ergänzte und mit Fußnoten versehene Fassung eines Beitrags, der in der Frankfurter Rundschau vom 26.02.05 erschienen ist.

2   Siehe *Die Drogenbeauftragte der Bundesregierung* (Hrsg.), Wirtschaftliche und gesundheitliche Aspekte des Tabakrauchens in Deutschland (2004).

3   BVerfG 22.01.1997, BVerfGE 95, 173 ff. (Das Gericht hielt die Verpflichtung der Tabakproduzenten, auf den Packungen ihrer Erzeugnisse vor den Gesundheitsgefahren des Rauchens zu warnen, deshalb für verfassungsmäßig).

4   Die Bundesärztekammer hat erklärt, die Mehrzahl der Raucher sei vom Tabak abhängig und Tabakabhängigkeit müsse als Krankheit anerkannt werden (Schleswiger Nachrichten 16.09.08, S. 2).

5   Vgl. Die Drogenbeauftragte der Bundesregierung (Hrsg.), Drogen- und Suchtbericht 2004, S. 54: „Tabakkonsum ist die Ursache für zahlreiche Erkrankungen und vorzeitigen Tod. Jeder zweite Raucher stirbt vorzeitig an den Folgen des Rauchens. Jährlich sind mehr als 110.000 Todesfälle in Deutschland auf das Rauchen zurückzuführen".

Rauchens immer verborgen oder unterdrückt[6]. Nach einem Expertenbericht haben internationale Tabakfirmen ihren Produkten sogar suchtfördernde Stoffe zugesetzt[7].

II. Reformüberlegungen

Angesichts dieser erschreckenden Befunde sollte man meinen, der Staat bemühe sich nach Kräften, die Tabak-Epidemie zu bekämpfen. Indessen ist dies bisher nicht der Fall. Zwar hat der deutsche Staat, der lange Zeit nur die illegalen Drogen ins Visier nahm, inzwischen auch einiges getan, um die legale Droge Tabak zu bekämpfen, aber insgesamt bleiben seine Maßnahmen weit hinter dem zurück, was möglich und geboten wäre[8]. Das „Nationale Anti-Tabak Programm", das die Bundesregierung endlich (in dem von ihr am 25.06.2003 verabschiedeten „Aktionsplan Drogen und Sucht") angekündigt hat, liegt bis heute nicht vor[9]. Im Vergleich mit anderen Ländern schneidet Deutschland schlecht ab[10], was um so erstaunlicher ist, als es zu den erklärten staatlichen Zielen gehört, die Verbraucher vor gefährlichen Produkten zu schützen[11]. Ein Hauptgrund dafür ist der Widerstand der mächtigen und spendierfreudigen Tabaklobby, die Reformen immer wieder verhindert oder verwässert hat und der es sogar gelungen ist, das von der EU 1998 beschlossene Tabakwerbeverbot (mit Hilfe einer Klage der deutschen Bundesregierung vor dem Europäischen Gerichtshof) zu verhindern[12]. Deshalb bleibt auch abzuwarten, welche Verbesserungen sich für die

---

6   Siehe Die Welt vom 12.05.1999, S. 32; *Proctor*, Propaganda der Tabakindustrie, Süddeutsche Zeitung 02.01.06.

7   Siehe Bericht „Die Sucht-Macher", Die Welt vom 15.07.1999, S. 1; vgl. auch Die Welt vom 16.07.1999, S. 32: „Auch die EU-Kommission hat Hinweise, dass Zigaretten suchtverstärkende Zusatzstoffe enthalten".

8   Siehe *v. Hippel*, Willkür oder Gerechtigkeit (1998) § 10 (Zur Bekämpfung der Tabak-Epidemie).

9   Inzwischen hat die Drogenbeauftragte aber Ende 2008 den Entwurf eines „nationalen Aktionsprogramms zur Tabakprävention" vorgelegt, in dem Maßnahmen für die Jahre 2009 bis 2012 angekündigt werden (Die Welt 27.12.08, S. 12).

10   Siehe die Länderberichte in: Die Drogenbeauftragte (oben Fn. 2), S. 40 ff.

11   Siehe *v. Hippel*, Verbraucherschutz (3. Aufl. 1986).

12   Zum Widerstand der deutschen Tabak-Lobby gegen das vom Ministerrat der EU am 12.02.1998 verabschiedete Tabakwerbeverbot, siehe Bericht „Wider das Tabak-Werbeverbot", Die Welt vom 23.04.1998, S. 18. – Die Klage der deutschen Bundesregierung gegen das Tabakwerbeverbot war erfolgreich, weil der Europäische Gerichtshof davon ausging, es handle sich bei dem Werbeverbot um eine gesundheitspolitische Maßnahme, für welche der EU die Kompetenz fehle. – Nach diesem Urteil des EuGH hat die EU im März 2003 eine Tabakwerberichtlinie erlassen, gegen welche die deutsche Bundesregierung (im September 2003) erneut Klage vor dem EuGH erhoben hat.

Tabakbekämpfung in Deutschland durch die am 21.5.2003 verabschiedete Tabakrahmenkonvention der WHO ergeben werden, zumal Deutschland in den Verhandlungen über diese Konvention einen „verfassungsrechtlichen Vorbehalt gegen totale Werbeverbote" geltend gemacht hat[13].

Zwar hat der deutsche Gesetzgeber mehrfach die Tabaksteuer erhöht[14] (was den Tabakkonsum verringerte[15]), aber weniger aus gesundheitspolitischen als aus fiskalischen Gründen.

Bei einer Gesamtbetrachtung kann man deshalb nur zu dem Schluss kommen, dass der deutsche Staat seine verfassungsrechtliche Pflicht verletzt, Leben und Gesundheit der Bürger vor den Tabakgefahren zu schützen[16]. Auch wenn man von einer prinzipiellen Eigenverantwortung der Raucher ausgeht – was angesichts der extremen Gefährlichkeit des Rauchens und der fehlenden Umsicht vieler Bürger keineswegs selbstverständlich ist[17] –, besteht eine solche Schutzpflicht doch jedenfalls gegenüber den ungeborenen Kindern und den Säuglingen (die durch das Rauchen ihrer Mütter geschädigt werden) und den Passivrauchern (deren Schädigung heute außer Frage steht[18]), aber auch gegenüber Rauchern, die minderjährig oder süchtig (und deshalb nicht willensfrei) sind. Um seiner Schutzpflicht zu genügen, muss der deutsche Staat jedenfalls wesentlich mehr für die Tabakbekämpfung tun, wie es inzwischen sogar manche Zigarettenhersteller fordern[19].

Das wichtigste Ziel besteht darin, junge Menschen vom Tabak (wie auch von sonstigen Drogen) abzuhalten. Experten plädieren zu Recht dafür, ihnen schon früh in der Schule eine kritische Einstellung zum Tabak (wie auch zu sonstigen Drogen) zu ver-

---

13 Siehe Die Drogenbeauftragte (oben Fn. 5), S. 53 f.

14 Zum 01.03. und 01.12.04 und zum 01.09.05 wurde die Tabaksteuer um jeweils 1,2 Cent pro Zigarette erhöht.

15 Siehe *Siems*, Tabaksteuer schreckt immer mehr Raucher ab, Die Welt vom 30.10.04, S. 4. – Seit 2001 ist die Raucherquote bei den 12- bis 17-Jährigen von 28 auf 15 Prozent gesunken (Süddeutsche Zeitung 15.11.08, S. 14).

16 Zur verfassungsrechtlichen Schutzpflicht des Staates siehe BVerfG vom 25.02.1975, BVerfGE 39, 1 (Fristenlösung); *Klein*, Grundrechtliche Schutzpflicht des Staates, NJW 1989, 1633 ff.

17 Zur Frage des „mündigen Bürgers" siehe oben § 5 VI.

18 Siehe *Kubitschek*, Passivrauchen ist gefährlich, Die Welt vom 17.08.1996, S. 8: „Amerikanische Wissenschaftler kommen zu dem Schluss, dass Passivrauchen neben der aktiven Variante zu den häufigsten Todesursachen gehört. So ist passives Mitrauchen mindestens hundertmal krebsgefährlicher als Asbeststaub in einer Konzentration von 1.000 Fasern pro Kubikmeter. Wegen weitaus geringerer Asbestkonzentrationen mussten schon viele Schulen und Firmen schließen". Vgl. auch *British Medical Association*, The Human Cost of Tobacco: Passive Smoking (2004); Bericht "Pssivrauchen schadet Kindern lebenslang", Die Welt 17.06.08, S. 31.

19 Siehe *Nicolai*, Philip Morris verlangt strengere Gesetze und höhere Steuern, Die Welt 4.10.08, S. 12.

mitteln und ihnen in belastenden Lagen Hilfen anzubieten[20]. Zudem ist ein absolutes Rauchverbot an Schulen geboten, wie es inzwischen die Bundesländer beschlossen haben[21]. Auch ist auf ein positives Vorbild der Erwachsenen, insbesondere der Eltern, hinzuwirken[22].

Sodann gilt es, bereits Rauchende zum Aufhören zu bewegen. Dabei können kostenlose Ausstiegshilfen (Entwöhnungskurse) nützlich sein, wie sie manche Krankenkassen bereits anbieten[23], denn die meisten Raucher würden das Rauchen am liebsten aufgeben[24].

Schließlich müssen Passivraucher optimal geschützt werden, denn sie sind viel stärker gefährdet, als von der Tabakindustrie behauptet[25]. Deshalb ist zu begrüßen, dass das „Nichtraucherschutzgesetz" (das beim ersten Anlauf am 5.2.1998 im Bundestag gescheitert ist) im Mai 2007 endlich verabschiedet worden ist[26]. Zu Recht hat der Initiator des „Nichtraucher-Schutzgesetzes", der damalige Bundestagsabgeordnete *Roland Sauer* die Tabakkonzerne seinerzeit aufgefordert, ihren „massiven Widerstand" gegen dieses Gesetz aufzugeben, und zu Recht hat er in diesem Zusammenhang auch Parteispenden von Tabakkonzernen kritisiert.

Zu befürworten ist auch ein Verbot der Tabakwerbung, wie es Kritiker seit langem fordern[27], wie es manche Staaten bereits erlassen haben und wie es die Europäische Union schon vor Jahren durchsetzen wollte, was freilich am Widerstand Deutschlands gescheitert ist[28]. Eine Drogenpolitik, die glaubwürdig sein will, kann auf ein solches Verbot nicht verzichten. Zudem hat eine Untersuchung von zahlreichen Ländern ergeben, dass Werbung den Tabakkonsum erhöht, also nicht nur – wie die Tabakindustrie behauptet – Marktanteile verändert[29].

20 Siehe Bericht „Über das Rauchen sachlich informieren", Die Welt vom 27.11.1996, S. 12; *v. Hippel*, Rechtspolitik (1992), S. 243 f., 249 f. (Zur Notwendigkeit einer Bekämpfung psycho-sozialer Defizite, welche die Hauptursache für den Konsum legaler und illegaler Drogen bilden).

21 Siehe *Rübel*, Rauchverbot an Schulen, Die Welt vom 05.07.04, S. 4.

22 Das Exekutivkomitee der Europäischen Fußball-Union (UEFA) hat im Dezember 2003 für alle Länder- und Europapokalspiele ein Rauchverbot auf Trainerbänken erlassen. Begründet wurde dies mit der Vorbildfunktion der Trainer und dem Widerspruch von Sport und Tabakkonsum (Die Welt vom 05.12.03, S. 26).

23 Siehe Bericht „Kniffe gegen den blauen Dunst", Die Welt vom 07.09.1994, S. 4.

24 Vgl. Bericht (oben Fn. 23): „90 Prozent der Raucher würden, so zeigte eine Umfrage, das Rauchen gerne aufgeben – wenn sie nur könnten".

25 Siehe oben Fn. 18.

26 Siehe *Neuss*, Ausgeraucht? – Bund und Länder erlassen Gesetze zum Schutz vor den Gefahren des Passivrauchens, RuP 2008, S. 163 (164 f.).

27 Ein solches Verbot ist u.a. von der Weltgesundheitsorganisation (WHO) gefordert worden (siehe Die Welt vom 31.05.08, S. 15).

28 Siehe oben Fn. 12.

29 Nach einer Studie der Weltbank „könnte ein Verbot sämtlicher Tabakwerbung sowie des

Von großer Bedeutung ist schließlich, dass die Kosten der Tabakschäden – wie es dem Verursacherprinzip entspricht – der Tabakindustrie zugeordnet werden, denn es ist ungerecht, dass die Tabakkonzerne riesige Gewinne machen, aber nicht für die Tabakschäden aufkommen. (Durch den Hinweis auf die Tabaksteuer können sich die Tabakproduzenten nicht entlasten, denn es werden auch andere Produkte besteuert und die Tabaksteuer soll nicht der Abgeltung von Tabakschäden dienen. Zudem sind die Tabakschäden weit höher als das Aufkommen der Tabaksteuer[30]). Da nicht sicher ist, ob und inwieweit die Gerichte hier Abhilfe schaffen werden[31], sollte nach amerikanischem Vorbild ein von der Tabakindustrie zu finanzierender Fonds geschaffen werden, der wenigstens für den Ausgleich der Schäden zu sorgen hätte, die den Krankenversicherern durch das Rauchen entstehen. In den USA hat sich die Tabakindustrie 1998 insoweit verpflichtet, im Laufe von 25 Jahren 206 Milliarden Dollar als Schadensausgleich in einen Fonds zu zahlen[32]. Die bisherige Säumnis des deutschen Gesetzgebers ist um so unverständlicher, als nach den USA nun auch andere Staaten für die Durchsetzung des Verursacherprinzips sorgen wollen[33].

Reformimpulse könnten sich aber durch die Europäische Union ergeben. In einem Bericht, den der Abgeordnete *Florenz* (CDU) im Auftrag des Europäischen Parlaments verfasst hat, empfiehlt er nicht nur „ein uneingeschränktes Rauchverbot in sämtlichen geschlossenen Arbeitsstätten (einschließlich der Gastronomie) sowie in sämtlichen geschlossenen öffentlichen Einrichtungen und Verkehrsmitteln innerhalb der Europäischen Union", sondern fordert auch eine Einstandspflicht der Tabakindustrie für

---

Sponsoring den Tabakkonsum um sechs bis sieben Prozent verringern" (*Warner*, in: Die Drogenbeauftragte – oben Fn. 2 – S. 34 f.).

30 Nach vorsichtigen Schätzungen verursacht das Rauchen in Deutschland jährlich Kosten von 18,8 Milliarden Euro, davon 5,1 Milliarden für die medizinische Versorgung von Rauchern und 13,7 Milliarden für den Ausfall bezahlter Arbeit. Rechnet man den Ausfall unbezahlter Arbeit (wie Hausarbeit oder Betreuung von Angehörigen) hinzu, so ergeben sich noch wesentlich höhere Kosten (siehe *Leidl*, in: Die Drogenbeauftragte, oben Fn. 2, S. 36 ff.). Demgegenüber betrug das Aufkommen der Tabaksteuer im Jahre 2003 14,1 Milliarden Euro (Die Welt vom 30.10.04, S. 4).

31 Siehe *v. Hippel*, Tabakschäden: Klagen gegen die Tabakindustrie?, JZ 1999, 781 f.; *ders.*, Haftung der Tabakindustrie für Tabakschäden?, VuR 2005, 169 ff. – Im Mai 2007 hat das BVerfG die Verfassungsbeschwerde eines geschädigten Rauchers, der den Zigarettenhersteller vergeblich auf Schadensersatz verklagt hatte, ohne Begründung abgewiesen (1 BvR 1882/04).

32 Siehe *Thiele*, Die zivilrechtliche Haftung der Tabakindustrie (2003), S. 40 ff.

33 So verlangt Saudi-Arabien von internationalen Tabakkonzernen über 2 Milliarden Euro als Ersatz für Tabakschäden und zudem jährlich 99 Millionen Euro für die Behandlung tabakbedingter Krankheiten (Die Welt 21.05.07, S. 12). – Anzumerken ist, dass insoweit schon einiges gewonnen wäre, wenn Raucher erhöhte Krankenkassen-Beiträge zahlen müssten, wie dies in der Privatversicherung üblich ist; siehe *Chaar*, Raucher müssen für Policen deutlich mehr bezahlen, Die Welt 15.09.08, S. 17.

Gesundheitskosten, die den Krankenkassen durch das Rauchen entstehen (jährlich mindestens 50 Milliarden Euro). Diese Kosten müsse die Tabakindustrie den Krankenkassen erstatten, denn es gehe nicht an, dass Nichtraucher durch ihre Krankenkassen-Beiträge für die gesundheitlichen Schäden von Rauchern mitzahlen müssten[34].

Schließlich ist ein Wort zum Verfassungsrecht angebracht, das nicht selten als Argument gegen Reformen ins Feld geführt wird. Verfassungsrechtlich hat der Gesetzgeber einen weiten Spielraum für Reformregelungen, denn die Volksgesundheit ist international als ein besonders wichtiges Rechtsgut anerkannt, zu dessen Schutz weitreichende Restriktionen zulässig sind. Da die Selbstkontrolle der Wirtschaft sich als unzulänglich erwiesen hat, steht auch der Verfassungsgrundsatz der Verhältnismäßigkeit gesetzlichen Reformen nicht im Wege. Analog zu dem Verbot des Haschischs – welches das Bundesverfassungsgericht für zulässig erklärt hat[35] – wäre sogar ein Verbot des Tabaks zulässig[36], allerdings nicht ratsam, weil ein solches Verbot unter den heutigen Gegebenheiten nicht durchsetzbar wäre. Da es Millionen Nikotinsüchtige gibt, würde sich mit Sicherheit ein Schwarzmarkt für Tabakwaren bilden, der in Ansätzen (infolge des Zigarettenschmuggels) bereits heute besteht und dem Organisierten Verbrechen zugute kommt[37]. Da ist es das geringere Übel, die weitere Existenz der Tabakindustrie zu dulden, freilich nur unter strengen Auflagen und unter Aufsicht einer nationalen Tabak- oder Gesundheitsbehörde (die für die Entwicklung und Durchsetzung eines umfassenden Programms der Tabakkontrolle zu sorgen hat), wie sie manche Länder (z.B. Schweden) bereits eingeführt haben und wie sie von der WHO seit langem befürwortet wird.

Im Übrigen ist zu hoffen, dass die WHO angesichts der Millionen von Tabaktoten ihren Kampf gegen das Rauchen verstärkt und dass sie dabei von der Staatengemeinschaft und von privaten Sponsoren unterstützt wird[38]. Das ist umso wichtiger, als die Tabakkonzerne Einbußen in den westlichen Ländern durch einen verstärkten Absatz ihrer Produkte in der Dritten Welt kompensieren.

34   Siehe *Schlitz*, EU-Bericht verlangt strengeres Rauchverbot, Die Welt 31.05.07, S. 9.
35   Siehe BVerfG vom 09.03.1994, NJW 1994, 1577.
36   Vgl. Antwort der Bundesregierung auf eine kleine Anfrage, BT-Drucks. 7/3597 vom 05.05.1975, S. 12: „Tabakerzeugnisse erweisen sich in zunehmendem Maße als gesundheitsschädliche Genussmittel. Kämen sie heute erstmals auf den Markt, würden sie nach geltenden Bestimmungen des Lebensmittelgesetzes nicht mehr zugelassen"; Entwurf eines Gesetzes zur Verbesserung des Nichtraucherschutzes der Abgeordneten *Roland Sauer u.a.*, BT-Drucks. 12/7082 vom 14.03.1994, S. 3: „Angesichts der Gesundheitsschädlichkeit des Rauchens wäre ein absolutes Verbot von Tabakerzeugnissen an sich die einzige logische Konsequenz".
37   Siehe *Zand-Vakili*, Zigaretten-Mafia wie Drogendealer organisiert, Die Welt vom 02.12.04, S. 35.
38   Vgl. Die Welt 25.07.08, S. 11: „Microsoft-Mitbegründer Bill Gates und der New Yorker Bürgermeister Michael Bloomberg wollen eine weltweite Anti-Rauch-Kampagne mit 500 Mio. Dollar (318 Mio. Euro) unterstützen.".

§ 23 Zur Bekämpfung des Alkoholmissbrauchs

I. Problemstellung und Ausgangslage[1]

Der Kampf gegen Suchtgefahren und ihre verheerenden Auswirkungen ist zu einer vordringlichen Aufgabe unserer Zeit geworden, denn immer mehr Menschen nehmen wegen Ängsten, Unsicherheit, Stressanfälligkeit und Enttäuschungen zu Drogen Zuflucht[2]. Nachdem der Kampf sich lange Zeit auf die illegalen Drogen (Heroin, Kokain, Haschisch, synthetische Drogen) beschränkte, die bis heute besondere Aufmerksamkeit finden[3], hat er sich inzwischen auf die legalen Drogen ausgeweitet, und zwar zunächst auf den Tabak[4], dann aber auch auf den Alkohol[5].

So verabschiedeten die Gesundheitsminister der 16 Bundesländer im November 1997 einen „Aktionsplan Alkohol", in dem sie Werbebeschränkungen, Warnhinweise, lokale Verkaufsbeschränkungen, die Null-Pro-Mille-Grenze für Führerscheinanfänger und eine erhöhte Besteuerung für Alkoholika befürworten[6].

Im Juni 1998 präsentierte das Bundesgesundheitsministerium der Werbewirtschaft, den Herstellern alkoholischer Getränke und den Medien einen umfangreichen Verbotskatalog bezüglich der Alkoholwerbung mit der Aufforderung, diesen Katalog freiwillig zu respektieren. Darin werden die Hersteller auch zu Warnhinweisen verpflichtet, und zwar sowohl zu solchen allgemeiner Art als auch zu solchen für bestimmte Gruppen (Schwangere, Jugendliche, Kraftfahrer, Drogenabhängige, Kranke)[7].

---

1   Ergänzte Fassung eines Beitrags, der in der Zeitschrift für Rechtspolitik 1999, 132 ff., erschienen ist.
2   Siehe oben § 3 II. 3.
3   Siehe die Beiträge verschiedener Autoren zum Thema „Prävention des Missbrauchs illegaler Drogen", in: Politische Studien 46 (1995) Heft 344; *Halusa*, UN-Drogenkonferenz verabschiedet Aktionsplan, Die Welt vom 12.06.1998, S. 6.
4   Siehe oben § 22.
5   Siehe *Lothar Schmidt*, Alkoholkrankheit und Alkoholmissbrauch, 4. Aufl. (1997); *Edwards* (ed.), Alcoholic Policy and the Public Good (1994), deutsch: Alkoholkonsum und Gemeinwohl (1997) und hierzu die Kurzfassung von *Seifert*, in: DHS, Informationen zur Suchtkrankenhilfe 1/1998, Schwerpunktheft Alkohol, S. 3 ff.; *Kornhuber*, Alkohol: Auch der normale Konsum schadet (2001) und hierzu meine Rezension in NJW 2001, 3990.
6   Siehe Aktionsplan Alkohol, in: DHS (oben Fn. 5), S. 39 ff. – Ein solcher Aktionsplan war zuvor von der Deutschen Hauptstelle gegen die Suchtgefahren (DHS) vorgelegt worden; siehe DHS (oben Fn. 5), S. 31 ff.
7   Siehe Bericht „Alkohol-Werbung soll verboten werden", Die Welt vom 06.06.1998, S. 13.

Und im Oktober 1998 legten europäische Gesundheitspolitiker und die Weltgesundheitsorganisation (WHO) einen Aktionsplan vor, der den Alkoholkonsum in Europa deutlich senken soll. Danach soll die Werbung für alkoholische Getränke drastisch eingeschränkt werden und die Verfügbarkeit von Alkoholika auf besondere staatliche Läden begrenzt werden. Zudem sollen Verbraucher künftig besondere Abgaben zahlen. Schließlich sollen Hersteller im Rahmen der Produkthaftung für gesundheitliche Schäden geradestehen, die auf Alkohol beruhen[8].

Die Ausweitung des Kampfes auf legale Drogen war seit langem fällig, denn Tabak und Alkohol sind ebenso gefährlich wie verbotene Rauschgifte[9] und die Zahl der Nikotinabhängigen und der Alkoholabhängigen ist um ein vielfaches höher als die Zahl der Drogenabhängigen. Entsprechend höher sind denn auch die gesundheitlichen, volkswirtschaftlichen und sozialen Schäden der legalen Drogen. Allein die Zahl der Tabaktoten wird in der Bundesrepublik auf jährlich 110.000 und die Zahl der Alkoholtoten auf 40.000 geschätzt, während die Zahl der Drogentoten unter 2.000 liegt[10].

Während bei der Bekämpfung der Tabak-Epidemie inzwischen beachtliche Fortschritte (speziell in den USA) erzielt worden sind[11], besteht bei der Bekämpfung des Alkoholmissbrauchs ein Rückstand, den es aufzuholen gilt. Dem Betrachter bietet sich insoweit ein alarmierendes Bild. Mit einem Konsum von jährlich 10 bis 11 Litern reinen Alkohols pro Einwohner nimmt Deutschland im internationalen Vergleich eine Spitzenstellung ein[12]. Nach Angabe der Deutschen Hauptstelle gegen die Suchtgefahren (DHS) gibt es in Deutschland 1,7 Millionen alkoholabhängige Menschen (im Alter zwischen 18 und 69 Jahren), 2,7 Millionen mit missbräuchlichem Konsum und 4,9 Millionen mit riskantem Konsumverhalten[13]. Nach einer neuen Repräsentativerhebung besteht sogar bei fast jedem siebten Erwachsenen in Deutschland eine zum Teil erhebliche Alkoholabhängigkeit[14]. Betroffen sind nicht nur Randgruppen, sondern alle Bevölkerungsschichten. 71 Prozent der Betroffenen sind Männer. Doch die Zahl der (überwiegend heimlich trinkenden und deshalb schwer zu erfassenden) Frauen nimmt stetig zu. Besonders besorgniserregend ist die Lage der Jugendlichen, von denen viele

---

8   Siehe Bericht „Europa-Politiker sagen Alkohol den Kampf an", Die Welt vom 10.10.1998, S. 15, sowie zuvor schon Weltgesundheitsorganisation (Hrsg.), Europäischer Aktionsplan Alkohol (1993) und den Bericht „Europäische Charta Alkohol", in: DHS (oben Fn. 5), S. 37.

9   Siehe Bericht „Tabak und Alkohol so gefährlich wie Rauschgifte", Die Welt vom 18.12.1994, S. 34.

10 Siehe Deutsche Hauptstelle gegen die Suchtgefahren (DHS), Jahrbuch Sucht 1999, S. 20.

11 Siehe oben § 22.

12 Siehe DHS (oben Fn. 10), S. 6 f. – Dabei wird angeblich die Hälfte des Alkohols von einem Zehntel der Bevölkerung konsumiert (Die Welt vom 10.10.1998, S. 15).

13 Siehe DHS (oben Fn. 10), S. 6; vgl. auch Schmidt (oben Fn. 5), S. 42 ff.; *Schmalz*, Ein Kulturgut ist auch Droge Nummer eins, Die Welt vom 17.06.1998, S. 12.

14 Siehe *Franz*, Erhebliche Probleme mit dem Alkohol, Die Welt vom 11.04.1998, S. 8.

immer früher und immer öfter zur Flasche greifen[15]. Nach einer Untersuchung, die das Max-Planck-Institut für Psychiatrie (München) für die bayerische Metropole durchgeführt hat, beginnen viele Jugendliche schon vor dem 14. Lebensjahr mit einem regelmäßigen Alkoholkonsum. Bereits sechs bis sieben Prozent aller männlichen und weiblichen 14- bis 15-jährigen weisen eindeutige körperliche Zeichen von häufigem Alkoholkonsum auf. Die gesundheitlichen Gefahren des Alkoholmissbrauchs sind den Jugendlichen häufig nicht oder nicht ausreichend bewusst[16].

Die Auswirkungen des Alkoholmissbrauchs sind erschreckend[17]. Während der maßvolle Konsum von Alkohol angeblich nicht schadet[18], macht Missbrauch oft süchtig und verursacht häufig körperliche Schäden (Erkrankungen der Leber, der Bauchspeicheldrüse, des Magens, des Herzmuskels, des Nervensystems) sowie psychische Störungen (Gedächtnisstörungen, Depressionen, Wahnvorstellungen). Zudem gefährden Frauen durch Alkoholkonsum ihre ungeborenen Kinder und ihre Säuglinge[19]. Hinzu kommen soziale Konflikte (besonders in der Familie und am Arbeitsplatz), denn Alkohol senkt die Leistungsfähigkeit und die Hemmschwellen. So geht ein hoher Anteil der Arbeitsunfälle, der Verkehrsunfälle und der sog. „Aggressionsdelikte" auf das Konto von alkoholisierten Tätern[20]. Vermutlich ist jeder zweite Unfalltote im Straßenverkehr ein Opfer des Alkohols[21].

Dass auch die Angehörigen der Alkoholabhängigen in Mitleidenschaft gezogen werden und es deshalb oft zu weiteren negativen Auswirkungen (psychischen Störungen von Angehörigen, Zerrüttung von Ehen, Ehescheidungen) kommt, liegt auf

15 Siehe *R.W.*, Frühe Anfänge der Sucht, F.A.Z. vom 18.05.1994, S. N 1.
16 Siehe *Franz* (oben Fn. 14) sowie den Bericht „Immer mehr Jugendliche alkoholabhängig", Badische Zeitung vom 02.12.1996, S. AAW 1.
17 Siehe *Schmidt* (oben Fn. 5), S. 121 ff.
18 Unbedenklich sind nach Angabe der „Hör zu" 1995 Heft 5, S. 130 „für Frauen ein achtel Liter, für Männer ein Viertel Wein täglich", desgleichen „zwei bis drei Schnäpse pro Woche", wenn nicht zusätzlich anderer Alkohol getrunken werde. – Siehe aber auch *Kornhuber*, Gesundheitsschäden durch „normalen" Alkoholkonsum, in: Jahrbuch 86 zur Frage der Suchtgefahren, S. 92 ff., der betont, entgegen verbreiteten Vorstellungen entstünden „durch tägliches Trinken auch kleiner Alkoholmengen oft Abhängigkeit und krankhafte Veränderungen der Leber, der Bauchspeicheldrüse, der Blutfette, des Blutdrucks, der Fettdepots, der Zuckerregelung usw."; vgl. ferner Bericht „Fördert Alkohol die Gesundheit?", in: DHS (oben Fn. 5), S. 22 ff.
19 Siehe *Schmidt* (oben Fn. 5), S. 154 ff.
20 Siehe *Schmidt* (oben Fn. 5), S. 169 ff.; *Seifert* (oben Fn. 5), S. 4.
21 Siehe *v. Hippel*, Willkür oder Gerechtigkeit (1998) § 11 (Menschenopfer für die Alkohol-Lobby?).

der Hand[22]. Jeder vierte Alkoholiker unternimmt einen Selbstmordversuch, der in 15 Prozent der Fälle tödlich endet[23].

Die Folgekosten der durch Alkohol bedingten Leistungsminderungen, Erkrankungen, Frühinvalidität und Todesfälle sind immens. Hinzu kommen die Schäden, die unter Alkoholeinfluss verursacht werden, insbesondere durch alkoholbedingte Arbeitsunfälle und Verkehrsunfälle. Der volkswirtschaftliche Gesamtschaden des Alkoholkonsums dürfte in Deutschland jährlich mindestens 50 Mrd. Mark betragen[24].

Nach Angabe der Gesundheitsminister „schätzt die WHO die Gesamtkosten, die der Gesellschaft durch den Alkoholkonsum entstehen, auf fünf bis zehn Prozent des Bruttosozialproduktes und die Erlöse aus der Alkoholproduktion in den Ländern, die zu den Großproduzenten und Exporteuren alkoholischer Getränke zu rechnen sind, auf weniger als zwei Prozent des Bruttosozialproduktes. Somit wären die finanziellen Verluste, die der Gesellschaft durch Alkoholmissbrauch entstehen, mindestens drei mal so groß wie die durch Alkoholproduktion und Steuern erzielten Gewinne"[25].

II. Reformüberlegungen

Angesichts dieser erschreckenden Befunde gilt es, die Bekämpfung des Alkoholmissbrauchs als eine Gemeinschaftsaufgabe zu begreifen, zu deren Bewältigung alle Akteure (Gesetzgebung, Rechtsprechung, Verbände, Betriebe, Versicherer, Ärzteschaft, Selbsthilfegruppen, Schule, Medien) zusammenwirken müssen. Im folgenden werden nur die Möglichkeiten der Gesetzgebung behandelt, der eine besonders wichtige Rolle zufällt.

Aber auch die Rolle der anderen Akteure ist nicht zu unterschätzen. So kann die Rechtsprechung durch Stellungnahmen zu strafrechtlichen, haftungsrechtlichen, versicherungsrechtlichen, arbeitsrechtlichen und sozialrechtlichen Fragen einen beachtlichen Einfluss ausüben[26].

---

22 Siehe *Schmidt* (oben Fn. 5), S. 164 ff.; Bericht „Partner von Alkoholkranken brauchen Hilfe", Die Welt vom 01.03.1997, S. 12, der eingangs feststellt: „Mehr als zehn Millionen Deutsche sind von den Folgen der Alkoholsucht direkt oder indirekt betroffen".

23 Siehe Die Welt vom 24.02.1996, S. 9.

24 Siehe *Franz* (oben Fn. 14). – Die Deutsche Hauptstelle gegen die Suchtgefahren (DHS) schätzt den Gesamtschaden auf 30 bis 80 Milliarden Mark im Jahr (Die Welt vom 22.05.1995, K 5. 10). Die IG Metall spricht sogar von jährlichen Sozialkosten zwischen 50 und 120 Mrd. Mark (Die Welt vom 13.08.1994, S. 13); vgl. auch *Schmidt* (oben Fn. 5), S. 173. – Für die Schweiz siehe *Leu/Lutz*, Ökonomische Aspekte des Alkoholkonsums in der Schweiz (1977).

25 Aktionsplan Alkohol (oben Fn. 6), S. 39.

26 Siehe nur *Hentschel/Born*, Trunkenheit im Straßenverkehr, 7. Aufl. (1996); *Felderhoff*, Alkohol und Arbeitsrecht (1997).

Bemerkenswert ist z.b., dass die deutsche Rechtsprechung alkoholisierten Arbeitnehmern den Schutz der gesetzlichen Unfallversicherung versagt und dass die Gerichte in manchen Staaten haftungsrechtliche oder strafrechtliche Sanktionen gegen Gastwirte verhängt haben, wenn diese betrunkenen Gästen nicht die Autoschlüssel wegnehmen. – In vielen Staaten versagen die Versicherer betrunkenen Kraftfahrern voll oder teilweise den Schutz der Kraftfahrzeug-Haftpflichtversicherung[27]. – In den Betrieben gibt es inzwischen 1.500 bis 2.000 Suchtpräventionsprogramme mit unterschiedlichen Ansätzen und Reichweiten[28]. – Unschätzbare Arbeit leisten Organisationen wie die „Deutsche Hauptstelle gegen die Suchtgefahren" (DHS) und „Anonyme Alkoholiker"[29].

Als gesetzliche Maßnahmen kommen insbesondere in Betracht die Kontrolle der Werbung (1), obligatorische Warnhinweise (2), die Verteuerung alkoholischer Getränke, speziell durch die Anlastung der Folgeschäden nach dem Verursacherprinzip (3), die Verschärfung der Produkthaftung (4), Verkaufsbeschränkungen (5) und Beschränkungen des Alkoholkonsums (6).

1. Kontrolle der Werbung

Ebenso wie die Tabakwerbung ist inzwischen auch die Alkoholwerbung in einer wachsenden Zahl von Staaten beschränkt worden, und es lässt sich absehen, dass die Restriktionen sich verschärfen werden[30]. Zu Recht wird nun von manchen Seiten sogar ein völliges Werbeverbot für Alkoholika gefordert[31], wie es für Tabakprodukte in der Europäischen Union schon vor Jahren angestrebt wurde[32]. Eine Drogenpolitik, die glaubwürdig sein will, kann auf Werbeverbote für Tabak und Alkohol nicht verzichten. Zudem hat sich gezeigt, dass die Alkoholwerbung den Alkoholkonsum

---

27 Siehe *v. Hippel*, Versicherungsschutz für nicht schutzwürdige Kraftfahrer?, NJW 1969, 209 ff. – In Deutschland haben die Kraftfahrzeug-Haftpflichtversicherer 1995 einen Selbstbehalt für betrunkene Kraftfahrer in Höhe von 10.000 Mark eingeführt.

28 Siehe Die Welt vom 07.09.1996, S. BW 1.

29 Siehe Der Spiegel 1983 Nr. 38, Selbsthilfe gegen Sucht (Titelgeschichte); *Schmidt* (oben Fn. 5), S. 15, 206 ff.

30 Siehe *Jayasuriya*, The Regulation of the Advertising of Alcoholic Beverages: A Survey of National Legislation, International Digest of Health Legislation 38 (1987) 721 ff.; Forderungen zur Werbebeschränkung im „Aktionsplan Alkohol" der Gesundheitsminister (oben Fn. 6), S. 42.

31 Ein solches Verbot ist u.a. von der Deutschen Hauptstelle gegen die Suchtgefahren (DHS) gefordert worden (Die Welt vom 16.07.1997, S. 2); vgl. auch *Schmidt* (oben Fn. 5), S. 281.

32 Allerdings ist es der Tabaklobby gelungen, ein von der EU 1998 beschlossenes Tabakwerbeverbot (mit Hilfe einer Klage der deutschen Bundesregierung vor dem Europäischen Gerichtshof) zu verhindern. Der Europäische Gerichtshof ging davon aus, es handle sich bei dem Werbeverbot um eine gesundheitspolitische Maßnahme, für welche der EU die Kompetenz fehle.

erhöht, also nicht nur – wie die Alkoholindustrie behauptet – Marktanteile verändert[33]. Deshalb ist ein Verbot der Alkoholwerbung ebenso wenig verfassungswidrig wie ein Verbot der Tabakwerbung[34].

2. Warnhinweise

Zu Recht werden nun von verschiedenen Seiten auch Warnhinweise verlangt. So hat die Deutsche Hauptstelle gegen die Suchtgefahren (DHS) betont, Warnhinweise auf allen Bier-, Wein- und Schnapsflaschen seien unbedingt erforderlich, denn Alkohol gefährde die Gesundheit, könne zur Sucht führen, mache fahruntüchtig, vertrage sich nicht mit Medikamenten und gefährde ungeborene Kinder von Schwangeren[35]. Zu erwähnen sind ferner die Warnhinweise, zu denen der oben erwähnte Katalog des Bundesgesundheitsministeriums die Alkoholhersteller verpflichten will[36]. Die besondere Schutzbedürftigkeit ungeborener Kinder rechtfertigt die Empfehlung an Schwangere, ganz auf Alkohol zu verzichten[37].

3. Verteuerung alkoholischer Getränke

Besonders vielversprechend ist die Verteuerung von Alkoholprodukten: Da aufgrund internationaler Erfahrungen feststeht, dass Preiserhöhungen den Alkoholkonsum verringern[38], ist eine deutliche Verteuerung alkoholischer Getränke angebracht, wie sie von verschiedenen Seiten befürwortet wird. So hat der damalige Präsident der Bundesärztekammer *Karsten Vilmar* empfohlen, Tabak und Alkohol mit einer Abgabe zu belasten, die dem Gesundheitswesen zukommen solle[39]. Die DHS hat die Einführung einer Abgabe von einem Pfennig je Milligramm reinem Alkohols gefordert[40]. Und

---

33 Siehe *Jayasuriya* (oben Fn. 30), S. 736; *Seifert* (oben Fn. 5), S. 14. – Zu entsprechenden Erkenntnissen im Tabaksektor siehe *v. Hippel*, ZRP 1995, 137 (138).

34 Siehe *v. Hippel*, Verbot der Tabakwerbung? – Eine Entgegnung, RuP 1995, 43. – Dass die Lobby gleichwohl alles tut, um ein Verbot der Alkoholwerbung zu verhindern, liegt auf der Hand; siehe nur Bericht „Brauer: Werbeverbote bedrohen die Branche", F.A.Z. vom 17.10.1998, S. 16.

35 Die Welt vom 16.7.1997, S. 2.

36 Siehe Bericht (oben Fn. 7).

37 Siehe Bericht „Ärzte fordern Alkoholtabu für schwangere Frauen", Die Welt vom 13.10.1997, S. 12.

38 Siehe *Seifert* (oben Fn. 5), S. 8 ff.

39 Siehe Die Welt vom 03.01.1994, S. 10.

40 Die dadurch erzielten Einnahmen von jährlich 8,2 Mrd. Mark sollen für Maßnahmen der Suchtprävention und Suchtkrankenhilfe eingesetzt werden (Die Welt vom 12.02.1998, S. 5).

die Gesundheitsminister sind für die „Erhöhung bzw. Einführung von Steuern für alle alkoholhaltigen Getränke" eingetreten[41].

Die wünschenswerte Verteuerung des Alkohols ergibt sich von selbst, wenn man die Kosten der Alkoholschäden – wie es dem Verursacherprinzip entspricht – der Alkoholindustrie zuordnet und dafür sorgt, dass die Alkoholindustrie *zumindest die Kosten für die Behandlung alkoholbedingter Krankheiten erstatten muss*. In den USA ist dies bezüglich der (vergleichbaren) Tabakschäden bereits geschehen: Dort hat sich die Tabakindustrie im November 1998 in einer spektakulären Vereinbarung mit den amerikanischen Gliedstaaten verpflichtet, im Laufe von 25 Jahren 206 Milliarden Dollar zu zahlen. Mit diesem Geld sollen Kosten gedeckt werden, die dem Gesundheitssystem durch das Rauchen entstehen. Um das Geld aufzubringen, haben die Tabakkonzerne den Preis für ein Päckchen Zigaretten um 50 Cent auf 3,25 Dollar erhöht[42].

Durch den Hinweis auf die Alkoholsteuer können sich die Alkoholproduzenten ebenso wenig entlasten wie die Tabakproduzenten durch den Hinweis auf die Tabaksteuer, denn es werden auch andere Produkte besteuert und die Alkoholsteuer soll ebensowenig der Abgeltung von Alkoholschäden dienen wie die Tabaksteuer der Abgeltung von Tabakschäden. Zudem sind die Alkoholschäden (die jährlich mit mindestens 50 Mrd. Mark zu veranschlagen sind) weit höher als das Aufkommen der Alkoholsteuer, die auf Bier, Schaumwein und Branntwein (nicht aber auf Wein) erhoben wird und deren Aufkommen im Jahre 1997 ca. 7,45 Mrd. Mark betrug[43].

4. Verschärfung der Produkthaftung

Eine Erweiterung der Produkthaftung auf eine reine Kausalhaftung für Alkoholschäden ist schwerlich durchsetzbar. Indessen haften die Alkoholhersteller schon nach geltendem Recht, soweit sie die Konsumenten nicht zum frühest möglichen Zeitpunkt in angemessener Weise auf die (unter II.2.) genannten Gefahren ihrer Alkoholprodukte hinweisen[44]. Diese Warnpflicht haben die Alkoholhersteller bisher nicht erfüllt, was um so schwerer wiegt, als das Bundesgesundheitsministerium sie im Juni 1998 zu Warnhinweisen aufforderte[45]. Deshalb könnte die Rechtsprechung eine Haftung der Alkoholhersteller wenigstens in krassen Fällen bejahen, so z.B. bei der Schädigung

---

41 Siehe Aktionsplan Alkohol (oben Fn. 6), S. 42. – Anzumerken ist, dass im Gegensatz zu anderen Ländern in Deutschland der Wein von der Alkoholsteuer ausgenommen ist.

42 Siehe Bericht „Tabakbranche zahlt Rekordentschädigung", Die Welt vom 23.11.1998, S. 19 und Die Welt vom 04.02.1999, S. U7; zur Vorgeschichte siehe *v. Hippel*, Ersatz von Tabakschäden?, ZRP 1998, 6 f.

43 Siehe DHS (oben Fn. 10), S. 12. – Den Vorschlag, die Steuern auf Alkohol zu erhöhen, hat die Drogenbeauftragte Bätzing nach einem Proteststurm der Lobby zurückgezogen (Die Welt 22.12.08 S. 2).

44 Siehe *v. Hippel*, Verbraucherschutz, 3. Aufl. (1986), S. 49 ff.

45 Siehe Bericht (oben Fn. 7).

von ungeborenen Kindern durch Alkohol. Bezüglich dieses Risikos sind Warnhinweise besonders wichtig, weil die Gefährdung ungeborener Kinder durch Alkoholkonsum ihrer Mütter bisher noch zu wenig bekannt ist[46].

5. Verkaufsbeschränkungen

Wichtig ist es auch, den Zugang zum Alkohol zu erschweren, denn es hat sich gezeigt, dass der Alkoholkonsum sinkt, "wenn Alkohol weniger erhältlich, unbequemer zu kaufen oder weniger zugänglich ist"[47]. Deshalb sollte der Alkoholverkauf lizenziert werden. Ein Verkauf von Alkoholika durch Automaten, an Tankstellen und in der Nähe von Schulen sollte nicht mehr zulässig sein[48].

6. Konsumbeschränkungen

Von Bedeutung sind schließlich Trinkbeschränkungen und Trinkverbote, die für bestimmte Berufe oder bestimmte Tätigkeiten gelten. So hat ein Ausschuss des Europäischen Parlaments schon vor Jahren gefordert, "dass auf Gemeinschaftsebene ein Höchstsatz für den Blutalkoholspiegel bestimmter Arbeitnehmergruppen und bestimmter Vertreter der freien Berufe festgelegt wird, die schwierige und für sich und andere gefährliche Tätigkeiten ausüben" und dass ein einheitlicher Alkoholgrenzwert für Kraftfahrer festgelegt wird[49].

In Deutschland ist der Alkoholgrenzwert seit Mai 1998 von 0,8 auf 0,5 Promille herabgesetzt worden. Sachgerecht wäre freilich ein völliges Alkoholverbot für Kraftfahrer, wie es in manchen Staaten bereits besteht und für Berufskraftfahrer sowie ab August 2007 für Fahranfänger auch in Deutschland gilt[50].

Zudem ist ein völliges Alkoholverbot am Arbeitsplatz anzustreben, wie es die DHS schon vor Jahren gefordert hat und wie es inzwischen viele Betriebe eingeführt haben[51].

---

46 Siehe Bericht (oben Fn. 37).
47 *Seifert* (oben Fn. 5), S. 11 (mit weiteren Ausführungen) der in diesem Zusammenhang auch auf die Bedeutung eines Mindestalters für Alkoholkonsum hinweist: „Alle Studien zeigen, dass die Absenkung des Mindestalters in der betroffenen Altersgruppe zu mehr alkoholbedingten Verkehrsunfällen führt, während ein höheres Mindestalter solche Unfälle reduziert" (S. 12).
48 Siehe DHS (oben Fn. 5), S. 34.
49 Siehe Bericht im Namen des Ausschusses für Umweltfragen, Volksgesundheit und Verbraucherschutz über die Probleme des Alkoholismus in den Ländern der Gemeinschaft (Berichterstatterin Frau Vera *Squarcialupi*), Europäisches Parlament Sitzungsdokumente 1981-1982, Dokument 1-1012/81 vom 23.02.1982, S. Nr. 9 und Nr. 10.
50 Siehe *v. Hippel* (oben Fn. 21).
51 Siehe Bericht „Trunkene Mitarbeiter", Die Welt vom 13.08.1994, S. 13.

III. Bilanz

Angesichts der eingangs genannten alarmierenden Befunde, hinter denen sich unsägliches Leid zahlloser Menschen verbirgt, ist der Staat zum Eingreifen verpflichtet, denn er hat von Verfassungs wegen Leben und Gesundheit der Bürger zu schützen[52]. Zwar ist kein allgemeines Alkoholverbot zu empfehlen, wie es zur Zeit der Prohibition in den USA bestand, denn ein solches Verbot wäre nicht nur verfassungsrechtlich problematisch[53], sondern es wäre – wie die amerikanischen Erfahrungen zeigen – unter den heutigen Gegebenheiten auch nicht durchsetzbar und würde zudem kriminelle Organisationen fördern[54]. Aber wie sich ergeben hat, gibt es eine Reihe brauchbarer Maßnahmen, die in optimaler Bündelung durchaus etwas bewirken können: Wenn der Gesetzgeber die Alkoholwerbung verbietet, angemessene Warnhinweise auf Alkoholflaschen vorschreibt, für ein Alkoholverbot am Arbeitsplatz und im Straßenverkehr sorgt und die Alkoholschäden nach dem Verursacherprinzip der Alkoholindustrie anlastet (und dadurch die Alkoholika wesentlich verteuert), so wird dies die Abkehr vom Alkohol fördern, die nun (insbesondere dank der Fitness-Welle) ohnehin in Gang zu kommen scheint[55]. Auf dem Fundament einer solchen Gesetzgebung können dann andere Aktivitäten zur Bekämpfung des Alkoholmissbrauchs (öffentliche Information, Gesundheitserziehung, Unterstützung von Selbsthilfegruppen, Entwöhnungsprogramme, Forschungsförderung) aufbauen[56]. Wichtig ist nicht zuletzt eine Bekämpfung der psychosozialen Defizite, welche die Wurzel der Alkoholsucht (wie auch anderer Süchte) bilden[57].

---

52 Vgl. BVerfGE 56, 54 (73) = NJW 1981, 1655. – Die staatliche Schutzpflicht besteht jedenfalls gegenüber den ungeborenen Kindern und den Minderjährigen, aber wohl auch gegenüber Alkoholabhängigen, die infolge ihrer Sucht nicht mehr willensfrei sind.

53 Vgl. hierzu die Entscheidung des Bundesverfassungsgerichts zum Haschischverbot vom 09.03.1994, NJW 1994, 1577 (1584 f.).

54 Siehe v. *Hippel* Rechtspolitik (1992), S. 43. – Vgl. aber auch *Seifert* (oben Fn. 5), S. 11: „Prohibitionen sind möglicherweise von beträchtlich zunehmender illegaler Herstellung und illegalem Verkauf von Alkohol begleitet. Vom Standpunkt öffentlicher Gesundheit und des Sozialwesens kann Prohibition aber nicht als völliger Fehlschlag angesehen werden. Während der Prohibition in Amerika sank z.B. die Zirrhose-Sterblichkeit um fast 50 %, wie auch andere alkoholbedingte Probleme. Weiterhin weisen in den ersten Jahren der Prohibition in Kanada, Finnland und den USA alle Indikatoren für den Alkoholkonsum und für Alkoholprobleme den niedrigsten Wert auf".

55 Siehe Bericht „Abkehr vom Alkohol", Hamburger Abendblatt vom 14.08.1996, S. 21.

56 Entsprechendes gilt für ein Programm zur Bekämpfung der Tabak-Epidemie; siehe oben § 22.

57 Siehe v. *Hippel*, Rechtspolitik (1992), S. 249 f.

IV. Ausblick

„Während nach vorliegenden Studien der Alkoholkonsum in den vergangenen Jahren insgesamt zurückgegangen ist, trinkt ein Teil der Jugendlichen viel zu früh und zu exzessiv Alkohol"[58]. Dieser Missstand wird durch das Angebot neuartiger branntweinhaltiger Mixgetränke („Alcopops") gefördert, die speziell auf Jugendliche zugeschnitten sind und aufgrund ihres Designs (der Alkoholgehalt wird durch Aromen und Zucker verdeckt) Minderjährige zu einem frühen Alkoholkonsum verführen[59]. Anstatt die Alkopops zu verbieten – die sowohl gegen den Verbraucherschutz (der Täuschungen untersagt) als auch gegen den Jugendschutz verstoßen – hat der Gesetzgeber sich damit begnügt, ab August 2004 auf Alcopops eine Sondersteuer zu erheben[60]. Zwar hat diese den Konsum der Mixgetränke gedrosselt[61], aber da die Alcopops nach wie vor eine beachtliche Rolle spielen und Exzesse wie „Komasaufen" begünstigen, sollte man nicht länger mit einem Verbot warten.

Ein Verbot liegt um so näher, als die Innenminister von Bund und Ländern am 01.06.2007 angekündigt haben, sie wollten ein gesetzliches Verbot der sog. Flatrate-Partys prüfen, bei denen gegen einen Pauschalbetrag beliebig viel Alkohol getrunken werden kann[62]. Ein staatliches Eingreifen ist hier unerlässlich, denn die Pauschalpreise verführen die Jugendlichen, immer exzessiver zu trinken, so dass Jugendliche immer häufiger ins Koma fallen und wegen einer Alkoholvergiftung ärztlich betreut werden müssen[63]. Deshalb hat ein Bund-Länder-Ausschuss Ende Mai 2007 die Ansicht vertreten, Flatrate-Partys seien schon heute unzulässig[64].

Der Alkoholmissbrauch unter Jugendlichen wird nun auch durch Wein- und Biermixgetränke gefördert, welche die Anbieter nach Inkrafttreten der Alcopop-Steuer mit großem Erfolg vertreiben[65]. Die Mixgetränke sind billiger als Alcopops und dürfen schon an 16-Jährige verkauft werden.

Die Missstände haben inzwischen die EU-Kommission auf den Plan gerufen. In einer Mitteilung der Behörde an das EU-Parlament heißt es: „Während der durchschnittliche Alkoholkonsum in der EU rückläufig ist, hat der Anteil von Jugendlichen

---

58   Siehe Die Drogenbeauftragte, Drogen- und Suchtbericht 2007, S. 8; *Peters*, Generation Alkohol, Die Welt 01.12.07, S. 4. – Anzumerken ist, dass das Einstiegsalter Jugendlicher für Alkohol inzwischen bei 12 bis 13 Jahren liegt. Je früher der Konsum von Alkohol beginnt, um so größer ist das Risiko einer späteren Abhängigkeit.
59   Siehe Die Drogenbeauftragte, Drogen- und Suchtbericht 2005, S. 12.
60   Siehe Die Drogenbeauftragte, Drogen- und Suchtbericht 2006, S. 12.
61   Siehe Fn. 60.
62   Siehe Die Welt 04.06.07, S. 34.
63   Siehe *Ehrenstein*, Jugendliche trinken immer exzessiver, Die Welt 04.05.07, S. 4.; *ders.*, Immer mehr Alkoholvergiftungen, Die Welt 23.05.07, S. 4.
64   Die Welt 08.06.07, S. 6.
65   Siehe *Exler*, Verkaufsschlager Grapefruit-Bier, Die Welt 03.11.07, S. 12.

und jungen Erwachsenen mit schädlichen und riskanten Alkoholkonsummustern in vielen Mitgliedstaaten in den vergangenen Jahren zugenommen"[66]. – Man kann nur hoffen, dass die EU-Kommission dagegen entschieden vorgehen und sich nicht nur auf einen Werbekodex (der „verantwortungsloses Marketing" verhindern soll) beschränken wird. Am besten wäre ein allgemeines Alkoholverbot für Jugendliche, wie es in Deutschland 89 Prozent der Bürger befürworten[67]. Da ein solches Verbot derzeit aber utopisch sein dürfte, gilt es, alle sonstigen Möglichkeiten zum Schutz der Jugendlichen vor Alkohol auszuschöpfen.

66 Zitiert bei *Exler* (oben Fn. 65); *ders.*, Die Welt 21.11.07, S. 16.
67 Die Welt 15.03.07, S. 2.

§ 24 Zur Bekämpfung der Spielsucht

I. Problemstellung und Ausgangslage[1]

Zu den Süchten, die es zu bekämpfen gilt[2], gehört auch die Spielsucht, die schon der russische Schriftsteller Dostojewski aufgrund eigener Erfahrungen in seinem Roman „Der Spieler" (1866) dargestellt hat und die heute infolge neuer Entwicklungen (wie der Verbreitung von Geldspielautomaten, der Spielangebote im Internet und der Spekulationsmöglichkeiten an der Börse) immer mehr Menschen bedroht[3].

Glücksspiele sind schon seit langer Zeit beliebt[4] und erfreuen sich heute weltweiter Popularität[5]. Nicht ohne Grund hat es aber seit jeher auch Kritik am Glücksspiel gegeben: „Moralische Bedenken, den Wohlstand nicht durch Arbeit, sondern durch pures Glück zu mehren, das Falschspiel, die Spielleidenschaft und Folgekriminalität ließen das Spiel mit dem Glück als etwas Verwerfliches, als Sünde erscheinen"[6].

Aufgrund dieser Wertung, die von allen großen Religionen geteilt wird, waren Glücksspiele häufig verboten. Heute begnügen sich die meisten Staaten aber mit einschränkenden Regelungen[7]. Das gilt auch für Deutschland: Die Veranstaltung öf-

---

1 Ergänzte Fassung eines Beitrags, der in der „Zeitschrift für Rechtspolitik" 2001, 558 ff. erschienen ist.

2 Siehe *v. Hippel*, Rechtspolitik, 1992, § 17 (Drogen als Herausforderung) sowie oben § 22 (Kampf gegen Tabak) und § 23 (Kampf gegen Alkohol). Hinzuweisen ist auch auf die Jahrbücher der Deutschen Hauptstelle gegen die Suchtgefahren (DHS) und die jährlichen „Drogen- und Suchtberichte" der Drogenbeauftragten der Bundesregierung.

3 Siehe *Meyer/Bachmann*, Spielsucht, 2000; *Thomsen*, Gefährliches Spiel, ORF Nachlese 1999 Heft 3, S. 61 ff.; *Adams/Tolkemitt*, Das staatliche Glücksspielunwesen, ZBB 2001, 170 ff., die allerdings nur das Lotteriewesen behandeln und deren Kritik und Reformvorschläge weniger auf eine Bekämpfung der Spielsucht zielen als auf eine Beseitigung anderer Missstände des Glücksspielwesens (wie der übermäßigen Ausbeutung der Spieler und der staatlichen Günstlingswirtschaft).

4 Siehe *Meyer/Bachmann* (o.Fn. 3), S. 6 ff.; Weissenfeld, Im Rausch der Spekulation, Die Geschichte von Spiel und Spekulation aus vier Jahrhunderten (1999).

5 Siehe z.B. *Jessen*, Das Glücksspiel eint Israelis und Araber, Die Welt vom 17.09.1998, S. 5; *Baumann*, Glücksspiel in den USA, Wirtschaftswoche 2000 Nr. 44, S. 178 ff. – In China ist eine Fernsehlotterie zur beliebtesten TV-Sendung geworden (siehe *Erling*, Maos Enkel träumen vom großen Sprung ins Geld, Die Welt vom 24.03.1999, S. 9).

6 *Meyer/Bachmann* (o.Fn. 3), S. 7.

7 Siehe *Meyer/Bachmann* (o.Fn. 3), S. 6 ff. – Das gilt nun auch für die Schweiz: Dort ist am 01.01.2000 ein neues Spielbankgesetz in Kraft getreten, das Spielcasinos ermöglicht. Maßgebend waren fiskalische Gründe: „Die Eidgenossen wollten nicht länger zusehen,

fentlicher Glücksspiele ist strafbar, wenn sie nicht behördlich genehmigt worden ist (§ 284 StGB). Das Erfordernis einer behördlichen Genehmigung hat „den Zweck, die Veranstaltung der besonders risikoreichen und verführerischen Glücksspiele nur in einer kontrollierbaren Zahl und nur durch zuverlässige Personen durchführen zu lassen"[8].

Trotz dieses restriktiven Ansatzes ist in Deutschland inzwischen ein riesiger „Glücksspiel-Markt" (Lotto, Toto, Rennwetten, Spielbanken, Spielhallen, Geldspielgeräte) entstanden, dessen Umsätze sich 1998 auf 46,6 Mrd. Mark beliefen und der dem Staat 1998 mehr als 8,8 Mrd. Mark bescherte (durch Rennwett- und Lotteriesteuer, Gewinnablieferung verschiedener Lotterien, Spielbankabgabe, steuerliche Abgaben der Automatenbranche)[9].

Mit dem Glücksspielmarkt wächst auch die Zahl der Spielsüchtigen, die in Deutschland auf 70.000 bis 150.000 geschätzt wird[10]. Verschärfend kommt nun das – besonders verführerische – Angebot von Glücksspielen im Internet hinzu[11] – ganz zu schweigen von dem Börsenfieber, das immer weitere Bevölkerungskreise ergriffen hat und das von den Psychologen mit Sorge beobachtet wird[12].

Die Auswirkungen der Spielsucht sind verheerend: Spielsüchtige verspielen ihr Vermögen, verschulden sich, verschaffen sich Geld durch Straftaten, ruinieren sich und ihre Familien und sind letztlich nicht selten auf Sozialhilfe angewiesen[13]. „Die Abwärtsspirale aus psychosozialen Belastungen, illegalen Handlungen, Schuld- und Panikgefühlen, Hoffnungslosigkeit und dem Zerbrechen sozialer Beziehungen kann bis hin zu Selbstmordgedanken und -versuchen führen"[14]. Zudem entstehen infolge der Spielsucht hohe volkswirtschaftliche Kosten (durch die Beschaffungskriminalität der Süchtigen, durch den Ausfall an Arbeitsleistungen und durch notwendige thera-

wie Scharen von Spielern ihr Geld im nahen Ausland verzocken" (*Neunzig*, Badische Zeitung vom 07.08.1999, S. 7).

8   *Weis*, Die Sperre des Glücksspielers, 1999, S. 16 (mit Rechtsprechungsnachweisen); vgl. auch BVerfG 19.07.2000, BVerfGE 102, 197 ff.

9   Siehe *Meyer/Bachmann* (o.Fn. 3), S. 9 ff., 23 ff.; *Meyer*, Glücksspiel, in: Jahrbuch Sucht 2000, S. 89 ff.

10 Siehe *Meyer/Bachmann* (o.Fn. 3), S. 59, 84 f.; *Meyer* (o.Fn. 9), S. 98.

11 Siehe *Meyer/Bachmann* (o.Fn. 3), S. 17 ff., 68; *Meyer*, Glücksspiele im Internet, Suchtreport 2001 Nr. 3, S. 29 ff.; *Kaiser*, Glücksspiel ohne Grenzen, Die Welt vom 12.10.1999, S. WW1.

12 Siehe *Meyer*, Im Wertpapierfieber: Von Zocker- und Suchtverhalten bei Börsenspekulanten, Suchtreport 2000 Nr. 4, S. 29 ff.; *Jünemann*, Börsenfieber, in: Politische Studien 51 (2000) Heft 372, S. 68 ff. Bericht „Psychologen warnen Börsianer vor Suchtfalle", Die Welt vom 27.06.2000, S. 39.

13 Siehe *Meyer/Bachmann* (o.Fn. 3), S. 109 ff., 126 ff. (Falldarstellungen).

14 *Meyer/Bachmann* (o.Fn. 3), S. 58.

peutische und finanzielle Hilfen), welche die staatlichen Einnahmen aus dem Glücks-spiel wohl weithin aufzehren[15].

II. Reformüberlegungen

Angesichts dieser erschreckenden Befunde muss eine bessere Bekämpfung der Spiel-sucht angestrebt werden, die heute als Suchterkrankung anerkannt ist[16].

Denkt man über Reformen nach, so drängt sich die Frage auf, ob es nicht besser wäre, öffentliche Glücksspiele völlig zu verbieten, wie es manche Staaten bis heute tun[17]. Die Frage liegt um so näher, als der EuGH entschieden hat, wegen der Ge-fahren des Glücksspiels sei jeder Mitgliedstaat der Europäischen Union berechtigt, einschränkende Regelungen bis hin zum Verbot zu treffen, obwohl dadurch der freie Dienstleistungsverkehr beschränkt werde[18]. Indessen wäre ein allgemeines Verbot öf-fentlicher Glücksspiele nicht nur verfassungsrechtlich (unter dem Gesichtspunkt der Verhältnismäßigkeit) problematisch, sondern es würde auch das – ansatzweise schon heute vorhandene – illegale Glücksspiel fördern, von dem insbesondere kriminelle Kreise profitieren[19]. Deshalb muss man nach anderen Möglichkeiten einer besseren Bekämpfung der Spielsucht suchen.

1. Da Vorbeugen besser ist als Heilen, gilt es zunächst, der verführerischen Illusion des schnellen Geldes entgegenzuwirken, d.h. der Vorstellung, mit Hilfe des Glücks-spiels ließen sich rasch erhebliche Gewinne erzielen. Deshalb bedarf es verstärkter Aufklärungsbemühungen[20]. Zudem sollten die Spielanbieter verpflichtet werden, bei ihren Angeboten anzugeben, wieviel Prozent ihrer Einnahmen als Spielgewinn wieder ausgeschüttet werden und wie minimal die Chancen hoher Gewinne sind[21]. Sinnvoll

---

15 Siehe *Meyer/Bachmann* (o.Fn. 3), S. 135.
16 Siehe *Meyer/Bachmann* (o.Fn. 3), S. 44 ff., 309, der hierzu bemerkt: „Die Auffassung, dass die Spielsucht eine Krankheit im Sinne der Sozialversicherung und Sozialhilfe ist, hat sich zwar inzwischen auch in Deutschland durchgesetzt, wenngleich eine höchstrich-terliche Entscheidung noch aussteht".
17 Zur historischen Entwicklung siehe *Meyer/Bachmann* (o.Fn. 3), S. 6 ff.
18 Siehe EuGH 24.03.1994 – Rs. C-275/92 (Schindler), Slg. 1994 I-1039 = EuZW 1994, 311 (mit Anm. *Stein*); EuGH 21.09.1999, EuGHE I 1999, 6067.
19 Vgl. *Meyer/Bachmann* (o.Fn. 3), S. 19, 300. – Zu entsprechenden Erfahrungen mit dem zeitweiligen Alkoholverbot in den USA siehe *v. Hippel*, Zur Bekämpfung des Alkohol-missbrauchs, ZRP 1999, 132 (135).
20 Siehe *Meyer/Bachmann* (o.Fn. 3), S. 302.
21 Die Ausschüttungsquote beträgt beim Lotto 50 Prozent der Einsätze, beim Rubbellotto 40 Prozent und bei Geldspielautomaten mindestens 51,7 Prozent (*Meyer/Bachmann* – o.

wäre auch „eine Beschränkung der Werbung für Lotterien, so dass Glücksspiele nicht mehr als etwas Alltägliches erscheinen, und ein Werbeverbot für Formen mit höherem Suchtpotential"[22].

2. Zu empfehlen ist ferner ein Limit für Höchstgewinne, weil extrem hohe Gewinne (mögen sich auch noch so selten sein) das Spielfieber erfahrungsgemäß übermäßig anheizen[23]. Zu Recht hat der italienische Gesetzgeber kürzlich eine Höchstgrenze für Lottogewinne festgelegt, nachdem ein Lottospieler den Superjackpot von umgerechnet 86,8 Millionen Mark geknackt und damit den höchsten Gewinn in der europäischen Lottogeschichte erzielt hatte[24].

3. Entsprechend der Einsicht „Der beste Weg zur Sittlichkeit ist mangelnde Gelegenheit" (*Wilhelm Busch*) sollte der Zugang zum Glücksspiel eher erschwert als erleichtert werden[25]. Deshalb ist zu beanstanden, dass die Spielbanken aus rein fiskalischen Gründen ständig vermehrt werden[26]. Fragwürdig ist auch das vermehrte Angebot von Lotterien, obwohl zu begrüßen ist, dass die staatlichen Lotterien ihr Monopol inzwischen verloren haben[27]. Am bedenklichsten ist aber die leichte Zugänglichkeit von Geldspielautomaten, deren Suchtpotential der Gesetzgeber verkannt hat[28]. Obwohl Minderjährigen der Aufenthalt an Spielstätten und das Spielen mit Geldspielgeräten in Gaststätten verboten ist, berichten „viele pathologische Spieler, dass sie schon mit 15 oder 16 Jahren an Spielautomaten standen. Hier handelt es sich tatsächlich um eine Art Einstiegsdroge"[29]. Zudem ist es der Automatenindustrie durch eine Verknüpfung

---

Fn. 3 –, S. 12, 17). – Zu den minimalen Chancen hoher Gewinne siehe *Adams/Tolkemitt* (o.Fn. 3), S. 173.

22 Siehe *Meyer/Bachmann* (o.Fn. 3), S. 301.

23 Siehe *Adams/Tolkemitt* (o.Fn. 3), S. 175, 183, die empfehlen, „die Höchstgewinne einschließlich eines möglichen Jackpots im Lotteriesektor auf einen Wert von 1 Mio. DM zu begrenzen".

24 Siehe Die Welt vom 01.10.1999, S. 40 (wo u.a. darauf hingewiesen wird, der bisher höchste Lottogewinn in Deutschland sei 1998 mit 20,9 Millionen Mark erzielt worden). – Hingegen haben deutsche Lottogesellschaften die Chancen hoher Jackpot-Gewinne (mit Spitzen bis zu 50 Millionen Mark) kürzlich erhöht. Sie erwarten dadurch stärkere Spielanreize und ein Umsatzplus von fünf Prozent (Die Welt vom 01.09.2000, S. 40, 50).

25 Siehe *Meyer/Bachmann* (o.Fn. 3), S. 300, 307.

26 Siehe die Auflistung bei *Weissenfeld* (o.Fn. 4), S. 52 f., der darauf hinweist, der Fiskus erhalte 90 Prozent der Spielbankprofite.

27 Das BVerwG hat entschieden, der Staat dürfe Umweltorganisationen (wie u.a. Greenpeace) die Genehmigung für Lotterien („Öko-Lotto") nicht verweigern (BVerwG 29.06.00, VwZ 2001, 435). Zugleich hat das Gericht Kritik geäußert bezüglich „einer aggressiven und ausufernden Geschäftspolitik bestimmter Veranstalter, wie sie im Lotteriewesen vielfach zu beobachten ist und von den Aufsichtsbehörden offenbar unbeanstandet bleibt".

28 Zum alarmierenden Suchtpotential der Geldspielautomaten siehe *Meyer/Bachmann* (o.Fn. 3), S. 59, 305.

29 *Thomsen* (o.Fn. 3), S. 63.

von Spielabläufen gelungen, die einschränkenden Bestimmungen der Spielverordnung (über Höchsteinsatz, Höchstgewinn, Mindestlaufzeit) zu umgehen, sodass an Geldspielautomaten mittlerweile erhebliche Gewinne und Verluste möglich sind. Es befremdet, dass der Gesetzgeber hier nicht für Abhilfe gesorgt hat, obwohl Bundestag und Bundesrat schon vor Jahren Korrekturen gefordert haben und die Selbstkontrolle der Automatenindustrie versagt hat[30]. Im übrigen wäre es jedenfalls besser gewesen, die Geldspielautomaten (entsprechend mancher ausländischen Regelung) nur in Spielbanken und Spielhallen zuzulassen, nicht auch in Gaststätten.

Zudem sollte auch der Zugang zu zusätzlichen Geldquellen für Glücksspiele blockiert und deshalb das Einlösen von Schecks, die Vergabe von Krediten und die Aufstellung von Geldautomaten in Spielkasinos und Spielhallen verboten werden[31].

4. Um die Lukrativität des Glücksspiels zu mindern, sind spürbare Belastungen der Spielanbieter durch Steuern und Abgaben zu befürworten[32]. Zu Recht hat das BVerfG entschieden, die Besteuerung von Spielautomaten sei nicht zu beanstanden, denn sie wolle der Spielsucht entgegenwirken, indem sie ein Verhalten, das Folgekosten für die Gemeinschaft verursachen könne, unattraktiver zu machen suche. Der Gesetzgeber dürfe mit einer Steuer (wie z.B. der Tabak- und Alkoholsteuer) auch gesundheitspolitische Ziele verfolgen[33]. Nach Ansicht des Bundesfinanzhofs darf eine Spielgerätesteuer allerdings nicht so hoch sein, dass sie das Aufstellen von Spielautomaten unwirtschaftlich macht[34].

5. Entsprechend dem Verursacherprinzip und dem Präventionsgedanken sollten die Spielanbieter für die Kosten aufkommen, die der Allgemeinheit durch die Spielsucht entstehen, wie es in manchen Staaten – teils auf freiwilliger, teils auf gesetzlicher Grundlage – bereits teilweise der Fall ist[35]. Zu ihrer Entlastung können sich die Spielanbieter nicht darauf berufen, dass sie bereits Steuern und Abgaben entrichten,

---

30 Siehe *Meyer/Bachmann* (o.Fn. 3), S. 12 ff.; *Meyer*, Glücksspiel, in: Jahrbuch Sucht 1999, S. 89 (100 ff.).

31 Siehe *Meyer/Bachmann* (o.Fn. 3), S. 302.

32 Zur heutigen Besteuerung siehe *Meyer* (o.Fn. 9), S. 94 f.

33 Siehe BVerfG 01.03.1997, JZ 1997, 843 ff. (mit Anm. *Kempen*).

34 Die Entscheidung betraf die Hamburger Spielgerätesteuer, die der Hamburger Senat 1995 von monatlich 300 auf 600 Mark pro Gerät in Spielhallen und von 80 auf 200 pro Gerät an anderen Orten erhöht hatte. – Der Bundesfinanzhof wies die Sache an das Hamburger Finanzgericht (das die Steuer für zulässig gehalten hatte) zurück. Bis zu dessen abschließender Entscheidung können noch Jahre vergehen (siehe Die Welt vom 07.02.2001, S. 38 und vom 25.05.2001, S. 37).

35 Siehe (für Österreich) *Thomsen* (o.Fn. 3), S. 62. – In Deutschland „stellen einige Bundesländer seit kurzem einen geringen Anteil der Einnahmen aus Spielbanken für Modellprojekte der ambulanten Behandlung zur Verfügung" (*Meyer/Bachmann* – o.Fn. 3 –, S. 2). Zudem unterstützen manche Spielbanken neuerdings Programme zur Spielsucht-Prävention (Die Welt vom 06.07.2000, S. 48).

denn diese dienen ebensowenig einer Abgeltung der Spielsuchtkosten wie die Tabaksteuer und die Alkoholsteuer der Abgeltung von Tabakschäden bzw. Alkoholschäden dienen[36].

6. Wichtig ist auch die volle Nutzung privatrechtlicher Möglichkeiten: Spielverträge, die mit einem pathologischen Spieler abgeschlossen werden, können wegen partieller Geschäftsunfähigkeit des Spielers (§§ 104 Nr. 2, 105 BGB) oder wegen Verstoßes gegen die guten Sitten (§ 138 BGB) nichtig sein, sodass der Spieler sein verspieltes Geld nach § 812 BGB zurückfordern darf[37]. Wenn die Rechtsprechung süchtige Spieler mit Hilfe dieser Vorschriften wenigstens in krassen Fällen schützt – wie es das OLG Zweibrücken in einem Urteil vom 12.3.1998 getan hat[38] und wie es dem allgemeinen Bestreben der Judikatur entspricht, den schwächeren Vertragspartner vor Ausbeutung zu schützen[39] –, so werden die Spielanbieter im eigenen Interesse darauf achten, dass pathologische Spieler gestoppt werden. Zwar können solche Spieler schon heute von Spielbanken gesperrt werden oder sich auf eigenen Antrag sperren lassen[40]. Aber die Praxis zeigt, dass diese Möglichkeiten nur begrenzt genutzt werden und deshalb keinen hinreichenden Schutz bieten, zumal der BGH entschieden hat, eine wunschgemäß erteilte Spielsperre begründe grundsätzlich keinen Anspruch auf Ersatz von Spielverlusten, wenn die Spielbank die Sperre nicht durch ausreichende Kontrolle durchgesetzt habe[41].

7. Eine besondere Herausforderung sind die Glücksspielangebote im Internet, denn hier besteht eine besonders hohe Suchtgefahr und zudem gibt es im Internet bisher anscheinend kaum seriöse Anbieter[42].

8. Nicht zuletzt gilt es, den Suchtgefahren der Börse entgegenzuwirken, denn Börsenspekulationen (bei denen hohe Gewinne locken, aber auch das Risiko hoher Verluste besteht) sind mit der Teilnahme an Glücksspielen durchaus vergleichbar[43]. Die Ge-

---

36 Zu entsprechenden Hinweisen bezüglich der Tabaksteuer und der Alkoholsteuer siehe *v. Hippel*, ZRP 1999, 132 (134).

37 Siehe *Meyer/Bachmann* (o.Fn. 3), S. 133 f.; *Weis* (o.Fn. 8), S. 70 ff., 126 ff.

38 Siehe OLG Zweibrücken 12.03.1998 (4 U 182/96) und hierzu *Meyer/Bachmann* (o.Fn. 3), S. 134.

39 Siehe *Weis* (o.Fn. 8), S. 104 ff.; vgl. auch *v. Hippel*, Der Schutz des Schwächeren, 1982. – Zum Schutz von Teilnehmern sogenannter „Geldgewinnspiele" (die nach dem Schneeballsystem aufgebaut sind) durch die Rechtsprechung siehe *Willingmann*, Systemspielverträge, VuR 1997, 299 ff.

40 Siehe *Weis* (o.Fn. 8), S. 17 f.

41 Siehe BGH 31.10.1995, NJW 1996, 248 = JuS 1996, 358. – Die Entscheidung bezog sich freilich allein auf die Automatenspielsäle einer Spielbank, für die (wie dem Spieler mitgeteilt worden war) anders als für die Spielbank selbst keine Zugangskontrollen bestanden; siehe hierzu *Weis* (o.Fn. 8), S. 38 f.

42 Siehe *Kaiser* (o.Fn. 11); *Meyer* (o.Fn. 11); *Meyer/Bachmann* (o.Fn. 3), S. 17 ff., 68.

43 Siehe *Meyer/Bachmann* (o.Fn. 3), S. 20 f.

fahren werden nun durch den leichten Zugang zu Börsengeschäften über das Internet verstärkt[44]. Inzwischen gibt es in Deutschland Tausende von Bürgern, die als „Daytrader" am Computer laufend spekulative Börsengeschäfte tätigen[45].

Wichtig ist zunächst eine bessere Aufklärung über die Risiken von Börsengeschäften[46]. Eine besondere Verantwortung trifft insoweit die Banken: Anstatt einseitig für Börsengeschäfte zu werben, sollten die Banken immer auch deutlich auf die Risiken hinweisen, die mit Börsengeschäften verbunden sind.

Sodann sollte der Spielraum für bestimmte Transaktionen begrenzt werden, so für kreditfinanzierte Börsengeschäfte (die auch gesamtwirtschaftlich bedenklich sind) und für die besonders gefährlichen Börsentermingeschäfte. (Es war ein Fehler, dass die Börsengesetznovelle vom 11.7.1989 Privatanlegern den Zugang zu Börsentermingeschäften erleichtert hat[47]). Was Börsengeschäfte im Internet angeht, so haben manche professionelle Online-Makler inzwischen von sich aus Beschränkungen eingeführt, indem sie zu riskante Order für schwankungsanfällige Internet-Aktien ablehnen und indem sie Bestellgrenzen für erstmals ausgegebene Aktien festlegen[48].

III. Bilanz

Angesichts der eingangs genannten alarmierenden Befunde, hinter denen sich unsägliches Leid zahlloser Menschen verbirgt, ist der Staat zum Eingreifen verpflichtet, denn er hat die Gesundheit der Bürger zu schützen. Zwar ist kein allgemeines Verbot öffentlicher Glücksspiele zu empfehlen (welches eine Zunahme illegaler Glücksspiele

---

44 Siehe Bericht „Internet-Aktienhandel birgt hohe Risiken: Immer mehr Hobby-Börsianer verfallen der Spielsucht", Die Welt vom 04.02.1999, S. 24.

45 Siehe Reportage der Hör Zu 1999, Heft 8, S. 9, in der es einleitend heißt: „er Mausklick in Sekunden Millionen bewegen, schnell reich werden oder alles verlieren – Daytrading heißt der Börsensport, für den schon über 3.000 Deutsche ihren Beruf aufgegeben haben"; Bericht „Daytrader zocken im Sekundentakt", Die Welt vom 29.09.2000, S. 32, der u.a. vermerkt, „Studien hätten gezeigt, dass 75 Prozent der Trader mit Verlusten nach Hause gehen".

46 So hat der (inzwischen verstorbene) Börsenaltmeister *Kostolany* den von vielen Seiten hochgejubelten Neuen Markt als „Kasino mit gezinkten Karten" bezeichnet, und die Entwicklung hat ihm Recht gegeben. Kritiker monieren, nur etwa die Hälfte der Neuemissionen sei börsenfähig (siehe Die Welt vom 05.08.2000, S. 19 und vom 08.05.2000, S. 1).

47 Siehe *Meyer/Bachmann* (o.Fn. 3), S. 20, die zu Recht darauf hinweisen, das der heutigen Regelung zugrunde liegende Informationsmodell ignoriere, dass Börsentermingeschäfte oft nicht auf einer rationalen Grundlage, sondern aus irrationalen Gründen (z.B. zur Befriedigung der „Spielleidenschaft") abgeschlossen würden.

48 Siehe Die Welt 04.02.1999, S. 24 f..

zur Folge hätte). Aber wie sich gezeigt hat, gibt es eine Reihe brauchbarer Maßnahmen, die in optimaler Bündelung durchaus etwas bewirken können: Wenn der Staat für eine bessere Aufklärung (u.a. durch Informationspflichten der Spielanbieter) sorgt, Höchstgewinne limitiert, den Zugang zum Glücksspiel eher erschwert als erleichtert, die Lukrativität des Glücksspiels durch spürbare Steuern und Abgaben der Spielanbieter mindert, den Spielanbietern die Kosten der Spielsucht auferlegt, die Nutzung privatrechtlicher Instrumente (Nichtigkeit von Spielverträgen im Internet nach § 134 BGB und von Verträgen mit Spielsüchtigen nach § 104 Nr. 2 und § 138 BGB) fördert und schließlich auch den Suchtgefahren bei Börsenspekulationen entgegenwirkt, so ist schon viel gewonnen. Auf diesem Fundament können dann andere Aktivitäten zur Bekämpfung der Spielsucht (Gesundheitserziehung, Unterstützung von Selbsthilfegruppen, Entwöhnungsprogramme, Forschungsförderung, Arzneimittelforschung[49]) aufbauen. Wichtig ist nicht zuletzt eine Bekämpfung der psychosozialen Defizite, welche die Wurzel der Spielsucht (wie auch anderer Süchte) bilden[50].

IV. Ausblick

Am 28.3.2006 hat das Bundesverfassungsgericht entschieden, das staatliche Monopol für Sportwetten sei mit dem Grundrecht der Berufsfreiheit (Art. 12 Abs. 1 GG) nur vereinbar, wenn es konsequent am Ziel der Bekämpfung von Suchtgefahren ausgerichtet sei[51]. Darauf einigten sich die Länder auf einen neuen Staatsvertrag, der Maßnahmen zur Suchtprävention vorsieht und private Glücksspiele sowie Online-Glücksspiele verbietet[52].

Nach Ansicht der EU-Kommission, die im Januar 2008 ein Vertragsverletzungsverfahren eingeleitet hat, verstößt der Staatsvertrag allerdings in mehreren Punkten (speziell beim Verbot von Online-Glücksspielen) gegen die Dienstleistungsfreiheit in

---

49 Vgl. hierzu Die Welt vom 05.11.1998, S. 12: „Wissenschaftler haben ein neues Mittel gegen Spielsucht entdeckt. Spanische Psychiater testeten das Mittel Fluoxetin an spielsüchtigen Menschen. Das Ergebnis: 45,5 Prozent der Patienten spielten überhaupt nicht mehr, 27,3 Prozent hatten sehr viel weniger Lust. Bei der Pille handelt es sich nicht um ein neues Produkt – es wurde bereits bei Patienten mit Depressionen angewandt. Pharmaspezialisten stellen jetzt fest, dass Spielsüchtige einen niedrigen Serotoninspiegel haben. Diesen Mangel gleicht das Medikament aus".

50 Siehe *Meyer/Bachmann* (o.Fn. 3), S. 303 ff.; vgl. auch *v. Hippel* (o.Fn. 2), S. 249 f.

51 Siehe BVerfG, NJW 2006, 1261 ff.

52 Siehe *Riering*, Länder halten am Glücksspiel-Monopol fest, Die Welt 14.12.06, S. 11; Die Drogenbeauftragte, Drogen- und Suchtbericht 2007, S. 54. – Der neue Glücksspielstaatsvertrag ist Anfang 2008 in Kraft getreten.

der Europäischen Union[53]. Zudem sind Klagen anhängig, die eine Zulassung von On-line-Glücksspielen begehren[54] und die das staatliche Sportwetten-Monopol attackieren[55].

53   Siehe Bericht „EU eröffnet Verfahren gegen Glücksspiel-Verbote", Die Welt 01.02.08, S. 12 und Die Welt 07.02.09, S. 12.
54   Siehe Die Welt 23.05.07, S. 40 (Klage einer Spielbanken GmbH gegen Niedersachsen).
55   Siehe *Kaiser*, Neue Attacke auf das Sportwetten-Monopol, Die Welt 14.05.07, S. 12 (Klage einer Einzelhändlerin gegen den Staat; das Verwaltungsgericht Gießen hat den Fall dem EuGH vorgelegt); *Kaiser*, Private Wettfirmen drohen mit Klagewelle, Die Welt 31.12.07, S. 13.

§ 25 Eindämmung der Spekulation?

I. Problemstellung und Ausgangslage[1]

Spekulation (d.h. der Versuch, mit Hilfe riskanter Geschäfte möglichst rasch möglichst hohe Gewinne zu erzielen) gibt es seit langer Zeit[2]. Aber erst in unseren Tagen ist die Spekulation zu einem verbreiteten Phänomen geworden, das insbesondere an der Börse wahre Triumphe feiert. So gelang es einigen als „Meisterspekulanten" gefeierten Fondsmanagern (wie *Kurt Ochner* und *Bernd Förtsch*), innerhalb von drei Jahren eine Wertsteigerung ihrer Fonds um fast 700 % zu erzielen[3]. Noch ganz andere Dimensionen haben die spektakulären Aktionen des Finanzjongleurs *George Soros*, der unter Einsatz von Krediten durch hohe Wetten auf Währungen, Aktien, Anleihen und Rohstoffe Gewinne in Milliardenhöhe erzielte und den spekulierenden „Hedge-Fonds" zum internationalen Siegeszug verhalf[4].

Dass solche Erfolge verblenden und verführen, liegt auf der Hand. Bei nüchterner Betrachtung sind Spekulationen freilich alles andere als unbedenklich: Einmal ähneln sie dem Glücksspiel, gegen das zu Recht Vorbehalte bestehen. Zum anderen führen sie zu Marktstörungen, die gravierende wirtschaftliche und soziale Auswirkungen haben können.

Die Warenspekulation verteuert die Waren und treibt die Inflation. So ist der rasante Anstieg des Ölpreises zwar hauptsächlich durch Beschlüsse der OPEC verursacht worden, teilweise aber auch durch Spekulanten[5]. Spekulanten haben auch zu dem alarmierenden Preisanstieg von Rohstoffen und Agrarprodukten (wie Weizen,

---

1   Überarbeitete und ergänzte Fassung eines Beitrags, der in Recht und Politik 2005, 181 ff. erschienen ist.

2   Siehe *Weißenfeld*, Im Rausch der Spekulation. Die Geschichte von Spiel und Spekulation aus vier Jahrhunderten (1999).

3   Siehe *Zschäpitz/Iken*, Die Welt vom 20.06.01, S. 21, die freilich zu Recht betonen, das von *Ochner* und *Förtsch* bevorzugte Spiel mit marktengen Werten sei in steigenden Märkten zwar lukrativ, werde in der Baisse aber zum Verhängnis.

4   Zu den Erfolgen (und inzwischen auch Misserfolgen) von Soros siehe *Halusa*, Die Welt vom 12.08.00, S. 23; *Dowideit*, Hedgefonds-Manager mit Milliarden überschüttet, Die Welt 17.04.08, S. 17. – Zum Siegeszug der Hedge-Fonds siehe *Terliesner*, Welt am Sonntag vom 12.05.02, S. 48 f.

5   Siehe *Gasser*, Moderne Piraten, Wirtschaftswoche 2004 Nr. 45, S. 108 ff.; *Wetzel*, Ölpreis-Anstieg löst weltweit Unruhen aus, Die Welt 10.06.08, S. 12; Bericht „Opec sieht Spekulanten hinter Ölpreiskapriolen", Die Welt 29.01.09, S. 15 – Auch der rasante Anstieg des Goldpreises ist weithin durch Spekulationsgeschäfte bedingt (Die Welt vom 16.11.04, S. 17).

Reis und Mais) beigetragen, der weltweit Besorgnis und in manchen Ländern blutige Unruhen ausgelöst hat[6].

Die **Immobilienspekulation** treibt die Boden- und Immobilienpreise. Das ist besonders für den Wohnungssektor bedenklich, denn die Schaffung oder der Erwerb eines Eigenheims wird Interessenten dadurch erschwert oder sogar unmöglich gemacht. Weitere Gefahren drohen, wenn spekulative „Immobilienblasen" platzen: Dann können Immobiliarkredite oft nicht mehr bedient werden, was Zwangsversteigerungen und Ausfälle der Kreditgeber (Banken) zur Folge hat[7].

Die **Kunstspekulation** macht Kunstwerke oft nicht nur für private Kunstliebhaber unerschwinglich, sondern auch für Museen, und zwar auch dann, wenn man von besonders begehrten Spitzenobjekten absieht, die in Auktionen geradezu schwindelerregende Preise erreichen[8].

Die **Börsenspekulation** führt zur Instabilität der Börse und im Extremfall zum Börsenkrach[9]. Typisch ist insoweit die Entwicklung des – weithin von Spekulanten beherrschten – „Neuen Markts", dessen steiler Höhenflug im Absturz und Desaster endete[10].

Die **Devisenspekulation** hat sich inzwischen zu der größten Gefahr für die Weltwirtschaftsordnung entwickelt und kann – wie die Finanzkrisen in Mexiko (1994) und Südostasien (1997/98) gezeigt haben – ganze Länder unter Druck und in Not bringen[11].

---

6   Siehe Die Welt 15.04.08, S. 17 und 18.04.08, S. 19.

7   Siehe *Haimann*, Achtung Immobilien (2004); *Rhai*, Die Immobilien-Blase droht zu platzen, Die Welt vom 29.10.2004, S. 23 (betr. England und die USA); *Eckart*, Angst vor Immobiliencrash erschüttert Weltbörsen, Die Welt 15.03.07, S. 17.

8   Die Zeitschrift Capital veröffentlicht seit 1970 jährlich eine Rangliste der 100 gefragtesten zeitgenössischen Künstler, die Sammlern die „Investition in Kunst" erleichtern soll – Zu rasanten Preissteigerungen auf dem Kunstmarkt siehe *Barker*, Die Welt vom 17.03.01, S. 34; vgl. auch die Tabelle der „20 teuersten Gemälde" (angeführt von *van Goghs* „Portrait Dr. Gachet", das am 15.05.1990 von Christie's für 117 Millionen DM versteigert worden ist) und der „20 teuersten Zeichnungen" (beginnend mit *Degas'* „Ruhender Tänzerin", versteigert von Sotheby am 28.06.1999 für 25,28 Millionen DM), Die Welt vom 04.08.2001, S. 34. Im Mai 2004 erzielte das Picasso-Gemälde „Junge mit Pfeife" in einer Sotheby-Auktion mit 93 Millionen Dollar einen neuen Weltrekord (Die Welt vom 10.05.2004, S. 23). – Derart exorbitante Preise werden wohl nicht zuletzt deshalb erzielt, weil Interessenten bei den Kunstauktionen anonym (telefonisch) bieten können und es ihnen mangels einer Kontrolle möglich ist, mit Schwarzgeld zu zahlen.

9   Siehe *Aschinger*, Börsenkrach und Spekulation (1995).

10   Siehe Bericht „Börse: Der faule Zauber, Warum am Neuen Markt die Kurse abstürzen", Der Spiegel 2000 Nr. 42, S. 118 ff. (Titelgeschichte); Bericht „Aufstieg und Fall des Neuen Marktes", Die Welt vom 11.03.02, S. 26.

11   Siehe *Gärtner*, Neue Armut in Südostasien, Die Welt vom 01.07.1997, S. 27, der darlegt, die (von der Devisenspekulation erzwungene) Abwertung der Währungen Thailands, Malaysias und der Philippinen habe „eine unheilvolle Kettenreaktion ausgelöst". – Auch

II.Reaktionen und Reformüberlegungen

Vor diesem Hintergrund überrascht nicht, dass sich national und international Bestrebungen geltend machen, der Spekulation entgegenzuwirken. Dafür kommen insbesondere folgende Möglichkeiten in Betracht: die Stabilisierung des Marktes (1.), die Besteuerung von Spekulationsgewinnen (2.), die Beschränkung kreditfinanzierter Spekulation (3.) und das Verbot bestimmter Spekulationsgeschäfte (4.).

1. Die **Stabilisierung des Marktes** ist eine besonders naheliegende Maßnahme. So reagierten die USA auf den starken Anstieg des Ölpreises im Jahre 2000 durch eine Freigabe von 30 Millionen Barrel aus ihrer strategischen Ölreserve[12]. Dem Anstieg der Bodenpreise sucht man nicht selten durch die Verfügbarmachung neuen Baulandes entgegenzuwirken[13]. Devisenspekulationen beggnen Zentralbanken häufig durch Stützungskäufe oder Stützungsverkäufe der unter Druck geratenen Währung. Auch Börsenspekulationen lösen häufig Interventionen zur Marktstabilisierung aus, die in der Regel allerdings nicht durch staatliche Institutionen erfolgen, sondern durch betroffene Unternehmen oder Großanleger.

2. Ein wichtiges Instrument ist die **Besteuerung von Spekulationsgewinnen**. So sind in Deutschland Gewinne einkommensteuerpflichtig, die Privatpersonen durch die Veräußerung von Immobilien (binnen zehn Jahren) oder Wertpapieren (binnen eines Jahres, falls der Gewinn 512 Euro übersteigt) oder durch Termingeschäfte (binnen eines Jahres) erzielen[14]. (Eine Ausnahme gilt, wenn jemand eine Immobilie verkauft, die er stets oder die beiden letzten Jahre vor dem Verkauf selbst bewohnt hat). Streitig ist bis heute, ob die rückwirkende Verlängerung der Spekulationsfrist – die vor 1999 nur zwei Jahre (für Immobilien) und sechs Monate (für Wertpapiere) betrug – durch das am 24.3.1999 verkündete „Steuerentlastungsgesetz" verfassungsrechtlich zulässig ist.

---

der rasante Anstieg des Euro ist weithin durch „massive Spekulationen internationaler Risikoinvestoren gegen den Dollar" bedingt (Die Welt vom 11.11.04, S. 11). – Risiken ergeben sich nicht zuletzt durch „Carry Trades", bei denen Hedgefonds hohe Kredite in einer billigen Währeng (wie dem japanischen Yen) aufnehmen. „Ein plötzlicher und starker Aufschwung des Yen könnte zu einem Dominoeffekt führen, bei dem der Zusammenbruch mehrerer Fonds auch kreditgebende Banken in Mitleidenschaft ziehen dürfte" (Die Welt 12.02.07, S. 9).

12 Siehe Capital Vertraulich 21/2000, S. 4. – Auch in Deutschland ist inzwischen die Freigabe staatlicher Ölreserven zur Bekämpfung der Spekulation gefordert worden (siehe *Ginten u.a.*, Ruf nach Intervention gegen Öl-Spekulanten, Die Welt vom 30.08.2004, S. 11).

13 Siehe Bericht „Berlin will Grundstücke unter Verkehrswert verkaufen", Die Welt vom 05.02.01, S. 18.

14 Siehe Bericht „Steueroptimal spekulieren", Capital 2000 Nr. 23, 254 ff. – Inzwischen ist die Besteuerung von Wertpapier-Gewinnen (durch Einführung einer Abgeltungssteuer von 25 Prozent) geändert worden; siehe unten Text zu Fn. 36.

Nachdem der Bundesfinanzhof dies verneint hat, entscheidet nun das Bundesverfassungsgericht[15].

Mit einer verschärften Besteuerung muss rechnen, wer innerhalb von fünf Jahren mehr als drei Immobilien veräußert. Ihm wird nämlich „gewerblicher Grundstückshandel" unterstellt, sodass er sämtliche Veräußerungsgewinne als Einkommen versteuern muss[16].

Die (früher völlig unzureichende) Erfassung von Spekulationsgewinnen ist inzwischen dadurch verbessert worden, dass seit der Steuererklärung 2000 die Bürger mit einem neuen Formular „Anlage SO" konfrontiert werden, in dem alle Spekulationsgewinne aus Immobilien-, Wertpapier- und Termingeschäften anzugeben sind. Da Spekulationsgewinne aber immer noch ohne nennenswertes Risiko verschwiegen werden können, hat der Bundesrechnungshof weitere Nachbesserungen gefordert, so den teilweisen Einbehalt von Spekulationsgewinnen durch die Banken (wie bei Zinserträgen) oder Kontrollmitteilungen der Banken an das Finanzamt. Andernfalls werde das Verfassungsgebot einer gleichmäßigen Besteuerung verletzt[17]. Auf Vorlage des Bundesfinanzhofs hat das Bundesverfassungsgericht inzwischen entschieden, die Besteuerung von Gewinnen aus Wertpapiergeschäften in den Jahren 1997 und 1998 sei verfassungswidrig, weil sie wegen fehlender Kontrollmöglichkeiten ehrliche Steuerzahler benachteiligt habe, aber (wegen verbesserter Kontrollmöglichkeiten der Finanzbehörden) seit 1999 zulässig[18].

Interesse verdient im übrigen der Vorschlag, eine **Börsenumsatzsteuer** einzuführen, wie sie in anderen Staaten (z.B. Großbritannien) bereits besteht[19], denn eine solche Steuer würde (durch eine Erhöhung der Transaktionskosten) spekulativen Börsengeschäften entgegenwirken, speziell dem bedenklichen „Daytrading", d.h. der laufenden Tätigung kurzfristiger spekulativer Börsengeschäfte am Computer[20].

3. Die **Beschränkung kreditfinanzierter Spekulation** empfiehlt sich besonders für **kreditfinanzierte Aktienkäufe**. Solche Geschäfte sind nämlich nicht nur für die Ak-

---

15   Siehe Bericht „Frist auf dem Prüfstand", Capital 2004 Nr. 5, S. 74.

16   Siehe BFH 15.03.00, BB 2000, 1442 ff.; *Bloehs*, Die Abgrenzung privater Vermögensverwaltung von gewerblichen Grundstücks- und Wertpapiergeschäften (2001). – In einer neuen Anweisung hat die Finanzverwaltung diese Rechtsprechung bestätigt und zudem bestimmt, es seien bei der Zählung auch Beteiligungen an geschlossenen Immobilienfonds zu berücksichtigen, wenn sie vor Ablauf von fünf Jahren verkauft werden und ihr Verkehrswert mindestens 250.000 Euro beträgt (siehe *Bohnenkamp*, Capital 2004 Nr. 12, S. 110 ff.).

17   Siehe Bericht „Rechnungshof nimmt Spekulationssteuer ins Visier", Die Welt vom 26.04.02, S. 17.

18   Siehe Die Welt 25.01.08, S. 17. – Zur inzwischen eingeführten Abgeltungssteuer für Wertpapier-Gewinne siehe unten Text zu Fn. 36.

19   Siehe Die Welt 18.11.03, S. 2.

20   Siehe *v. Hippel*, Zur Bekämpfung der Spielsucht, ZRP 2001, 558 (561).

tienkäufer ungewöhnlich riskant, sondern auch für die Börse, weil Anleger kreditfinanzierte Aktien in Krisenzeiten zu jedem Preis verkaufen müssen und damit den
Abwärtstrend der Börse in solchen Zeiten verstärken[21]. Es liegt deshalb nahe, kreditfinanzierte Aktienkäufe zu verbieten oder doch (durch das Erfordernis eines hohen
Eigenkapitalanteils) zu beschränken. Das gilt besonders für Aktienkäufe von Hedge-
Fonds, denn diese betreiben ihre riskanten Geschäfte weniger mit Anlegergeld, als
mit Kreditkapital, und dadurch werden die Risiken nochmals enorm gesteigert[22]. Die
Pleite eines großen Fonds kann sich nicht nur für die Anleger verheerend auswirken,
sondern auch für die Weltwirtschaft[23].

Zudem empfiehlt sich eine Beschränkung **kreditfinanzierter Ölkäufe**, um so der
Ölspekulation entgegenzuwirken, an der sich inzwischen fast alle Hedge-Fonds be-
teiligen und die so fatale Auswirkungen hat, dass die G 7 (d.h. die sieben führenden
Industriestaaten) über gemeinsame Gegenmaßnahmen nachdenken[24].

Komplizierter ist hingegen die Lage bezüglich **kreditfinanzierter Immobilien-
käufe**, denn auch der nichtspekulative Erwerb von Immobilien ist regelmäßig nur mit
Hilfe von Krediten möglich. Immerhin könnte man aber wenigstens die Vollfinanzie-
rung von Immobilien untersagen und ein Mindesteigenkapital beim Immobilienkauf
vorschreiben, was nicht nur der Spekulation entgegenwirken, sondern auch nichtspekulative Käufer vor finanziellen Überlastungen schützen würde. Zudem sollte man die
steuerliche Absetzbarkeit von Zinsen begrenzen, wenn Kredite zum Erwerb von Immobilien aufgenommen sind, die vermietet werden. Bisher sind die Zinsen für solche
Kredite voll absetzbar, und zwar auch dann, wenn sie die Mieteinnahmen übersteigen.
Das erleichtert die Spekulation, zumal die Vermieter auch noch durch die Abschrei-
bungsmöglichkeiten begünstigt werden. (Die Vermieter können jährlich zwei Prozent
des Gebäudeeinstandspreises als Ausgleich für einen angenommenen Wertverlust des
Gebäudes abschreiben, obwohl Immobilien in der Regel über die Jahre nicht an Wert
verlieren, sondern gewinnen). Deshalb sollten Zinsen für Immobiliarkredite künftig
nur noch bis zur Höhe der Mieteinnahmen absetzbar sein.

Eine solche Begrenzung der Absetzbarkeit von Zinsen für Immobiliarkredite würde nicht nur der Immobilienspekulation entgegenwirken, sondern würde auch den

---

21 Siehe *Mörsch*, Riskantes Spiel: Wertpapierkredit, Capital 2001 Nr. 11, S. 126 ff. (Viele Investoren stecken in der Schuldenfalle: Banken liquidieren oft verlustreiche Depots,
nachdem sie in der Börsenhausse den Anlegern Aktienkäufe auf Kredit empfohlen hatten).

22 Siehe *Gasser* (oben Fn. 5), S. 110; siehe Bericht „Party mit Absturzgefahr", Die Welt vom
20.06.01, S. 27.

23 Nicht ohne Grund haben 1998 internationale Großbanken den Hedge-Fonds LTCM mit
einem Milliarden-Hilfspaket vor der Pleite gerettet, als er die Weltmärkte mitzureißen
drohte, wobei anzumerken ist, dass die Geschäfte dieses Hedge-Fonds besonders waghal-
sig waren, weil das Fremdkapital das Eigenkapital um das Vierzigfache überstieg (siehe
Terliesner – oben Fn. 4 – S. 49).

24 Siehe Die Welt vom 20.9.04, S. 12.

Bemühungen entsprechen, die Steuergerechtigkeit durch eine „Mindestbesteuerung" zu fördern[25].

4. Schließlich ist ein **Verbot bestimmter Spekulationsgeschäfte** angebracht. So sollten die besonders gefährlichen Börsentermingeschäfte für Privatpersonen verboten werden. Es war ein Fehler, dass die Börsengesetznovelle vom 11.7.1989 Privatpersonen den Zugang zu Börsentermingeschäften erleichtert hat[26]. Ebenso bedenklich ist es, dass Banken jetzt Privatanlegern den Einstieg in die gefährlichen Hedge-Fonds anbieten können[27].

III. Bilanz

Während ein normales Gewinnstreben nicht zu beanstanden ist, ja sogar ein unentbehrliches Schwungrad der Marktwirtschaft bildet, sind Spekulationsgeschäfte bedenklich, weil sie die Arbeitsmoral gefährden[28] und sich auf die Märkte nachteilig auswirken[29]. (Dies gilt freilich nicht für Fälle, in denen jemand bereit ist, gegen Gewinnbeteiligung im Erfolgsfall ein riskantes Unternehmen zu finanzieren, wie die Suche nach einem gesunkenen Schatzschiff[30], die Ausbildung eines hoffnungsvollen

---

25 So darf nach dem 1999 eingeführten sog. Fallenstellerparagraphen (§ 2 Abs. 3 Einkommensteuergesetz) die Summe der Einkünfte über 51.500 Euro nur bis zur Hälfte durch Verluste bei anderen Einkunftsarten gemindert werden. Allerdings ist diese Vorschrift inzwischen wieder gestrichen worden (siehe Capital 2004 Nr. 3, S. 64).

26 Siehe *Meyer/Bachmann*, Spielsucht (2000), S. 20, die zu Recht darauf hinweisen, das der heutigen Regelung zugrundeliegende Informationsmodell ignoriere, dass Börsentermingeschäfte oft nicht auf einer rationalen Grundlage, sondern aus irrationalen Gründen (z.B. zur Befriedigung der „Spielleidenschaft") abgeschlossen würden.

27 Siehe *Reimer*, Wirtschaftswoche 2003 Nr. 48, S. 151 ff.; *dies.*, Wirtschaftswoche 2004 Nr. 34, S. 88 ff.

28 So wurde schon vor Jahren aus Taipeh berichtet, „dass ein inzwischen durchaus nennenswerter Teil der Bevölkerung die Betätigung an der Börse jeglicher geregelter Arbeit vorzieht" (FAZ vom 15.03.1990, S. 24).

29 Zu den verheerenden Auswirkungen eines spekulativ aufgeheizten Aktienmarktes oder Wohnungsmarktes siehe *Abelson*, Wirtschaftswoche 2004 Nr. 34, S. 118 f., der insbesondere deutlich macht, dass „Aktienblasen" und „Immobilienblasen" bei Unternehmern und Verbrauchern zu gefährlichen Fehlerwartungen und Fehlhaltungen führen.

30 Siehe Bericht „Schatzsucher entdecken Piratenschiff in Karibik", Die Welt vom 07.07.01, S. 36; *Evert*, Schätze unter Wasser, Die Welt vom 13.12.03, S. 16.

Talents[31] oder die Umsetzung einer neuen Geschäftsidee[32]). Deshalb besteht aller Anlass, der Spekulation entgegenzuwirken, wie dies inzwischen denn auch zunehmend geschieht.

Ein besonders wichtiges Instrument ist insoweit die Besteuerung von Spekulationsgewinnen, und es liegt nahe, diese Besteuerung über ihren bisherigen Anwendungsbereich (Immobilien, Wertpapiere, Termingeschäfte) hinaus auch auf Spekulationsgewinne aus hochwertigen Kunstobjekten auszudehnen, jedenfalls dann, wenn diese nicht von Privat an Privat verkauft werden – was kaum kontrollierbar ist – sondern wenn Händler oder Auktionshäuser im Spiel sind. Indessen würde ein solcher Besteuerungsversuch nichts einbringen, solange Eigentümer ihre Kunstobjekte problemlos im Ausland veräußern können[33].

Im übrigen stellt sich die Frage, ob die Fristen angemessen sind, die bisher für die Besteuerung von Wertpapiergewinnen (ein Jahr) und Immobiliengewinnen (zehn Jahre) gelten. Es sollte zu denken geben, dass in den USA Gewinne aus der Veräußerung von Immobilien stets – ohne zeitliche Begrenzung – zu versteuern sind, freilich zu einem ermäßigten Steuersatz[34]. Bei einer solchen Regelung handelt es sich allerdings weniger um eine Spekulationssteuer, als um eine Steuer auf den Wertzuwachs von Immobilien, wobei der ermäßigte Steuersatz zu Recht berücksichtigt, dass ein Teil des Wertzuwachses inflationsbedingt (also ein bloßer Scheingewinn) ist.

In diese Richtung weist nun auch die Entwicklung in Deutschland. So wollte das „Steuervergünstigungsabbaugesetz", das der Bundestag im Frühjahr 2003 verabschiedet hat, Gewinne aus Wertpapier- und Immobiliengeschäften ohne zeitliche

---

31 So wurde die Ausbildung des Tennisstars Tommy Haas und seiner Schwester zu Tennisprofis ehemals über eine Gesellschaft finanziert, in die 15 Investoren Einlagen von insgesamt 750.000 Mark leisteten. Im Erfolgsfall sollten sie dafür bis zum Jahre 2004 mit 15 Prozent an allen Einnahmen von Haas partizipieren. Da Haas den Vertrag (den seinerzeit sein Vater für ihn abgeschlossen hatte) heute als sittenwidrig betrachtet, hat er die Zahlungen eingestellt und wird nun von den „Anlegern" auf eine Million Mark verklagt (siehe *Winterfeldt*, Die Welt vom 28.06.01, S. 28).

32 Siehe *Dams*, Bei den Wagnisfinanziers kehrt der Realitätssinn zurück, Die Welt vom 11.07.01, S. 12, der u.a. folgendes ausführt: „Bis Ende der achtziger Jahre gab es so gut wie keine Risikokapitalgeber für junge Unternehmen, sog. Venture Capitalisten, in Deutschland. Viele gute Geschäftsideen wurden nie umgesetzt... Inzwischen sind in Deutschland rund 360 Venture-Capital-Firmen aktiv, darunter viele renommierte Gesellschaften..."

33 Vgl. *Hanstein* (Auktionshaus Lempertz): „Kunstgegenstände kann man ohne Probleme in ganz Europa bewegen und veräußern, da der Verkauf von Kunstwerken aus Privatbesitz steuerfrei ist. Das ist zumindest ein angenehmer Nebeneffekt des Kunstsammelns" (zitiert von *Groß*, Die Welt vom 13.09.03, S. 30). – Falls ein Sammler Kunstgegenstände auffällig häufig kauft und verkauft, wird er freilich als Unternehmer betrachtet, sodass er sämtliche Veräußerungsgewinne als Einkommen versteuern muss (Wirtschaftswoche 1999 Nr. 6, S. 122).

34 Siehe *Zitelmann*, Die Welt 11.08.00, S. 18.

Begrenzung pauschal mit 15 Prozent besteuern[35]. Zwar scheiterte diese Regelung am Widerstand der damaligen Opposition (CDU) im Bundesrat, aber der Bundestag hat inzwischen am 25.05.07 eine Abgeltungssteuer von 25 Prozent beschlossen, die nicht nur für Zinsen und Dividenden gilt, sondern auch (ohne zeitliche Begrenzung) für Gewinne aus Wertpapiergeschäften[36]. Hingegen sah der Bundestag davon ab, auch Immobiliengewinne zeitlich unbegrenzt zu besteuern (das war wohl ein zu heißes Eisen), sodass es insoweit bei der zehnjährigen Spekulationsfrist bleibt.

Interesse verdient zudem der Vorschlag des amerikanischen Ökonomen und Nobelpreisträgers *James Tobin*, auf Devisentransaktionen sollte eine Steuer (von etwa 0,05 bis 0,5 Prozent) erhoben werden, um auf diese Weise spekulative Kapitalflüsse zu verringern[37]. Die so erzielten Einnahmen könnten für die Bekämpfung des Massenelends in der Dritten Welt eingesetzt werden, das sich zu einer immer größeren Bedrohung unseres Planeten und unserer Zukunft entwickelt[38].

Bemerkenswert ist schließlich, dass der südostasiatische Staatenbund Asean sowie Japan, China und Südkorea Devisenspekulationen durch einen multilateralen Währungspool entgegenwirken wollen[39].

IV. Ausblick

Hauptakteure der Spekulation sind die Hedgefonds, die ihren internationalen Siegeszug fortgesetzt haben[40]. Inzwischen gibt es weltweit angeblich rund 10.000 Fonds (die meisten davon im angelsächsischen Raum) mit einem Kapital von rund 1,6 Billionen Dollar. Die Fonds streben nach raschen, möglichst großen Gewinnen und finanzieren ihre spekulativen Geschäfte mit hohen Krediten. U.a. erwerben sie Unternehmensbe-

---

35 Siehe Die Welt 10.12.02, S. 19.

36 Siehe Die Welt 26.05.07, S. 17 – Die Regelung gilt für Wertpapiere, die nach dem 31.12.08 erworben werden. Für zuvor erworbene Wertpapiere bleibt es bei der alten Regelung, dass Kursgewinne nach einem Jahr steuerfrei sind.

37 Siehe *Chomsky*, Die Welt 19.06.01, S. 6, der anfügt: „Die Vereinten Nationen haben vor wenigen Jahren eine unterstützende Studie zu diesem Thema verfasst. Zudem gibt es Vorschläge für eine internationale Finanzaufsicht nach dem Vorbild der nationalen Regulierungsbehörden".– Zur kontroversen Diskussion der „Tobin-Steuer", die in der Europäischen Union inzwischen von Schweden, Belgien und Frankreich befürwortet wird, siehe Die Welt vom 30.08.01, S. 11 und vom 05.09.01, S. 14.

38 Siehe unten § 33.

39 Siehe *Weiler*, Die Welt 07.05.07, S. 10 mit dem Hinweis, „am Devisenmarkt könnten diese Gelder dann für Stützungskäufe eingesetzt werden, um den Spekulationen zu begegnen, die von vermeintlichen Heuschrecken oder Hedgefonds ausgelöst werden".

40 Siehe *Adamek/Otto*, Der gekaufte Staat (2008) 83 ff.

teiligungen oder ganze Unternehmen, die sie dann zwecks möglichst hoher Profite in ihrem Sinne umgestalten (durch Bestellung neuer Funktionäre, Entlassungen, Sonderausschüttungen an Aktionäre oder gar Zerschlagung des Unternehmens). Deshalb stehen die Hedgefonds immer wieder in der Kritik (der damalige Vizekanzler *Müntefering* hat sie als „Heuschrecken" bezeichnet), werden gelegentlich aber auch gelobt, weil sie ineffiziente Unternehmen auf Trab brächten.

Unabhängig von dieser Diskussion wächst seit der Krise des Hedgefonds LTCM (der 1998 nur durch die Hilfe internationaler Großbanken vor der Pleite gerettet worden ist) weltweit die Sorge vor den Gefahren, die sich durch die riskanten Geschäfte der Hedgefonds für die Stabilität des internationalen Finanzsystems ergeben[41] (wobei anzumerken ist, dass Hedgefonds weit weniger reguliert sind – etwa bezüglich Berichtspflichten, Kostentransparenz und Eigenkapital – als Investmentbanken oder Fondsanbieter). Während die Bundesregierung diesen Gefahren durch einen freiwilligen Verhaltenskodex der Branche (der für mehr Transparenz sorgen soll) begegnen will[42], plädieren Kritiker für schärfere Maßnahmen[43]. So hat der frühere Bundeskanzler *Helmut Schmidt* es als grotesk bezeichnet, dass jede kleine Sparkasse unter der Aufsicht von Behörden stehe, hundertmal finanzkräftigere Fonds aber völlig frei spekulieren könnten. Die Kreditfinanzierung von Hedgefonds müsse verboten werden. Darüber hinaus hat *George Soros* gefordert, großen Fonds Spekulationen am Rohstoffmarkt zu verbieten.

Indessen werden solche Forderungen einstweilen kaum Gehör finden. Zwar haben die Finanzminister der sieben führenden Industriestaaten (G7) im Februar 2007 eine breitere Debatte über die Risiken der Hedgefonds-Branche vereinbart. Aber Großbritannien und die USA wollten nichts unternehmen, was der vor allem in New York und London ansässigen Branche Abbruch tun könnte[44]. So hat auch der G-8-Gipfel in Heiligendamm für die Kontrolle von Hedgefonds nichts Neues ergeben. Die G-8-Staaten wiesen lediglich darauf hin, man müsse bezüglich der weiteren Entwicklung von Hedgefonds wachsam sein, und appellierten an die Branche, ihre Kontrollmechanismen zu überprüfen und gegebenenfalls zu verbessern[45]. Nachdem wegen der US-Hypothekenkrise und der durch sie ausgelösten weltweiten Finanzkrise viele Hedgefonds aufgeben mussten, wächst nun aber die Einsicht, dass für eine bessere Kontrolle der Hedgefonds gesorgt werden muss[46].

---

41   Siehe *Ecker/Zschäpitz*, Angst vor der Hedgefonds-Krise geht um, Die Welt 27.06.07, S. 15.; *Heller*, Hedgefonds haben beim Crash mitgemischt (Rückabwicklung einer gigantischen Verschuldensorgie ließ die Kurse einbrechen), Die Welt 12.4.08, S. 17.
42   Siehe Die Welt 07.05.07, S. 10 und vom 24.09.07, S. 12.
43   Siehe *Schumann/Grefe*, Der globale Countdown (2008) 81 ff.
44   Siehe *Schumann/Grefe* (oben Fn. 43) 116 ff.
45   Siehe Die Welt 08.06.07, S. 4.
46   Siehe Die Welt 07.09.07, S. 19. – Die EU will demnächst Regelungen zur Kontrolle von Hedge-Fonds vorlegen (Die Welt 05.03.09, S. 9). Und auch nach den Vorschlägen einer

Zudem wächst die Einsicht, dass die Spekulation gefördert wird, wenn man auf jede Krise (wie u.a. den Börsencrash 1987, die Hedgefondskrise 1998 und die gegenwärtige Finanzkrise) mit einer Öffnung des Geldhahns reagiert, denn die Spekulanten verlassen sich dann in Krisenfällen stets auf staatliche Hilfe, und das nicht ohne Grund. So pumpte der Chef der britischen Notenbank, *King*, im September 2007 unter dem Druck der Großbanken zehn Milliarden Pfund (15 Mrd. Euro) auf die Geldmärkte, obwohl er dies noch kurz zuvor abgelehnt hatte mit der Begründung, es sei nicht Sache der Notenbank, Spekulanten bei Fehlspekulationen aus der Patsche zu helfen[47].

Die Flut des billigen Geldes hat höchst bedenkliche Auswirkungen – „sie hat dazu geführt, dass an den Finanzmärkten eine Blase nach der nächsten genährt wurde. Erst suchte sich diese enorme Liquidität ihren Weg in Aktien, dann in Anleihen, schließlich in Immobilien. Eines Tages, das fürchten Ökonomen, könnte sich das hohe Geldmengenwachstum wie schon in den 70er-Jahren wieder in höheren Verbraucherpreisen niederschlagen. Die längst besiegt geglaubte Inflation wäre zurück, mit all ihren negativen Folgen für Wachstum und Wohlstand"[48].

Arbeitsgruppe der führenden Industrie und Schwellenländer (G20) sollen die Hedgefonds einer Regelung unterworfen werden. (Die Welt 31.03.09, S. 11).

47   Die Welt 21.09.07, S. 11; siehe auch Bericht „Bank von England pumpt 50 Milliarden Pfund in den Kreditmarkt", Die Welt 22.04.08, S. 17 sowie Bericht „Die Bank von England dreht den Geldhahn auf", Die Welt 19.02.09, S. 10.

48   Die Welt 20.09.07, S. 3; vgl. auch *Schumann/Grefe* (oben Fn. 43) 125 ff.

§ 26 Auf dem Wege zum Staatsbankrott

Die ausufernde Staatsverschuldung gehört seit langem zu den größten Problemen der Bundesrepublik[1]. So sind allein die Schulden des Bundes (neben denen der Länder und der Kommunen) von 70 Mrd. Mark im Jahre 1974 auf rund 1.000 Mrd. Euro gestiegen, wobei die Zahlungspflichten des Bundes für Pensionen und Zuschüsse zur Sozialversicherung noch nicht einmal berücksichtigt sind.

Experten haben schon vor Jahren Alarm geschlagen. So führte *Erhard Eppler* (SPD) in seinem Buch „Wege aus der Gefahr" (1981) folgendes aus: „Die Verschuldung der öffentlichen Hände hat in der Bundesrepublik seit 1974 auf eine so dramatische Weise zugenommen, dass es nun gute ökonomische und politische Gründe gibt, keine neuen Kredite mehr aufzunehmen. Dabei ist es weniger die absolute Höhe der öffentlichen Verschuldung als das Tempo der Neuverschuldung, was beunruhigen muss. Alle ökonomischen Theorien, wonach die öffentliche Verschuldung ohne Nachteil fast beliebig gesteigert werden könne, ändern nichts daran, dass der Zinsendienst für die aufgenommenen Kredite den finanziellen Spielraum der Finanzminister immer weiter einengt, der Staat also bei gleichbleibender Steuerquote in seiner Handlungsfähigkeit immer weiter eingeschränkt wird".

Unter Hinweis auf Zinszahlungen des Bundes von rund 17 Mrd. Mark im Jahre 1981 forderte der damalige Bundesfinanzminister *Matthöfer* (SPD), Besitzstände in Frage zu stellen. Bei der Sanierung des Haushalts dürfe es keine Tabus geben: Keine gesellschaftliche Gruppe – ob Beamte, Landwirte, Studenten oder Selbständige – dürfe von unangenehmen Korrekturen ausgenommen werden.

Indessen blieben diese Mahnungen erfolglos. Die Staatsverschuldung wuchs weiter und schnellte nach der Wiedervereinigung zusätzlich in die Höhe, was u.a. die Bundesbank veranlasste, eine deutliche Senkung der öffentlichen Ausgaben zu fordern[2].

Aber die Verschuldung stieg trotz aller Kritik (u.a. des Bundesrechnungshofs und des Internationalen Währungsfonds) weiter, obwohl ihre Verfassungsmäßigkeit (Art. 115 GG) immer fragwürdiger wurde und obwohl sie auch gegen den (von Deutschland einst vehement geforderten!) Stabilitätspakt der EU verstieß, der die Neuverschuldung der Mitgliedstaaten auf jährlich drei Prozent ihres Bruttoinlandsprodukts begrenzt.

Die große Koalition, welche die Staatsverschuldung in ihrem Koalitionsvertrag zu den großen Herausforderungen zählt (neben der Arbeitslosigkeit, dem demographischen Wandel und der Globalisierung), ist deshalb aufgerufen, endlich für Abhilfe und für diejenigen überfälligen Reformen (insbesondere Einsparungen) zu sorgen,

---

1　Überarbeitete Fassung eines Beitrags, der am 14.01.06 in der Frankfurter Rundschau erschienen ist.

2　Siehe *Tietmeyer*, damals Vizepräsident der Bundesbank, Die Geißel der Staatsschulden, FAZ 31.08.1991.

die bisher am „windigen Populismus aller Parteien" gescheitert sind, weil keine Partei ihrer Klientel Opfer zumuten wollte und alle Parteien dem Druck der Lobby nachgaben[3].

Eine solche Wende ist nicht nur erforderlich, um der Gefahr eines Staatsbankrotts (die durch steigende Zinsen noch erhöht wird) zu begegnen, sondern auch deshalb, weil eine überhöhte Staatsverschuldung einen unzulässigen Vorgriff auf künftige Staatseinnahmen bedeutet (über deren Verwendung nach der Verfassung nicht die heutigen, sondern erst die künftigen Regenten zu bestimmen haben) und weil eine überhöhte Staatsverschuldung zu Lasten künftiger Generationen geht, also gegen die Generationengerechtigkeit verstößt[4]. So hat der amerikanische Präsident Thomas Jefferson schon vor mehr als 200 Jahren gefordert, keine Generation dürfe Verpflichtungen eingehen oder Schulden machen, die sie nicht selber einzulösen oder zu tilgen in der Lage sei. Eine Ausnahme von diesem Grundsatz ist nur berechtigt, soweit gegenwärtige Investitionen nachweislich (erst) künftigen Generationen zugute kommen.

Deshalb ist es enttäuschend und alarmierend, dass der Haushalt 2006 ein Rekorddefizit aufweist (von 41 Mrd. Euro aufgenommener Kredite sollen nur 23 Mrd. für Investitionen dienen).

Nicht ohne Grund wurde in den eigenen Reihen der großen Koalition bezweifelt, ob der Haushalt 2006 (für den die EU seltsamerweise Dispens erteilt hat) verfassungskonform ist. Zwar lässt Art. 115 I 2 GG eine Überschreitung der Regel-Verschuldungsgrenze (die sich an den Investitionen orientiert) ausnahmsweise „zur Abwehr einer Störung des gesamtwirtschaftlichen Gleichgewichts" zu. Aber die große Koalition kann sich schwerlich auf diese Ausnahme berufen, denn das Bundesverfassungsgericht hat schon vor Jahren (1989) festgestellt, bei der Beurteilung, ob eine Störung des gesamtwirtschaftlichen Gleichgewichts vorliege, seien auch die Ursachen der Störung zu berücksichtigen. Lägen diese Ursachen (wie es schon seit Jahren der Fall ist) ganz oder überwiegend in fehlender Anpassung der Wirtschaftsstruktur an neue Gegebenheiten oder in einer schon bestehenden hohen Staatsverschuldung, so seien sie schwerlich geeignet, eine Überschreitung der Regel-Verschuldungsgrenze zu rechtfertigen. Das gilt um so mehr, als der Verfassungsgeber bei der Konzeption des Art. 115 I 2 GG offensichtlich nur an gelegentliche, nicht aber an ständige Überschreitungen der Regel-Verschuldungsgrenze gedacht hat.

Da zudem auch die Interessen künftiger Regenten und künftiger Generationen zu berücksichtigen sind, sollte das Bundesverfassungsgericht seine Kontrolle verschärfen und entschiedener als bisher auf einen Abbau der Staatsverschuldung hinwirken, der „das verfassungsrechtlich und europarechtlich gebotene Ziel bleibt" (*Kirchhof*). In seinem Urteil zum Bundeshaushalt 2004 (den das Gericht mit 5:3 Stimmen als verfassungsgemäß ansah) hat das Bundesverfassungsgericht inzwischen zu Recht

---

3   Siehe *Piel*, Steht Bonn vor dem Staatsbankrott?, Die Zeit vom 22.05.1981.
4   Siehe *Becker*, Generationengerechte Finanzpolitik, in: Handbuch der Generationengerechtigkeit (2. Aufl. 2003) 243 ff.

eine Reform der Regeln zur staatlichen Kreditaufnahme gefordert, da Art. 115 GG als Instrument zur Begrenzung der Staatsverschuldung unwirksam geblieben sei[5]. Alle Bundesregierungen hätten in den vergangenen vier Jahrzehnten „praktisch durchgehend zur Vermehrung der Schulden beigetragen".

Zudem hat der Präsident des Bundesverfassungsgerichts, Hans-Jürgen Papier, eindringlich vor den fatalen Folgen einer maßlosen Staatsverschuldung gewarnt: Das Bundesverfassungsgericht habe „mehrfach betont, dass eine übermäßige Staatsverschuldung eine Bedrohung für die Handlungs- und Steuerungsfähigkeit des Staates darstellt. Bei einer ungebremsten Verschuldung der öffentlcihen Hände kommen Demokratie, Rechts- und Sozialstaat langfristig unter die Räder. Denn wenn ein Großteil des Haushalts von Zinsen aufgefressen wird, muss der Staat seine Ausgaben drastisch reduzieren. Oder er muss die Abgaben weiter erhöhen. Je mehr er den Bürger aber belastet, desto mehr gehen Freiheitlichkeit, Eigenverantwortung und Privatautonomie verloren – also all das, was die Freiheitsrechte eigentlich gewährleisten sollen"[6].

---

5   Siehe BVerfG 09.07.07, NVwZ 2007, 1405.
6   Siehe Die Welt 18.02.09, S. 3.

§ 27 SOS: Die Schuldenflut steigt weiter

Infolge einer seit langem betriebenen bedenkenlosen Verschuldung steht Deutschland (Bund, Länder, Gemeinden) vor einem gigantischen Schuldenberg von 1,5 Billionen Euro[1]. Nach Berechnungen des Internationalen Währungsfonds hat Deutschland (wegen seiner Pensionslasten und seiner Verbindlichkeiten gegenüber Renten-, Kranken- und Pflegeversicherung) sogar implizite Schulden von 8 Billionen Euro angehäuft. Seit 1950 ist der Schuldenberg ständig gestiegen. Die Lage hat sich nicht zuletzt dadurch verschärft, dass der Gesetzgeber vor einigen Jahren die direkten Steuern stark gesenkt hat, ohne die Ausgaben entsprechend zurückzufahren.

Angesichts der bestehenden Schuldenlast und der Tatsache, dass allein die Zinsen des Bundes für das Jahr 2007 mit 40 Mrd. Euro veranschlagt werden, sollte man meinen, dass die Große Koalition (welche die Staatsverschuldung in ihrem Koalitionsvertrag zu den großen Herausforderungen gezählt hat) nun endlich das Ruder herumwerfen und für die überfällige Sanierung der Staatsfinanzen sorgen wird. Das ist indessen bisher nur bedingt der Fall. Zwar nimmt die Bundesregierung in Zeitungsannoncen für sich in Anspruch, die „Schuldenspirale gestoppt, zum ersten Mal seit fünf Jahren die Europäischen Stabilitätskriterien erfüllt und 2007 die geringste Neuverschuldung seit der Wiedervereinigung praktiziert zu haben". Zudem ist der Bundeshaushalt 2007 erstmals seit Jahren wieder verfassungskonform, denn die Investitionen liegen mit 24 Mrd. über der Neuverschuldung von 14,4 Mrd. Euro.

Alarmierend ist jedoch, dass die Ausgaben weiter steigen (sie liegen mit 270,5 Mrd. Euro 2007 um 3,5 Prozent höher als 2006). Zwar will die Bundesregierung das Haushaltsdefizit von derzeit ca. 1,5 Prozent des Bruttoinlandsprodukts (entsprechend einer EU-Vorgabe) jährlich um einen halben Prozentpunkt senken, aber es ist unklar, wie dieses Ziel erreicht werden soll. Jedenfalls wird es noch auf Jahre Haushaltsdefizite geben, zumal die Koalition erst 2011 einen Etat ohne neue Schulden vorlegen will[2]. Entgegen dem Protest von Experten, der Bundesbank und der EU-Kommission, die (auch mit Hilfe der konjunkturell bedingten steuerlichen Mehreinnahmen) möglichst rasch einen ausgeglichenen Haushalt erreichen wollen, wird der Schuldenberg also weiter wachsen, wenn auch langsamer als bisher[3]. Und dies, obwohl der Bundesfinanzminister festgestellt hat, ein Großteil des Geldes werde „für Vergangenheit und Konsum ausgegeben, nicht für Investitionen in unsere Zukunft".

Ob und wann es unter diesen Umständen gelingt, einen Verzicht auf weitere Schulden und den allmählichen Abbau des bestehenden Schuldenberges durchzusetzen, ist ungewiss. Hingegen ist sicher, dass die bisherigen Maßnahmen in keiner Weise ausreichen, um der gigantischen Aufgabe gerecht zu werden. So müssten steuerliche Mehreinnahmen (wie sie insbesondere durch die Erhöhung der Mehrwertsteuer er-

---

1   Siehe oben § 26.
2   Siehe Die Welt 15.11.07, S. 11 und 03.06.08, S. 11.
3   Siehe Die Welt 12.09.07, S. 12.

zielt werden) möglichst ungeschmälert der Haushaltssanierung zugute kommen (während sie zum großen Teil für die Senkung der Lohnnebenkosten verwendet werden). Noch wichtiger sind spürbare Ausgabenkürzungen: Die bisherigen Sparmaßnahmen der Großen Koalition (wie die Abschaffung der Steuersparfonds und der Eigenheimzulage) sind nicht mehr als erste Schritte. Insbesondere ist eine Durchforstung der Subventionen geboten, für die in Deutschland (nach einem Gutachten des Instituts für Weltwirtschaft) jährlich ca. 150 Mrd. Euro aufgewandt werden. Angeblich könnte etwas ein Drittel dieser Summe (nämlich 52 Mrd. Euro) ohne rechtliche Hemmnisse gestrichen werden. Nach Einschätzung von Umweltverbänden könnte die Bundesregierung allein durch den Verzicht auf „klimaschädliche Subventionen" (etwa für Diesel und Flugbenzin) jährlich rund 30 Mrd. Euro sparen. Und das Institut der deutschen Wirtschaft (IW) rechnet sogar insgesamt mit jährlichen Einsparmöglichkeiten von mehr als 80 Mrd. Euro[4].

Da Art. 115 I 2 GG den Schuldenberg nicht verhindert hat, sollte nach dem Vorbild anderer Staaten in der Verfassung die Pflicht zu einem ausgeglichenen Haushalt und ein entsprechendes Kreditaufnahmeverbot verankert werden[5]. Dadurch würde nicht nur für klare Verhältnisse gesorgt, sondern auch der Druck auf den Gesetzgeber verstärkt, endlich längst fällige Reformen (Einsparungen) im Steuerrecht, Subventionsrecht und Sozialrecht durchzuführen. Wie dringlich dies ist, zeigen zuletzt die Erfahrungen mit der „Gesundheitsreform": Anstatt der Kostenexplosion im Gesundheitswesen durch Einsparungen entgegenzuwirken, hat der Gesetzgeber (wie früher schon bei der Rentenversicherung) einen steuerfinanzierten Zuschuss beschlossen, der von 2,5 Mrd. Euro im Jahre 2008 jährlich um 1,5 Mrd. Euro auf 14 Milliarden wachsen soll[6] und der den staatlichen Schuldenberg noch vergrößert. Und da weitere neue Subventionen (wie für die private Altersvorsorge) und Subventionsforderungen (wie für „Kombilöhne" und „Investivlöhne") hinzukommen, zudem Steuerausfälle durch die Unternehmensteuerreform, ohne dass bisher ein hinreichender Abbau alter Subventionen gelungen ist, besteht aller Anlass, erneut Alarm zu schlagen[7]. Das gilt um so mehr, als die Pro-Kopf-Belastung, die sich durch die Staatsverschuldung ergibt (derzeit fast 19.000 Euro), nun auch noch durch den Bevölkerungsschwund erhöht wird. Deshalb ist es absurd, dass manche Politiker Steuersenkungen versprechen.

---

4   Siehe *Unterreiner*, Experten fürchten Schuldenlawine, Die Welt 27.03.07, S. 11.
5   Siehe *Wolff*, Die Änderungsbedürftigkeit des Art. 115 GG, in: FS von Arnim (2004), S. 313 (323). – Für ein solches Verschuldungsverbot hatten sich auch das Institut der deutschen Wirtschaft und der Bund der Steuerzahler ausgesprochen, während die fünf Wirtschaftsweisen eine flexiblere Lösung (mit scharfen Schuldenbremsen) befürworten (siehe Karl-Bräuer-Institut des Bundes der Steuerzahler, Staatsverschuldung, 2006; *Siems*, Die Welt 13.03.07, S. 11).
6   Siehe oben § 11.
7   Siehe *Unterreiner*, Experten fürchten Schuldenlawine, Die Welt 27.03.07, S. 11; *Dams*, Die Einnahmen steigen, die Schulden bleiben, Die Welt 10.05.07, S. 12; *ders.*, Riskante Rechnungen, Die Welt 08.01.08, S. 2.

Zusätzliche Befürchtungen werden durch den inzwischen verabschiedeten Haushalt 2008 geweckt, der (trotz sprudelnder Steuerquellen) für 2008 eine Nettokreditaufnahme von 11,9 Milliarden Euro und (was noch schlimmer ist) gegenüber 2007 eine Ausgabensteigerung von fast fünf Prozent auf 283,2 Mrd. Euro vorsieht[8]. Man fragt sich, wie die Bundesregierung bei einer derartigen Finanzpolitik bis 2011 einen ausgeglichenen Haushalt erreichen und wie sie danach den Abbau des gigantischen Schuldenbergs (von rund einer Billion Euro Bundesschulden) bewirken will. Noch nicht einmal berücksichtigt sind dabei die Mehrausgaben, die sich durch manche Beschlüsse der Bundesregierung (wie die außerplanmäßigen Rentenerhöhungen) ergeben[9]. Anstatt auf die noch extremere Verschuldungspolitik mancher anderer Staaten – wie Großbritannien und die USA[10] – zu verweisen, sollte Deutschland sich am Vorbild verantwortungsbewusster Länder orientieren: „Finnland, Schweden und Dänemark nehmen seit Jahren mehr ein, als sie ausgeben, und bauen mit den Überschüssen Schulden ab. Damit sind sie gegen wirtschaftlich schlechte Zeiten und die zunehmende Alterung der Gesellschaft gewappnet. Denn die Ausgaben für Rente, Gesundheit und Pflege werden steigen"[11].

Neben der Verschuldung des Bundes beunruhigt auch die Verschuldung der Bundesländer[12], und es ist bemerkenswert, dass der Bund hier trotz seiner eigenen unbekümmerten Schuldenpolitik gegenzusteuern sucht. So hat die Parlamentarische Staatssekretärin im Bundesfinanzministerium, Barbara Hendricks (SPD) gefordert, den Ländern durch Bundesgesetz eine Verschuldungsgrenze zu ziehen und deren Verletzung durch Sanktionen zu ahnden. Sie reagierte damit auf ein Urteil des Bundesverfassungsgerichts vom 19.10.06, das die Klage des mit 61 Mrd. Euro verschuldeten Landes Berlin auf Sanierungshilfen des Bundes abgewiesen und gesetzliche Kontrollmechanismen angemahnt hatte.

Nachdem die CDU-Arbeitsgruppe „Staatsfinanzen" ein Verschuldungsverbot für Bund, Länder und Kommunen ab 2012 vorgeschlagen hatte[13] – was zu Hoffnungen Anlass gab –, sind bei der Verschuldungspolitik inzwischen alle Dämme gebrochen, denn im Hinblick auf die Finanz- und Wirtschaftskrise hat die Große Koalition kürzlich riesige Konjunkturprogramme beschlossen, deren Wert in mancher Hinsicht

---

8 Siehe Die Welt 01.12.07, S. 1.
9 Kritisch zu den „explodierenden Ausgabenprogrammen der Koalition" Der Spiegel 2008 Nr. 16, S. 24 ff., siehe auch *Darms*, Hohe Ausgaben treiben Neuverschuldung, Die Welt 07.01.09, S. 9.
10 Siehe Die Welt 10.01.09. S. 12 (Großbritannien) und Die Welt 16.01.09, S. 10 (USA).
11 Siehe *Unterreiner*, Welt am Sonntag 15.04.07, S. 26.
12 Siehe die Tabelle „Schulden der Länder", Die Welt 22.02.07, S. 12. – Zu Recht haben die Rechnungshöfe mehrerer Bundesländer verstärkte Anstrengungen beim Schuldenabbau gefordert (Die Welt 24.05.07, S. 40).
13 Siehe Die Welt 20.02.07, S. 12.

fragwürdig ist und die eine Rekordverschuldung des Staates zur Folge haben[14]. (Das Defizit wird 2009 auf 2,9 Prozent steigen und 2010 mit 4,2 Prozent deutlich die EU-Höchstgrenze überschreiten). Was demgegenüber die zugleich beschlossene „Schuldenbremse" bewirken kann, ist ungewiss, zumal dem Staat trotz der nun gezogenen Schranken immer noch ein (zu) großer Spielraum für weitere Schulden bleibt.[15] So muss der Bund die Neuverschuldung erst ab 2016 auf 0,35 Prozent des Bruttoinlandsprodukts begrenzen, und den Ländern ist erst ab 2020 untersagt neue Schulden zu machen. Zudem sind Ausnahmen im Falle von Naturkatastrophen oder Rezessionen erlaubt.

Im Übrigen reicht eine Beschränkung der Neuverschuldung nicht aus, sondern es müssen auch die riesigen Schuldenberge abgetragen werden, die sich im Laufe der Jahre aufgetürmt haben, und das wird manchen finanzschwachen Bundesländern und Kommunen schwerlich aus eigener Kraft gelingen. Deshalb sind Vorschläge zur Entlastung hoch verschuldeter Bundesländer gemacht worden, die kontrovers diskutiert werden (so hat Bayern gegen den Vorschlag eines von Bund und Ländern finanzierten „Entschuldungsfonds" eingewandt, wer Schulden mache, müsse auch selbst dafür einstehen), ohne dass es bisher zu Ergebnissen gekommen ist[16]. Um welche Dimensionen es geht, zeigt die Angabe des niedersächsischen Finanzministers *Möllring* (CDU), die Rückzahlung der Schulden Niedersachsens werde bis zum Jahr 2075 dauern, falls das Land jährlich 100 Millionen Euro abzahle und zudem die durch die schrittweise Tilgung eingesparten Zinskosten zur Kreditrückzahlung verwende[17]. Bisher haben nur wenige Bundesländer einen ausgeglichenen Haushalt erreicht und damit begonnen, ihre Schulden zu tilgen[18].

Als heilsam hat sich erwiesen, dass das Bundesverfassungsgericht im Oktober 2006 dem Land Berlin Sanierungshilfen des Bundes versagt hat: Nach Angabe des damaligen Berliner Finanzsenators *Sarrazin* wird die Neuverschuldung 2007 nahe

---

14 Im Hinblick auf das von der Bundesregierung im November 2008 beschlossene Konjunkturprogramm hat Bundesfinanzminister Steinbrück erklärt, in der Regierung denke niemand daran, den Konsolidierungskurs aufzugeben, allerdings werde sich „die Zeitplanke verändern" (Die Welt 06.11.08, S. 13). – Zur kontroversen Diskussion des zweiten Konjunkturprogramms (in Höhe von 50 Milliarden Euro) im Bundestag siehe Die Welt 15.01.09, S.2 und 14.02.09, S. 1. Vgl. auch *Siems,* Der Spurt in den Schuldenstaat, Die Welt 27.01.09, S. 3. – Inzwischen rechnen Experten für 2009 mit einer gesamtstaatlichen Neuverschuldung von mehr als 100 Milliarden Euro (Die Welt 26.03.09, S. 11).

15 Siehe *Graw*, Umstrittene Schuldenbremse endgültig beschlossen, Die Welt 14.02.09, S. 2.

16 Siehe Bericht „Wowereit schlägt Bundespakt für Entschuldung vor", Die Welt 04.06.07, S. 5. – Zu einem Konzept, das der hessische Ministerpräsident *Koch* bezüglich der Entschuldung vorgelegt hat, siehe Die Welt 29.04.08, S. 4.

17 Die Welt 18.07.07, S. 4.

18 Siehe Bericht „Staatsschulden wachsen trotz hoher Steuereinnahmen", Die Welt 12.02.08, S. 12.

Null liegen und ab 2008 die Schuldentilgung beginnen. Damit sei in der Berliner Finanzpolitik ein „historischer Wendepunkt" erreicht[19].

Schließlich nehmen manche Bundesländer nun auch das lange Zeit verdrängte Problem der „verdeckten Verschuldung" ins Visier. So will der Schleswig-Holsteinische Finanzminister *Wiegard* (CDU) zumindest für die Pensionen neueingestellter Beamter einen Rücklagenfonds bilden. Dafür ist es höchste Zeit, denn die kapitalisierten Beamtenpensionen Schleswig-Holsteins werden inzwischen auf 28 Milliarden veranschlagt und übertreffen damit die Last der derzeitigen Kredite des Landes in Höhe von 25 Milliarden Euro[20].

Endlich ist darauf hinzuweisen, dass eine übermäßige Staatsverschuldung sich nicht nur auf den nationalen Raum negativ auswirkt, sondern auch auf die europäische und die internationale Ebene. So gefährdet die schwindende Haushaltsdisziplin vieler europäischer Staaten die Euro-Währung[21]. Und die weltweit verstärkte Verschuldung von immer mehr Staaten kann zu einer Überlastung der Kreditmärkte und im Extremfall zu Staatsbankrotten führen[22].

19   Die Welt 29.08.07, S. 2.
20   Siehe Schleswiger Nachrichten 03.08.07, S. 2.
21   Siehe *Grewe*, Sprengkraft für Europas Währung, Die Welt 05.02.09, S. 12.
22   Siehe Die Welt 08.01.09, S. 15. – Vgl. auch *Eckert*, Staatenkrise lässt Anleger in Gold Zuflucht suchen, Die Welt 28.01.09, S. 15; *ders.*, Angst vor Verschuldung belastet Staatstitel (Kapitalmärkte verlangen höhere Zinsen zum Ausgleich für gestiegene Risiken), Die Welt 10.02.09, S. 15; *ders.*, Anleger lassen Staatsanleihen durchfallen: Großbritannien bleibt auf seinen Papieren sitzen – Gefahr von Länderpleiten nimmt zu, Die Welt 27.03.09, S. 17.

§ 28 Bessere Bekämpfung von Entführungen?

I. Problemstellung und Ausgangslage[1]

Der erpresserische Menschenraub (§ 239a StGB) – ein besonders perfides Verbrechen – ist in vielen Ländern zur Plage geworden[2]. In Deutschland haben besonders die spektakulären Entführungen von *Richard Oetker* (1976) und *Jan Philipp Reemtsma* (1996) Aufsehen erregt, und zwar nicht nur wegen der prominenten Entführungsopfer, sondern auch wegen der Brutalität, mit der die Entführer vorgingen, und wegen der unerhörten, astronomischen Lösegelder[3]. (Im Falle *Oetker* wurden 21 Millionen und im Falle *Reemtsma* sogar 30 Millionen Mark als Lösegeld gefordert und gezahlt). Erst nach langwierigen auf aufwendigen Ermittlungen wurden die jeweiligen Entführer gefasst und verurteilt. Freilich gelang es nur im Falle *Oetker*, die Verbrechensbeute sicherzustellen, als der Entführer *Dieter Zlof* nach Verbüßung seiner 15jährigen Freiheitsstrafe die erpressten (registrierten) Tausendmarkscheine in England umtauschen wollte. Hingegen konnten im Falle *Reemtsma* bisher nur 2,5 der gezahlten 30 Millionen Mark ermittelt werden[4], obwohl *Jan Philipp Reemtsma* eine Privatdetektei mit der Suche beauftragt und zudem für Hinweise, die zur Auffindung des Lösegeldes führen, eine Belohnung von zehn Prozent der sichergestellten Beute versprochen hat[5].

II. Reformüberlegungen

Bemühungen um eine bessere Bekämpfung des erpresserischen Menschenraubes müssen darauf abzielen, die Erfolgschancen erpresserischer Entführungen (und damit den Antrieb zu diesem Verbrechen) zu verringern, indem der Zugang zu dem begehrten Lösegeld blockiert wird (1), der Druck auf gefasste Täter zur Preisgabe eines (mögli-

---

1   Ergänzte Fassung eines Beitrags, der in der Zeitschrift für Rechtspolitik 2002, 442 f. erschienen ist.
2   Siehe FAZ 03.11.1983, S. 9.
3   Über die Entführung von *Richard Oetker* hat die ARD am 09.11.01 in einem Dokumentarfilm berichtet; siehe hierzu auch *Woter*, Das lebenslange Echo eines Alptraums, Die Welt vom 10.11.01, S. 10. – Zur Entführung Reemtsmas siehe zuletzt *Mellenthin*, Urteil gegen Reemtsma-Entführer ist rechtskräftig, Die Welt vom 12.11.01, S. 35.
4   Siehe Die Welt vom 28.11.01, S. 37.
5   Siehe Die Welt vom 31.10.1996, S. H 1 und vom 12.11.01, S. 35.

cherweise gleichwohl erlangten) Lösegelds verstärkt wird (2) und die Verwertung der Verbrechensbeute erschwert wird (3).

1. Zuvörderst ist der Zugang zum angestrebten Lösegeld zu blockieren, indem den Angehörigen eines Entführungsopfers, Kreditinstituten und sonstigen Dritten verboten wird, ein Lösegeld zu zahlen oder bei der Zahlung eines Lösegeldes mitzuwirken.

Ausländische Erfahrungen zeigen, dass sich ein solches Verbot positiv auswirkt. So ist in Italien die Zahl der Entführungen stark gesunken, seit dort im März 1991 ein Gesetz in Kraft trat, das es Angehörigen von Entführungsopfern bei Androhung einer Haftstrafe verbietet, ein Lösegeld zu zahlen, und das die Justizbehörden ermächtigt, die Konten der betroffenen Familien einzufrieren[6]. Zwar hat es in manchen Fällen Kritik an diesem Gesetz gegeben (hauptsächlich von Angehörigen betroffener Entführungsopfer, denen nun die Hände gebunden sind), aber wie der Anti-Mafia-Sonderbeauftragte der italienischen Regierung *Vigna* betont hat, gibt es zu dem Entführungsgesetz keine Alternative; die Regelung funktioniere, und zudem sei zu bedenken, dass 47 Prozent der Entführungsopfer trotz Zahlung eines Lösegelds nicht nach Hause zurückgekehrt seien.

In Kolumbien hat die Einsicht, dass die Zahlung von Lösegeld zu immer neuen Entführungen anreizt, inzwischen viele Unternehmen veranlasst, keinerlei Lösegeld mehr für entführte Manager oder sonstige Mitarbeiter zu zahlen[7].

Aus demselben Grund lehnt es der deutsche Staat (im Einklang mit anderen Staaten) ab, Lösegeld für Staatsbürger zu zahlen, die im Ausland (wie im Falle des Geiseldramas auf der philippinischen Insel Jolo) entführt worden sind[8].

Dieselbe Linie hat sich auch bei terroristischen Entführungen durchgesetzt: Während die deutsche Regierung (unter Bundeskanzler *Helmut Schmidt*) im Fall des entführten CDU-Politikers *Lorenz* noch bereit war, im Austausch gegen das Entführungsopfer inhaftierte Straftäter (Terroristen) freizulassen, lehnte sie nach der Entführung des Arbeitgeberpräsidenten *Schleyer* die Freigabe weiterer inhaftierter Terroristen ab, und das Bundesverfassungsgericht (das von den Angehörigen Schleyers angerufen wurde) gab dem Staat Recht[9]. So tragisch es ist, dass Schleyer (den die Entführer ermordeten) ums Leben kam, als so richtig erweist sich die damalige Entscheidung auch im Rückblick, denn seitdem haben Terroristen nicht mehr versucht, den deutschen Staat durch Entführungen zu erpressen. Dazu hat wohl auch beigetragen, dass ein deutsches Flugzeug, das arabische Terroristen (im Verbund mit der Schleyer-Entführung) entführten, in der somalischen Hauptstadt Mogadischu von der deutschen

---

6   Siehe hierzu und zum folgenden *Borngässer*, Die Welt vom 23.10.1997, S. 3.

7   Siehe *Timmons*, Niemals zahlen (Über die Kidnapping-Industrie in Kolumbien), Wirtschaftswoche 2000 Nr. 31, S. 178.

8   Siehe Die Welt vom 23.06.00, S. 1 und vom 14.07.00, S. 7; *Heitkamp*, „Die Bundesregierung lässt sich nicht erpressen", Die Welt 05.05.06, S. 5.

9   Siehe BVerfG 16.10.1977, BVerfGE 46, 160 ff.

Anti-Terror-Einheit GSG 9 gestürmt wurde, wobei drei der vier Geiselnehmer ums Leben kamen.

2. Ist gleichwohl ein Lösegeld gezahlt worden, so muss alles getan werden, um dieses dem Täter wieder abzujagen, denn sonst kann der Täter davon ausgehen, er werde im schlimmsten Fall (d.h. im Falle seiner Ermittlung und Verurteilung) nach Verbüßung seiner Freiheitsstrafe (von höchstens 15 Jahren) die Früchte seines Verbrechens genießen können.

Deshalb läge es an sich nahe, einen Täter auch nach Verbüßung seiner Freiheitsstrafe solange weiter gefangen zu halten, bis er das Lösegeld preisgibt. Indessen kennt unser Recht neben der Strafe zwar Maßregeln der Sicherung und Besserung, aber keine Maßregel zur Entziehung der Verbrechensbeute. Deshalb bleibt nur die Möglichkeit, die Höchststrafe für erpresserischen Menschenraub (derzeit 15 Jahre) deutlich (auf mindestens 20 Jahre) anzuheben[10] und zugleich eine Reduktion der Strafe vorzusehen, wenn der Entführer das Lösegeld preisgibt. Dieser Weg ist dadurch vorgezeichnet, dass die Preisgabe des Lösegelds schon heute bei der Strafzumessung als strafmildernd berücksichtigt werden kann.

3. Schließlich muss eine Verwertung der Verbrechensbeute (bei der es sich regelmäßig um registrierte Geldscheine handelt) durch eine verschärfte Bekämpfung der Geldwäsche erschwert werden, die über den Fall des erpresserischen Menschenraubs hinaus für den Kampf gegen die Kriminalität von größter Bedeutung ist[11]. Es ist deshalb zu begrüßen, dass eine kürzlich verabschiedete EU-Richtlinie die bisher nur für Banken geltende Pflicht zur Meldung verdächtiger Transaktionen ausdehnt auf Notare, Wirtschaftsprüfer, Steuerberater, Versteigerer, Betreiber von Spielkasinos und Händler von Luxusgütern (wie Schmuck und Kunstwerke) und dass Rechtsanwälte (trotz des heftigen Widerstands ihrer Verbände) wenigstens dann meldepflichtig sind, wenn sie wissen, dass ein Mandant die anwaltliche Beratung für Zwecke der Geldwäsche in Anspruch nimmt[12]. Zu Recht will die EU jetzt auch säumige Drittländer zu einer schärferen Kontrolle der Geldwäsche animieren[13].

Darüber hinaus haben die 20 führenden Industrieländer im Rahmen eines Aktionsplans, die Finanzquellen des internationalen Terrorismus auszutrocknen, ein stärkeres Vorgehen gegen Geldwäsche beschlossen, und die 183 Länder des Internationalen Währungsfonds (IWF) haben sich ihnen angeschlossen[14].

---

10 Das lässt sich mit der Schwere des Verbrechens rechtfertigen: Entführungsopfer (und ihre Angehörigen) sind nicht nur Qualen und Todesängsten ausgesetzt, sondern oft auch realen Gefährdungen.

11 Siehe *Kaiser*, Strafrechtliche Gewinnabschöpfung, ZRP 1999, 144 ff.

12 Siehe Bericht „Neue Geldwäsche-Richtlinie ist unter Dach und Fach", Die Welt vom 14.11.01, S. 17.

13 Siehe Die Welt vom 18.10.01, S. 12.

14 Siehe *Halusa*, Start für globalen Kampf gegen Geldwäsche, Die Welt vom 19.11.01, S. 11.

Zu begrüßen ist ferner, dass nach einer Entscheidung des Bundesgerichtshofs Strafverteidiger kein Geld als Honorar annehmen dürfen, das ein Angeklagter durch kriminelle Handlungen erlangt hat[15]. Ein Entführer kann deshalb nicht mehr davon ausgehen, dass es ihm im Falle seiner Verhaftung durch den Einsatz beliebiger hochbezahlter Strafverteidiger gelingen wird, einen Freispruch oder doch eine milde Strafe zu erwirken.

III. Bilanz

Wie sich ergeben hat, ist eine bessere Bekämpfung des erpresserischen Menschenraubs notwendig und möglich: Wenn man die Erlangung eines Lösegelds durch ein Zahlungsverbot blockiert, den Druck auf verhaftete Täter zur Preisgabe eines (gleichwohl erlangten) Lösegelds erhöht und die Verwertung der Verbrechensbeute sowie die Indienstnahme beliebiger hochbezahlter Strafverteidiger erschwert, so wird dies zwar nicht alle, aber doch wohl die meisten potentiellen Entführer abschrecken.

IV. Befreiung des Entführungsopfers

Großes Aufsehen hat es im Jahre 2002 erregt, dass der damalige Frankfurter Polizeivizepräsident *Wolfgang Daschner* dem Entführer eines elfjährigen Kindes (dem Jura-Studenten Gäfgen) nach langer erfolgloser Vernehmung die Zufügung großer Schmerzen androhte, um das entführte (vermeintlich noch lebende) Kind zu ermitteln und zu retten.

Da Daschner (auch nach dem Urteil der meisten Bürger) nicht strafwürdig war, erteilte ihm das Landgericht Frankfurt nur eine Verwarnung mit Strafvorbehalt[16]. (Danach hätte Daschner eine Geldstrafe von 10.800 Euro zahlen müssen, falls er binnen eines Jahres nach dem Urteil eine Straftat begangen hätte). Obwohl es sich um die mildestmögliche Strafe handelte und Daschner danach nicht als vorbestraft gilt, wäre es richtiger gewesen, ihn freizusprechen[17]. Zwar darf die Polizei keine Gewalt gegen

---

15 So hat der BGH ein Urteil des Landgerichts Frankfurt bestätigt, das zwei Rechtsanwälte wegen Geldwäsche zu je neun Monaten Haft auf Bewährung verurteilt hatte, weil sie als Strafverteidiger jeweils 200.000 Mark Honorar nahmen, die ihre Mandanten durch Straftaten erlangt hatten (siehe BGH 04.07.01, NJW 2001, 2891).

16 Siehe Die Welt 21.12.04, S. 1 f.

17 Vgl. *Welding*, Die Folter als Maßnahme in Notfällen, RuP 2003, S. 222 ff.

Verdächtige anwenden oder androhen, um Aussagen zu erpressen. Aber einmal hätte man Daschner ein Recht auf Notwehr (Nothilfe) gegen den Entführer zubilligen können, solange dieser das Entführungsopfer nicht freigab[18], zum anderen konnte Daschner geltend machen, sein Verhalten werde durch einen Notstand gerechtfertigt, weil die Androhung von Gewalt das einzige Mittel gewesen sei, um das Leben des entführten Kindes zu retten. Warum sollte das Leben des Opfers hier nicht ebenso Vorrang vor den Interessen des Täters haben wie beim – juristisch anerkannten – finalen Rettungsschuss (d.h. dem gezielten Schuss auf einen Geiselnehmer zur Rettung gefährdeter Geiseln)? Durch eine solche Anerkennung des Notstandsgedankens wird das Folterverbot nicht in Frage gestellt, denn die Fälle, in denen es um eine Lebensrettung durch polizeiliche Zwangsmaßnahmen geht (und die allein hier zur Debatte stehen), sind eine seltene und klar abgrenzbare Ausnahme, sodass die Sorge vor einem Dammbruch und einer Aufweichung des Folterverbots unbegründet ist[19]. Polizeiliche Zwangsmaßnahmen könnten hier zudem, um Missbrauch auszuschließen, von einer richterlichen Zustimmung abhängig gemacht werden. Im übrigen kann der Täter solche Maßnahmen dadurch abwenden, dass er (wie Gäfgen) das Versteck des Opfers preisgibt.

Deshalb ist auch die groteske Klage auf Schmerzensgeld von 10.000 Euro abzuweisen, die *Gäfgen* (der 2003 zu lebenslangem Gefängnis verurteilt wurde) wegen der Drohung von *Daschner* gegen das Land Hessen erhoben hat[20]. Zwar hat das Bundesverfassungsgericht *Gäfgen* (entgegen Entscheidungen des Landgerichts und des Oberlandesgerichts Frankfurt, welche die Klage als aussichtslos ansahen) einen Anspruch auf Prozesskostenhilfe zugebilligt. Aber es ist zu erwarten, dass die Frankfurter Gerichte ihrer bisherigen Wertung treu bleiben, die der Gerechtigkeit entspricht und die Bürger vor einem Vertrauensverlust bewahrt[21]. Im übrigen hat der Europäische Gerichtshof für Menschenrechte inzwischen den Antrag von *Gäfgen* abgewiesen, die Bundesrepublik Deutschland zu verurteilen. „Damit rücken *Gäfgens* Hoffnungen auf eine Wiederaufnahme seines Verfahrens und eventuell ein milderes Urteil in weite Ferne"[22].

18 Siehe *Bertram*, Rückkehr der Folter?, RuP 2006, 224 ff.
19 Nicht überzeugend deshalb *Kretschmer*, Folter in Deutschland: Rückkehr einer Ungeheuerlichkeit?, RuP 2003, 102 (114), der auf der unbedingten Geltung („Notstandsfestigkeit") des Folterverbots besteht, weil es sonst „kein Halten mehr" gäbe.
20 Siehe Die Welt 06.03.08, S. 32 und 05.05.08, S. 2.
21 Vgl. *Wessel* (Leserbrief), Die Welt 07.05.08, S. 9: „Es will uns laienhaften Bürgern einfach nicht verständlich erscheinen, dass die versammelte juristisch-fachliche ‚Intelligenz' nicht in der Lage ist, einen Paragrafen herauszufinden, um diese schreiende und empörende Ungerechtigkeit zu verhindern. Sollte es tatsächlich dazu kommen, dass letztlich Herr Daschner zur Zahlung der genannten Summe an diesen Mörder verurteilt würde, geht noch mehr Vertrauen in unsere Justiz verloren".
22 Siehe *Kirschstein*, Die Welt 01.07.08, S. 3.

§ 29 Abschied von der Kreditkarte?

I. Bestandsaufnahme[1]

Die Kreditkarte ist heute ein weit verbreitetes Zahlungsmittel[2]. Anstatt bar zu zahlen, unterschreibt der Kreditkarteninhaber die Rechnungen derjenigen Geschäftsleute, die seine Karte akzeptieren. Diese geben die Rechnungen dann an das Kreditkartenunternehmen weiter, das die Rechnung begleicht. Der Kreditkarteninhaber erhält vom Kreditkartenunternehmen monatlich eine Abrechnung über seine Umsätze, die dann in einer Summe von seinem Konto abgebucht werden.

Die Zahl der ausgegebenen Kreditkarten erreichte in Deutschland Ende 1998 15,34 Millionen, was gegenüber 1997 einen Zuwachs von 7,6 Prozent bedeutete[3]. Allerdings beginnt sich die Lage nun zu ändern, denn es sind andere bargeldlose Zahlungsmittel auf den Plan getreten (besonders Debitkarten wie die EC-Karte, bei denen der fällige Betrag direkt vom Girokonto abgebucht wird), die kostengünstiger sind als die Kreditkarte und dieser deshalb den Rang ablaufen, zumal sie praktisch allgemein akzeptiert werden (während die Kreditkarte nur von den Vertragspartnern der Kreditkartenunternehmen akzeptiert wird). So stieg das ec-Lastschriftverfahren (Zahlung mit ec-Karte und Unterschrift) 1998 auf 10 Prozent und electronic cash (Zahlung mit ec-Karte und Geheimzahl) auf 3,5 Prozent des Einzelhandelsumsatzes, während der Umsatzanteil der Kreditkarten bei 3,5 Prozent stagnierte und der Umsatzanteil der Schecks auf 2,5 Prozent sank[4]. Hinzu kommt nun die Geldkarte, d.h. die elektronische Geldbörse der deutschen Banken und Sparkassen[5].

Zwar muss der Kreditkarteninhaber dem Kreditkartenunternehmen nur eine relativ geringe Jahresgebühr zahlen. Hinzu kommen aber Sondergebühren, wenn er die Karte im Ausland benutzt[6]. Und schließlich wird der Kreditkarteninhaber indirekt nochmals

---

1   Ergänzte Fassung eines Beitrags, der in der Zeitschrift für Rechtspolitik 2000, 185 f. erschienen ist.
2   Siehe *Braun*, Kreditkarten im Euro-Test, Capital 1999 Nr. 3, S. 216 ff.
3   Siehe Source 1999 Nr. 8, S. 1 f., wo angemerkt wird, das Potential liege nach gängiger Schätzung bei insgesamt 20 Millionen Kreditkarten.
4   Siehe Source 1999 Nr. 5, S. 6.
5   Siehe Bericht „Geldkarte mit Umsatzwachstum", FAZ vom 16.10.1998, S. 18; Source 1999 Nr. 5, S. 7 sowie Nr. 8, S. 1 und S. 3.
6   Bei einem allgemeinen Verzicht auf das Auslandseinsatzentgelt würden den Kartenemittenten in Deutschland angeblich Einnahmen in Höhe von rund 100 Millionen Mark entgehen; siehe Source 1999 Nr. 2, S. 4. – Bei Karteneinsätzen innerhalb des Euro-Raumes haben inzwischen mehrere Kreditkartenanbieter die Auslandsgebühr gestrichen; siehe *Braun* (oben Fn. 2).

zur Kasse gebeten, denn er muss die Provision, die von den Vertragsunternehmen an die Kreditkartenunternehmen zu zahlen ist, als Verbraucher mitfinanzieren, weil die Vertragsunternehmen diese Provision regelmäßig auf ihre Preise aufschlagen. Im Jahre 1997 betrug die Kreditkarten-Provision im Einzelhandel 3 bis 4 Prozent. Zwar sind die Provisionen inzwischen gefallen, aber sie betrugen im ersten Halbjahr 1999 selbst für große Handelsunternehmen immer noch 1,70 bis 3,80 Prozent[7]. Deshalb verwundert nicht, dass die Kreditkartenunternehmen jährlich Milliarden verdienen, obwohl sie einen Teil ihrer Provisionen an Vermittler weitergeben[8].

Wegen ihrer hohen Kosten ist nur zu verständlich, dass die Kreditkarte bei den Geschäftsleuten an Attraktivität verliert. Zu Recht stellt sich heute jeder Geschäftsmann die Frage, ob die Kreditkarte ihm unter den heutigen Gegebenheiten (noch) so viel nützt, dass dies ihre Kosten rechtfertigt. Angesichts der sonstigen kostengünstigeren bargeldlosen Zahlungsmittel ist das Argument der Kreditkartenunternehmen, Geschäftsleute könnten mit Hilfe der Kreditkarte zusätzliche Kunden gewinnen, kaum mehr überzeugend.

Inzwischen bieten immer mehr Geschäftsleute ihren Kunden die Möglichkeit, Geschäfte per ec-Lastschriftverfahren (Zahlung mit ec-Karte und Unterschrift) abzuwickeln, das fast nichts kostet und das 1998 bereits 10 Prozent des Einzelhandelsumsatzes erfasste[9]. Zu Recht hat sich der Handel gegen die Abschaffung des ec-Lastschriftverfahrens und gegen die Einführung einer Sondergebühr für dieses Verfahren ausgesprochen[10]. Zu Recht hat er auch darauf hingewiesen, das Zahlungsausfallrisiko liege unter 0,2 Prozent des Umsatzes und sei damit regelmäßig viel niedriger als die Mehrkosten des von der Kreditwirtschaft favorisierten electronic cash[11] (die Kosten betragen hier 1 Prozent bei einer Mindestgebühr von drei Mark pro Transaktion). Kostengünstiger als die Kreditkarte ist schließlich auch die Zahlung mit Geldkarte; die Kosten betragen hier 0,3 Prozent vom Umsatz bei einer Mindestgebühr von 0,02 Euro je Transaktion[12].

Da die Kreditkarte nicht mit diesen neuen bargeldlosen Zahlungsmitteln konkurrieren kann, ist ihre Verdrängung vorprogrammiert. Dafür spricht auch, dass „Händler ihre Kunden ganz offen fragen, ob sie nicht mit ihrer EC-Karte statt mit einer Kreditkarte zahlen möchten"[13]. Zudem scheinen sich die Fälle zu mehren, in denen Kredit-

---

7   Siehe Source 1999 Nr. 5, S. 1.
8   So erhalten Banken und Sparkassen, die einen Händler für die Akzeptanz von Eurocard und gleichzeitig auch von Visa direkt vermitteln, zusätzlich zur üblichen Vermittlungsprovision von 150 Mark eine laufende Umsatzbeteiligung zwischen 0,1 und 0,25 Prozent (je nach Umsatzvolumen des neuen Vertragspartners); siehe Source 1999 Nr. 8, S. 6.
9   Siehe oben Fn. 4.
10   Siehe *Wolf*, Banken wollen die Einzelhändler zur Kasse bitten, Die Welt vom 24.09.1999, S. 39.
11   Siehe Source 1999 Nr. 5, S. 6.
12   Siehe Source 1999 Nr. 4, S. 2.
13   *Wolf* (oben Fn. 10).

karteninhaber Händlern Barzahlung oder Zahlung mit EC-Karte anbieten, wenn sie dafür einen Rabatt erhalten.

II. Bewertung

Die Verdrängung der Kreditkarte ist zu begrüßen, denn das jetzige System verursacht nicht nur unnötige Kosten, sondern es verteilt diese Kosten auch noch in einer ungerechten Weise. Derzeit müssen nämlich auch Verbraucher, die keine Kreditkarte haben – überwiegend die sozial Schwächeren – die Kosten des Kreditkartensystems mittragen, weil die Geschäftsleute ihre an die Kreditkartenunternehmen zu zahlenden Provisionen auf ihre Preise aufschlagen.

Eine solche Belastung der kartenlosen Verbraucher, die darauf hinausläuft, dass die Mehrheit der Verbraucher (darunter die sozial Schwächeren) gezwungen wird, eine gutsituierte Minderheit zu subventionieren, ist ungerecht und im Hinblick auf die verfassungsrechtlich gewährleistete Privatautonomie und das Sozialstaatsprinzip auch verfassungsrechtlich bedenklich. Verträge zu Lasten Dritter, an welche diese Zwangsbelastungen kartenloser Verbraucher gemahnen, sind aus gutem Grund unzulässig. Zudem sind Gebührenregelungen vom Bundeskartellamt zu Recht beanstandet worden, wenn sie bewirken, dass eine Gruppe der Gebührenzahler eine andere subventionieren muss[14]. Derselbe Grundgedanke stand wohl auch hinter dem Rabattgesetz (das Rabatte über 3 Prozent verbot[15]) und hinter der Rechtsprechung des BGH, es sei Organisationen untersagt, an ihre Mitglieder Einkaufsausweise zur Erlangung günstiger Einkaufsmöglichkeiten auszugeben[16]. Denn auch hier mussten die Einkaufsvorteile einer bestimmten Verbrauchergruppe sonst mittelbar (über ein entsprechend höheres Preisniveau) durch die anderen Konsumenten finanziert werden.

Es ist an der Zeit, dass die Verbraucherverbände gegen die heutigen Missstände einschreiten und aufgrund des § 13 Abs. 2 Nr. 3 UWG verlangen, dass Vertragsunternehmen ihre Kreditkarten-Kosten nicht (über die Preise) auch auf diejenigen Verbraucher umlegen, die keine Kreditkarte haben. Falls die Verbraucherverbände insoweit

---

14 Es ging dabei um die von der Kreditwirtschaft vorgelegte Neuregelung der Geldkarten-Gebühren, welche die Kreditwirtschaft zurückzog, nachdem das Bundeskartellamt moniert hatte, nach dieser Regelung müsse die Mehrzahl der Händler die Sonderkonditionen einzelner Unternehmen über teurere Regelkonditionen subventionieren (siehe Source 1999 Nr. 8, S. 1).

15 Im Ausland sind Rabatte hingegen erlaubt, was es ermöglicht, die Subventionierung der Karteninhaber durch die kartenlosen Verbraucher noch zu verstärken. So bekommt z.B. der Inhaber einer Diners-Karte „weltweit zwischen 10 und 40 Prozent bei 22 Hotelketten Ermäßigung" (*Braun* – oben Fn. 2 – S. 225).

16 Siehe BGH 28.02.1975, NJW 1975, 877.

(notfalls mit Hilfe von Musterprozessen) erfolgreich sind, so bliebe den Vertragsunternehmen nichts anderes übrig, als ihre Kreditkarten-Kosten allein den Kreditkarteninhabern in Rechnung zu stellen. Die Kreditkarte wäre dann rasch am Ende, denn es würde den Kreditkarteninhabern nun deutlich, wie teuer die Kreditkarte in Wirklichkeit ist, und dies würde den Siegeszug der billigeren bargeldlosen Zahlungsmittel noch beschleunigen.

Eine solche Entwicklung könnte übrigens nicht nur durch Klagen von Verbraucherverbänden angestoßen werden, sondern auch durch Klagen von Konkurrenten, die keine Kreditkarten akzeptieren: Sie könnten geltend machen, es sei unlauter, dass die Vertragsunternehmen sich mit Hilfe von Kreditkarten, die überwiegend nicht von den Karteninhabern, sondern von kartenlosen Verbrauchern finanziert werden, einen Wettbewerbsvorteil verschaffen.

Die Klagen könnten sich wohl auch gegen die Kreditkartenunternehmen richten, soweit diese die ungerechte Kostenverteilung der Vertragsunternehmen stützen.

III. Ausblick

Ab dem 01.01.2005 hat Mastercard als erstes deutsches Kreditkartenunternehmen den Händlern erlaubt, von Verbrauchern, die mit Kreditkarte zahlen, einen Aufpreis zu verlangen[17]. Indessen ist fraglich, ob sich das Kreditkarten-System auf diese Weise retten lässt: Aus Sorge vor negativen Reaktionen der Kunden werden nämlich wohl nur relativ wenige Händler von Kunden mit Kreditkarte einen Aufpreis verlangen, so dass es praktisch weithin beim alten bleibt. Soweit Händler einen Aufpreis fordern, trägt dies aber zu der – begrüßenswerten – Verdrängung der Kreditkarte bei, weil der Aufpreis viele Kunden dazu bewegen wird, ihre Kreditkarte zugunsten kostengünstigerer Zahlungsmittel aufzugeben.

Vor diesem Hintergrund wird verständlich, dass die beiden größten deutschen Kreditkartenunternehmen – Mastercard und Visa – sich nun darum bemühen, neben ihren Kreditkarten auch Debitkarten zu vertreiben[18].

Ob und inwieweit dies den Wettbewerb beleben wird, bleibt allerdings abzuwarten: Zwar verliert die EC-Karte durch die neuen Konkurrenten ihre bisherige Monopolstellung (die sie als gemeinsames System der deutschen Kreditwirtschaft hat), aber nach Ansicht von Experten werden es die neuen Konkurrenten wegen ihres großen Rückstands schwer haben, sich gegenüber der EC-Karte zu behaupten.

---

17 Siehe *Bauer*, Die Welt 04.09.04, S. 17.
18 Siehe hierzu und zum folgenden *Jost*, Künftig nur noch Plastikgeld, Die Welt 13.06.07, S. 16.

Bemerkenswert ist im übrigen, dass die deutsche Kreditwirtschaft daran arbeitet, die EC-Karte, mit der man bisher nur in Deutschland bezahlen kann, auch im Ausland einsatzfähig zu machen[19]. Dadurch würde der Vorsprung der EC-Karte noch vergrößert und die Verdrängung der Kreditkarte weiter beschleunigt. Das ist nicht zuletzt deshalb zu begrüßen, weil Kreditkarten zur Überschuldung vieler Verbraucher beitragen.

Zudem ist anzumerken, dass der Handelsverband HDE die Kreditkartenfirmen durch eine Beschwerde beim Bundeskartellamt zwingen will, ihre Gebühren deutlich zu senken. Das liegt schon deshalb nahe, weil Visa die Kosten grenzüberschreitender Zahlungen nach einem Spruch der EU-Kommission auf 0,7 Prozent reduzieren musste[20].

Inzwischen haben die Missstände die EU auf den Plan gerufen. So hat Wettbewerbskommissarin *Kroes* gerügt, die Kreditkartenbesitzer würden doppelt zur Kasse gebeten, nämlich einmal durch ihre Jahresgebühr, zum anderen durch erhöhte Preise, weil die Einzelhändler die Kreditkarten-Kosten auf ihre Preise aufschlügen. Die dadurch bedingten Preiserhöhungen träfen auch Verbraucher, die keine Kreditkarten hätten. „Warum sollten Kunden, die mit Bankkarten oder bar zahlen, jene Kunden subventionieren, die mit teuren Kreditkarten zahlen?" In Großbritannien erhebe das Einrichtungshaus Ikea von Käufern, die mit Kreditkarte zahlen, eine Sondergebühr mit dem Ergebnis, dass sich viele Kunden für billigere Zahlungsmittel entschieden. Wenn man für Preistransparenz sorge, würden sich also die günstigeren Zahlungsinstrumente durchsetzen[21].

19   Siehe *Jost*, Mit der EC-Karte im Ausland zahlen wird einfacher, Die Welt 07.11.07, S. 20.
20   Siehe *Seidel*, Kartell der Kreditkarten, Welt am Sonntag 15.04.07, S. 27.
21   Siehe Die Welt 16.01.08, S. 19.

§ 30 Türkei-Beitritt zur Europäischen Union?

Die Frage eines Türkei-Beitritts zur Europäischen Union (EU) entwickelt sich zu einem der brisantesten Probleme der deutschen, europäischen und internationalen Politik. Während die deutsche rot-grüne Regierung davon ausging, der Weg der Türkei in die EU sei „längst politisch vorgezeichnet" und die USA den Beitritt der Türkei seit jeher massiv befürworten, wächst in Deutschland und anderen europäischen Staaten der Widerstand gegen einen Türkei-Beitritt. Der vorliegende Beitrag legt dar, dass es für diesen Widerstand plausible Gründe gibt und dass es möglich ist, allen Gesichtspunkten, die zugunsten eines Beitritts der Türkei vorgebracht werden, durch eine bessere Alternative Rechnung zu tragen, nämlich durch eine „privilegierte Partnerschaft" der Türkei, wie sie in der Diskussion nun zunehmend befürwortet wird.[1]

I. Problemstellung und Ausgangslage

Dass sich die Frage eines EU-Beitritts der Türkei überhaupt stellt, erscheint verwunderlich, wenn man bedenkt, dass die Türkei weder geographisch noch kulturell zu Europa gehört[2]. So hat der Präsident des EU-Verfassungskonvents, *Valèry Giscard d'Estaing*, nicht ohne Grund darauf hingewiesen, die Türkei sei kein europäisches Land und habe deshalb in der EU nichts zu suchen. Dementsprechend steht nach dem damaligen Entwurf einer EU-Verfassung und dem (nun an seine Stelle getretenen) Lissabonner Reformvertrag eine Mitgliedschaft lediglich *europäischen* Staaten offen. Nur so lässt sich der notwendige innere Zusammenhalt der EU sichern, denn die europäischen Staaten sind durch ihre gemeinsame Geschichte und durch gemeinsame Merkmale verbunden[3].

Dass sich die Türkei gleichwohl Hoffnungen auf einen EU-Beitritt macht, liegt – wie das damalige Bundeskanzleramt in einem Schreiben vom 16.01.03 an den Verfasser ausführt – an „einer langen Reihe von Entscheidungen der EU-Staats- und Regierungschefs, die auch Deutschland unter verschiedenen Bundesregierungen mitgetragen hat. Schon 1963 wurde der Türkei in einem Assoziationsabkommen mit der

---

1   Die Abhandlung basiert auf überarbeiteten Beiträgen, die in „Recht und Politik" 2004, 13 ff., 108 ff. erschienen sind.

2   Siehe *Wehler*, Das Türkenproblem, Die Zeit vom 12.09.02, S. 9 („Nach geografischer Lage, historischer Vergangenheit, Religion, Kultur, Mentalität ist die Türkei kein Teil Europas"); *ders.*, Die türkische Frage, in: Leggewie (Hrsg.), Die Türkei und Europa (2004), S. 57 ff. –. Vgl. auch *Helmut Schmidt*, Sind die Türken Europäer? Nein, sie passen nicht dazu, Die Zeit vom 12.12.02, S. 1.

3   Siehe *Richard Schröder*, Europa – was ist das?, ZRph 2002, 26 ff.

Europäischen Wirtschaftsgemeinschaft ein späterer Beitritt in Aussicht gestellt. 1997 entschieden die Staats- und Regierungschefs auf dem Europäischen Rat in Luxemburg, dass die Türkei für einen Beitritt zur Europäischen Union in Frage kommt. Der Europäische Rat in Helsinki 1999 erklärte die Türkei zum EU-Beitrittskandidaten. Auf dem Europäischen Rat in Kopenhagen vom 13.12.2002 haben die 15 EU-Staats- und Regierungschefs noch einmal unterstrichen: ‚Entscheidet der Europäische Rat im Dezember 2004 auf Grundlage eines Berichts und einer Empfehlung der Kommission, dass die Türkei die politischen Kriterien von Kopenhagen erfüllt, so wird die Europäische Union die Beitrittsverhandlungen mit der Türkei ohne Verzögerung eröffnen'". (Die 1993 beschlossenen politischen „Kopenhagen-Kriterien" fordern von Beitrittskandidaten „institutionelle Stabilität als Garantie für demokratische und rechtsstaatliche Ordnung, Wahrung der Menschenrechte sowie Achtung und Schutz von Minderheiten").

Am 17.12.04 hat der Europäische Rat sodann einstimmig beschlossen, am 03.10.05 Beitrittsverhandlungen mit der Türkei aufzunehmen[4], was inzwischen geschehen ist.

II. Reflexionen

Im Hinblick auf diese brisante und bisher viel zu wenig beachtete Entwicklung ist es höchste Zeit, dass es endlich zu einer Grundsatzdiskussion kommt, die *alle* relevanten Gesichtspunkte eines EU-Beitritts der Türkei berücksichtigt.

Die rot-grüne Bundesregierung, die zu den Protagonisten eines Türkei-Beitritts gehörte, hat dafür folgende Gründe genannt: „Der weitere EU-Heranführungsprozess der Türkei liegt im langfristigen strategischen Interesse Deutschlands und der EU. Als Nato-Partner ist die Türkei seit 1952 Teil der europäischen Verteidigungsstrukturen. Seit 1950 ist die Türkei auch Mitglied des Europarats. Wir alle wollen eine stabile, demokratische, säkulare Türkei mit enger Anbindung an den Westen. Der Erfolg versprechende Versuch der Türkei, Demokratie und Islam in Einklang zu bringen, könnte ein wichtiges Beispiel für andere islamische Länder werden"[5].

Indessen kann man diesen Zielen auch durch eine „privilegierte Partnerschaft" Rechnung tragen, die der Türkei hilft und zugleich die Nachteile vermeidet, die mit einem EU-Beitritt der Türkei verbunden sind[6]. Ein solcher Beitritt hätte auch astrono-

---

4   Siehe *Yenal*, EU-Mitgliedschaft der Türkei, RuP 2005, 114 ff.
5   Schreiben des Bundeskanzleramts vom 16.01.03. – Im gleichen Sinne *Bertram*, Die Türkei gehört in die EU, Die Welt vom 04.12.03, S. 9: „Eine moderne, demokratische und wirtschaftlich florierende Türkei ist für Europa von zentralem Interesse".
6   Siehe *zu Guttenberg*, Privilegierte Partnerschaft, Die Welt vom 03.01.2004, S. 9; vgl. auch *Winkler*, Wir erweitern uns zu Tode, Die Zeit vom 07.11.02, S. 6: „Eine privilegierte

mische Kosten zur Folge sowie einen riesigen Zustrom von Türken, besonders nach Deutschland, das mit der Integration der vielen hier lebenden Türken (2,8 Millionen, von denen rund 600.000 eingebürgert sind) schon heute überfordert ist[7]. Dass sich durch einen solchen Massenzustrom dramatische Auswirkungen auf Bevölkerungsstruktur, Stadtentwicklung, Arbeitsmarkt, Schulen, soziale Einrichtungen und den sozialen Frieden ergeben würden, liegt auf der Hand.

Dramatisch wären auch die Auswirkungen auf die politische Entwicklung. Kann man schon bezüglich der letzten Bundestageswahlen fragen, „ob bei dem knappen Wahlausgang die Stimmen der Muslime den Ausschlag gegeben haben"[8], so wäre im Falle eines EU-Beitritts der Türkei mit der Entstehung einer muslimischen Partei zu rechnen, die das politische Geschehen in Deutschland nachhaltig beeinflussen könnte. Und diese Entwicklungen würden dem Rechtsradikalismus Auftrieb geben (der schon heute von den Überfremdungsängsten der Bevölkerung profitiert), was nicht nur für die bereits in Deutschland lebenden Türken, sondern für alle hier lebenden Ausländer nachteilig wäre.

Unabsehbar sind auch die Zahlungen, welche die EU an die Türkei wegen ihres großen wirtschaftlichen Rückstands zu leisten hätte (wobei Deutschland bei einem

---

Partnerschaft käme den Interessen beider Seiten sehr viel mehr entgegen als eine... türkische Mitgliedschaft in der EU"; *Leggewie* (oben Fn. 2), der (auf S. 117 ff.) folgende „problematische Aspekte" nennt: „Die wirtschaftliche Rückständigkeit und Anfälligkeit der Türkei, den mangelnden Respekt für die Menschen- und Minderheitenrechte, die Unterdrückung des kulturellen Pluralismus, die in vieler Hinsicht defekte Demokratie, die Diskriminierung von Frauen und die Verfolgung der Kurden".

7   Ein wichtiges Indiz dafür ist die hohe Arbeitslosigkeit erwerbsfähiger Türken, die bundesweit bei fast 26 Prozent liegt und damit weit höher ist als bei anderen Ausländergruppen (Die Welt vom 02.09.03, S. 16). „72 Prozent der in Deutschland lebenden Türken haben keine berufliche Qualifizierung" (Die Welt 20.12.07, S. 2). Siehe auch *Lau*, Die Welt 11.07.07, S. 1 und 12.07.07, S. 3 (Zum Boykott des Integrationsgipfels durch manche türkische Verbände), der u.a. darauf hinweist, 70 Prozent der Türken holten sich ihre Ehefrauen (die häufig kein Wort Deutsch könnten) aus der alten Heimat, 40 Prozent der Jugendlichen verließen die Schule ohne Abschluss und bildeten in allen Großstädten einen Löwenanteil der Jugendkriminellen und/oder der Sozialhilfeempfänger. – Das (private) Berlin-Institut für Bevölkerung und Entwicklung kommt in einer Anfang 2009 vorgestellten Studie zu dem Ergebnis, die in Deutschland lebenden Türken seien schlechter integriert als alle anderen Einwanderergruppen (siehe Die Welt 26.01.09, S. 1).

8   Siehe *Knizig*, Leserbrief in der Welt vom 13.11.02, S. 9: „Bei der Bundestagswahl war eine größere Zahl türkischstämmiger Bürger [dank ihrer Einbürgerung] wahlberechtigt. Da kaum erwartet werden kann, dass ein gläubiger Muslim eine Partei wählt, die ein C im Signum trägt, fragt sich, ob bei dem knappen Wahlausgang die Stimmen der Muslime den Ausschlag gegeben haben". – Die Frage ist wohl zu bejahen, denn „bei der letzten Bundestagswahl haben laut dem Essener Zentrum für Türkeistudien rund 60 Prozent der eingebürgerten Türken die SPD, weitere 20 Prozent die Grünen gewählt" (*Plickert*, Leserbrief in der Welt vom 06.09.03, S. 9).

derzeitigen Finanzierungsanteil von 23,3 Prozent am EU-Haushalt besonders betroffen wäre), denn der türkische Lebensstandard pro Kopf liegt bei nur einem Fünftel des EU-Durchschnitts. Nach vorsichtigen Schätzungen von Haushaltsexperten der Union würden die Kosten eines Beitritts der Türkei für die gesamte EU jährlich 40 Milliarden Euro betragen, so dass die deutschen Nettozahlungen an die EU, die derzeit angeblich bei gut acht Milliarden Euro liegen, sich mehr als verdoppeln würden[9]. Ein Beitritt der Türkei könnte für die EU also zum Sprengsatz werden, zumal die Türkei mit dem Islam einem anderen Kulturkreis angehört, was zusätzliches Konfliktpotential bedeutet[10]. Zudem wäre es nach einem Beitritt der Türkei kaum mehr möglich, andere außereuropäische Staaten abzuweisen (deren Beitritt gelegentlich schon heute befürwortet wird), so z.B. Israel und manche nordafrikanische Staaten.

Zu bedenken ist auch, dass es der Türkei bis heute nicht gelungen ist, Islam und liberale Demokratie miteinander zu versöhnen[11] und dass die Kurdenfrage (Unterdrückung und Diskriminierung der Kurden) bis heute nicht gelöst ist[12]. „Im Übrigen sollte man nicht vergessen, dass nicht nur die Türkei ein Übermaß an Heterogenität nach Europa mitbrächte, sondern auch selbst von einem Modernisierungsschock bedroht wäre, der der kemalistischen Revolution gleichkommt"[13]. Und schließlich würde ein

---

9   Siehe Die Welt vom 04.09.03, S. 5 (Die Kostenschätzungen orientieren sich an den Subventionen, die Griechenland als bislang ärmstes Land der EU erhält, nämlich jährlich 540 Euro pro Einwohner). – Auch wenn die Kosten eines EU-Beitritts der Türkei niedriger sein sollten (das Osteuropa-Institut veranschlagt sie nach ersten Berechnungen mit 14 Milliarden Euro pro Jahr), ergeben sich für die EU erhebliche finanzielle Belastungen, nicht zuletzt deshalb, weil die Türkei als einer der größten Oliven- und Weinbauproduzenten einen großen Teil der Mittel absorbieren würde, welche die EU dem Agrarsektor zuwendet (siehe Die Welt vom 22.09.03, S. 6).

10   So ist darauf hingewiesen worden, „dass der Koran als das unveränderliche Wort Gottes und die Scharia [das religiöse Gesetz des Islam] für einen Moslem über dem Grundgesetz stehen" (*Hoffmann*, Die Welt vom 26.08.03, S. 9). – Verschärft wird die Lage durch radikale Organisationen. Siehe hierzu das alarmierende Buch von *Ulfkotte*, Der Krieg in unseren Städten, Wie radikale Islamisten Deutschland unterwandern (2003), der u.a. zu dem Ergebnis kommt, die größte muslimische Organisation in Deutschland, die (vom Verfassungsschutz beobachtete) *Milli Görüs* sei nicht verfassungskonform (S. 58 ff., 239). Eine weitere radikale Gruppe, der „Kalifatstaat" ist inzwischen mit Billigung des BVerfG verboten worden (siehe *Raddatz*, Der Kalifatstaat ist nur die Spitze des Eisbergs, Die Welt vom 12.12.03, S. 10). – Zum Kopftuchstreit hat das BVerfG am 24.09.03 entschieden, der Staat dürfe moslemischen Lehrerinnen das Tragen eines Kopftuchs im Unterricht verbieten, aber dazu bedürfe es einer „hinreichend präzisen gesetzlichen Grundlage". Inzwischen haben mehrere Bundesländer den Erlass von Anti-Kopftuch-Gesetzen angekündigt (siehe Die Welt vom 25.09.03, S. 1, 3, 33).

11   Siehe aber *Schönbohm*, Beginn einer neuen politischen Ära, Konrad-Adenauer-Stiftung, Auslandsinformationen 12/02, S. 81 ff., sowie 3/03, S. 4 ff.

12   Siehe *Aziz*, Die Kurden? – Nie gehört, Die Welt vom 08.07.03, S. 9.

13   *Stürmer*, Die Welt vom 14.11.02, S. 9.

Türkeibeitritt der EU auch noch die beunruhigende Nachbarschaft so problematischer Staaten wie Iran, Irak und Syrien einbringen.

Angesichts derart existentieller Risiken, auf die sich einzulassen keinerlei Notwendigkeit besteht, ist es ein untauglicher Beschwichtigungsversuch, dass die rotgrüne Regierung erklärt hat, im Rahmen der Beitrittsverhandlungen werde die Europäische Union „auch ihre eigenen Interessen gegenüber der Türkei geltend machen. Dies betrifft neben Finanz- und Kostenfragen insbesondere das Thema Freizügigkeit. Mit den zum 1. Mai 2004 beitretenden neuen Mitgliedstaaten aus Mittel- und Osteuropa wurden z.b. lange Übergangsfristen vereinbart, in denen die Freizügigkeit keine Anwendung findet"[14]

Eine solche Argumentation verkennt, dass die Risiken eines EU-Beitritts der Türkei eine ganz andere Dimension haben als die Risiken der Osterweiterung, durch welche die EU bereits aufs äußerste strapaziert wird[15]. Wir dürfen uns nicht zu Tode erweitern[16] und müssen deshalb den amerikanischen Druck zugunsten eines EU-Beitritts der Türkei ebenso zurückweisen wie die (erstaunliche) Befürwortung eines Türkeibeitritts durch die ehemalige rot-grüne Bundesregierung, die auf diese Weise offensichtlich das (durch den Irakkonflikt lädierte) Verhältnis zu den USA verbessern wollte[17].

Zu Recht hat sich inzwischen Widerstand gegen einen EU-Beitritt der Türkei formiert. So ist die Europäische Volkspartei (Christdemokraten und Konservative) mehrheitlich gegen einen Türkei-Beitritt[18]. In Deutschland haben führende Vertreter der Union Bedenken gegen einen EU-Beitritt der Türkei vorgetragen. Am 03.09.03 hat die damalige CDU-Vorsitzende *Angela Merkel* nach einem Gespräch mit dem türkischen Ministerpräsidenten *Erdogan* die ablehnende Haltung der Union bekräftigt und stattdessen eine „privilegierte Partnerschaft der Türkei befürwortet"[19]. In Frankreich ist Präsident *Sarkozy* ein erklärter Gegner eines EU-Beitritts der Türkei.

---

14 Schreiben des Bundeskanzleramts vom 16.01.03.

15 Siehe *Graw*, Karlsruher Kritik an der EU-Verfassung, Die Welt vom 01.08.03, S. 4 (unter Hinweis auf kritische Bemerkungen zur Osterweiterung von Bundesverfassungsrichter *Siegfried Broß*).

16 Siehe *Winkler*, Wir erweitern uns zu Tode, Die Zeit vom 07.11.02, S. 6.

17 Vgl. *Winkler* (oben Fn. 16): „Washington wünscht eine baldige Aufnahme von Beitrittsverhandlungen. Berlin erwartet offenbar amerikanische Absolution, wenn es sich in der EU für dieses Anliegen stark macht". – Zu Recht haben europäische Kritiker die Amerikaner dazu aufgefordert, sich vergleichsweise zu überlegen, „was es in sozialer, ökonomischer und kultureller Hinsicht bedeute, wenn sie Mexiko in ihre Staatenunion aufnähmen. Auf Kosten Europas könnten die USA ihre strategischen Probleme im Nahen Osten nicht lösen" (*Hofmann*, Die Zeit vom 31.10.02, S. 4).

18 Siehe *Middel*, Die EVP will den EU-Beitritt der Türkei verhindern, Die Welt vom 28.06.03, S. 6.

19 Siehe Die Welt vom 04.09.03, S. 1; vgl. auch *Haselberger*, Die Türkei wird Thema im Europawahlkampf, Die Welt vom 01.09.03, S. 4.

Zuvor hatte schon *Helmut Schmidt* vor den Risiken eines EU-Beitritts gewarnt und die Ansicht vertreten, es gebe „zwingende Gründe, eine Vollmitgliedschaft der Türkei in der EU zu vermeiden"[20].

III. Bilanz

Die Frage eines EU-Beitritts der Türkei ist geradezu ein Schulbeispiel dafür, wie Dinge, die man lange treiben lässt, eine Eigendynamik entwickeln, welche die Beteiligten immer stärker unter Zugzwang bringt. War es schon fragwürdig, der Türkei 1963 (im Hinblick auf ihre seit 1952 bestehende Nato-Partnerschaft) einen späteren Beitritt zur Europäischen Wirtschaftsgemeinschaft in Aussicht zu stellen, so hätte jedenfalls die Entwicklung der EWG zur Politischen Union Anlass geben müssen, diesen Ausgangspunkt zu überprüfen, denn ein Beitritt der Türkei würde die EU nun politisch, wirtschaftlich und sozial überfordern. Dies gilt um so mehr, als die Türkei (deren Bevölkerung von ca. 40 Millionen im Jahre 1963 auf inzwischen ca. 75 Millionen gewachsen ist und jährlich um etwa eine weitere Million zunimmt) im Falle eines EU-Beitritts schon in absehbarer Zeit das bevölkerungsreichste EU-Land wäre mit der größten Vertretung in den EU-Gremien und dem größten Anteil an allen verfügbaren EU-Töpfen. Nach Prognosen von Experten könnte es deshalb in absehbarer Zeit in manchen europäischen Städten Migrantenmehrheiten geben[21].

Der EU-Beitritt der Türkei ist also eine Schicksalsfrage – künftige Generationen werden sich darüber wundern, wie unbekümmert, ja leichtfertig die meisten Verantwortlichen mit dieser Frage umgegangen sind. Und es ist verständlich, dass nun immer mehr Bürger alarmiert sind (und ihren Unmut in der letzten Europawahl zum Ausdruck gebracht haben), denn sie befürchten nicht ohne Grund, die Suppe auslöffeln zu müssen, die ihnen selbstherrliche Politiker leichtfertig einbrocken.

Indessen sind die Chancen eines EU-Beitritts der Türkei selbst im Falle erfolgreicher Beitrittsverhandlungen (mit deren Abschluss frühestens 2013 zu rechnen wäre) minimal, denn es würde dann nur des Vetos des Europäischen Parlaments oder eines einzigen von bis dahin vielleicht 30 EU-Mitgliedern bedürfen, um den Beitritt der Türkei zu verhindern. Ein solches Veto ist um so wahrscheinlicher, als nur 30 Prozent der EU-Bürger den Türkei-Beitritt befürworten und als zumindest einige Länder die Entscheidung über einen EU-Beitritt der Türkei durch eine Volksabstimmung treffen werden, wie sie nun zunehmend auch in Deutschland gefordert wird.

---

20   Siehe *Helmut Schmidt* (oben Fn. 2).
21   Siehe die Prognosen des Bevölkerungswissenschaftlers *Birg*, Die Welt 28.02.06, S. 3 und des britischen Islamwissenschaftlers *Lewis*, Angriff auf Europa, Die Welt 18.04.07, S. 9.

Ist es deshalb nicht sinnvoller, dass sich EU und Türkei auf die Alternative einer „privilegierten Partnerschaft" verständigen, die sich relativ rasch verwirklichen lässt und für die es (mit dem Assoziationsabkommen EWG-Türkei 1963 und der Zollunion EU-Türkei 1996) bereits wichtige Ansätze gibt? Ist für die Türkei eine realistische „privilegierte Partnerschaft" nicht mehr wert als eine utopische (trotz langen Wartens letztlich nicht erreichbare) EU-Mitgliedschaft? Auch als Freund der Türkei kann, ja muss man solche Fragen stellen, denn ohne eine freimütige Diskussion wird man schwerlich zu sachgerechten und realistischen Regelungen gelangen, die im Interesse aller Beteiligten liegen. Das gilt um so mehr, als in der EU die Skepsis gegenüber einem Beitritt der Türkei zu wachsen scheint[22] und inzwischen die meisten Türken nicht mehr an einem EU-Beitritt ihres Landes glauben[23]. Aufschlussreich ist auch, dass Außenminister *Gül* (inzwischen Staatspräsident der Türkei) im April 2007 erklärt hat, die türkische Regierung wolle den eingeschlagenen Reformkurs auch dann weiterführen, wenn ihr der EU-Beitritt versagt bleibe. Die Transformation des Landes sei Selbstzweck und unabhängig vom Verlauf der Beitrittsverhandlungen[24].

Interesse verdient nicht zuletzt, dass der türkische Ministerpräsident *Erdogan* auf die Frage nach Alternativen zum EU-Beitritt der Türkei schon vor Jahren erklärt hat: „Wir suchen im Moment keine andere Alternative... Die Zeit wird zeigen, ob sich eine andere Alternative entwickelt. Falls sich so etwas ergibt, werden wir diese Möglichkeiten gegebenenfalls auswerten"[25].

---

22 So hat EU-Erweiterungskommissar *Rehn* von der „zunehmenden Skepsis" in der EU gegenüber einem Türkei-Beitritt gesprochen (Die Welt 17.07.07).
23 Angeblich meinen nur noch 26 Prozent der Türken, es werde zu einem EU-Beitritt der Türkei kommen (Die Welt 07.09.07, S. 5).
24 Die Welt 18.04.07, S. 6.
25 Die Welt 03.09.03, S. 2.

§ 31 Israel am Scheideweg

Der Palästinakonflikt ist nicht nur für die unmittelbar Beteiligten – Israel und die Palästinenser – eine schwere Hypothek, sondern er überschattet auch den gesamten Nahen Osten und entwickelt sich angesichts der iranischen Atomambitionen zunehmend auch zu einer Gefahr für den Weltfrieden.

Der Konflikt reicht in die Zeit der britischen Mandatsherrschaft in Palästina zurück (das zuvor ein Teil des Osmanischen Reiches war). Nachdem der Publizist *Theodor Herzl* 1896 eine „Heimstätte des jüdischen Volkes in Palästina" propagiert hatte, versprachen die Engländer den Juden 1917 eine Heimstätte in Palästina (in der unrealistischen Vorstellung, dieses Versprechen mit den Interessen der dort ansässigen Araber vereinbaren zu können). Es lebten damals bereits viele Juden in Palästina, die dort (oft wegen des zunehmenden Antisemitismus in Europa) eingewandert waren. Nun „schufen die Zionisten konsequent die sozialen, politischen, wirtschaftlichen und militärischen Grundlagen für ihren Staat"[1], den die Juden im Mai 1948 ausriefen, nachdem die UN-Vollversammlung im November 1947 beschlossen hatte, das britische Mandatsgebiet Palästina in einen jüdischen und einen arabischen Staat zu teilen.

Danach kam es wiederholt zu Kriegen mit arabischen Nachbarstaaten, zur Besetzung palästinensischer Gebiete und zur Vertreibung bzw. Flucht zahlreicher Palästinenser, die seitdem großteils in Flüchtlingslagern leben. Und die in Israel verbliebenen Palästinenser sehen sich als Bürger zweiter Klasse behandelt[2].

Dass diese Konstellation die Palästinenser zum Widerstand (vom Steinewerfen bis zu Selbstmordattentaten) trieb, ist nicht verwunderlich und wird selbst von einsichtigen Israelis als verständlich betrachtet. (So hat der damalige israelische Ministerpräsident *Ehud Barak* 1998 erklärt: „Wäre ich ein Palästinenser im richtigen Alter, würde ich mich über kurz oder lang auch einer Terrororganisation anschließen"[3]). Israel suchte den Widerstand mit großer Härte zu brechen, nicht selten unter Verstoß gegen die Verhältnismäßigkeit (selbst ein als maßvoll geltender Israeli wie *Rabin* hat ursprünglich als General Steine werfenden Jugendlichen die Arme brechen lassen) und schreckte auch vor der gezielten Tötung führender Gegner nicht zurück.

Hinzu kam die unselige Siedlungspolitik der Israelis, der provozierende Besuch des Tempelberges durch den damaligen israelischen Ministerpräsidenten *Scharon* (der die zweite Intifada auslöste) und der Bau einer riesigen massiven Grenzmauer, die an

---

1   *Senfft*, Geschichte als Lehrmeister, KAS/Auslandsinformationen 9/05 S. 107 (110); siehe auch *Köndgen*, Die „Neuen Historiker": Israel revidiert sein geschichtliches Selbstverständnis, KAS/Auslandsinformationen 3/01, S. 147 ff.; *Brenner*, Die zionistische Idee lebt im schwierigen Alltag Israels, Die Welt 01.04.08, S. 5.
2   Siehe *Senkyr*, Die Situation der israelischen Araber, KAS /Auslandsinformationen 10/98, S. 4 ff.
3   Siehe *Senfft* (Fn. 1), S. 111.

vielen Stellen auf palästinensisches Gebiet übergreift und deshalb vom Internationalen Gerichtshof in Den Haag als völkerrechtswidrig betrachtet wird.

Im Hinblick auf den unhaltbaren Gesamtzustand, der u.a. von den deutschen Bischöfen auf einer Israelreise im März 2007 scharf kritisiert wurde[4], haben besonnene Stimmen schon früh dafür plädiert, dass Israel sich aus den besetzten Gebieten zurückzieht, um im Gegenzug Sicherheit und Frieden zu erhalten. Hätte Israel diesen Rat beherzigt, so wäre es schwerlich zu den negativen Folgeentwicklungen (wie insbesondere den Schrecken des Terrorismus) gekommen, die den Nahen Osten heute zu einem Pulverfass machen. Aber im Vertrauen auf seine militärische Stärke, den Besitz der Atombombe und den unbedingten amerikanischen Beistand war Israel nicht zu den nötigen Konzessionen bereit[5].

Indessen scheint sich dies nun zu ändern: Das Erstarken der radikal-islamischen Hamas (die anders als die Fatah das Existenzrecht Israels bis heute nicht anerkennt), die Probleme der Amerikaner im Irak, das Debakel der Israelis bei der Invasion des Libanon, die zunehmende internationale Isolation und die atomaren Ambitionen des Iran bringen Israel jetzt so unter Druck, dass es sich neuen Überlegungen schwerlich verschließen kann. Vor diesem Hintergrund beteiligen sich neben dem „Nahostquartett"[6] (Vereinte Nationen, USA, Russland, Europa) nun auch die Arabischen Staaten aktiv an den Friedensbemühungen. So hat der jordanische König am 7.3.2007 die USA gedrängt, die Initiative zu ergreifen: Das wichtigste Problem der Region sei nicht der Irakkrieg, sondern die „Verweigerung von Gerechtigkeit und Frieden in Palästina". Die Palästinenser lebten heute „in Verzweiflung und ohne Hoffnung"[7]. Und die Arabische Liga hat auf ihrem Gipfel in Riad am 29.3.2007 einen Friedensplan Saudi Arabiens gebilligt, der vorsieht, dass die arabische Welt ihre Beziehungen zu Israel normalisiert, wenn Israel einen Palästinenserstaat anerkennt und die seit 1967 besetzten Gebiete zurückgibt[8].

Bemerkenswert ist auch, dass der amerikanische Präsident *Bush* im Juli 2007 eine Friedenskonferenz (unter Beteiligung der Konfliktparteien und anderer Länder des Nahen Ostens) angeregt hat[9].

Israel steht nun am Scheideweg: Entweder versucht es, die bisherige Linie fortzuführen (was immer größere Gefährdungen und Verluste zur Folge haben wird) oder es schafft durch die Freigabe der besetzten Gebiete und die Anerkennung eines Palästi-

---

4   Siehe Die Welt 07.03.07, S. 4.

5   Kritisch zu der einseitigen Nahostpolitik der USA *Mearfheimer/Walt*, Israel-Lobby (2007). Bemerkenswert ist auch die Kritik des früheren US-Präsidenten *Carter*, der 2007 Israel als Apartheidstaat bezeichnete, der für Völkermord verantwortlich sei (Die Welt 15.04.08, S. 6).

6   Siehe Bericht „Nahost-Quartett", Die Welt 01.06.07, S. 5.

7   Die Welt 08.03.07, S. 7.

8   *Thumann*, Plan B für Nahost, Die Zeit 29.03.07, S. 1; Bericht „Arabische Minister erörtern Friedensplan mit Israel, Die Welt 11.05.07, S. 6.

9   Die Welt 18.07.07, S. 7.

nensischen Staates die Grundlage für einen dauerhaften Frieden, der allen Beteiligten zugute kommen wird. Damit würde sich auch der Einsatz internationaler Truppen erübrigen, wie er nach der Libanonkrise (zum Schutz Israels vor Raketenangriffen der Hisbollah und vor Waffenschmuggel) unter Beteiligung auch deutscher (Marine-) Kontingente erfolgt ist.

Zu Recht drängt die internationale Gemeinschaft Israel dazu, seine Chancen zu nutzen[10]. Dieses Drängen könnte dazu beigetragen haben, dass der israelische Minsterpräsident *Olmert* Syrien überraschend angeboten hat, über die Rückgabe der – 1981 von Israel annektierten – Golanhöhen zu verhandeln (angeblich auf der Grundlage „Golan für Frieden")[11]. Dieses Angebot Israels an Syrien belebt zugleich die Hoffnung, dass nun endlich auch der Palästinakonflikt (auf der Grundlage „Land gegen Frieden") gelöst wird. Freilich bleibt abzuwarten, wie sich der Machtkampf zwischen den rivalisierenden Palästinensergruppen Hamas und Fatah und das Ende ihrer gemeinschaftlichen „Einheitsregierung" auf die weitere Entwicklung auswirken wird. Bemerkenswert ist jedenfalls, dass die EU, die USA und Israel die von Palästinenserpräsident *Abbas* eingesetzte Notstandsregierung unterstützen, dass nach Einschätzung der israelischen Außenministerin *Livni* die neue Palästinenserregierung „in verschiedenen Bereichen Fortschritte ermöglicht, auch im politischen Prozess"[12], und dass im August 2007 der israelische Ministerpräsident *Olmert* und *Abbas* erstmals über brisante Grundfragen einer Zwei-Staaten-Lösung (Grenzverlauf, Rückkehrrecht der Flüchtlinge, Status von Jerusalem) gesprochen haben, welche die Israelis zuvor stets ausgeklammert hatten[13].

Auf der von Präsident *Bush* angeregten Nahostkonferenz in Annapolis (an der Vertreter von mehr als 50 Staaten und Organisationen teilnahmen) haben Israelis und Palästinenser im November 2007 vereinbart, unverzüglich Friedensverhandlungen aufzunehmen mit dem Ziel, innerhalb eines Jahres zu einem Friedensabkommen und einer Zwei-Staaten-Lösung zu gelangen[14]. *Olmert* bemerkte bei dieser Gelegenheit, Israel sei sich bewusst, wie sehr die Palästinenser unter der bisherigen Entwicklung zu leiden hätten. Eine solche Äußerung war überfällig, nicht zuletzt im Hinblick auf die eigene Leidensgeschichte der Juden, die nach dem Fall Jerusalems im Jahre 70 und ihrer weltweiten Zerstreuung in allen Ländern eine Minderheit bildeten, die immer wieder diskriminiert und verfolgt wurde[15].

---

10 *Birringer*, Der Nahostkonflikt nach der Libanonkrise, KAS/Auslandsinformationen 9/06, S. 44 (59); vgl. auch *Heckel*, Merkel wirbt in Nahost für neuen Anlauf im Friedensprozess, Die Welt 02.04.07, S. 4, S. 22 ff.

11 Siehe *Jessen*, Israel will über Golanhöhen verhandeln, Die Welt 09.06.07, S. 7.

12 Siehe Die Welt 21.06.07, S. 7.

13 Siehe Die Welt 29.08.07, S. 6.

14 Siehe Die Welt 28.11.07 und 29.11.07, S. 6.

15 Siehe *Keller*, Und wurden zerstreut unter alle Völker: Die nachbiblische Geschichte des jüdischen Volkes (1973).

Hätte Israel die Leiden der Palästinenser früher anerkannt und berücksichtigt, so hätte manches anders verlaufen können.

Unverständlich und selbst von den USA kritisiert ist freilich, dass Israel kurz nach der Nahostkonferenz ankündigte, es werde Siedlungen in Ostjerusalem und im Westjordanland ausbauen[16]. Zudem befremdet, dass Israel es für selbstverständlich zu halten scheint, dass die von ihm mitverschuldete wirtschaftliche Misere der Palästinenser entgegen dem Verursacherprinzip allein durch Zahlungen anderer Staaten bekämpft wird (die auf der „Geberkonferenz" in Paris, Dezember 2007, den Palästinensern insgesamt 5 Milliarden Euro – davon Deutschland 200 Millionen Euro – zusagten, ferner im März 2009 weitere 3,6 Milliarden Euro[17]).

Alles in allem verwundert es nicht, dass das Ziel einer endgültigen Friedensregelung bis Ende 2008 nicht erreicht worden ist, wobei die Lage nun noch dadurch erschwert wird, dass israelische Truppen (nach dem Raketenbeschuss israelischer Städte durch die Hamas) Anfang 2009 in den Gazastreifen einmarschiert sind und sich dort mit der Hamas wochenlange Kämpfe lieferten, die große Zerstörungen verursachten und denen auch viele Zivilisten zum Opfer fielen.

Zudem haben die letzten Parlamentswahlen in Israel (im Februar 2009) rechtsnationale Parteien gestärkt, die einen harten Kurs gegenüber den Palästinensern befürworten[18]. Ob und inwieweit das verstärkte amerikanische Engagement, das Präsident Obama angekündigt hat, die Entwicklung verändern wird, bleibt abzuwarten[19].

16   Siehe Die Welt 25.07.08, S. 7.
17   Siehe Die Welt 03.03.09, S. 4.
18   Siehe Die Welt 12.02.09, S. 1.
19   Nach seinem Amtsantritt hat Präsident Obama erklärt, die USA würden künftig „aktiv und aggressiv einen dauerhaften Frieden zwischen Israel und den Palästinensern sowie zwischen Israel und seinen arabischen Nachbarstaaten suchen" (Süddeutsche Zeitung 24.01.09, S. 7).

§ 32 Weltprobleme als Herausforderung

I. Vorbemerkung

Der Kampf ums Recht betrifft nicht nur die nationale, sondern auch die internationale Ebene, denn die großen Fragen unserer Zeit (wie insbesondere die Sicherung des Friedens, die weltweite Verwirklichung der Menschenrechte, die Bekämpfung des Massenelends in der Dritten Welt und der Umwelt- und Klimaschutz) lassen sich ohne internationale Regelungen nicht bewältigen.

II. Schwerpunkte

1. Sicherung des Friedens

Angesichts zahlreicher kriegerischer Auseinandersetzungen in vielen Teilen der Welt ist die Sicherung des Friedens eine vordringliche Aufgabe geblieben[1], und zwar nicht zuletzt deshalb, weil die Herstellung oder Beschaffung von (atomaren, chemischen und biologischen) Massenvernichtungswaffen immer leichter geworden ist. Dass solche Waffen für Diktatoren einen besonderen Reiz haben, liegt auf der Hand. Aber auch Konflikte zwischen Demokratien können infolge der Verfügbarkeit von Massenvernichtungswaffen eine neue Qualität gewinnen. Die Nichtverbreitungspolitik der Vereinten Nationen hatte bisher nur bedingten Erfolg, denn es haben sich nicht alle Staaten verpflichtet, auf die Entwicklung und Verbreitung von Massenvernichtungswaffen zu verzichten. Zudem ist fraglich, ob es gelingen wird, Staaten wie den Iran und Nordkorea auf Dauer an der Entwicklung von Atomwaffen zu hindern[2].

Hinzu kommen nun Sicherheitsrisiken (Verteilungskonflikte, Wanderungsbewegungen), die sich durch die Bevölkerungsexplosion in der Dritten Welt und den Klimawandel ergeben. Besondere Sorge macht die Ausbreitung der Wüsten, die durch eine falsche oder zu intensive Nutzung des Bodens und teilweise wohl auch durch den

---

1 Siehe *v. Hippel*, Rechtspolitik (1992), S. 360 ff.
2 Siehe Die Welt 12.6.07, S. 7: „Der Iran hat nach Ansicht der Internationalen Atomenergiebehörde (IAEA) die Urananreicherung in besorgniserregendem Ausmass ausgeweitet und ist der Fähigkeit zum Bau einer Atombombe näher gerückt"; Bericht „Nordkorea stoppt Atom-Abrüstung", Süddeutsche Zeitung 27.8.08, S. 8.

Klimawandel verursacht wird[3]. Nicht ohne Grund werden bereits „Kriege um Wasser" prophezeit[4].

Alarmierend ist zudem die Verknappung wichtiger Grundnahrungsmittel – wie Weizen, Reis, Mais – die sich (wegen des Klimawandels, steigender Produktionskosten, der Biospritproduktion, der wachsenden Nachfrage aus China und Indien sowie der Spekulationen von Hedgefonds) so extrem verteuert haben, dass es in mehreren Ländern zu blutigen Unruhen gekommen ist und dass weltweite Revolten zu besorgen sind[5].

2. Verwirklichung der Menschenrechte

Die weltweite Verwirklichung der Menschenrechte ist nach wie vor eine ungelöste Aufgabe[6]. Das gilt besonders bezüglich der Staaten, in denen keine Demokratie, sondern eine Diktatur besteht, wie sie im Extrem durch „Schurkenstaaten" (Iran, Nordkorea) repräsentiert werden, die häufig auch die Entwicklung von Massenvernichtungswaffen anstreben.

Nur selten haben sich bisher einzelne Staaten, Staatengruppen oder die Vereinten Nationen in Fällen schwerster Menschenrechtsverletzungen zu einer „Humanitären Intervention" bereitgefunden, so Tansania bezüglich der Schreckensherrschaft von *Idi Amin* (Uganda), die Nato im Kosovo (zum Schutz des massakrierten albanischen Bevölkerungsteils) und die Vereinten Nationen in der sudanesischen Krisenregion Darfur (erst nach jahrelangem Leiden und hohen Verlusten der dortigen Bevölkerung beschlossen die Vereinten Nationen am 1.8.2007 endlich, Anfang 2008 eine Schutztruppe nach Darfur zu senden, weil Russland und China – die im Sudan Ölinteressen haben – vorher nicht zustimmten). Auch das Eingreifen der USA (mit Verbündeten) in Afghanistan und im Irak gehört hierher, denn sowohl die Taliban als auch *Saddam Hussein* waren grausame Despoten, welche die Menschenrechte mit Füßen traten.

Zudem haben die Vereinten Nationen 1998 die Errichtung eines Internationalen Strafgerichtshofs beschlossen, der für Völkermord, Kriegsverbrechen, Verbrechen

---

3   Siehe *Goldsmith*, Landwirtschaft im Zeitalter des Klimawandels, in: *Girardet* (Hrsg.), Zukunft ist möglich (2007), S. 103 ff.

4   Siehe *Welzer*, Klimakriege (2008).

5   Siehe Bericht „Nahrungsmangel: UN warnen vor weltweiten Unruhen", Die Welt 10.04.08, S. 7; Bericht „Preise für Nahrungsmittel explodieren", Die Welt 12.04.08, S. 1 und S. 3; Bericht „IWF warnt vor Hungerrevolten", Die Welt 14.12.07, S. 1 und S. 6; *Dowideit*, Steigende Lebensmittelpreise gefährden politische Stabilität, Die Welt 15.04.08, S. 12 und S. 17; *Stocker*, Sind Spekulanten für neue Hungersnöte verantwortlich?, Die Welt 18.04.08, S. 19. – Anzumerken ist, dass die Verarbeitung von Nahrungsmitteln zu Treibstoff zu Recht zunehmend kritisiert wird; siehe Bericht „Biokraftstoff verbraucht mehr Energie als er liefert", Die Welt 02.02.09, S. 27.

6   Siehe *v. Hippel* (oben N. 1), S. 367 ff.

gegen die Menschlichkeit und unter bestimmten Voraussetzungen auch Verbrechen des Angriffskriegs zuständig ist[7]. Wie der damalige UN-Generalsekretär *Annan* (unter Hinweis auf den Massenmord in Kambodscha unter *Pol Pot*, die „ethnischen Säuberungen" in Ex-Jugoslawien und den Völkermord in Ruanda) betonte, müsse das neue Gerichte „stark und unabhängig" genug sein, um die Schwachen vor den Starken zu schützen. Es gelte für die Zukunft ein kraftvolles Instrument der Gerechtigkeit zu schaffen. Freilich erweist sich dabei als Handicap, dass der Internationale Strafgerichtshof keine eigene Polizei hat und für Festnahmen von Beschuldigten auf die Hilfe seiner Mitgliedstaaten und internationaler Organisationen angewiesen ist. So konnte bisher nur ein Drittel der Haftbefehle gegen mutmaßliche Kriegsverbrecher vollstreckt werden. Und so wird auch der Haftbefehl nicht vollstreckt werden können, den der Internationale Strafgerichtshof im März 2009 gegen den sudanesischen Präsidenten *Omar al-Baschir* wegen Kriegsverbrechen und Verbrechen gegen die Menschlichkeit in Darfur (als ersten Haftbefehl für ein amtierendes Staatsoberhaupt) erlassen hat. Und ob es zur Entwicklung zusätzlicher (zivilrechtlicher) Sanktionen gegen Kriegsverbrechen kommt, ist fraglich[8].

Die weltweite Durchsetzung der Menschenrechte muss jedenfalls wesentlich verbessert werden, am besten nach dem Vorbild der Europäischen Konvention zum Schutze der Menschenrechte, die ein effektives Kontrollsystem (mit dem Europäischen Gerichtshof für Menschenrechte als Mittelpunkt) geschaffen hat. Wichtig ist zudem, dass sich die Staatsform der (pluralistischen) Demokratie in möglichst vielen Ländern durchsetzt, denn diese Staatsform hat sich als relativ bester Schutz des Friedens und der Menschenrechte erwiesen. Die Vereinten Nationen sollten deshalb für eine weltweite Verbreitung dieser Staatsform eintreten.

Immerhin müssen Staaten heute wenigstens mit Kritik rechnen, wenn sie Menschenrechte missachten. Wie die Geschehnisse um Tibet zeigen, gilt dies selbst für eine Großmacht wie China. Nachdem *Natorp* (Die Tibeter stehen allein, FAZ 19.1.1990, S. 1) beklagt hatte, die Verleihung des Friedensnobelpreises an den Dalai Lama habe keine einzige Regierung dazu veranlasst, „ihr Schweigen zu dem Elend des tibetischen Volkes aufzugeben und die chinesische Unterdrückungspolitik dort anzuprangern", rügte der Deutsche Bundestag im Juni 1996 in einer von allen Fraktionen verabschiedeten Tibet-Resolution „die gewaltsame Unterdrückung Tibets"[9].

---

7   Siehe Bericht „120 Staaten für Weltgerichtshof", Die Welt 20.7.1998, S. 7 und hierzu *Ridderbusch* ebd. S. 4. – Zuvor hatten die Vereinten Nationen 1993 bereits ein Sondergericht zur Ahndung von Kriegsverbrechen im früheren Jugoslawien errichtet, das sich u.a. mit dem früheren Jugoslawischen Staatspräsidenten *Milosevic* (wegen der von ihm inszenierten „ethnischen Säuberungen" im Kosovo) befasste. Zudem läuft ein Verfahren gegen den Serbenführer *Karadzic*, der neben dem serbischen General *Mladiz* für das Massaker in Srebrenica verantwortlich ist. Die Welt 20.01.09, S.5.

8   Siehe *Rinke*, Zur Rechtslage um Schadensersatzklagen gegen Deutschland wegen Verbrechen deutscher Streitkräfte im Zweiten Weltkrieg, RuP 2008, 152 ff.

9   BT-Drucks. 13/4445.

Zudem hat Bundeskanzlerin *Merkel* den Dalai Lama inzwischen (2007) trotz heftiger chinesischer Proteste im Kanzleramt empfangen. Sie handelte damit (was Kritiker wie Ex-Bundeskanzler *Schröder* übersehen oder ignorieren) im Einklang mit einer Regierungserklärung zum 40. Jahrestag der „Allgemeinen Erklärung der Menschenrechte" (1948), in welcher der damalige Bundeskanzler *Helmut Kohl* am 09.12.1988 gesagt hatte, durch die Verabschiedung dieser Erklärung hätten alle Mitgliedstaaten der Vereinten Nationen akzeptiert, von der Völkergemeinschaft an den Maßstäben dieser Erklärung gemessen zu werden. Es könne sich insoweit also kein Staat mehr auf das Prinzip der „Nichteinmischung in innere Angelegenheiten" berufen. Wir alle (Regierungen, Kirchen, gesellschaftliche Gruppen, Journalisten, jeder einzelne von uns) seien nicht nur berechtigt, sondern verpflichtet, überall dort unsere Stimme zu erheben, wo Völker unterdrückt und Menschen verfolgt werden. Ähnlich äußerten sich der SPD-Ehrenvorsitzende *Brandt* und Sprecher der anderen Parteien[10].

Diese Linie führte *Merkel* in einer Rede fort, die sie am 15.04.08 vor der Parlamentarischen Versammlung des Europarats in Straßburg gehalten hat. Sie betonte (wohl insbesondere im Hinblick auf China, das die weltweiten Proteste gegen seine Tibetpolitik als „Einmischung in innere Angelegenheiten" zurückgewiesen hatte), es gebe „in Fragen der Menschenrechte keine inneren Angelegenheiten eines Landes". Zudem dürfe Europa seinen Einsatz für die Menschenrechte nicht wegen wirtschaftlicher Interessen abschwächen, denn Europa werde daran gemessen, ob es Werte wie Demokratie, Freiheit und Rechtsstaatlichkeit in seinem Handeln umsetze[11].

3. Bekämpfung des Massenelends

Verstärkte Anstrengungen sind erforderlich, um das Massenelend in der Dritten Welt zu bekämpfen – nicht nur aus humanitären Gründen, sondern auch, um einer ganzen Reihe globaler Probleme entgegenzuwirken, die sich aus dem Massenelend ergeben[12]. Besonders alarmierend ist, dass trotz des seit langem anerkannten „Rechts auf Nahrung" unzählige Menschen (derzeit angeblich 923 Millionen) hungern müssen und

---

10 FAZ vom 10.12.1988, S. 1; Die Welt 10.12.1988, S. 4. – Zu Chinas Protesten gegen den Empfang des Dalai Lama durch Bundeskanzlerin Merkel siehe Die Welt 21.11.07, S. 6, zur kontroversen deutschen Diskussion Die Welt 22.11.07, S. 5. Anzumerken ist, dass der Dalai Lama trotz seiner scharfen Kritik der chinesischen Tibetpolitik („Kultureller Völkermord") nicht die völlige Unabhängigkeit, sondern nur die Autonomie Tibets innerhalb Chinas fordert und dass er seit jeher für Gewaltlosigkeit eingetreten ist, und zwar auch nach den Unruhen, die in Tibet im März 2008 (zum 49. Jahrestag seiner Flucht ins indische Exil) ausbrachen (siehe Die Welt 15.03.08, S. 6). Der Dalai Lama ist davon überzeugt, dass eines Tages die Gerechtigkeit siegen werde, „wenn wir [d. h. die Tibeter] weiter den Pfad der Wahrheit und Gewaltfreiheit beschreiten" (Die Welt 11.03.09, S. 5).

11 Siehe Die Welt 16.04.08, S. 4.

12 Siehe unten § 33.

dass ihre Zahl weiter zunimmt[13]. Deshalb müssen die Industriestaaten die Entwicklungsländer stärker als bisher unterstützen, indem sie ihr Versprechen erfüllen, 0,7 Prozent des Bruttosozialprodukts für die Entwicklungshilfe aufzuwenden und indem sie auf protektionistische Maßnahmen verzichten, die den Export der Entwicklungsländer behindern.

4. Drosselung des Bevölkerungswachstums

Besondere Priorität gebührt der Drosselung des exzessiven Bevölkerungswachstums in der Dritten Welt. Dieses Bevölkerungswachstum ist nämlich ein Hauptgrund für die Massenarmut in den Entwicklungsländern, die übermäßige Ausbeutung natürlicher Ressourcen, die Zerstörung der Böden und Wälder und die Erwärmung der Erdatmosphäre. Die Vereinten Nationen haben schon vor Jahren darauf hingewiesen, das rasche Bevölkerungswachstum habe begonnen, "die Erde unwiderruflich zu verändern"[14]. Zudem ist an das (auch für den Menschen geltende) Biologiegesetz der „Massenkalamität" zu erinnern: Wenn eine Spezies sich zu stark vermehrt, zerstört sie ihren Lebensraum und die Population bricht zusammen.

Es ist deshalb alarmierend, dass die Weltbevölkerung im Jahre 1999 die Zahl von 6 Milliarden Menschen überschritten hat, dass jährlich 78 Millionen Menschen dazukommen (die fast alle auf Entwicklungsländer entfallen), dass es inzwischen 6,7 Milliarden sind, dass nach Schätzungen von UN-Experten im Jahre 2050 rund 9 Milliarden Menschen auf der Erde leben werden und dass eine Stabilisierung erst erwartet wird, wenn die Weltbevölkerung 10 bis 11 Milliarden Menschen erreicht hat[15].

---

13 Siehe Die Welt 15.10.08, S. 2. – Zu Recht hat die Welthungerhilfe einen Rettungsplan für die Hungernden gefordert, der dem Rettungsplan für die internationale Finanzwirtschaft vergleichbar sei.

14 Siehe *Natorp*, Kann die Menschheit ihr Schicksal noch beeinflussen?, FAZ vom 12.06.1990, S. 11 f. der u.a. folgendes ausführt: „Hat die Menschheit überhaupt noch eine Wahlmöglichkeit, z.B. durch ein anderes Verhalten, ihre Zukunft zu beeinflussen? Oder ist die Entscheidung über ihr Schicksal längst gefallen? Die Exekutivdirektorin des Bevölkerungsfonds der Vereinten Nationen (UNFPA), die Pakistanerin *Nafis Sadik*, sagt, das schnelle Bevölkerungswachstum in den armen Ländern habe bereits begonnen, die Erde unwiderruflich zu verändern... Die größte Gefahr für das Überleben der Menschheit geht nach dem Urteil der UNFPA-Fachleute gegenwärtig zum einen von der Zerstörung der Böden und des Waldes in den Entwicklungsländern und zum anderen von der Erwärmung der Erdatmosphäre aus. Das Bevölkerungswachstum spielt bei beiden eine Schlüsselrolle".

15 Siehe hierzu und zum Folgenden *Ehrenstein*, Jetzt leben mehr als sechs Milliarden Menschen auf der Erde, Die Welt 10.07.1999, S. 1; *Ulrich*, Schon sechs Milliarden Menschen, Die Welt 10.07.1999, S. 32; Bericht „Weltbevölkerung wächst schneller als erwartet", Die Welt 14.03.07, S. 1; *Kuhn*, UN-Report: Bevölkerung wächst auf neun Milliarden, Die Welt 12.03.09, S. 28.

Zwar benutzt inzwischen die Hälfte der verheirateten Frauen in den Entwicklungs-ländern moderne Verhütungsmittel, aber Millionen verhütungswilliger Frauen haben dazu keine Möglichkeit, weil es in vielen Ländern der Dritten Welt am Geld für Pro-gramme zur Familienplanung fehlt. Hier muss unverzüglich für Abhilfe gesorgt werden[16].

Daneben gilt es die Lebensverhältnisse (Ausbildung, Arbeitsplätze, soziale Siche-rung) zu verbessern, denn nach den bisherigen Erfahrungen geht die Zahl der Ge-burten mit steigendem Wohlstand zurück, nicht zuletzt deshalb, weil die Versorgung der Alten durch ihre Kinder an Bedeutung verliert.

Als problematisch hat sich hingegen die chinesische Ein-Kind-Politik erwiesen: Da sich besonders die Bauern in China männliche Nachkommen (die sie im Alter versorgen) wünschen, werden weibliche Föten häufig abgetrieben. Deshalb gibt es in China inzwischen einen Männer-Überschuss von 18 Millionen im heiratsfähigen Alter (zwischen 20 bis 45 Jahren), der sich bis 2020 auf 30 Millionen erhöhen wird. Dass dadurch der soziale Frieden bedroht wird, liegt auf der Hand[17].

5. Umweltschutz

Zu einem zentralen Ordnungsproblem ist inzwischen der Umweltschutz geworden[18]. Die zunehmende Zerstörung der Umwelt – verpestete Luft, verseuchtes Wasser, ver-giftete Erde, wachsende Wüsten, sterbende Wälder, schrumpfende Tropenwälder, schwindende Ozonhülle, Treibhauseffekt – beeinträchtigt nicht nur die Lebensqualität der heutigen Bevölkerung, sondern gefährdet auch mehr und mehr die Lebensgrund-lagen zukünftiger Generationen.

Trotz mancher Fortschritte fehlt es bisher im nationalen und mehr noch im in-ternationalen Bereich weithin an den erforderlichen Regelungen zum Schutze der Umwelt[19]. Hinzu kommt, „dass bisher aus politischen Opportunitätserwägungen in-ternationale Umweltabkommen nicht mit dem notwendigen Sanktionsmechanismus der (Staaten-)Haftung versehen worden sind"[20] und dass es einstweilen zudem regel-mäßig an übernationalen Kontrollinstanzen fehlt, welche die Einhaltung der Abkom-men überwachen. Deshalb ist nicht verwunderlich, dass bisherige Umweltabkommen weithin auf dem Papier stehen. Der Druck des Klimawandels wird nun aber Manches

16   Vgl. Die Welt 30.05.07, S. 7: „Brasiliens Regierung will weit mehr Kondome und andere Verhütungsmittel kostenlos an die arme Bevölkerung verteilen als bisher. Die Maßnahme ist Teil eines neuen Programms zur Familienplanung".
17   Siehe *Erling*, China hat ein Männer-Problem, Die Welt 15.11.07, S. 7.
18   Siehe *v. Hippel* (oben N. 1), S. 390 ff.
19   Siehe den Bericht „Globale Umwelt – Geo 2000", den *Klaus Töpfer*, seinerzeit Leiter des Umweltprogramms der Vereinten Nationen (UNEP), am 15.09.99 vorgestellt hat (Die Welt vom 16.09.1999, S. 32).
20   *Rest*, Neue Tendenzen im internationalen Umwelthaftungsrecht, NJW 1989, 2153 ff.

verändern[21]. Wichtig ist zudem das wachsende Engagement der Bürger. Besonders zu erwähnen ist insoweit die internationale Umweltschutzorganisation *Greenpeace*, deren spektakuläre Aktionen große Publizität und oft auch beachtliche Erfolge erzielt haben[22].

Zusätzliche Überlegungen erfordert der Umweltschutz in den Entwicklungsländern, die angesichts ihrer Not auf die Umwelt meistens wenig Rücksicht nehmen und oft einen alarmierenden Raubbau bezüglich natürlicher Ressourcen (wie z.B. der *Tropenwälder*) betreiben. Im Hinblick auf die verzweifelte Lage vieler Entwicklungsländer dürfen sich die Industriestaaten nicht darauf beschränken, für einen besseren Umweltschutz in der Dritten Welt zu plädieren (der ja nicht nur im wohlverstandenen eigenen Interesse der Entwicklungsländer liegt, sondern auch im Interesse der Industriestaaten), zumal die Industriestaaten den Umweltschutz in ihrem eigenen Raum bisher sträflich vernachlässigt haben und (wegen der hauptsächlich aus ihrer Sphäre stammenden Emissionen) in erster Linie dafür verantwortlich sind, dass sich nun für die Menschheit als Ganzes schwerwiegende Gefahren durch die Zerstörung der Ozonschicht und den Treibhauseffekt ergeben. Deshalb müssen die Industriestaaten nun Maßnahmen fördern, die den Entwicklungsländern eine Schonung ihrer Umwelt ermöglichen. Obwohl es dazu in manchen Punkten nur relativ geringer Mittel bedarf, sind insgesamt gewaltige finanzielle Aufwendungen erforderlich. Zu Recht befürworten Experten deshalb einen „Ökologischen Marshallplan". Um wenigstens den besonders dringlichen Schutz des tropischen Regenwalds möglichst rasch zu verbessern, sollte zunächst einmal ein (durch Abgaben auf Emissionen finanzierter) „Tropenwald-Fonds" errichtet werden, aus dem periodische Zahlungen an solche Entwicklungsländer geleistet werden, die nachweisen, dass sie den Regenwald wirksam schützen, und mit dessen Hilfe es in geeigneten Fällen auch möglich wäre, bedrohte Teile des Regenwalds den Berechtigten regelrecht abzukaufen. Eine solche präventive Entwicklungshilfe ist sicher sinnvoller und kostengünstiger als nachträgliche Bemühungen um eine Wiederaufforstung, die in vielen Fällen ohnehin aussichtslos wären.

Inzwischen wächst weltweit die Einsicht, dass die Industriestaaten an Länder, die ihren Tropenwald schonen, Ausgleichszahlungen leisten müssen, und zwar nicht nur zugunsten des Klimaschutzes, sondern auch deshalb, weil die Tropenwälder ein wichtiges Reservoir der Artenvielfalt sind. Es ist deshalb zu begrüßen, dass Bundeskanzlerin *Merkel* auf der letzten UN-Artenschutzkonferenz (Bonn) im Mai 2008 angekündigt hat, Deutschland (das schon bisher jährlich 210 Millionen Euro in den internationalen Waldschutz investiert) stelle bis 2012 zusätzlich 500 Millionen Euro und ab 2013 jährlich 500 Millionen Euro für den Schutz der Tropenwälder zur Verfügung[23]. Man kann nur hoffen, dass sich insoweit neben

---

21   Siehe oben § 14.
22   Siehe *v. Hippel*, Willkür oder Gerechtigkeit (1998) § 13 (Greenpeace: David gegen Goliath).
23   Siehe *Ehrenstein*, Die Welt 29.05.08, S. 2.

Deutschland und Norwegen weitere Staaten finanziell engagieren, denn nach der Einschätzung von Experten müssen global in den kommenden 30 Jahren mindestens 28 Mrd. Dollar jährlich für den Schutz der Tropenwälder aufgewandt werden[24].

Im übrigen ist darüber nachzudenken, welche Maßnahmen die Industriestaaten (speziell die Europäische Gemeinschaft) für ihren Bereich treffen könnten, um die Tropenwälder der Dritten Welt zu schützen. Da die (für die Tropenwälder bedrohliche) Nachfrage nach tropischen Edelhölzern hauptsächlich aus den Industriestaaten kommt, liegt es nahe, die Einfuhr solcher Hölzer in die Industriestaaten zu beschränken oder (im Extremfall) sogar zu verbieten, wie dies bezüglich mancher exotischer Tiere und Pflanzen durch das Washingtoner Artenschutzübereinkommen geschehen ist. Zu befürworten ist zudem eine drastische Verminderung der Importe von Futtermitteln und Biobrennstoffen aus Übersee. Auch sollten die Industriestaaten dafür sorgen, dass die Tropenwälder nicht durch Firmen, die in ihrem Bereich ansässig sind, oder durch deren ausländische Tochterfirmen verwüstet werden, wie dies bisher häufig der Fall ist. So haben z.B. eine ganze Reihe internationaler Konzerne große Waldflächen des Amazonasgebiets gerodet, um dort Raum für Viehweiden zu schaffen.

III. Bilanz und Ausblick

Wie dieser Überblick zeigt, gibt es eine Reihe globaler Probleme von existenzieller Bedeutung, die sich nicht allein auf nationaler Ebene bewältigen lassen, sondern die zusätzlich internationaler Regelungen bedürfen: Weltprobleme rufen nach Weltrecht. Zwar ist die Entwicklung des Weltrechts bereits in vollem Gange, aber das bislang Erreichte bleibt regelmäßig mehr oder weniger weit hinter den Erfordernissen zurück, insbesondere auch bezüglich der Durchsetzungsmechanismen.

Kristallisationspunkt aller Bemühungen um die Schaffung von Weltrecht sind die internationalen Organisationen, insbesondere die Vereinten Nationen. Obwohl die Vereinten Nationen häufig kritisiert worden sind und bisher viele Hoffnungen enttäuscht haben, ist die Erfolgsbilanz der UNO insgesamt besser, als gemeinhin angenommen wird, zumal wenn man auch die Arbeitsergebnisse ihrer zahlreichen Sonderorganisationen (z.B. Weltbank, WHO, UNICEF, ILO) berücksichtigt. Zudem gibt es zur UNO keine Alternative. Deshalb sollte alles getan werden, um die Bemühungen der Vereinten Nationen zu stützen und zu fördern[25].

Die nötigen Reformen setzen die Kooperationsbereitschaft aller Staaten und den Abbau übertriebener Souveränitätsvorstellungen voraus, und dies wiederum wird nur

---

24 Siehe *Ehrenstein*, Die Welt 30.05.08, S. 5.

25 Siehe *Paul Kennedy* (Britischer Historiker), Parlament der Menschheit, Die Vereinten Nationen und der Weg zur Weltregierung (2007).

möglich sein, wenn sich weltweit die Einsicht durchsetzt, dass wir alle in einem Boot sitzen und das Raumschiff Erde ohne ein Mindestmaß an internationaler Solidarität zum Scheitern verurteilt ist.

§ 33 Massenelend als Herausforderung

Das Massenelend in der Dritten Welt ist die wohl größte Herausforderung unserer Zeit, denn es ist nicht nur ungerecht und unmenschlich, sondern es entwickelt sich auch zu einer immer größeren Bedrohung unseres Planeten und unserer Zukunft[1]. Neben den Entwicklungsländern sind deshalb auch die Industriestaaten und ihre Bürger zu verstärktem Engagement aufgerufen. Geboten ist der Abbau protektionistischer Maßnahmen (die den Export der Entwicklungsländer in die Industriestaaten behindern), eine Aufstockung der Entwicklungshilfe, deren konsequente Ausrichtung an erfolgreichen Konzepten und eine stärkere Ergänzung der öffentlichen Entwicklungshilfe durch private Initiativen, insbesondere solche der Wirtschaft.

I. Ausgangslage

Das seit langem bestehende Massenelend der Dritten Welt entwickelt sich zu einer immer größeren Bedrohung unseres Planeten und unserer Zukunft[2]. Bisher hat sich das Wohlstandsgefälle zwischen den Industriestaaten und den Entwicklungsländern – in denen etwa 80 Prozent der Weltbevölkerung leben – trotz der Entwicklungshilfe insgesamt eher vergrößert als verringert, und zwar nicht zuletzt wegen der hohen Verschuldung vieler Entwicklungsländer sowie der Kapitalflucht und des „Braindrain" aus diesen Ländern[3]. So müssen dort (nach einer Studie der Weltbank) rund 1,4 Milliarden Menschen täglich mit weniger als 1,25 Dollar (rund 0,85 Euro) auskommen[4]. Dies bedeutet, dass es unzähligen Menschen in den Entwicklungsländern nicht möglich ist, auch nur die elementarsten menschlichen Grundbedürfnisse (wie Nahrung, Kleidung, Wohnung, medizinische Versorgung, Bildung) selbst in bescheidener Form zu befriedigen, wobei der alarmierende Preisanstieg wichtiger Grundnahrungsmittel (wie Weizen, Reis, Mais) die Lage jetzt noch verschlechtert. Als Schwächste der Schwachen haben hierunter besonders die Kinder zu leiden, von denen viele zugrunde

---

1 Überarbeiteter Beitrag, der in dem (von Stefan Sell herausgegebenen) Band „Armut als Herausforderung" (2002), S. 387 ff. erschienen ist.
2 Siehe Arbeitskreis Armutsbekämpfung, Attacking Poverty (1999); Bundesministerium für wirtschaftliche Zusammenarbeit und Entwicklung: Armutsbekämpfung – eine globale Aufgabe (2001). – Der damalige Weltbankpräsident *Wolfensohn* hat hierzu bemerkt, „dass wir mit einer Zeitbombe leben, die vor den Augen unserer Kinder explodieren könnte" (Die Welt 24.09.1997, S. 14); siehe auch *Wolfensohn*, Schuldenerlass allein hilft nicht, Die Welt 22.12.00, S. 13.
3 Siehe *v. Hippel*, Rechtspolitik (1992) 374 ff.
4 Siehe Bericht, Die Welt 29.08.08, S. 7.

gehen. So sterben nach Angabe von UNICEF in den Entwicklungsländern täglich etwa 26.000 Kinder unter fünf Jahren – zwei Drittel davon an Krankheiten, gegen die es längst einfache und kostengünstige Mittel der Vorbeugung und Behandlung gibt. Angesichts dieser Misere müssen die Industriestaaten die Entwicklungsländer stärker als bisher unterstützen. Dies setzt voraus, dass sie wenigstens ihr Versprechen erfüllen, 0,7 Prozent des Bruttosozialprodukts für die Entwicklungshilfe aufzuwenden[5]. Noch wichtiger ist freilich, dass die Industriestaaten auf protektionistische Maßnahmen verzichten, die den Export der Entwicklungsländer vereiteln oder erschweren[6].

II. Gründe für Entwicklungshilfe

Entwicklungshilfe ist nicht nur aus humanitären Gründen geboten, sondern entspricht auch dem eigenen wohlverstandenen Interesse der Geberländer[7]. Eine Reduktion der Armut in der Dritten Welt würde nämlich für eine ganze Reihe globaler Probleme, die immer bedrohlichere Dimensionen annehmen, Entlastungen bringen: für das Bevölkerungswachstum (das nach den bisherigen Erfahrungen mit steigendem Wohlstand sinkt), den Nahrungsmangel, die Umweltbelastung, die Arbeitslosigkeit, die soziale Destabilisierung, den Strom der Armutsflüchtlinge, die zunehmende Radikalisierung von „Globalisierungsgegnern" und die Gefahr eskalierender Gewalt.

Im übrigen ist die Entwicklungshilfe aber auch ein Gebot der Gerechtigkeit[8]. Zunächst ist darauf hinzuweisen, dass der Anspruch Bedürftiger auf soziale Hilfe einem Rechtsgedanken entspricht, der zu den Grundlagen des modernen Wohlfahrtsstaates (Sozialstaates) gehört und der inzwischen weltweit Anerkennung gefunden hat. Von dieser Entwicklung kann auch das Völkerrecht nicht unberührt bleiben. Der Gedanke, dass arme Länder (falls sie bestimmte Auflagen erfüllen) einen Anspruch auf Hilfe haben, ist denn auch gelegentlich bereits als Kernpunkt des modernen „Entwicklungsvölkerrechts" bezeichnet worden[9]. Aber es gibt weitere Gesichtspunkte, die für eine Entwicklungshilfe sprechen: Die Industriestaaten profitieren von dem „Brain Drain" aus der Dritten Welt; die Tauschrelationen (terms of trade) haben sich ganz überwiegend zu Lasten der Entwicklungsländer verschlechtert, ohne dass es dafür einen be-

---

5   Siehe *v. Hippel* (oben Fn. 3) 383 f.

6   Siehe *Wallis*, Eine grundlegend neue Vision für den Welthandel, in: *Girardet* (Hrsg.), Zukunft ist möglich (2007), S. 251 (254 ff.) – Bericht „OECD ruft Länder zum Kampf gegen Protektionismus auf", Die Welt 10.02.09, S. 9; *Osterloh*, Weltbank kritisiert Protektionismus in 17 Staaten, Die Welt 31.03.09, S. 11.

7   Siehe *v. Hippel* (oben Fn. 3) 381.

8   Siehe im einzelnen *v. Hippel* (oben Fn. 3) 381 ff.

9   Siehe die Nachweise *v. Hippel* (oben Fn. 3) 383; vgl. auch *Häusermann*, A Human Rights Approach to Development (1998).

rechtigten Grund gibt, und die Industriestaaten haben die Lebensbedingungen auf unserem Planeten in wichtigen Punkten auch zu Lasten der Dritten Welt verschlechtert.

Der Schweizer Ökonom *Emil Küng* hat hierzu schon vor Jahren bemerkt, „daß die Industrieländer sich bisher bei geozentrischer statt ethnozentrischer Betrachtungsweise *höchst unsolidarisch* verhalten haben: Sie nahmen von der gesamten verfügbaren Umwelt weit mehr in Beschlag, als ihrer Bevölkerungszahl oder ihrer Landfläche entsprochen hätte. Sie verbrauchten den Großteil der geförderten Rohstoffe und Energieträger; sie verschmutzten die Weltmeere und die Luft; sie trugen zur Monokultur in zahlreichen Entwicklungsländern bei und gefährdeten auf diese Weise die ökologischen Gleichgewichte; ihre im wahren Sinne des Wortes rücksichtslose Industrialisierung brachte negative externe Effekte innerhalb des Raumschiffes Erde mit sich, die sie weitgehend anderen aufbürdeten. Gestützt auf diesen Sachverhalt lässt sich eine weltweite Umverteilungspolitik zugunsten der ärmeren Nationen sogar rechtfertigen, ohne dass man an das Mitgefühl zu appellieren braucht. Es handelt sich lediglich um eine gewisse Wiedergutmachung oder um die Anwendung des Verursacherprinzips und die Internalisierung jener Sozialkosten, von denen bislang ein Teil abgewälzt wurde. Die Redistribution eines Teiles des Einkommens von den Reichen zu den Armen, die innerhalb der einzelnen Volkswirtschaften als selbstverständlich gilt, lässt sich mithin auch auf planetarischer Ebene zwingend begründen[10].

Hinzu kommt jetzt die Überlegung, dass sich manche Industriestaaten einst auf Kosten heutiger Entwicklungsländer bereichert haben. So verlangt die Organisation für Afrikanische Einheit (OAU) nun von westlichen und arabischen Staaten „Reparationszahlungen" für Unrecht und Schäden, die durch Sklavenhandel und Sklaverei verursacht worden sind. Dabei verweist sie auf die Entschädigung von NS-Zwangsarbeitern[11].

III. Schwerpunkte

1. Besondere Priorität gebührt der *Drosselung des exzessiven Bevölkerungswachstums* in der Dritten Welt, das ein Hauptgrund für die Massenarmut in den Entwicklungsländern ist[12].

2. Zudem bedarf es *integrierter Entwicklungsprogramme*, die sich an den Grundbedürfnissen der armen Bevölkerungsgruppen orientieren. Die Internationale Arbeits-

---

10 *Küng*, Weltwirtschaftspolitik (1978) 28.
11 Siehe *Barmwoldt*, Afrikaner fordern Entschädigung, Die Welt vom 11.01.2000, S. 7, der anmerkt, nach Schätzungen eines Historikers seien im Lauf von rund 500 Jahren mindestens 9,85 Millionen Afrikaner nach Arabien und Indien sowie etwa 12 Millionen nach Amerika und auf Karibikinseln verschleppt worden. – Vgl. auch Bericht „Italien entschädigt Libyen für Kolonialzeit mit 3,4 Milliarden Euro", Die Welt 01.09.08, S. 1.
12 Siehe oben § 32 II. 4.

organisation (International Labour Organisation = ILO) hat schon vor Jahren eine solche „Grundbedürfnis"-Strategie befürwortet, mit deren Hilfe jedermann der für ein menschenwürdiges Leben erforderliche Mindeststandard gesichert werden soll[13]. Obwohl das Grundbedürfnis-Konzept der ILO weltweit Zustimmung gefunden hat[14], ist es bis heute nicht realisiert worden. Dabei könnten nach Schätzungen von UNICEF jährliche Investitionen von 80 Milliarden Dollar ausreichen, um allen Menschen den Zugang zu sauberem Trinkwasser, sanitären Einrichtungen, eine Basisgesundheitsversorgung, Grundbildung und Familienplanung zu ermöglichen[15]. Und dieser Betrag wäre verfügbar, wenn alle Industriestaaten ihr Versprechen erfüllten, 0,7 Prozent ihres Bruttosozialprodukts für die Entwicklungshilfe aufzuwenden.

IV. Leitbilder

Trotz aller Enttäuschungen und Fehlschläge gibt es inzwischen genügend positive Erfahrungen, an denen man sich bei der Bekämpfung des Massenelends in der Dritten Welt orientieren kann. Die Weltbank hat schon vor Jahren auf den bemerkenswerten Konsens hingewiesen, der sich bezüglich wichtiger Punkte der Armutsbekämpfung herausgebildet habe. So bestehe Einigkeit über die Bedeutung ernährungspolitischer Maßnahmen, die Bedeutung einer gesundheitlichen Grundversorgung und die Bedeutung von Familienplanungsprogrammen. Diese verschiedenen Punkte beeinflußten sich wechselseitig, wobei der Erziehung eine zentrale Rolle eingeräumt werde[16]. Aufgrund dieser Erkenntnis hat die Weltbank ihre Hilfe für Erziehungsprogramme verstärkt[17].

Dass es trotz aller Schwierigkeiten möglich ist, mit Hilfe vernünftig konzipierter Gesamtstrategien die Armut in der Dritten Welt erfolgreich zu bekämpfen, wird nicht nur durch die Erfahrungen der Weltbank bewiesen, sondern etwa auch durch den Bericht über einen erfolgreichen Modellversuch der indischen Firma Cafi (Tochter des britischen Chemieunternehmens ICI), durch ein integriertes Entwicklungsprogramm das indische Dorf Nagaon vom Elend zu befreien[18].

---

13   Siehe im einzelnen Internationales Arbeitsamt, Beschäftigung, Wachstum und Grundbedürfnisse (1976) 7 ff.; *Emmerij*, Das Weltbeschäftigungsprogramm der IAO, VN 1976, 65 ff.
14   Vgl. World Bank (Ed.), Poverty and Basic Needs (September 1980).
15   Siehe *UNICEF*, Zur Situation der Kinder in der Welt (2001).
16   Siehe *Weltbank*, Weltentwicklungsbericht 1980, S. 2.
17   Vgl. *World Bank* (Ed.), The World Bank and the World's Poorest (June 1980) 24 ff.
18   Siehe Die Welt vom 13.03.1980, S. 7.

V. Private Initiativen

Da die staatliche Entwicklungshilfe stagniert oder gar rückläufig ist und zudem häufig durch sachfremde politische Gesichtspunkte beeinflußt wird, muss sie stärker als bisher durch private Initiativen (von Unternehmen, Hilfsorganisationen und Bürgern) ergänzt werden.

1. Als erstes fällt der Blick insoweit auf die *Unternehmen*, insbesondere auf die multinationalen Konzerne („Multis"), die Tochtergesellschaften in Entwicklungsländern haben. (Angeblich gibt es inzwischen mehr als 40.000 Multis, die insgesamt ca. 70.000 Tochtergesellschaften in Entwicklungsländern haben). Waren die Multis in der Dritten Welt einst als „Ausbeuter" verschrien, so sind sie „heute dort hochwillkommen, weil sie Technik, Kapital und Wohlstand bringen"[19]. Da die Lage der Armen in den Entwicklungsländern dadurch aber nicht (ausreichend) verbessert worden ist, ist es an der Zeit, dass die Wirtschaft sich bei der Armutsbekämpfung engagiert, wie es manche Unternehmen bereits tun und wie es auch dem Gedanken des „Social Sponsoring" entspricht[20]. Welches Potential die Entwicklungshilfe durch Unternehmen hat, wird nicht nur durch den bereits erwähnten erfolgreichen Modellversuch der indischen Firma Cafi (Sanierung des indischen Elendsdorfs Nagaon) demonstriert, sondern auch durch das – weltweit erfolgreiche – Modell einer „Dorf-Bank", die in Bangladesch gegründet wurde und die an Arme günstige Kleinkredite für den Aufbau einer beruflichen Existenz vergibt[21]. Solche Hilfaktionen werden sich übrigens auch

---

19 *Zänker*, Globalisierung – Anfang einer geopolitischen Revolution, Die Welt vom 10.05.1996. – Freilich bleibt anzumerken, dass es bis heute Fälle von Ausbeutung und Umweltzerstörung durch Multis in der Dritten Welt gibt. Siehe *Weiss/Werner*, Schwarzbuch Markenfirmen (2001) und hierzu das Interview der Autoren in der Welt 30.08.01, S. 29; *Haustein/Teßmer*, Hilfsorganisation Oxfam geißelt deutsche Supermarktketten (Studie: Einkaufspolitik der Konzerne verursacht Elend in Anbauländern), Die Welt 15.04.08, S. 16.

20 Vgl. *Spannuth*, SPD fordert mehr „Social sponsoring", Die Welt vom 03.02.1999, S. 34, der zu dem Schluss kommt, während kulturelle und sportliche Ereignisse ohne die Unterstützung internationaler Unternehmen kaum noch denkbar seien, blieben „gute Taten" im sozialen Bereich bisher die Ausnahme. – Das Interesse an entwicklungspolitischen Fragen nimmt nun aber in der Wirtschaft zu (siehe Die Welt 07.11.00, S. 14). Zudem kooperieren Staat und private Unternehmen zunehmend bei der Realisierung von Projekten, die zur Armutsbekämpfung beitragen (siehe Bundesministerium – oben Fn. 1 – S. 43 ff.).

21 Siehe *Yunus/Jolis*, Grameen – eine Bank für die Armen der Welt (1998); *Ritter*, Für eine Welt frei von Armut, Das Goetheanum 2000 Nr. 29, S. 597 ff., der u.a. folgendes ausführt: „Inzwischen profitieren mehr als 2,3 Millionen Kreditnehmer – mit Familienangehörigen etwa 12 Millionen Menschen– in rund 40.000 Dörfern (der Hälfte der Dörfer Bangladeschs) durch die Grameenbank. Ein Drittel konnte sich selbst dauerhaft aus der Armut befreien, ein weiteres Drittel ist bereits an der oberen Schwelle der Armut angekommen und wird demnächst nicht mehr zu den Armen zählen. Und das System wird weltweit

für die betreffenden Unternehmen auszahlen, denn sie werden ihnen mehr positive Publizität verschaffen als manche kostspielige Werbeaktionen. Ein soziales Engagement der Unternehmen würde zudem die Akzeptanz der Marktwirtschaft verbessern, die (trotz aller ihrer Erfolge) wegen ihrer einseitigen Gewinnorientierung bis heute vielen Menschen als „Kapitalismus" suspekt geblieben ist. Speziell für Multis würde sich ein Engagement für die Entwicklungshilfe schon aus Imagegründen lohnen, und es würde ihnen zudem neue Absatzmärkte verschaffen.

Ein Engagement der Unternehmer wäre unschätzbar: Aufgrund ihrer im wirtschaftlichen Bereich so oft demonstrierten erstaunlichen Fähigkeiten (Findigkeit, Flexibilität, Phantasie) könnten die Unternehmen (am besten zusammen mit Organisationen, die über die nötigen lokalen Kenntnisse und Kontakte verfügen) die jeweils besten Modelle der Armutsbekämpfung ermitteln und möglichst kostengünstig umsetzen. Und sie könnten auch die nötigen Gelder locker machen. Oder sollte es der Wirtschaft, die weltweit 840 Milliarden Mark (davon rund 150 Milliarden allein in Deutschland) zur Bekämpfung des befürchteten Millenium-Computer-Crash ausgegeben hat[22], nicht möglich sein, wenigstens einen Teil dieser Summe aufzubringen, um das Massenelend in der Dritten Welt zu bekämpfen?

2. Gefordert sind auch die *kirchlichen und privaten Hilfsorganisationen.* Wenn diese Organisationen, die in der Dritten Welt schon bisher auf Teilgebieten oft so Bewundernswertes leisten, ihre Kräfte künftig bündeln und sich gemeinsam für die Sanierung von Elendsgebieten durch integrierte Entwicklungsprogramme einsetzen, wäre mehr als bisher zu erreichen.

3. Es könnte dann auch mit einem *verstärkten Engagement der Bürger* gerechnet werden. Zwar ist deren Spendenbereitschaft schon heute beachtlich, sie könnte aber noch wesentlich gesteigert werden, nicht zuletzt durch einen besseren Schutz der Bürger vor unseriösen Spendenorganisationen[23]. Wie mehr als ein Beispiel zeigt (etwa die weltweite Verbreitung von SOS-Kinderdörfern), ist es möglich, Millionen von Bürgern für die langfristige Unterstützung von Hilfsprojekten zu gewinnen, deren Notwendigkeit einleuchtet und die von kompetenten und vertrauenswürdigen Organisationen durchgeführt werden.

Dass es ein sehr viel größeres Spendenpotential gibt, ist sicher, und zwar selbst dann, wenn man den Club der Millionäre und Milliardäre außer Acht lässt[24]. Denn

kopiert". – Das Konzept geht auf den Ökonomen und Friedensnobelpreisträger Yunus zurück.

22 Die Welt vom 31.12.1999, S. 1.

23 Siehe *v. Hippel*, Bessere Kontrolle des Spendenwesens?, ZRP 1996, 465 ff.; Bericht „Deutsche spenden mehr Geld, werden aber immer kritischer", Die Welt 12.09.08, S. 4.

24 Siehe *Stocker*, Zahl der Millionäre nimmt weltweit enorm zu, Die Welt 05.09.08, S. 17: „Die Millionärsfamilien machen weltweit etwa 0,8 Prozent aller Haushalte aus. Ihnen gehören jedoch über 35 Prozent des Vermögens".

der private Reichtum ist (bei freilich ungleicher Verteilung) in den Industriestaaten ständig gewachsen[25]. In Deutschland gibt es inzwischen angeblich ein Bruttoprivatvermögen von 13 Billionen Mark. Die Hälfte dieses Vermögens liegt in den Händen der älteren Generation. Jährlich gehen durch Vererbung und andere Vorgänge ca. 300 Milliarden Mark in neue Hände über.

Es liegt nahe, dass Hilfsorganisationen vermögende Bürger dafür zu gewinnen suchen, dass sie zu Lebzeiten oder testamentarisch einen Teil ihres Vermögens für die Armutsbekämpfung in der Dritten Welt zur Verfügung stellen, wobei auch die Errichtung einer Stiftung in Betracht kommt[26].

Ein verstärktes Engagement der Bürger äußert sich auch in dem wachsenden Interesse an „Produkten aus fairem Handel", die Kleinbauern und Arbeitern in der Dritten Welt höhere Abnahmepreise garantieren und die inzwischen zum Standardsortiment vieler Supermärkte gehören.

VI. Hilfe zur Selbsthilfe

Da inzwischen immer deutlicher geworden ist, dass eine Entwicklungshilfe ohne erhebliche Anstrengungen des Empfängerlandes erfolglos bleibt, müssen Art und Umfang der Hilfe von eigenen Anstrengungen der Empfängerländer abhängig gemacht werden, so von Bemühungen um den Ausbau ihres Wirtschaftspotentials und um bestimmte soziale Reformen, wie z.B. Landreform, Bevölkerungsplanung und gerechtere Einkommensverteilung[27]. Eine internationale Expertenkommission (unter Vorsitz des früheren Bundeskanzlers *Helmut Schmidt*) hat den Industriestaaten im Juli 1989 empfohlen, ihre öffentliche Entwicklungshilfe innerhalb der nächsten fünf Jahre zu verdoppeln und dabei bevorzugt Ländern zu helfen, deren Militärausgaben gering seien (weniger als zwei Prozent des Bruttosozialprodukts), die Programme zur Familienplanung und zur Bekämpfung der Armut verwirklichen und die sich um die Erhaltung der Umwelt bemühten[28]. Das Bundesministerium für wirtschaftliche Zusammenarbeit und Entwicklung (BMZ) hat dann im Jahre 1991 folgende Kriterien für die Mittelvergabe ab 1992 genannt: Die Beachtung der Menschenrechte, die Gewährleistung von Rechtssicherheit, die Beteiligung der Bevölkerung am politischen Pro-

---

25 Siehe Die Welt vom 16.05.1997, S. 13.
26 Vgl. hierzu den Bericht „Kirche will Vermögende für Stiftungen gewinnen", Die Welt vom 13.04.1999, S. 4.
27 Siehe *v. Hippel* (oben Fn. 3) 380 f.; vgl. auch Arbeitskreis (oben Fn. 2), der (auf S. 4 f.) als Haupthindernis der Armutsbekämpfung den fehlenden Willen vieler Entwicklungsländer bezeichnet, nötige wirtschaftliche und soziale Reformen durchzuführen.
28 Siehe FAZ vom 08.07.1989, S. 4.

zess, die Schaffung einer marktfreundlichen Wirtschaftsordnung, Bemühungen um eine Verbesserung der Lage armer Bevölkerungsgruppen und Verzicht auf überzogene Rüstungsausgaben[29]. Auch die EU verbindet Entwicklungshilfe mit Auflagen und der Forderung nach guter Regierungsführung[30].

Ebenso machen die Geberländer nun auch Schuldenerlasse von Bedingungen abhängig. So heißt es in der Initiative zur Entlastung hochverschuldeter armer Länder, die die G7-Staaten anlässlich des Kölner Gipfels im Juni 1999 unterbreitet haben und die auf der Jahrestagung von Weltbank und IWF durch die internationale Geber- und Gläubigergemeinschaft gebilligt worden ist, Entschuldung mache „nur Sinn, wenn die frei werdenden Mittel für die Armutsbekämpfung eingesetzt werden. Erfolgsvoraussetzung ist, dass die Partnerländer das Ziel der Armutsminderung aktiv und mit aller Energie verfolgen. Gute Regierungsführung, Transparenz des Regierungshandelns und die Beteiligung der Bevölkerung an politischen Entscheidungen sind deshalb Rahmenbedingungen der Initiative"[31].

VII. Bilanz

Das Massenelend in der Dritten Welt ist nicht nur ungerecht und unmenschlich, sondern bedroht zunehmend auch die Zukunft unseres Planeten. Deshalb sind neben den Entwicklungsländern auch die Industriestaaten aufgerufen, dieses Massenelend entschiedener als bisher zu bekämpfen, und zwar nicht nur aus humanitären Gründen, sondern auch aus wohlverstandenem eigenen Interesse. Die Industriestaaten sind dieser Herausforderung bisher nicht gerecht geworden: Zwar haben sie den ärmsten Ländern inzwischen einen Teil ihrer Schulden erlassen[32], aber durch protektionistische Maßnahmen behindern sie nach wie vor den Export der Entwicklungsländer, und sie haben zudem meistens auch die öffentliche Entwicklungshilfe gekürzt[33], anstatt über

29 Siehe Bericht „Neue Kriterien für Entwicklungshilfe", Das Parlament vom 18.10.1991, S. 1, 4 ff. – Vgl. auch *Posener*, Die Demokratie nützt den Armen, Die Welt vom 30.10.1999, S. 7; *Bösl*, Good Governance als Paradigma moderner Entwicklungspolitik, KAS-Auslandsinformationen 2/07, S. 6 ff.

30 Siehe Interview des EU-Entwicklungskommissars *Michel* in der Welt vom 11.04.07, S. 7.

31 Bundesministerium für wirtschaftliche Zusammenarbeit und Entwicklung, Schuldenerlasse für die ärmsten Länder (November 1999), S. 2.

32 Siehe *Ginten*, IWF und Weltbank bündeln ihre Kräfte, Die Welt vom 22.09.1999, S. 8; (Freilich blieb den Industriestaaten insoweit kaum etwas anderes übrig: Wo nichts ist, hat der Kaiser sein Recht verloren).

33 Siehe Bericht „Industrienationen zahlen weniger Entwicklungshilfe", Die Welt 04.04.07, S. 12. – Bisher haben nur wenige Industriestaaten ihr Versprechen erfüllt, 0,7 Prozent des

zusätzliche Finanzierungsquellen für die Entwicklungshilfe nachzudenken (wie z.B. eine Steuer auf Rüstungsausgaben[34] und/oder auf Devisentransaktionen[35]). Auf die „Milleniumserklärung" der Vereinten Nationen, in der sich die Mitgliedstaaten im September 2000 das Ziel setzten, die Zahl der Armen bis 2015 zu halbieren, sollte man deshalb keine übertriebenen Hoffnungen setzten[36]. Wahrscheinlich werden die Industriestaaten erst dann umdenken, wenn negative Auswirkungen des Massenelends (wie insbesondere der anschwellende Strom von Armutsflüchtlingen) für sie selbst unerträglich werden[37]. Umso wichtiger ist es deshalb, die private Entwicklungshilfe (durch Unternehmen, Hilfsorganisationen und Bürger) zu verstärken.

Zwar gibt es auch in den Industriestaaten Armut[38], aber das Elend in der Dritten Welt ist unvergleichlich größer, denn dort haben Arme keinen Anspruch auf Sozialhilfe, müssen deshalb um ihr Überleben kämpfen und gehen doch oft elend zugrunde. Besonders erschütternd ist das Los der Kinder armer Bevölkerungsgruppen, die (trotz aller feierlichen Proklamationen und der Konvention über die Rechte des Kindes) dem Hunger, der Zwangsarbeit, der Prostitution und der Krankheit preisgegeben sind[39]. Wir werden – wenn überhaupt – vor den Augen künftiger Generationen nur bestehen können, wenn wir jetzt beherzt die nötigen Opfer bringen, um dem Gebot der Gerechtigkeit und der Humanität zu genügen und die Zukunft zu sichern. Dadurch leisten wir zugleich einen wichtigen Beitrag zur Bekämpfung der Arbeitslosigkeit,

Bruttosozialprodukts für die Entwicklungshilfe aufzuwenden. Deutschland gab 2006 nur 0,36 Prozent (= 8,25 Mrd. Euro), will seine Entwicklungshilfe aber in den nächsten vier Jahren um insgesamt drei Milliarden Euro aufstocken. – Ob die G-8-Staaten ihre Zusage einhalten werden, die Entwicklungshilfe kräftig aufzustocken (siehe Die Welt 09.06.07, S. 1), bleibt abzuwarten. Vgl. auch Bericht „Hilfsorganisationen kritisieren Rückgang der Entwicklungshilfe", Die Welt 31.10.08, S. 4.

34 Nach Angaben des Stockholmer Friedensforschungsinstituts Sipri wurden 2006 umgerechnet 900 Milliarden Euro und damit pro Kopf der Weltbevölkerung 137 Euro für militärische Zwecke ausgegeben. Das waren 3,5 Prozent mehr als 2005. In den letzten zehn Jahren sind die Rüstungsausgaben weltweit um 37 Prozent gestiegen (Die Welt 12.06.07, S. 6).

35 Siehe oben § 25 III.

36 Siehe Die Welt 27.09.08, S. 6. – Allerdings hält Weltbank-Chefökonom *Lin* das Milleniumsziel für erreichbar, da sich die Zahl der Armen seit 1981 jährlich um einen Prozentpunkt verringert habe (Die Welt 29.08.08, S. 7).

37 Ein solches Verhalten der Industriestaaten würde der Erfahrung entsprechen, dass die Eliten dem Elend der Armen gegenüber gleichgültig bleiben, solange sie sich durch dieses Elend nicht bedroht fühlen; vgl. *Geremek*, Geschichte der Armut (1986).

38 Siehe *Sell* (Hrsg.), Armut als Herausforderung (2002).

39 Nach Schätzungen der Internationalen Arbeitsorganisation (ILO) „arbeiten in Entwicklungsländern 250 Millionen Kinder im Alter von fünf bis vierzehn Jahren... Die brutalste Form der Kinder-Ausbeutung, Prostitution und Pornographie, nimmt offenbar wegen des Sex-Tourismus zu. Ähnliches gilt für den Handel mit Kindern..." (*Mrusek*, FAZ vom 25.05.1999, S. 9).

denn nach einer Studie des Ifo-Insituts (München) fließen rund 80 Prozent der Mittel, die Deutschland im Rahmen der bilateralen Entwicklungshilfe vergibt, als Aufträge an die deutsche Wirtschaft zurück, wodurch im Inland bis zu 240.000 Arbeitsplätze gesichert werden[40].

40 Siehe Bericht „Entwicklungshilfe sichert Jobs in Deutschland", Die Welt vom 10.09.1998, S. 14.

§ 34 Nach uns die Sintflut:
Zur Missachtung der Generationengerechtigkeit

I. Problemstellung und Ausgangslage

Der Schutz künftiger Generationen ist ein Thema, dessen Vielfalt und Bedeutung unserer Zeit erst allmählich zum Bewusstsein kommt[1]. Das Schutzbedürfnis künftiger Generationen ergibt sich dadurch, dass ihre Lebensgrundlagen durch die langfristigen Auswirkungen heutigen menschlichen Handelns in einem Ausmaß gefährdet werden, das früheren Zeiten unbekannt war. Dies gilt insbesondere bezüglich der Umwelt, deren Zerstörung (durch Zersiedlung, Verschandelung, Bodenvergiftung, Wasserverseuchung, Luftverpestung, Waldsterben, Abholzung der Tropenwälder, Erosion, Müllhalden, Atommüll, Meeresverschmutzung, Treibhauseffekt, Schwinden der Ozonhülle) in vieler Hinsicht vorprogrammiert scheint. Weitere Gefährdungen der künftigen Generationen ergeben sich durch das übermäßige Bevölkerungswachstum der Dritten Welt, die vorschnelle Erschöpfung wirtschaftlicher Ressourcen, Manipulationen des Erbguts, eine überhöhte Staatsverschuldung und unzureichende Investitionen zur Sicherung der Zukunft (z.B. bei der Infrastruktur, der Grundlagenforschung und der Vorsorge für die sozialen Sicherungssysteme).

Um die künftigen Generationen zu schützen, hat schon der amerikanische Präsident *Thomas Jefferson* vor mehr als 200 Jahren gefordert, keine Generation dürfe Verpflichtungen eingehen oder Schulden machen, die sie nicht selbst einzulösen oder zu tilgen in der Lage sei. In dieselbe Richtung zielt die Forderung, jede Generation müsse der folgenden Generation mindestens ebensoviel weiterreichen, wie sie selbst zuvor empfangen habe (so der amerikanische Jurist *Ackerman* in seinem Buch „Social Justice in the Liberal State", 1980) und das Postulat, die heute Lebenden müssten den künftigen Generationen mindestens ebenso große Chancen zur Befriedigung der eigenen Bedürfnisse lassen, wie sie die heutige Generation besitze[2].

Diese Grundgedanken gilt es dann systematisch zu entfalten, wie es die Schweizer Rechtswissenschaftler *Saladin/Zenger* in ihrem bemerkenswerten Werk „Rechte künftiger Generationen" (1988) versucht haben. Um künftigen Generationen eine menschenwürdige Existenz zu sichern, propagieren die Autoren folgende Rechte künftiger Generationen: das Recht auf nicht-manipuliertes (d.h. nicht durch Men-

---

1   Siehe *v. Hippel*, Der Schutz des Schwächeren (1982) § 10 (Der Schutz künftiger Generationen) sowie das interdisziplinäre „Handbuch Generationengerechtigkeit", 2. Aufl. 2003, das die Stiftung für die Rechte zukünftiger Generationen herausgegeben hat; vgl. auch *Biedenkopf*, Die Ausbeutung der Enkel (2006).

2   Siehe *Tremmel*, in: „Handbuch Generationengerechtigkeit", 2. Aufl. 2003, S. 27 ff.

schen künstliches verändertes) menschliches Erbgut; das Recht auf eigene vielfältige Pflanzen- und Tierwelt; das Recht auf gesunde Luft, eine intakte Ozonschicht und hinreichenden Wärmeaustausch zwischen Erde und Weltraum; das Recht auf gesunde und hinreichende Gewässer (besonders auf gesundes und hinreichendes Trinkwasser); das Recht auf einen gesunden und fruchtbaren Boden und auf einen gesunden Wald; das Recht auf erhebliche Vorräte an nicht (oder nur sehr langsam) erneuerbaren Rohstoffen und Energieträgern; das Recht, keine Erzeugnisse und Abfälle früherer Generationen vorfinden zu müssen, welche ihre Gesundheit bedrohen oder einen übermäßigen Bewachungs- und Bewirtschaftungsaufwand erfordern würden; das Recht auf „kulturelle Erbschaft" (d.h. auf Begegnung mit der von früheren Generationen geschaffenen Kultur); das Recht auf physische Lebensbedingungen, die ihnen eine menschenwürdige Existenz erlauben.

Obwohl dieser Katalog in mancher Hinsicht zu ergänzen ist (z.B. um den Schutz künftiger Generationen vor einer überhöhten Staatsverschuldung[3]), bildet er eine gute Plattform für Reformbemühungen.

Zu Recht gehen *Saladin/Zenger* davon aus, der Staat sei aufgrund geltender nationaler und internationaler Bestimmungen (Art. 1 Abs. 1 GG, Sozialstaatsprinzip und internationale Menschenrechtsinstrumente) schon heute dazu verpflichtet, die menschenwürdige Existenz künftiger Generationen zu sichern. Um dies bewusst zu machen, seien die Rechte künftiger Generationen in die Verfassung aufzunehmen und darüber hinaus auch im Völkerrecht zu verankern. Um sicherzustellen, dass die Interessen künftiger Generationen in den staatlichen Entscheidungsprozessen beachtet werden, solle für sämtliche Vorhaben, welche die Rechte künftiger Generationen erheblich berühren, eine „Nachweltverträglichkeitsprüfung" (in Analogie zur Umweltverträglichkeitsprüfung) eingeführt werden. Da die künftigen Generationen ihre Rechte nicht selbst geltend machen können, müsse zudem für eine treuhänderische Rechtswahrung durch „Sachwalter" (Verbände oder staatliche berufene Ombudsmänner bzw. Ombudskommissionen) gesorgt werden.

In der Tat sind alle Rechte der künftigen Generationen wertlos, wenn nicht für ihre Durchsetzung gesorgt wird. Deshalb sollte unverzüglich ein Ombudsmann für künftige Generationen berufen werden, wie dies in anderen Fällen zum Schutze schwacher Gruppen bereits geschehen ist. (So gibt es in den skandinavischen Ländern einen Verbraucher-Ombudsmann und in Norwegen zudem einen Kinder-Ombudsmann). Allerdings muss der Ombudsmann auch mit den nötigen Kompetenzen (Recht auf gutachterliche Stellungnahmen, Recht auf Gesetzesinitiativen, Klagerechte – insbesondere Recht auf Einlegung von Verfassungsbeschwerden) und den erforderlichen Ressourcen ausgestattet werden. Dass der Ombudsmann sonst kaum etwas bewirken könnte, zeigen die Erfahrungen mit dem „Beirat für nachhaltige Entwicklung", den der Bundestag im Januar 2004 eingesetzt hat, um die Rechte künftiger Generationen zu schützen, und der wegen fehlender Kompetenzen ineffektiv geblieben ist. So hat

---

3   Siehe §§ 26, 27.

die Vorsitzende dieses Beirats beklagt, „die fehlende formale Beteiligung am Gesetz-gebungsverfahren und die fehlende Möglichkeit, Initiativen eigenständig in die parla-mentarischen Abläufe einzubringen", seien bei der Arbeit „äußerst hinderlich"[4].

Um der Gefahr einer rein parteipolitisch orientierten Auswahl entgegenzuwirken, sollten für die Berufung des Ombudsmanns ähnliche Grundsätze gelten wie für die Berufung von Bundesverfassungsrichtern.

Im übrigen ist bemerkenswert, dass junge Abgeordnete von Union, SPD, FDP und Grünen durch einen Gruppenantrag im Bundestag dafür sorgen wollen, dass der Schutz der künftigen Generationen in die Verfassung aufgenommen wird[5]. Interesse verdient auch, dass auf Anregung des Deutsch-Schweden Jakob von Uexküll (Stifter des alternativen Nobelpreises) ein „Weltzukunftsrat" (World Future Council) mit Sitz in Hamburg gegründet worden ist, der sich Zukunftsfragen widmen will[6].

---

4   Die Welt 02.06.06, S. 2.
5   Siehe *Siems*, Die Welt 09.04.08, S. 2.
6   Inzwischen hat der Weltzukunftsrat ein erstes Buch zu Zukunftsfragen vorgelegt: *Girardet* (Hrsg.), Zukunft ist möglich (2007). Siehe auch Bericht „Weltzukunftsrat fordert radika-len Perspektivwechsel", Die Welt 23.05.08, S. 38.

§ 35 Opfer und Recht

I. Einführung[1]

Das Wort „Opfer" taucht in der Rechtssprache nur sporadisch auf, so als „Notopfer" (wie es ehemals für Berlin erhoben wurde), als „Aufopferung" (die wegen eines Sonderopfers einen Entschädigungsanspruch gegen den Begünstigten oder den Staat begründet) und als „Opfergrenze" (die schuldrechtlichen Leistungspflichten in manchen Fällen Grenzen setzt).

Indessen ist das Opfer ein Thema von grundsätzlicher Bedeutung. So hat *Rudolf v. Jhering* in seiner berühmten Schrift „Der Kampf ums Recht" (1872) darauf hingewiesen, dass Opfer, die im Kampf ums Recht erbracht werden, einen tieferen Sinn haben: „Gerade der Umstand, dass das Recht den Völkern nicht mühelos zufällt, dass sie darum haben ringen und streiten, kämpfen und bluten müssen, gerade dieser Umstand knüpft zwischen ihnen und ihrem Rechte dasselbe innige Band wie der Einsatz des eigenen Lebens bei der Geburt zwischen der Mutter und dem Kinde... Man darf geradezu behaupten: die Energie der Liebe, mit der ein Volk seinem Recht anhängt und es behauptet, bestimmt sich nach dem Einsatz an Mühe und Anstrengung, um den es dasselbe erworben hat"[2].

Und geht man weiter, so stößt man auf Urbilder (einen Priester, der sich für einen Familienvater opfert[3]; einen Soldaten, der sich für sein Land opfert[4]; Christus, der sich für die Menschheit opfert), die eine Ahnung davon vermitteln, wie weit Opferbereitschaft gehen kann und was sie bedeutet.

Und auch in der Dichtung findet man das Opfermotiv: Man denke nur an das Märchen von den Sterntalern, an die Legende vom armen Heinrich und an Storms Novelle „Der Schimmelreiter", die damit ausklingt, dass der Deichgraf auf seinem Pferd vom Deich in das hereinbrechende Meer hinabsprengt mit dem Ruf „Herr Gott, nimm mich; verschon' die anderen!"

---

1   Überarbeiteter Beitrag, der in der Festschrift für Bernhard Großfeld (1999), 383 ff. erschienen ist.

2   *v. Jhering*, Der Kampf ums Recht, Ausgewählte Schriften, hrsg. von Rusche (1965) 195 (207).

3   Der polnische Franziskaner *Maximilian Kolbe* ging in Auschwitz freiwillig für einen Familienvater in den Todesbunker. Inzwischen hat die Katholische Kirche Maximilian Kolbe heilig gesprochen.

4   *Arnold Winkelried* soll in der Schlacht bei Sempach (1386) mehrere feindliche Spieße auf sich gezogen und dadurch den schweizerischen Eidgenossen eine Bresche gebahnt haben, die zum Sieg über die Gegner führte.

II. Bedeutung von Vorbildern

Opferbereitschaft ist für jedes Gemeinwesen von größter Bedeutung, lässt sich aber nicht erzwingen. Deshalb bedürfen wir hier mehr als in anderen Fällen der großen Vorbilder: Nicht ohne Grund werden Franziskus von Assisi, die heilige Elisabeth, Albert Schweitzer und Mutter Teresa weltweit verehrt.

Zu gedenken ist hier besonders auch all derer, die wegen ihres Eintretens für ihre Überzeugung und für die Gerechtigkeit Gefährdung, Verfolgung und Opfer auf sich genommen haben. Sie sind wie Flammen, die uns in einer vom Unrecht verdüsterten Welt Licht, Hoffnung und Ansporn geben. Stellvertretend können hier nur einige von ihnen genannt werden: So die Widerstandskämpfer gegen Hitler, die das verbrecherische Nazi-Regime zu beseitigen suchten; die Menschen, die unter Einsatz ihres Lebens Juden vor dem Holocaust retteten; der russische Physiker und Friedensnobelpreisträger Andrej Sacharow, der – nachdem er an der Entwicklung der Wasserstoffbombe beteiligt war – in der Sowjetunion (trotz aller Anfeindungen und zeitweiliger Verbannung aus Moskau) zu einem unerschrockenen Vorkämpfer der Menschenrechts- und Demokratiebewegung geworden ist; der chinesische Dissident Wei Jing-Sheng, der als Leitfigur der Demokratiebewegung in China von 1979 bis 1993 eingekerkert und 1995 zu weiteren 14 Jahren Haft verurteilt wurde; die birmanische Friedensnobelpreisträgerin Aung San Suu Kyi, die nach ihrem Wahlsieg im Jahre 1990 von der Militärjunta ihres Landes bis 1995 unter Hausarrest gestellt wurde und bis heute schikaniert wird; der südafrikanische Friedensnobelpreisträger Nelson Mandela, der wegen seines Kampfes gegen die Apartheid viele Jahre inhaftiert war, bevor er aufgrund eines wundersamen Wandels der Verhältnisse Ministerpräsident seines Landes wurde; der brasilianische Gummizapfer und Gewerkschaftsführer Chico Mendes, der für den Schutz des Tropenwaldes am Amazonas kämpfte und deshalb ermordet wurde; der nigerianische Schriftsteller Sawo-Wiwa, der von der Militärjunta Nigerias hingerichtet wurde, weil er die Zerstörung des Lebensraumes seines Volkes – der Ogoni – durch internationale Ölkonzerne (insbesondere Shell) angeprangert hatte; der italienische Richter Falcone, der von der Mafia ermordet wurde, und der serbische Ministerpräsident *Djindjic*, der ermordet wurde, nachdem er Korruption und organisiertes Verbrechen in Serbien bekämpft und den serbischen Ex-Präsidenten *Milosevic* an das Haager Kriegsverbrechertribunal ausgeliefert hatte.

Zudem gilt weiterhin, was der damalige UN-Generalsekretär *Pérez de Cuéllar* 1990 in einem Bericht an die UN-Generalversammlung gesagt hat: „Bei ihren Bemühungen um die Verwirklichung der Menschenrechtsbestrebungen aller Regionen sind die Vereinten Nationen auf das Engagement der nichtstaatlichen Organisationen und auf den Mut und die Opferbereitschaft von einzelnen Menschen in der ganzen Welt angewiesen. Sie riskieren mitunter ihr Leben, um die Menschenrechte zu fördern und zu gewährleisten, und sie verdienen unsere Bewunderung und unsere Unterstützung".

Auch da, wo solche Opfer wirkungslos zu sein scheinen, haben sie ihren tieferen Sinn. Zudem tragen sie nicht selten längerfristig zu nötigen Veränderungen bei. So wäre der Sturz der kommunistischen Systeme ohne den opferreichen Kampf lange Zeit verfemter „Dissidenten" kaum möglich gewesen.

III. Zwangsopfer

Obwohl echte Opfer freiwillig sind, kann das Recht nicht darauf verzichten, bestimmte Opfer auch rechtlich einzufordern, so den Lastenausgleich, das Notopfer Berlin, den Solidaritätszuschlag und die Teile des allgemeinen Steueraufkommens, die für sozialpolitische Hilfen (u.a. Sozialhilfe, Arbeitslosenhilfe und Entwicklungshilfe) benötigt werden.

Hinzu kommen die zahlreichen Opfer des „technischen Fortschritts" – insbesondere die Verkehrsopfer, aber auch die Umweltopfer –, die der Staat zugunsten ihm höherrangig erscheinender Ziele in Kauf nimmt. Freilich ist zu beanstanden, dass der Staat dabei oft unzureichend für eine Verhütung und eine angemessene Vergütung von Schäden sorgt[5].

Im übrigen scheint leider überall die Regel zu gelten, dass erst Kinder in den Brunnen fallen müssen, bevor für nötige Reformen gesorgt wird[6]. Ihr Opfer kommt damit der Allgemeinheit zugute und sollte entsprechend gewürdigt werden.

IV. Pflicht zur Nothilfe

Besonderes Interesse verdient, dass der Gesetzgeber inzwischen in vielen Staaten eine Pflicht zur Nothilfe eingeführt hat, die wegen der wachsenden Gefahren des modernen Verkehrs und der Gewaltkriminalität laufend an Bedeutung gewonnen hat[7]. So ist in

---

5   Siehe *v. Hippel*, Rechtspolitik, 1992 (bespr. von *Großfeld*, RabelsZ 1995, 723 f.) § 20 (Bessere Verhütung von Unfällen?), § 21 (Globalreform des Unfallschadensrechts?), § 22 (Rechtlose Umweltopfer?).

6   So verständigte sich die Bonner Koalition z.B. erst nach „aufsehenerregenden Sexualmorden an Kindern auf schärfere Strafen, aber auch bessere Vorbeugungsmöglichkeiten wie eine Pflicht zur Therapie und sorgfältigere Prüfung von vorzeitiger Haftentlassung von Sexualtätern" (Die Welt 19.09.1997, S. 2).

7   Siehe zum Folgenden *v. Hippel*, Die Entschädigung des Nothelfers, in: Festschrift Sieg (1976) 171 ff. (mit weiteren Nachweisen); vgl. auch *Michallek*, Die Verteilung des wirtschaftlichen Risikos der Nothilfe (1995).

Deutschland mit Strafe bis zu einem Jahr Gefängnis bedroht, „wer bei Unglücksfällen oder gemeiner Gefahr oder Not nicht Hilfe leistet, obwohl dies erforderlich und ihm den Umständen nach zuzumuten, insbesondere ohne erhebliche eigene Gefahr und ohne Verletzung anderer wichtiger Pflichten möglich ist" (§ 323c StGB). In manchen Staaten wird zudem die Frage diskutiert, ob man die unterlassene Hilfeleistung zivilrechtlich als Delikt (tort) qualifizieren sollte mit der Folge, dass der die Hilfe Verweigernde dem Hilfsbedürftigen für resultierende Schäden ersatzpflichtig ist.

Wie immer man zu strafrechtlichen und (oder) zivilrechtlichen Sanktionen gegen unterlassene Hilfeleistung stehen mag, in jedem Falle kommt der Entschädigung des Nothelfers besondere Bedeutung zu: Es kann von niemandem die Bereitschaft zur Hilfeleistung erwartet oder gar verlangt werden, solange ihm nicht eine angemessene Entschädigung für drohende Einbußen garantiert wird. Weiter muss dafür gesorgt werden, dass ein Helfer für Fehler bei der Hilfeleistung gar nicht oder doch nur bei schwerem Verschulden haftbar gemacht werden kann. Schließlich sollte man über die Schaffung positiver Anreize (Prämien, Auszeichnungen) zur Nothilfe nachdenken.

V. Besondere Berufsgruppen

Gesteigerten Anforderungen unterliegen bestimmte Berufsgruppen (Polizisten, Feuerwehrleute, Soldaten): Wer diesen Gruppen angehört, muss deren typische Berufsgefahren auf sich nehmen, auch wenn diese erfahrungsgemäß immer wieder Opfer fordern. Polizisten dürfen sich also nicht weigern, gegen Verbrecher vorzugehen. Soldaten dürfen sich nicht weigern, sich dem Gegner zu stellen und selbst tödlichen Gefahren ins Auge zu blicken. Dieser Gesichtspunkt sollte es auch ausschließen, dass Soldaten, die im Krieg auf Befehl Zivilisten erschießen oder sonstige Verbrechen begehen, sich damit entschuldigen dürfen, es hätte für sie ein „Notstand" vorgelegen, weil sie im Falle einer Weigerung selbst mit schwerwiegenden Folgen hätten rechnen müssen.

VI. Anreize

Da sich Opferbereitschaft nicht erzwingen lässt und der Staat nur in relativ wenigen Fällen Opfer rechtlich einfordern kann – so ist z.B. streitig, ob der Staat (an Stelle der Wehrpflicht) eine Dienstpflicht für junge Männer und Frauen einführen dürfte[8] –,

---

8 Siehe *Köhler*, Allgemeine Dienstpflicht für junge Erwachsene?, ZRP 1995, 140 ff.

bleibt dem Staat nur die Möglichkeit, die Opferbereitschaft der Bürger mittelbar zu fördern: durch eine vorbildliche Haltung seiner Repräsentanten (z.b. durch partielle Gehaltsverzichte der Regierungsmitglieder in Krisenzeiten), durch eine überzeugende Sozial- und Entwicklungshilfepolitik und durch Anreize (insbesondere Steuervergünstigungen). So werden Spenden und Stiftungen für gemeinnützige Zwecke steuerlich begünstigt. Zugleich muss der Staat Missstände im Spendenwesen verhindern, denn sonst droht ein Vertrauensverlust der Bürger, der ihre Spendenbereitschaft beeinträchtigt[9].

VII. Organspende

Zusätzliche Bedeutung hat die Spendenbereitschaft der Bürger durch die Entwicklung der Organtransplantation gewonnen[10]. Da das Recht Organspenden nicht erzwingen kann, sind diejenigen, die ein Ersatzorgan benötigen, darauf angewiesen, dass genügend Bürger ihre Bereitschaft erklären, nach ihrem Tode ein Organ oder mehrere Organe zu spenden[11]. Bisher reicht die Zahl der gespendeten Organe nicht aus: Zwar sprechen sich ca. 67 Prozent der jungen Erwachsenen für eine Organspende nach dem Tode aus, aber nur etwa 10 Prozent dieser Bürger haben eine schriftliche Verfügung getroffen[12]. Allerdings erscheint es möglich, diesen Prozentsatz zu steigern, wenn man die Gründe für diese Diskrepanz zur Kenntnis nimmt und ihnen im Rahmen des Möglichen abzuhelfen sucht. „Woher kommt diese Diskrepanz? Im Vordergrund steht der Verdacht, dass mit Organen ein krimineller Handel betrieben wird (z.B. Indien, China). Des weiteren besteht Furcht vor Manipulationen bei der Vergabe von Organen... Die Zurückhaltung der Bevölkerung bei der Spendenbereitschaft spiegelt nicht zuletzt die anhaltende und von offizieller Seite bagatellisierte Hirntodkontroverse wider. Die Informationspflicht gegenüber der Öffentlichkeit über die genaue Bedeutung des Zustandes ‚Hirntod' ist ein ganz entscheidendes Anliegen der Hirntodkritik...“[13]

9   Siehe *v. Hippel*, Bessere Kontrolle des Spendenwesens?, ZRP 1996, 465 ff.
10   Siehe hierzu die Beiträge verschiedener Autoren in der Zeitschrift „Medizin und Ideologie" 19 (1997) Ausgabe 2.
11   Zum Bedarf an Organspenden siehe *Beck* (oben Fn. 10) 14 (15), der sich auch zur „Lebendspende" äußert.
12   *Beck* (oben Fn. 10) 17. – Um den Mangel an Spenderorganen zu beheben, hat der Nationale Ethikrat im April 2007 vorgeschlagen, eine Organentnahme auch ohne vorherige Zustimmung eines Verstorbenen zuzulassen, wenn dieser (auf eine staatliche Anfrage) zu Lebzeiten keinen Widerspruch formuliert hat und die Angehörigen keine Einwände erheben.
13   *Beck* (oben Fn. 10) 16; siehe auch *Thomas*, „Hirntod": ungewisses Todeszeichen, aber Organentnahme erlaubt?, ZfL 2008, 74 ff.

Wichtiger ist freilich, dass alles geschieht, um den Bedarf an Ersatzorganen zu minimieren, denn „das Warten auf den Tod eines Mitmenschen", der als Organspender in Betracht kommt, kann nur als äußerste Notlösung betrachtet werden.

VIII. Arbeitslosigkeit

Ein weiterer Grund, über die Opferbereitschaft nachzudenken, ist die Arbeitslosigkeit, die immer noch ein alarmierendes Ausmaß hat und zu einem Dauerphänomen zu werden droht[14]. So waren im Juni 2008 in Deutschland 3,16 Millionen Menschen arbeitslos. Das ist ungerecht, zumal inzwischen feststeht, dass die Arbeitslosigkeit zu einem guten Teil durch überhöhte Arbeitskosten (Löhne und Lohnnebenkosten) bedingt ist.

Da sich alle bisherigen Maßnahmen zur Bekämpfung der Arbeitslosigkeit als unzulänglich erwiesen haben, bleibt nichts anderes übrig, als dass die Arbeitsplatzbesitzer einen Teil ihrer Arbeit und ihres Lohnes an die Arbeitslosen abgeben. Das bedeutet eine Verkürzung der Arbeitszeit ohne (vollen) Lohnausgleich. Zwar haben die Tarifpartner bisher wenig Neigung zu einer solchen Lösung gezeigt, aber es stimmt hoffnungsvoll, dass jeder zweite Arbeitnehmer bereit ist, auf fünf Prozent seines Lohnes zu verzichten, wenn dafür mehr Arbeitsplätze geschaffen werden[15]. Auch ist ein solches Modell innerhalb einzelner Firmen bereits erfolgreich praktiziert worden, um Entlassungen zu vermeiden..

Jedenfalls sollte aber möglichst rasch ermittelt werden, wieviel Arbeit die Arbeitsplatzbesitzer abgeben müssten, um wenigstens den arbeitslosen Jugendlichen einen Arbeitsplatz zu sichern, und welcher Lohnverzicht erforderlich wäre, um eine solche Regelung für die Betriebe erträglich zu machen. Denn wenn nicht wenigstens den arbeitslosen Jugendlichen geholfen wird, sind die Grundlagen unseres freiheitlichen Systems gefährdet. Man kann es jungen Menschen, die sich ihrer Zukunft beraubt sehen, nicht verdenken, wenn sie auf die Barrikaden gehen. Deshalb ist es auch so wichtig, dass für alle ausbildungsfähigen und -willigen Jugendlichen Lehrstellen verfügbar sind.

14 Siehe oben § 12.
15 Siehe Bericht „Umfrage: Zu hohe Löhne kosten Arbeitsplätze", Die Welt 26.03.1996, S. 14.

IX. Internationale Solidarität

Angesichts der Kriege und des Massenelends in vielen Ländern tut Opferbereitschaft nicht zuletzt auch auf internationaler Ebene not. Einmal müssen die Industriestaaten die Massenarmut in den Entwicklungsländern entschiedener als bisher bekämpfen[16]. Zum anderen müssen die demokratischen Staaten sich bemühen, Recht und Freiheit im Rahmen des Möglichen weltweit zu schützen: Diktatoren, welche die Menschenrechte mit Füßen treten, dürfen nicht länger als Partner behandelt werden, mit denen man „business as usual" pflegen kann, und Verletzungen der Menschenrechte müssen auch dann angeprangert werden, wenn dies (wie im Falle der Unterjochung Tibets durch China) politisch und wirtschaftlich inopportun zu sein scheint. Auch müssen die demokratischen Staaten bereit sein, einem überfallenen Land zu Hilfe zu kommen, wie sie dies im Falle des (ölreichen!) Kuwaits getan haben[17], während das jahrelange Morden in Bosnien erst durch das Eingreifen der USA im Herbst 1995 beendet worden ist und das jahrelange Leiden der Bevölkerung in Darfur (über 300.000 Tote und mehr als 2,5 Millionen Vertriebene) bis heute kein Ende gefunden hat[18].

Der Fall Bosnien ist geradezu ein Lehrstück dafür, wie verheerend sich ein Mangel an Verantwortungsgefühl und Opferbereitschaft der freien Völker auswirken kann. Die fatale Appeasement-Politik gegenüber den bosnischen Serben, die unzähligen Menschen das Leben gekostet hat, widersprach nicht nur der Gerechtigkeit und Menschlichkeit, sondern sie degradiert auch die UNO zum Papiertiger und untergräbt die Bemühungen zur Schaffung einer „neuen Weltordnung". Die Europäische Union, vor deren Tür sich das blutige Geschehen abspielte, trifft nun der Vorwurf eines völligen Versagens: Anstatt ihre Mitte 1991 einsetzenden „Friedensinitiativen durch frühe, glaubwürdige Wirtschaftssanktionen und die glaubwürdige Anwendung militärischer Gewalt (hauptsächlich Luftangriffe gegen militärische Stellungen der bos-

---

16 Siehe oben § 33.

17 Siehe *v. Hippel* (oben Fn. 5) 362 ff.

18 Siehe *Wiegmann*, Täglicher Massenmord, Die Welt 01.09.08, S. 6. – In Darfur drangsalieren islamische Beduinen seit Jahren mit Unterstützung der sudanesischen Regierung die einheimische (schwarze) Bevölkerung. Erst im April 2007 hat der amerikanische Präsident *Bush* dem Sudan endlich mit Sanktionen und kaum verhüllt mit einer militärischen Intervention gedroht, falls das Morden in Darfur nicht aufhöre. Bush entschloss sich wohl nicht zuletzt deshalb zu dieser Aktion, weil die Erregung über Darfur in den USA (besonders wegen der starken schwarzen und jüdischen Wählerschaft) ein ungewöhnliches Ausmaß erreicht hatte (siehe *Kronel*, Die Welt 20.04.07, S. 6). – In Ruanda, wo 1994 Hutu–Fanatiker 800.000 Tutsis umbrachten, waren die USA passiv geblieben, wofür sich der damalige amerikanische Präsident Clinton später entschuldigte. – Zwar haben die Vereinten Nationen inzwischen endlich beschlossen, Anfang 2008 eine Schutztruppe nach Darfur zu entsenden. Aber es bleibt abzuwarten, was diese bewirken wird, zumal der Sudan alles andere als kooperativ ist.

nischen Serben) zu unterstützen"[19] und so das Morden zu beenden, wozu sie auch völkerrechtlich verpflichtet war[20], erschwerte die Europäische Union auch noch die Selbstverteidigung der Bosnier, indem sie ihnen die nötigen Waffen vorenthielt. Am unerträglichsten für das Rechtsgefühl ist aber, dass Tausende von Menschen, die sich im Vertrauen auf die UNO (nach vorheriger Ablieferung ihrer Waffen) in der von der UNO eingerichteten Schutzzone Srebrenica aufhielten, ihren Feinden preisgegeben wurden, was vielen von ihnen das Leben kostete, weil die (niederländischen) UN-Soldaten die Schutzzone nicht verteidigten, um auf diese Weise eigene Verluste zu vermeiden[21]. Gegenüber diesem feigen Verrat, der eine ewige Schmach bleiben wird, gilt es klarzustellen, dass der Kampf für das Recht nicht ohne Einsatz- und Opferbereitschaft geführt werden kann. „Recht und Freiheit haben einen hohen Preis, aber sie sind unteilbar und müssen überall verteidigt werden, soweit es in unserer Macht steht. Die einzige Alternative dazu ist die bedingungslose Kapitulation gegenüber der nackten Gewalt"[22].

Wir Bürger der Bundesrepublik Deutschland haben besonderen Anlass, uns insoweit weltweit zu engagieren: Nur durch große Opfer anderer Völker sind wir seinerzeit von der unmenschlichen Hitler-Diktatur befreit worden, die soviel Unheil über die Welt gebracht hat; und nur dank umfangreicher ausländischer Hilfe (wie insbesondere des Marshall-Plans) können wir heute in einem freiheitlichen und prosperierenden Gemeinwesen leben. Es ist an der Zeit, dass wir unsere Dankesschuld abtragen.

---

19 *Schwarz*, Krisen- und Konfliktmanagement aus europäischer Sicht, KAS-AI 1997, Heft 6, S. 20 (29).

20 Siehe *Fastenrath*, Alle Staaten müssen überall Völkermord verhindern, FAZ vom 09.09.1996, S. 14.

21 Siehe Bericht „20000 Flüchtlinge aus Srebrenica vermisst", Die Welt 15.07.1995, S. 3. – Inzwischen hat der Internationale Gerichtshof in Den Haag entschieden, die Ermordung von 8.000 muslimischen Männern und Jungen durch bosnische Serben (unter dem Kommando von General Mladic) in Srebrenica sei Völkermord und die Regierung in Belgrad trage eine Mitverantwortung, weil sie das Massaker nicht verhindert habe (siehe *Crolly*, Die Welt 27.02.07, S. 7). – Im Juni 2007 haben Hinterbliebene der Ermordeten die Niederlande und die Vereinten Nationen auf Schadensersatz verklagt, aber ohne Erfolg (siehe Kleinwort, Die Welt 11.09.08, S. 6).

22 *Graf Kielmansegg*, Den Frieden erzwingen (Kritische Stellungnahme zum Bosnien-Krieg), Die Welt vom 09.06.1995, S. 7.

§ 36 Gerechtigkeit und Liebe

Die erste, am 25.01.06 veröffentlichte Enzyklika „Deus caritas est" (Gott ist Liebe) von Papst Benedikt XVI, die eine „Ermutigung im Bemühen um Gerechtigkeit und Liebe ist" (Kardinal Lehmann), legt es nahe, über das Verhältnis von Gerechtigkeit und Liebe nachzudenken[1]. Die folgenden Thesen geben hierzu einige Schlaglichter.

1. Gerechtigkeit und Liebe sind Höchstwerte, ohne die das Leben unerträglich wäre[2]. So meinte Kant, wenn die Gerechtigkeit untergehe, habe es keinen Wert mehr, dass Menschen auf Erden leben[3]. Entsprechendes gilt für die Liebe, auf die wir alle so dringend angewiesen sind.
Gerechtigkeit und Liebe sind zugleich Attribute des Göttlichen.

2. Wie die Erfahrung zeigt, gehen Gerechtigkeit und Liebe regelmäßig Hand in Hand. Freilich kommt es gelegentlich zu einer unheilvollen Spaltung. So gibt es einerseits Gerechtigkeitsfanatiker, die nach dem Motto handeln, „Fiat iustitia, pereat mundus"[4]. Und andererseits kann die Liebe für die Gerechtigkeit blind machen. Ein typisches Beispiel dafür ist die ungerechte Bevorzugung eines „Lieblingskindes" gegenüber seinen Geschwistern, die (wie u.a. die Josephsgeschichte lehrt) zwangsläufig zu Konflikten führt.

3. Auch wenn man von solchen „pathologischen" Fällen absieht, können Gerechtigkeit und Liebe in ein Spannungsverhältnis geraten. Das zeigt eindrucksvoll das Gleichnis vom verlorenen Sohn (Lukas 15, 11 ff.). Anstatt den jüngeren Sohn (der den ihm ausgezahlten Erbteil verschleudert hatte) zum „Tagelöhner" zu degradieren oder auch nur zu tadeln – was (selbst aus der Sicht des betroffenen jüngeren Sohnes) durchaus berechtigt gewesen wäre –, nimmt der Vater ihn liebevoll auf, beschenkt ihn und gibt ihm zu Ehren ein Fest. Und den Protest des älteren Sohnes, der sich über diese Vorzugsbehandlung seines Bruders beschwert, beschwichtigt der Vater mit den

---

[1] Vgl. hierzu *Wolfgang Huber* (Ratsvorsitzender der EKD), Gerechtigkeit und Recht (3. Aufl. 2006) 238 ff.

[2] Siehe *v. Hippel*, Willkür oder Gerechtigkeit (1998); *Bergmann*, Eine Geschichte der Liebe (1994).

[3] *Kant*, Metaphysik der Sitten (1797). – *Kant* weist auch darauf hin, nichts empöre „mehr als Ungerechtigkeit; alle anderen Übel, die wir ausstehen, sind nichts dagegen" (*Kant*, Bemerkungen zu den Beobachtungen über das Gefühl des Schönen und Erhabenen, in: Kant's gesammelte Schriften, hrsg. von der Preußischen Akademie der Wissenschaften Bd. XX, 1942, S. 36).

[4] Siehe hierzu *Heinrich von Kleists* erschütternde Erzählung „Michael Kohlhaas", die darstellt, wie Kohlhaas, ein rechtschaffener Händler, dem Unrecht geschehen ist und dem es trotz aller Bemühungen nicht gelingt, sein Recht auf legalem Weg durchzusetzen, dieses Recht schließlich gewaltsam erzwingt und dadurch sich und andere zugrunde richtet; vgl. KLL, Michael Kohlhaas, in: Kindlers Literatur Lexikon Bd. XV (1964) 6279 f.

wunderbaren Worten: „Mein Sohn, du bist allezeit bei mir, und alles, was mein ist, das ist dein. Du solltest aber fröhlich und gutes Muts sein; denn dieser dein Bruder war tot und ist wieder lebendig geworden; er war verloren und ist wieder gefunden".

Dieses großartige Gleichnis macht deutlich, dass und wie sich Gerechtigkeit und Liebe im Idealfall (trotz möglicher Spannungen) ergänzen. Das Verhalten des Vaters erscheint nicht willkürlich, sondern vorbildlich. Freilich sollte nicht übersehen werden, dass der Aufnahme des verlorenen Sohnes dessen Reuebekenntnis („Vater, ich habe gesündigt") vorausgeht. Die Begnadigung eines schuldig Gewordenen setzt voraus, dass er seine Schuld einsieht.

Zugleich wird deutlich, dass Liebe weitherziger ist als die Gerechtigkeit.

4. Das oberste Gebot der Bibel stellt denn die Liebe auch in den Mittelpunkt: „Liebe deinen Nächsten wie dich selbst" (Matthäus 22, 37 ff.). Wie das Gleichnis vom barmherzigen Samariter (Lukas 10, 30 ff.) zeigt, geht diese Weisung über die zehn Gebote und sonstige Postulate der Gerechtigkeit hinaus. Indem der Samariter dem ausgeplünderten und verletzt am Wege liegenden Opfer eines Raubüberfalls (an dem andere zuvor vorübergegangen waren) alle nur erdenkliche Hilfe zuwendet, leistet er weit mehr, als die Gerechtigkeit verlangt[5].

Noch deutlicher wird die Gerechtigkeit durch die Liebe übertroffen, wenn man aufgrund bestimmter Äußerungen von Christus zu dem Schluss kommt, vom Christen werde verlangt, „dass er zu rechter Stunde das Seine aufzuopfern oder gar dem Gegner preiszugeben wisse... in der ‚imitatio Christi‘ und als Ausdruck einer Liebeskraft und Liebesgesinnung, welche die Welt zu überwinden und umzuwandeln vermag"[6]. Zwar werden nur wenige Menschen einem solchen Anspruch genügen können, aber es gibt Beispiele, die eindrucksvoll sind. So hat *Franz von Assisi* einem Mann, der ihm Baumaterial für eine Kirche verkauft hatte und dann mit dem vereinbarten Preis unzufrieden war, anstandslos eine üppige Nachzahlung gewährt, was zur Folge hatte, dass dieser Mann seinen Sinn änderte und sich Franziskus anschloss[7].

---

5   Zur Frage rechtlicher Hilfspflichten, die bis heute – wenn überhaupt – nur unter engen Voraussetzungen anerkannt sind, siehe *Fritz v. Hippel*, Rechtstheorie und Rechtsdogmatik (1964) 24 f., 323 f., 325; vgl. auch *v. Hippel*, Die Entschädigung des Nothelfers, in: FS Karl Sieg (1976) 171 ff.

6   *Fritz v. Hippel*, Zum Verhältnis von Jurisprudenz und Christentum, in: ders. (oben Fn. 5) 248 (262). – Freilich ist dieser Schluss anfechtbar, denn die betreffenden Äußerungen Christi in der Bergpredigt („so dir jemand einen Streich gibt auf deinen rechten Backen, dem biete den andern auch dar; und so jemand mit dir rechten will und deinen Rock nehmen, dem laß auch den Mantel", Matth. 5, 39 f.) dürfen wohl nicht wörtlich genommen werden, sondern sind als eine eindringliche Mahnung zur Friedfertigkeit zu verstehen. Vgl. hierzu auch *Hans Thieme*, Der Christ und der Kampf ums Recht, in: FS Fritz v. Hippel (1967) 561 (565 ff.).

7   Siehe *Franz von Assisi*, Legenden und Laude (6. Aufl. 1975) 53 f.

5. Von Interesse ist nicht zuletzt die Frage nach der göttlichen Liebe und der göttlichen Gerechtigkeit. Zeigt uns das Alte Testament einen Gott, der den Menschen wegen ihrer Verfehlungen („Sünden") zürnt und sie dafür bestraft (im Extremfall durch Vernichtung wie im Falle der Sintflut) und der selbst so rechtschaffene Menschen wie Abraham und Hiob unmenschlichen „Glaubensprüfungen" unterwirft, so erscheint Gott im Neuen Testament als liebevoller Vater, der seinen Sohn in die Welt schickt und opfert, um die Menschheit zu retten. („Denn Gott hat seinen Sohn nicht in die Welt gesandt, auf dass er die Welt richte, sondern auf dass die Welt durch ihn errettet werde", Johannes 3, 17).

Freilich ändert dies nichts daran, dass der einzelne nach seinem Tod Rechenschaft ablegen muss und dass ein Ausgleich für seine guten und bösen Taten erfolgt[8]. Christus hat auf dieses Gesetz des Ausgleichs – von dem u.a. das Gleichnis von den klugen und törichten Jungfrauen und das Gleichnis von den anvertrauten Pfunden künden[9] – mehr als einmal hingewiesen (siehe etwa Lukas 6, 20 ff.), und zwar auch in drastisch-erschreckender Form. Mit Reumütigen ist er aber stets nachsichtig gewesen – bis hin zum reumütigen Schächer am Kreuz (Lukas 23, 40 ff.). Zudem hat er immer wieder die Bereitschaft zur Vergebung gefordert. So wie wir auf die göttliche Vergebung angewiesen sind, müssen wir auch bereit sein, anderen zu vergeben (Matthäus 18, 21 ff.).

Wie die Geschichte vom reichen Mann und vom armen Lazarus (Lukas 16, 19 ff.) zeigt, berücksichtigt der Ausgleichsgedanke nicht nur die Taten der Menschen, sondern auch ihre jeweiligen Lebensverhältnisse. Er entspricht damit dem Postulat, „es müsse nach dem Tode einen Ausgleich für alle Ungerechtigkeit des Lebens geben, sonst könne man die Welt, so wie sie ist, keinen Augenblick ertragen"[10].

6. Schließlich stellt sich die Frage, warum ein gerechter und gütiger Gott so viel Unrecht und Leid in der Welt geschehen lässt. Keiner der Erklärungsversuche, die im Laufe der Zeit hierzu vorgetragen worden sind, kann voll befriedigen[11]. Auch der Karma-Gedanke, der noch am ehesten tragfähig erscheint[12], stößt an Grenzen: Einmal

---

8   Siehe *Hemleben*, Jenseits: Ideen der Menschheit über das Leben nach dem Tode (1975) 81: „Darin liegt die aller Totenkunde gemeinsame Unerbittlichkeit des ‚Gerichts': Jeder Mensch ist ihr nach dem Tode unterstellt. Auch das ‚Neue' im Christentum, ‚das Wirken der Gnade', kann die Strenge des Ausgleichsgesetzes nicht aufheben". – *Hemleben* verweist u.a. auf die Bibelworte: „Denn ihre Werke (Taten) folgen ihnen nach" (Offenb. 14, 13), „Was der Mensch sät, wird er auch ernten" (Brief an die Galater 6, 7) und „Die Toten werden gerichtet... nach ihren Werken" (Offenb. 20, 12).

9   Siehe *Hemleben* (oben Fn. 8) 87 f.

10   So eine mündliche Äußerung des Philosophen *Horkheimer*, die *Lange* in der Welt vom 27.01.1990, S. 15 wiedergegeben hat.

11   Siehe im einzelnen *Kreiner*, Gott und das Leid (1994).

12   Siehe *Rudolf Steiner*, Reinkarnation und Karma (1903); *Hemleben* (oben Fn. 8) passim, der „Karma" definiert als „das Schicksalsgesetz, durch das die Taten eines oder mehrerer

kann er das Leiden der Tiere (die kein Karma haben) nicht erklären[13]. Zum anderen kann er keine überzeugende Erklärung für so furchtbare Geschehnisse wie den Holocaust geben, und zwar selbst dann nicht, wenn man den Holocaust nicht nur als Auswirkung der Vergangenheit deutet[14], sondern auch die Möglichkeit berücksichtigt, dass Geschehnisse rein zukunftsbezogen (Keime für positive künftige Entwicklungen) sein können[15]. Wir müssen also insoweit einstweilen mit manchen ungeklärten Fragen leben.

Erdenleben zu Folgen in zukünftigen Verkörperungen werden" (S. 202). Wie Hemleben darlegt, ist „die Idee der Wiederverkörperung, der Reinkarnation uralt" (S. 193).

13   Zum Leiden in der Tierwelt siehe *Kreiner* (oben Fn. 11) 17 ff., der darauf hinweist, im gesamten Tierreich gelte „offenbar das Recht des Stärkeren".

14   Manche Juden deuten den Holocaust als Vergeltung für frühere Sünden; siehe *Schuster*, Israel und der Holocaust, Die Welt vom 08.08.00, S. 8; *Schneider*, Wird der Wiederverkörperungsgedanke zum Politikum?, Goetheanum 2000, 791 f.

15   Zu einer Deutung des Holocaust in diesem Sinne siehe *Rohlfs*, Kehren die Opfer des Holocaust zur Erde zurück?, Goetheanum 1993, 184 (unter Bezugnahme auf das Buch des Rabbiners *Gershom* „Beyond the Ashes – Cases of Reincarnation from the Holocaust", 1992). *Rohlfs* stellt fest, der Reinkarnationsgedanke sei auch dem Judentum vertraut, berichtet (im Anschluss an *Gershom*) von Menschen, die sich an Holocaust-Erlebnisse erinnern, weist hin „auf die in den sechziger Jahren aufkommenden Bestrebungen und Bewegungen für Menschenrechte, die Rechte der Frau, Abrüstung, Frieden, Autoritätsabbau und einen neuen Umgang mit Natur und Umwelt" (S. 187) und vertritt die Ansicht, dass all dies mit der Reinkarnation von Opfern des Holocaust zusammenhängen könne.

Schlusswort

Wie sich gezeigt hat, ist der Kampf für ein gerechtes Recht eine Daueraufgabe, die gerade in unserer Zeit höchste Bedeutung und ungeahnte Dimensionen gewonnen hat. Um die Zukunft zu sichern und eine gerechte Ordnung zu schaffen, bedarf es vielfältiger und tiefgreifender Reformen[1]. Freilich hat sich zugleich gezeigt, dass es – hauptsächlich wegen des Widerstands der Lobby – häufig schwierig ist, nötige Reformen (umfassend und rasch genug) durchzusetzen. Das gilt selbst in Fällen, in denen es um die Rettung von Leib und Leben vieler Menschen geht wie beim Kampf gegen die Tabak-Epidemie[2], gegen maßlosen Alkoholkonsum[3] und gegen alkoholbedingte Verkehrsunfälle[4].

Inzwischen hat sich ein „Reformstau" ergeben, der zwar vielfach beklagt wird, der aber kaum behoben werden kann, wenn die Bürger – welche die sozialen Verhältnisse mehrheitlich für ungerecht halten[5] – sich nicht verstärkt engagieren, wie sie dies insbesondere im Umweltbereich bereits getan haben: Dass der Umweltschutz inzwischen politisch einen hohen Stellenwert hat, ist entscheidend der Entstehung „Grüner" Parteien und zahlreicher Bürgerinitiativen zum Schutze der Umwelt zu verdanken[6].

Hinzu kommt nun der Druck der Krise, in der sich die Bundesrepublik Deutschland – wie viele andere Staaten – befindet: Diese Krise ist nicht nur negativ, denn sie bietet auch die Chance, dass nötige Reformen endlich zustande kommen[7]. Das wird durch einige überfällige Reformen der Großen Koalition (wie Streichung der Eigenheimzulage, Rente mit 67 und Schritte zur Haushaltskonsolidierung) bestätigt, denen nun weitere Maßnahmen zur Sicherung der Sozialsysteme und der Zukunft folgen müssen[8]. Dank der Finanzkrise werden nun endlich auch nötige Reformen des

---

1 Siehe hierzu auch *Herzog* u.a. (Hrsg.), Mut zum Handeln, Wie Deutschland wieder reformfähig wird (2008).

2 Siehe oben § 22.

3 Siehe oben § 23.

4 Siehe *v. Hippel*, Willkür oder Gerechtigkeit (1998) § 11 (Menschenopfer für die Alkohol-Lobby?).

5 Siehe Die Welt 12.12.07, S. 1: „Nach aktuellen Umfragen hält mehr als die Hälfte der Deutschen die sozialen Verhältnisse im Land für nicht gerecht (57 Prozent)".

6 Siehe *v. Hippel*, Rechtspolitik (1992) 139, 175.

7 In diesem Sinn schon *v. Hippel*, Krisen als Herausforderung und als Chance, ZRP 1982, 312 ff.

8 Zu Reformvorschlägen der OECD für Deutschland siehe Die Welt 04.03.09, S. 12; vgl. auch *Schulte*, in: *Linzbach* u.a. (Hrsg.), Globalisierung und Europäisches Sozialmodell (2007) 107 (126): Wegen des Wettbewerbs bei den Arbeitskosten und des demographischen Wandels schrumpft die Leistungsfähigkeit der sozialen Sicherungssysteme. „Selbstbehalte und private Vorsorge für Alter, Krankheit und Pflegebedürftigkeit werden weiter an Bedeutung gewinnen".

Finanzsystems möglich (Verbesserung der Finanzaufsicht, Regulierung der Hedgefonds, Bekämpfung von Steueroasen).

Obwohl der Kampf ums Recht mühselig ist und oft chancenlos zu sein scheint, zeigt die Erfahrung, dass echte Erkenntnisse und sachgerechte Reformvorschläge trotz aller Widerstände jedenfalls längerfristig die Chance haben, sich durchzusetzen. *V. Jhering* hat hierzu folgendes bemerkt: „Das Recht.... muss unausgesetzt tasten, suchen, um den richtigen Weg zu finden, und wenn es ihn entdeckt hat, erst noch den Widerstand zu Boden werfen, der ihm denselben versperrt... Alle großen Errungenschaften, welche die Geschichte des Rechts zu registrieren hat: die Aufhebung der Sklaverei, der Leibeigenschaft, die Freiheit des Grundeigentums, der Gewerbe, des Glaubens u.a.m., sie alle haben erst auf diesem Wege des heftigsten, oft Jahrhunderte lang fortgesetzten Kampfes gewonnen werden müssen..."[9].

Entgegen mancher pessimistischen Einschätzung gibt es durchaus Möglichkeiten, die Chancen der Gerechtigkeit generell zu verbessern, nämlich eine Strukturreform des Parlaments[10], die Stärkung des Bundesverfassungsgerichts[11], die Bestellung von Ombudsmännern für schutzbedürftige Gruppen (z.B. künftige Generationen)[12], die Bildung und Förderung gemeinnütziger Vereinigungen („public interest groups") sowie die Aktivierung der Bürger, speziell durch plebiszitäre Mitwirkungsrechte (Volksbegehren und Volksentscheid)[13]. Nicht ohne Grund finden solche Rechte, die sich in anderen Staaten bereits bewährt haben (während sie in Deutschland bisher nur auf Landesebene existieren) zunehmendes Interesse.

Zudem können die Bürger die Gerechtigkeit durch Kritik und Vorschläge, durch Musterprozesse, durch den Zusammenschluss zu Gruppen (Parteien, Verbänden, Bürgerinitiativen) und durch Demonstrationen fördern[14]. Welch wichtige Impulse von

---

9   *v. Jhering*, Der Kampf ums Recht, in: *ders.*, Ausgewählte Schriften, hrsg. von Rusche, 1965, S. 203. – Dass die Gerechtigkeit einen langen Atem hat, zeigen auch Resolutionen mehrerer amerikanischer Gliedstaaten, in denen sich diese offiziell für die Sklaverei entschuldigen. So spricht Alabama in einer solchen Resolution aus dem Jahr 2007 all denen „tiefes Mitgefühl und aufrichtiges Bedauern" aus, „die als Sklaven arbeiteten, denen das Leben, die Menschenwürde und der Schutz durch die Verfassung versagt blieb, der für alle Bürger der USA gilt" (Die Welt 26.4.07, S. 7). Bemerkenswert ist auch, dass der australische Premier *Rudd* die Ureinwohner (Aborigines) seines Landes im Februar 2008 um Verzeihung für das Unrecht gebeten hat, das ihnen während zwei Jahrhunderten weißer Siedlerherrschaft angetan wurde (Die Welt 14.2.08, S. 6).

10 Siehe *v. Hippel* (oben Fn. 6), S. 96 ff.

11 Siehe *v. Hippel* (oben Fn. 6), S. 128 ff.; *ders.*, Willkür oder Gerechtigkeit (1998), S. 11 ff.

12 Siehe *v. Hippel* (oben Fn. 6), S. 161f. sowie oben § 34.

13 Siehe *Wassermann*, Die Zuschauerdemokratie (1986) 182 ff.; *v. Hippel* (oben Fn. 6), S. 177 ff.; *v. Arnim*, Demokratie vor neuen Herausforderungen, ZRP 1995, 340 (348 ff.).

14 Siehe *v. Hippel* (oben Fn. 6) § 11 (Staatsbürger); *Graw*, Die neue Macht der Bürger, Die Welt 29.4.08, S. 4.

engagierten Bürgern ausgehen können, zeigen u.a. das Buch der amerikanischen Biologin *Rachel Carson* „The Silent Spring" (1962), das weltweit Aufsehen erregte und maßgeblich zur Bildung der ökologischen Bewegung beitrug, und die Publikationen des amerikanischen Verbraucheranwalts *Ralph Nader* (insbesondere der Bestseller „Unsafe at Any Speed", 1965), welche die Verbraucherbewegung entscheidend vorangebracht haben.

Im übrigen ist schon Manches gewonnen, wenn die Bürger sich nicht durch populistische Maßnahmen oder Versprechungen blenden lassen, mit denen Politiker so oft auf Stimmenfang gehen[15], so durch das Versprechen weiterer Steuersenkungen (das angesichts der riesigen Staatsverschuldung unseriös ist) oder die von manchen Politikern erhobene Forderung nach kräftigen Lohnsteigerungen und hohen Mindestlöhnen[16]. Zudem sollten die Bürger nötige Reformen auch dann fördern oder doch wenigstens nicht behindern, wenn ihnen Opfer abverlangt werden. (Wobei es sich um keine echten Opfer handelt, wenn die Bürger Lasten übernehmen müssen, die bisher durch eine überhöhte Staatsverschuldung, durch unzureichenden Umweltschutz und durch unzulängliche Zukunftsinvestitionen auf die künftigen Generationen abgewälzt worden sind[17]).

Wichtig sind die Einflussmöglichkeiten der Bürger auch auf der europäischen Ebene. So können die Bürger einen EU-Beitritt der Türkei notfalls durch Volksabstimmungen, wie sie in einigen EU-Staaten vorgesehen sind, auch dann verhindern, wenn die Beitrittsverhandlungen der EU mit der Türkei erfolgreich abgeschlossen werden[18].

Was schließlich den Kampf ums Recht auf der internationalen Ebene anbelangt, so hat sich gezeigt, dass die Bürger auch hier Einfluss nehmen können, wenn sie sich zusammenschließen[19]. Besonders ermutigend ist insoweit das Beispiel der interna-

---

15 Siehe *v. Hippel* (oben Fn. 6) 95. – Zeitnahe Beispiele für populistische Maßnahmen vor Landtagswahlen sind das (über die Vorgaben Brüssels hinausgehende) Antidiskriminierungsgesetz, die Verlängerung des Arbeitslosengeldes I für Ältere und (im Rahmen der allgemeinen Debatte über Mindestlöhne) die Einführung eines hohen Mindestlohns für Briefzusteller sowie – im Hinblick auf die Bundestagswahl 2009 – außerplanmäßige Rentenerhöhungen für 2008 und 2009. (kritisch hierzu *Siems*, Die Welt 17.03.09, S. 9).

16 Siehe Bericht „Die Wahlkämpfer versprechen den Bürgern mehr Geld", Die Welt 07.01.08, S. 1, der einleitend folgendes konstatiert: „Angesichts der Wahlkämpfe in Niedersachsen, Hessen und Hamburg stellen die Parteien den Wählern mehr Geld in Aussicht. So plant die Union Steuersenkungen, die SPD sieht hingegen die Wirtschaft in der Pflicht, höhere Tarife und Mindestlöhne zu zahlen". – Entsprechend hat auch die CSU vor der bayrischen Landtagswahl utopische Versprechen in Milliardenhöhe gemacht (Die Welt 05.05.08, S. 1 f. und 06.05.08, S. 5).

17 Siehe oben § 34.

18 Zur Frage eines EU-Beitritts der Türkei siehe oben § 30.

19 Siehe *Lappé*, Was für eine Demokratie?, in: *Girardet* (Hrsg.), Zukunft ist möglich (2007), S. 283 (323 ff.); *Schumann/Grefe*, Der globale Countdown (2008) 331 ff. („Weltmacht

tionalen Umweltschutzorganisation Greenpeace[20]. Freilich bedarf die Gerechtigkeit gerade auf der internationalen Ebene einer sehr viel breiteren Unterstützung, wenn wir auch nur die wichtigsten Probleme meistern, die Lebensgrundlagen sichern und künftige Generationen davor bewahren wollen, einen ausgeplünderten und verwüsteten Planeten zu erben[21].

Es hängt nun viel davon ab, dass die Prioritäten richtig gesetzt werden. Vordringlich sind vor allem die Aufgaben, die sich aus den Komplexen „Bevölkerungswandel", „Klimawandel", „Globalisierung" und „Massenelend in der Dritten Welt" ergeben, denn es geht hier darum, die Fundamente der nationalen und internationalen Ordnung zu sichern. Demgegenüber ist die Finanz- und Wirtschaftskrise (die heute alle Aufmerksamkeit auf sich zieht und die mit riesigen Aufwendungen bekämpft wird) von untergeordneter Bedeutung, denn sie wird durch Anpassungen der Märkte (mit gelegentlicher staatlicher Hilfe) relativ bald überwunden sein und ist im Übrigen die Reaktion auf eine verbreitete Fehlhaltung, die zu einseitig auf möglichst hohes Wachstum und möglichst schnelles Geld zielte[22].

Unerlässlich ist zudem ein verstärktes Engagement von Wissenschaftlern aller Disziplinen[23]. Das gilt speziell für die Rechtswissenschaftler, die als „geborene Hüter der Gerechtigkeit" in besonderem Maße dazu aufgerufen sind, für eine gerechte nationale und internationale Ordnung einzutreten.

Weltbürger"). Vgl. auch *Curbach*, Global Governance und NGOs (2003) und hierzu meine Rezension in RuP 2004, 185 f.

20   Siehe *v. Hippel* (oben Fn. 4) §13 (Greenpeace: David gegen Goliath).

21   Anzumerken ist, dass der amerikanische Evolutionsbiologe Jared Diamond in seinem Buch „Kollaps" (6. Auflage 2005) trotz aller Alarmzeichen zu dem Schluß kommt, dass der globale Kollaps noch abgewendet werden könne.

22   Zur Chronologie, zu den Auswirkungen und zur Bekämpfung der Finanz- und Wirtschaftskrise, die immer mehr zum Wahlkampfthema wird, siehe Die Welt 20.03.09, S. 3 und S. 9 f. sowie Wirtschaftswoche 2009 Nr. 13, S. 20 ff.

23   Siehe *Hösle* (Philosoph), Moral und Politik (1997) und hierzu meine Besprechung in JZ 2000, 564; *Miersch*, Wie man die Welt besser macht (Führende Ökonomen kritisieren falsche Prioritäten der globalen Politik), Die Welt 22.07.08, S. 3. – Inzwischen hat sich ein „Zukunftsrat" gebildet, der aus Wissenschaftlern verschiedener Disziplinen besteht und der die Politik beeinflussen will, Die Welt 04.03.08, S. 2.